U0926161

高等学校教师教育创新培养模式“十二五”规划教材

编委会

教育学教程

主　编　曹树真　韩冰清
副主编　杨　旸　吕素珍　芦　苇
参　编　（按章节排序）
韩冰清　吴中齐　吕素珍
刘　军　马　勇　向葵花
芦　苇　张　炜　黄　平
杨　旸　曹树真　梁　军
尹　慧　方　娇

華中科技大學出版社
http://www.hustp.com
中国·武汉

内 容 提 要

本书坚持理论与实际相联系、原理性与应用性相结合、科学性与时代性相统一的原则，强调运用整体性、系统性、复杂性、生成性思维，集中探讨了教育的历史发展、教育本质、教育功能、教育目的、教育制度、教育主体、教育内容、教育过程、教育生态等主题，共由十一章构成。本书兼顾教材的导学与导教功能，注重大学教学过程的探究性、生成性；在写作体例上做了一些变革尝试，每章由“材料研读”、“思考与讨论”、“正文”、“本章小结”、“拓展阅读”、“实践与探索”等几个部分组成。本书既为教育学课程教学提供了基础性资料，也为学生的自学与研究指明了思考方向，为教师的教学设计与实施提供了基本的思路。

本书既可以作为师范专业本科生和专科生公共必修课教材，也可以作为研究生、本专科函授班学员的教材，还可以作为中小学校、中等职业技术学校、幼儿园在职教师接受继续教育的教材。

图书在版编目(CIP)数据

教育学教程/曹树真，韩冰清主编. —武汉：华中科技大学出版社，2012.2
ISBN 978-7-5609-7591-7

Ⅰ.①教… Ⅱ.①曹… ②韩… Ⅲ.①教育学-高等学校-教材 Ⅳ.①G40

中国版本图书馆 CIP 数据核字(2011)第 271258 号

教育学教程 曹树真 韩冰清 主编

策划编辑：曾 光
责任编辑：华竞芳
封面设计：龙文装帧
责任校对：张 琳
责任监印：张正林
出版发行：华中科技大学出版社(中国·武汉) 电话：(027)81321913
武汉市东湖新技术开发区华工科技园 邮编：430223
录 排：华中科技大学惠友文印中心
印 刷：武汉市籍缘印刷厂
开 本：787 mm×1092 mm 1/16
印 张：19.25 插页：2
字 数：460 千字
版 次：2019 年 1 月第 1 版第 5 次印刷
定 价：38.00 元

本书若有印装质量问题，请向出版社营销中心调换
全国免费服务热线：400-6679-118 竭诚为您服务

总序

教师兴则教育兴，教师强则教育强。当今世界，大力加强教师队伍建设，创新教师教育培养模式，提高教师专业化水平，是各国教育改革与发展的一项共同目标。我国新近颁布的《国家中长期教育改革和发展规划纲要（2010—2020年）》提出："教育大计，教师为本。有好教师，才有好教育。加强教师教育，构建以师范院校为主体、综合性大学参与、开放灵活的教师教育体系。深化教师教育改革，创新培养模式，增强实习实践环节，强化师德修养和教学能力训练，提高教师培养质量。"

教材建设与开发是创新教师教育培养模式、促进教师专业化发展的一个重要手段，也是深化教师教育改革、提高教师培养质量的一项重要举措。2009年6月，教育部启动实施"教师教育创新平台项目计划"，明确提出要努力创新教师培养模式，加强教师教育学科群建设，深化学科专业、课程教学改革。在这种背景下，我们组织了一批教学经验丰富、研究成果突出的高校专业教师，根据教师教育创新培养模式，以及教师专业化发展的新形势、新目标和新任务，以华中科技大学出版社为平台，编写了高等学校教师教育创新培养模式"十二五"规划教材，其中包括《教育学教程》、《心理学教程》、《现代教育技术教程》、《课程与教学论教程》、《中外教育史教程》、《教师伦理学教程》、《学与教的心理学》、《学校心理咨询与辅导》、《班主任工作艺术》、《多媒体课件设计与制作》、《教育科研技能训练》、《教师教学技能训练》、《教师语言艺术训练》、《公关心理学》共14种。

通过进行教材建设与开发创新教师教育培养模式，探索教师专业化成长之路，是一种新的尝试，也是一项比较复杂的系统工程。本系列规划教材的编写，以《国家中长期教育改革和发展规划纲要（2010—2020年）》精神为指导，在坚持教材编写的系统性、规范性、层次性等基本原则的基础上，力图从以下三个方面进行有益的探索。

（1）在传承教育学专业基础知识的基础上，突出教师教育教材编写的实践取向。教师教育教材体系的变革，是当前创新教师教育培养模式的一个重要课题。教师教育教材的编写，既要体现系统、严密、扎实的教育理论知识，又要突出丰富、生动、具体的教育实践情景；既要注重将抽象的理论知识引入鲜活的实践领域，又要注意将日常实践经验导向富有魅力的理论阐释。其重点和难点在于达成理论与实践两方面的动态平衡和相互转化，并始终专注于教材的现实取向和实践立场，以克服理论脱离实际、知识与能力相分离、所学非所用等方面的流弊。本系列规划教材的编写，力求在简明介绍、评述相关理论知识及其背景的基础上，凸显教材的实践取向和实用价值。如《班主任工作艺术》《多媒体课件设计与制作》、《教育科研技能训练》、《教师教学技能训练》、《教师语言艺术训练》等教材，都充分体现了这种取向。

（2）在坚持教材编写为教师服务的基础上，突出教材编写的学习者取向。任何教材的编写，都既要考虑教师"教"的需要，也要考虑学习者"学"的需要。好教材通常是教师"好教"，学生"好学"，教学一致，师生相长的。本系列规划教材的编写，力求在为从事教师教育的专业教师提供优质的课程与教学设计的基础上，坚持"以学习者为主，为学习服务"的基本原则。基于创新教师教育模式所要达成的目标，教师的"教"需要满足于学生的"学"，"教材"需要趋向于"学材"。尽管许多教材名曰"教程"，但我们更倾向于将它转化为"学程"，追求"教程"与"学程"的有机统一。同时，在教材编写过程中，注重学习资源与问题情景相结合、文字表述与图表呈现相结合、文本学习与思想交流相结合、知识掌握与能力训练相结合。

（3）在坚持教材编写的普适性、公共性原则的基础上，突出教材编写的区域性特色。湖北是我国的教育大省，湖北教育在中部地区具有重要的比较优势。未来 10 年湖北将努力从教育大省向教育强省迈进，而教师教育必将是我省基础教育改革与发展的一项重点工作。本系列规划教材的编写者以湖北省属高校专业教师为主，旨在充分利用湖北省丰富的高校教师教育方面的教学和研究资源，凸显教师教育教材编写的区域特色和比较优势。同时，也注意充分吸收其他地区教师教育的理论和实践成果。

本系列规划教材是一次较大规模集体劳动的成果。湖北大学、江汉大学、长江大学、三峡大学、湖北师范学院、湖北第二师范学院、湖北民族学院、黄冈师范学院、咸宁学院、孝感学院、襄樊学院、荆楚理工学院、郧阳师范高等专科学校等 10 余所院校的百余名专业教师的热诚加盟，华中科技大学出版社领导和各位编辑的大力支持，各路同仁的精诚团结与通力合作，使本系列规划教材的编写得以顺利进行。编委会同仁深知编写系列规划教材是一件非常不易的大事，有的教材或许存在某些不足之处，热诚欢迎广大读者及时加以指出，以便我们在下次修订时改正、完善。

本系列规划教材适用于高等师范院校学生和综合性大学师范专业学生学习，同时也可作为在职教师培训教材和专业教师教学参考用书。

靖国平
2010 年 11 月 30 日

前言

当代社会正在步入全民终身教育和学习化社会时代，教育的内涵和外延发生了新的变化，许多教育概念、观念和理念需要重新认识，学校教育的功能和性质需要重新厘定。同时，教育学经历了相当长时间的“裂变”，由单一学科变成教育学科群，许多教育问题的研究不断扩大、细化、深入，教育学需要梳理、重聚、整合并吸收已有分支学科的新的研究成果，重构学科立场和体系结构。而且，随着基础教育改革的推进和深入，教师教育面临着新的问题和挑战，首当其冲的是教师教育课程和教材的更新和重建，传统师范教育的教育学科课程体系（教育学、心理学、教育技术概论、教师口语、学科教学论）必将被打破，教育学这门课程的目标、性质、功能需要重新定位。

教材编写首先要考虑的是课程的培养目标。根据教育工作的创造特性，作为教师教育的专业基础课，教育学这门课程的首要价值在于培养思维者而不是技术工，即帮助和引导学生掌握和领悟教育学的基本概念和教育活动的基本原理，形成科学先进的教育观念和思维，提高教育科研意识和能力，从而成为有思想的教育工作者。当然，这并非意味着教育学教材就是纯粹理论化的文本，这里也没有任何贬低技能、方法训练与掌握的价值的意思，只是强调任何知识和技能只有在正确的价值指向和思维方式的导引下，才能真正发挥其正向功能。

基于这种认识，结合上述背景的分析，我们确立了如下几点教育学教材编写的努力方向或基本思路。

一是主旨上，以马克思主义人学思想为理论基础，以现代儿童发展观为逻辑起点，以终身教育和学习化社会为实践背景，以当代教育活动本身的内在整体为研究对象，构建教育学的基础理论，并注重理论的实践转化和当前教育热点难点问题的探讨。

二是结构上，力图打破教育学旧的四大板块理论体系（即总论、教学论、德育论和学校管理四大部分），建立新的理论思路，按照总—分—总的逻辑，从基本原理的层面探讨教育的本质、功能、目的、制度、主体、内容、过程、生态等问题，尽量减少与课程论、教学论、德育论、班主任工作、教育哲学等相关课程在内容上的交叉重复。

三是内容上，注意继承与创新、本土与外来、理论与实际的结合，注重国内外不同教育思想流派和实践模式的介绍分析，重视吸收世界教育发展的经验和反映学科前沿的最新研究成果。

四是表达上，语言叙述尽量生动活泼，文字信息量丰富又不失简易，努力增强教材的可读性。在进行理论阐述的同时，注意穿插一些新的材料（如图表、图片等）或实例予以佐证、说明。

五是立意上，充分体现学生主体的思想，兼顾教材的导学与导教功能，注重引起学生的学习兴趣，不仅告诉学生基本的教育概念和原理，更要启发学生的教育思维，培养学生发现和解决问题以及自我选择的能力和习惯。

根据上述思路，本书在写作体例上也做了一些变革尝试，试图凸显大学教学过程的探究性。每章由“材料研读”、“思考与讨论”、“正文”、“本章小结”、“拓展阅读”、“实践与探索”等几个部分组成。

“材料研读”旨在通过选择一个或几个能反映本章主题的典型性案例或材料供学生阅读，以唤醒学生的已有经验、引起学生的认知冲突或激发学生的思维。

“思考与讨论”主要是通过前面材料的导引，自然而然地生发出本章试图解决的几个主要问题，为学生提供思考与讨论的主题。

“正文”是每章的主体部分，包括基本概念的提炼和诠释、不同理论流派观点的介绍和评析、基本矛盾或问题的揭示和处理、基本原理和方法的理解和运用以及当代中国基础教育问题的反思与解决等内容，注重理论与实际的有机结合，强调科学性与时代性的统一。

“本章小结”既是针对前面设计的问题给出基本的观点和结论，也是对本章内容的概括或精华的提炼，以帮助学生实现知识的结构化、系统化。

“拓展阅读”列出一些与本章相关的经典文献，以帮助学生拓宽视野、深入研究。

“实践与探索”不是一般性复习思考题的罗列，而是在本章已有材料和结论的基础上，提出一些值得进一步研究的问题或课题，或设计一些可行的实践活动主题，促使学生思维的深化和理论的实践转化。

本书是来自湖北大学、江汉大学、长江大学、湖北第二师范学院、黄冈师范学院等院校的11位教师共同努力、友好协作的见证，是各位编者辛勤劳动的成果和集体智慧的结晶。本书由曹树真、韩冰清担任主编，杨旸、吕素珍、芦苇担任副主编。曹树真负责总体设计、编制提纲、统稿和定稿，对各章均作了一定的修改、删减和增补；韩冰清、杨旸、吕素珍、芦苇协助审稿、统稿。各章的人员分工如下：第一章由韩冰清撰写；第二章由吴中齐撰写；第三章由吕素珍撰写；第四章由刘军撰写；第五章由马勇撰写；第六章由向葵花撰写；第七章由芦苇撰写；第八章由张炜撰写；第九章由黄平撰写；第十章由杨旸撰写；第十一章由曹树真撰写。湖北大学教育学原理专业硕士研究生梁军、尹慧、方娇在资料收集、文字校对等方面做了大量的工作。本书的内容参考了大量的国内外相关研究成果和文献资料，吸纳了许多专家学者的真知灼见；本书的出版得到了华中科技大学出版社的大力支持，在此，一并致以最诚挚的敬意和最衷心的感谢！

尽管我们秉持着认真负责、精益求精的态度，在有限的时间内做出了最大的努力，但由于精力、时间的限制和视野、水平的局限，加上编者之间的立场和认识还没有完全统一，书中难免存在一些缺憾、纰漏或错讹，为此，敬请各位专家及读者批评指正，将不胜感激！

编　者
2011 年 8 月

目录

第一章 教育学及其价值

【材料研读】

21 世纪应当是教育学世纪①

著名哲学家李泽厚与文学家刘再复有一段关于教育学的对话，内容如下（有删减）。

刘：我曾记录下您的一个重要思想，就是下一个世纪需要有一个新的文艺复兴，这一次复兴与西方文艺复兴相比，其中心主题仍然是重新肯定人的价值，但主要不是从宗教的束缚中而是从机器的束缚中解放出来……与此相应，您还提出另一思想，即 20 世纪是语言学的世纪，21 世纪将是教育学的世纪。

李：这是个大题目。20 世纪是科学技术加速度发展的世纪，是科学技术最广泛、最深入地进入人们日常生活的一个世纪。科学技术极大地提高了人类的物质生活质量，使人类往前跨进了一大步。但是，科学技术也使许多人变成它的奴隶。

刘：人不停地改善工具，20 世纪初人类绝对不会想到 20 世纪末竟是电脑的世界……但是，人们也没有想到，人类制造电脑之后也为自己制造一种异己的存在，人变成电脑的附件，变成机器的奴隶和广告的奴隶。人的异化现象确实已经发展到惊人的程度。这样，如何摆脱异化现象，就变成下个世纪的中心题目。

李：异化是一个巨大的题目，但又非常具体。如何摆脱机器的支配，如何摆脱变成机器附属品的命运，这又涉及"教育"这一关键。

刘：说下一世纪将是教育学的世纪，便是说，下一世纪应是以人为中心、以教育学为中心学科的世纪。对于学校而言，更应当意识到：当今的教育是处于人类被物化、被异化的大环境下的教育。我很欣赏杜威讲的一句话，他说学校对社会潮流应当有一种天然的免疫力，即与潮流保持一种批判性的距离。现在，社会潮流是物欲压倒一切，是物欲对人的异化，学校对异化应有一种免疫力，即应有一种批判性的认知。

李：人要返回真正的人，除了必须摆脱机器统治的异化，还要摆脱被动物欲望所异化，这二者是相通互补的。人因为服从于机器，常常变成了机器的一部分，工作和生活都非常紧张、单调而乏味，因此，一到工作之余就极端渴求作为生物种类的生理本能的满足，陷入动物性的情欲疯狂之中，机器人就变成动物人……

刘：既走向机器，又走向动物，现代人应当意识到自己正在过着一种可怕的钟摆式的生活，即在机器与动物之间摆动的生活，一面是异化劳动，一面是极端奢侈。中国也正在进入最奢侈的时代。如果只是在这两极摆动，人就不是意义的存在。

李：我说 21 世纪应当是教育学世纪，也是说应当重新确立意义……通过教育，重新培养健康的人性，便是重新确立意义。

刘：学校教育的重心是培养人的健康的、优秀的心理本体，而不是工具本体，明确这

---

① 李泽厚，刘再复. 21 世纪应当是教育学世纪[EB/OL]. http://blog.sina.com.cn/s/blog_702fad0c0100stpc.html.

一点极为重要。如果学校给学生太多压力，整天评比，整天计较分数，势必会误导学生去追求外在的虚荣和机械的作业，而不懂得从根本上培养学生对本学科的浓厚兴趣和高贵的心灵，那么教育就失败了。美国学校过于自由也过于放任，中国学校则太严太多压力，这真会把孩子们越教越蠢。

【思考与讨论】

(1) 阅读上述材料后，你有何感想？

(2) 在你心目中，教育学是一门怎样的学科？

(3) 你觉得，学习教育学可能让你有些什么收获？

考察教育认识发展的历史，不难发现有两种基本的认识形态。一种是广义的教育认识，它包括人类所有对教育实践的反映形式，如神话的认识、直觉的认识、习俗的认识、经验的认识、科学的认识等。另一种是狭义的形态，即运用一定的科学方法，遵循一定的学术规范，对确定的教育问题进行专门的分析研究，并通过规范的语言文字或其他类型的符号清晰表达的教育认识。这种狭义的教育认识摆脱了个体经验的直接性、具体性和局部性，力求达到对教育实践的客观的、理性的和深层的把握和理解，以揭示复杂的教育要素间存在的比较稳定的带有规律性的联系。这样的教育认识，可以称为“教育的科学认识”，简称“教育学”或“教育科学”。

第一节　教育学的问题与性质

由于教育活动本身的复杂性与多样性，各国对教育学有着不同层面的理解。在我国，“教育学”这个名词大概有如下几种含义。

一是作为所有教育学科门类总称的教育学。根据国务院学位委员会、教育部最新颁布的《学位授予和人才培养学科目录(2011 年)》，作为十二大学科门类之一的教育学，下设教育学、心理学和体育学三个一级学科。其中，教育学一级学科下有教育学原理、课程与教学论、教育史、比较教育学、学前教育学、高等教育学、成人教育学、职业技术教育学、特殊教育学、教育技术学等十个二级学科；心理学一级学科下有基础心理学、发展与教育心理学、应用心理学三个二级学科；体育学一级学科下有体育人文社会学、运动人体科学、体育教育训练学、民族传统体育学等四个二级学科。学科目录适用于学士、硕士、博士的学位授予与人才培养，并用于学科建设和教育统计分类等工作，其在人才培养和学科建设中发挥着指导作用和规范功能。

二是作为一个独立的科学领域的教育学，与社会学、经济学、文化学、心理学等平行学科并列。它是许多学科的综合，是一个庞大的教育学科体系，也就是现代意义上的教育科学。它既包括直接从事教育研究的那些学科，如普通教育学、教育史、教育哲学、教学论、课程论、教育学史等，也包括与自然科学和社会科学有直接联系的那些教育学科，如教育生理学、教育心理学、教育经济学、教育法学等。

三是作为师资培养的一门必修课程，“教育学”是各个师范院校教师教育专业开设的一门带有专业基础性质的课程。这里的“教育学”是一门教学科目，更多地以教材体系表现其内容，一般以“教育学”、“普通教育学”、“教育学基础”、“教育学导论”、“教育学教程”

等冠名，具有概论的性质。从学科体系的角度看，它属于普通教育学的范畴，主要阐释有关教育的一般理论和学校教育的若干规范，以引导学生获得有关教育的一般理论知识和学校教育的实践规范。

本书主要根据第二种含义即作为一个独立的科学领域来理解教育学，但内容体系则是根据第三种含义即作为一门课程来构建的，着重阐述有关教育的基础理论，并在此基础上形成教育实践的基本规范。

一、教育学的问题领域

（一）教育学的研究对象

教育学作为人类科学的一个研究领域，其研究对象的规定应该符合一般科学对象的规定。毛泽东曾指出：科学研究的区分，就是根据科学对象所具有的特殊的矛盾性进行的。因此，对于某一现象领域的所特有的某一矛盾的研究，就构成某一门学科的对象，而问题就是事物矛盾的不同反映。客观事物本身及其相互之间的矛盾是产生问题的前提和基础，但还不是科学的问题本身。只有人们意识到了这个矛盾的存在，意识到解决这个矛盾对于人类自身的意义和价值，客观存在的矛盾才转化为问题，成为科学研究的对象。当代著名的科学哲学家波普尔（Karl Popper，1902—1994年）在研究科学发展史时，也明确提出："我们不是从观察开始，而总是从问题开始……知识的成长是借助于猜想与反驳，从老问题到新问题的发展。"[①]这就是说，问题既是科学的起点、对象，也是科学发展的中介和标志。因此，教育学的研究对象就是教育问题，而不是一般意义上的教育、教育现象或教育规律。那么，教育问题与教育现象、教育规律之间是什么关系呢？

教育现象是对教育活动最广泛的概括，是人类各种教育活动的外在表现形式。教育现象中包含着教育问题，教育问题不会存在于教育现象之外，但并不是所有的教育现象都可以构成教育问题，只有当教育现象中的某些矛盾在一定条件和背景下不断激化，突出地表现出来，才能构成教育问题，成为教育学研究的对象。

教育规律是指教育活动中存在的本质的、必然的和内在的联系。这种本质的、必然的和内在的联系是潜藏于教育现象背后的，必须通过科学的研究才能被把握。因此，揭示教育规律是教育学研究的任务，而不是教育学研究的对象。教育活动规律性的揭示本身是通过对一个又一个的教育问题的研究来完成的，教育问题是通向教育规律之门。

教育问题是教育学形成和发展的过程和动力。教育问题的提出标志着教育学的萌芽；教育问题的发展是推动教育学发展的内在动力；教育问题的转换表明教育学研究传统和范式的变革；对同一问题的不同回答就形成了不同的教育思想或教育观念；善于敏锐地把握、提出和提炼教育问题，是教育学研究的基本功。

教育问题是指反映到人们大脑中的，需要探明和解决的教育实际矛盾和理论疑难。但并不是所有问题都是教育学的研究对象，都可以作为"学"来研究。教育学研究与教育研究是有区别的。教育学仅研究教育中的一般性问题，一般是相对特殊、具体而言的。这些一般问题主要有教育的起源和发展、教育的本质和功能、教育的普遍规律、教育制

---

① （英）卡尔·波普尔.客观知识——一个进化论的研究[M].舒炜光，等，译.上海：上海译文出版社，1987：270.

度、教育目的、教育组织、教育者和受教育者等。它们撇开了教育的各种特定的形式或形态,不以提出解决问题的对策和某种操作方案为目的,而是把问题抽象到普遍、一般的意义上来考察,目的是揭示教育的规律,从最一般意义上去指导教育实践。

概言之,教育学是通过对教育问题的研究以揭示教育规律的一门科学。因此,教育学和教育方针、政策和法规有所区别。教育方针是国家根据政治、经济的要求,为实现教育目的所规定的教育事业发展和教育工作的总方向;教育政策是国家为实现一定历史时期的发展目标和任务而制定的调整教育关系的行动规则;教育法规是指通过立法程序,把国家的教育政策以法律形式固定下来的受强制力保护执行的有关教育的行为规则,包括法令、条例、命令、决定、条令等。它们通过确立具体的行动目标和规范,直接规约和影响教育实践。教育学以揭示教育规律为标志,主要从教育理论、教育观念上为教育实践提供指导。当然,教育学与教育方针、政策和法规又有密切的联系。教育方针、政策和法规要想顺利实施,促进教育事业的健康发展,就必须遵循教育规律;同时,教育学也可以对教育方针、政策和法规是否符合教育规律予以评价乃至批评,并提供合理的建议。此外,教育学也有别于教育经验。教育学的重要理论来源之一是对教育经验的概括和总结,但教育学反过来又对教育经验具有指导和提升价值。因此,既不能把教育学等同于"教育政策解释学",也不能将教育学等同于"教育经验汇编"。

(二) 教育学科分类框架

有关教育知识的学科最初只是作为一门学科的教育学,即普通教育学。它主要研究教育的一般原理和中小学教育规律,内容涉及教育的本质、教育与社会发展的关系、教育与人的发展的关系、教育目的、教育制度、教育内容、教育过程、教育研究方法等,以及中小学校的培养目标、课程设置、教学、德育、课外活动、班级教育、学校管理等。随着科学的发展和教育研究的深入,教育学逐渐形成了许多分支,如学前教育学、高等教育学、职业技术教育学、成人教育学、特殊教育学、课程论、教学论、德育论等。同时,教育问题也引起了其他学科的关注,人们开始思考教育学的理论基础问题。先是德国教育学家赫尔巴特(J. F. Herbart,1776—1841 年)把伦理学和心理学作为教育学的理论基础;后来在实证思潮的影响下,人们又陆续意识到生物学、生理学、社会学、统计学等对教育学的贡献;第二次世界大战以后,经济学、政治学及技术学等也跨入了教育学研究的行列。这样,教育学与其他学科交叉,就形成了许多新的教育学科,如教育哲学、教育社会学、教育经济学、教育人类学、教育心理学、教育统计学、教育评价学、教育技术学、教育未来学等。由此,教育学在形式上就发生了由单数到复数的变化,形成了一个庞大的学科体系。

教育学的分化意味着认识的深入,但也会导致教育认识的分裂和混乱。为此,必须对教育学科进行分类,揭示教育学科群的内在联系和逻辑框架,使教育思维由混沌走向有序,使教育知识由散乱走向系统。这也是从分类学的角度对教育学本身进行的一种反思。对此,人们已做了一些尝试。有学者根据学科研究的功能性质,将教育学科分为基础学科和应用学科。有学者根据教育学科的学科立场,将教育学科分为教育学的"内在整体学科"、"内生分支学科"与"外生交叉学科"。还有学者则综合考虑教育学科的研究对象和研究方法两个维度,提出了教育科学体系的分类框架(见表 1-1)。学科划分的根本依据是研究对象的不同,而教育学的分化主要是从运用其他学科的方法研究教育问题开始的,所以教育学科分类标准的制订需同时考虑到对象与方法,才更能反映教育学科内部的逻辑联系。

表 1-1　教育科学分类框架表

<table>
<tr><td rowspan="7">以教育活动为研究对象；以不同方法运用其他学科</td><td rowspan="3">把被运用学科作为理论分析框架</td><td>分析教育中的形而上问题</td><td>教育哲学
教育伦理学</td><td>教育逻辑学
教育美学</td></tr>
<tr><td>分析教育中的社会现象</td><td>教育社会学
教育政治学
教育人类学
教育生态学</td><td>教育经济学
教育法学
教育人口学
教育文化学</td></tr>
<tr><td>分析教育中的个体的人</td><td>教育生物学</td><td>教育心理学</td></tr>
<tr><td rowspan="2">采用被运用学科的方法</td><td>运用方法直接分析教育活动</td><td>教育史学
教育未来学</td><td>比较教育学</td></tr>
<tr><td>研究如何运用方法来分析教育活动</td><td>教育统计学
教育评价学
教育信息学</td><td>教育测量学
教育实验学</td></tr>
<tr><td rowspan="2">综合运用各门学科解决教育的实际行动问题</td><td>分析与其他领域共有的实际问题</td><td>教育卫生学
教育规划学</td><td>教育行政(管理)学
教育技术学</td></tr>
<tr><td>分析教育领域独有的实际问题</td><td>课程论</td><td>教学论</td></tr>
<tr><td colspan="3">以教育理论为研究对象</td><td>元教育学</td><td>教育学史</td></tr>
</table>

二、教育学的学科性质

教育学的学科性质，是研究教育学必须回答的问题。教育学是一门复杂的科学，关于教育学的学科性质可谓仁者见仁，智者见智。认识教育学学科性质的关键是对教育学的理论性质的把握。关于教育学的理论性质，可以说是一个教育学史上长期争论的基本问题。争论的焦点在于：教育学究竟是一门偏重自然科学性质的客观描述性学科，还是一门偏重社会科学性质的主观解释性学科？对这一问题的不同问答，就构成了人们研究教育的根本指导思想，是统摄人们选择教育研究方法论的精神信念。

通过分析现代科学的发展对教育学的影响过程，可以获得这样的认识：教育研究的基本性质就是一种社会研究，教育学从学科性质看属于带有人文学科特点的社会科学。社会现象的复杂性和教育现象的广泛联系性便决定了教育研究方式不可能是一元的。教育学在属于社会科学的基本前提下，具有容纳多种研究方式的可能性。既要承认科学认识方式的价值，又要认同人文认识方式的规则。教育活动和教育实践是科学尺度与人文尺度的内在统一，科学尺度的标准之一就是人文精神的寻求，人文精神的内涵包括科学信念的坚定。教育学研究者所具备的这种睿智与境界，是当代教育学不断发展的动力之一。

相比其他社会科学而言，教育学在研究对象、研究主体、研究过程、研究方法等方面具有特殊性，兼具实践性与理论性、人文性与科学性、综合性与独特性等特点。进行教育学研究，要深刻领会和把握教育学的这些学科特点，以利于揭示教育规律，论证教育原理，说明教育方法，指导教育实践。

（一）实践性与理论性

教育学以教育问题为研究对象，而教育问题主要在教育实践中产生和显现。正是人类的教育实践，不断推动和促进着教育学的形成和发展。而教育实践的发展离不开教育理论的指导。从教育发展形态看，教育活动经历了从简单到复杂、从分散到集中、从自发到自觉的历史过程。教育机构越来越专门化，教育从附着在家庭和社会的个人教育行为发展为学校教育行为，进而上升为制度化的国家教育体系，并逐渐覆盖全社会，成为个体生活的基本成分。现代庞大的教育体系和复杂的教育实践活动需要教育学的指导。教育学也只有通过指导教育实践，指引教育实践的方向，提升教育实践的水平和质量，从而促进人类的不断进步和自我完善，才能真正实现其独特的价值。

教育学具有实践性，并不意味着它就是中药铺，就是教育实践的操作指南。教育学本身具有理论品格，主要是从理论、观念的层面关注和指导实践。虽然教育学也要研究和提出教育实践的规则与方法，但这不是单纯的规则与方法的研究，而是要实现对教育实践的内在关系的整体把握、价值把握，指向更为广阔和深远的社会生活实践。教育学更为关注的是教育实践者对教育活动本身的理解及他们教育境界的不断提升。实践的研究、操作的研究固然重要、紧迫，但比它们更重要的是对教育实践的新的理解。没有这种新的理解，所有的应用和开发研究只是改变了教育的形式，而没有触及教育的实质，就会失去根本的方向。

（二）人文性与科学性

教育学的人文性，实质上就是指教育学具有“生命关注”、“文化涉入”、“价值关联”等特征。教育学的研究对象是教育问题，虽然教育问题的形成有客观的事实基础，但并非纯粹客观的问题，而是带有明显的主观性、时代性、价值性的问题。更为重要的是，教育是培养人的活动，教育学必然要关注人的生命、文化、精神、价值等。这些问题单纯依靠事实研究、实证分析是无法解决的，需要用人文的认识方式来澄清。所以，教育学在本质上不是一类以价值中立、文化无涉为前提，以事实发现和知识积累为目的，以严密的逻辑体系为依托的科学活动，而是一类以价值建构和意义阐释为目的的价值科学或文化科学。同时，教育学研究本身也是研究者内心世界的参与和表达的过程，是一个富有意义、追求价值的过程，其间也必然蕴含着研究者对教育意义的阐释、教育价值的构建、教育理想的追寻。从这个角度看，教育学属于人文学科的范畴。

教育学虽说在本质上是一种人文学科，不能用科学主义的思维来思考教育问题，但也并不是与科学划清界限，完全将二者孤立起来的。其实，教育学研究离不开科学的支撑。首先，教育学需要借助一定的科学知识，来获得一些相关的必要的认识。当然，教育学的目的不是验证或丰富这些科学知识。其次，教育学研究需要运用一些科学方法，如调查、观察、实验、统计等，来获得关于教育事件的真实、全面的信息。不过，这不是教育学研究的全部或根本的思维方式，只是教育学研究的必要的环节和方面。最后，教育学具有科学性，最根本的要求是教育学应具有科学精神，如实事求是、追求真理、批判谬误、破除迷信、崇尚自由等，而这些也恰恰是人文精神的应有之义。

（三）综合性与独特性

教育学具有综合性的特点，首先表现在研究方法的综合性。教育活动的复杂性与教育事件因果关系的多样性，决定了教育学研究必须依赖多种方法，要从多角度把握研究对象发展变化的状况与趋势，对研究对象进行全面而深刻的考察和分析，才能抓住教育问题的本质。其次，教育学的学科基础也具有综合性的特点。教育学既要研究教育的社会性问题，又要探讨具体的教育过程中人与人、人与社会和人与自然的关系。这就必然涉及自然科学、社会科学及人文科学的众多领域，需要应用其他学科的研究方法，吸收其他学科的相关研究成果。虽然教育学从学科性质上看属于社会科学，但教育学要解决的问题是综合性的，既要说明是什么，又要解释为什么，还要讲出如何做，因此教育学必须以多个学科为基础，将自然科学、社会科学和人文科学融为一体，才能实现其研究目的和学科价值，这也是教育学发展的一个显著特点。

教育学与其他学科关系密切，其研究的深度在很大程度上取决于其他学科的研究所达到的水平，但教育学对这些学科不是简单地移植、照搬、套用或依赖，而是以自己独特的研究视角和学科立场，实现其他学科知识的教育学转化。比如，同样是对人的研究和关注，不同的学科有不同的视角和方向。生物学和医学主要研究的是人的生物有机体的生长变化；心理学关注的是人的心理现象或神经系统；哲学更多考虑的是人的本质、认识和价值等问题；而教育学要探讨的是如何通过教育活动有效促进和实现人的整体发展和自我超越。很显然，这一教育问题的研究要建立在生物学、心理学、哲学等研究成果的基础上，但也毫无疑问，教育学对人的关注不同于这些学科，而是站在一个更高的角度来研究人的发展问题。所以，教育学与其他学科都有各自的独特性，它们是在某种共通的基础上，相互借鉴，相互促进的。

第二节　教育学的产生与发展

教育学是随着社会的发展和人类教育经验的丰富而逐渐形成和发展起来的一门科学，具有深厚的历史积淀和丰富的遗产。了解它的历史，研究它的遗产，对于学习教育学，丰富与发展教育学，都具有重要的意义。

一、教育学的萌芽

可以说，自从有了教育活动，就有了人们对教育活动的认识。人类早期的教育认识主要停留在经验和习俗的水平上。古代一些思想家、政治家和教育家也只是在论述哲学或社会问题时顺便涉及教育问题，表述自己的教育思想。并且，他们在论述教育问题时也多是从自己的某些观念出发，阐释"教育应如何"的问题，而不是采用科学的方式，回答教育"是什么"、"为什么"的问题。因此，这一教育认识活动阶段只能称为"前教育学时期"或教育学的"前科学时期"。这种对教育现象和问题的前科学的认识，不仅存在于人类教育认识的早期，而且存在于当前和今后人类对教育的认识中，如一些家长的育儿经、一些民族的教育习俗等。在教育学的前科学时期所取得的教育认识成果，主要体现在一些思想家、政治家、教育家的哲学著作、政治著作或语言记录中。

在中国，以孔子为代表的儒家思想和文化，自汉代以来一直是古代中国的主流意识形态，对中国教育的发展产生了极其深远的影响，其代表性著作主要有记录孔子言论的《论语》、孟子的《孟子》、思孟学派[①]的《中庸》、朱熹的《四书章句集注》、王守仁的《传习录》等。此外，还有道家、墨家、法家等思想派别也提出了各自的教育主张，如道家老子的《老子》和庄子的《庄子》、墨家墨子的《墨子》、法家韩非的《韩非子》等。在我国的封建时代，涌现出不少优秀的教育著作，如思孟学派的《学记》，荀子的《劝学》，《大学》，韩愈的《师说》，颜元的《存学篇》等。其中，战国末期儒家思孟学派撰写的《学记》，是人类历史上最早出现的专门论述教育问题的著作，比外国最早的教育著作——古罗马教育家昆体良撰写的《论演说家的培养》还早 300 多年。《学记》是我国古代教育经验和儒家教育思想的高度概括，全文虽然只有 1229 个字，却对教育的作用、教育制度、教育教学的原则和方法以及师生关系等问题，作了精辟的论述，成为千古传诵的教育名篇，至今仍有现实指导意义。

在西方，首先需要提到的是古希腊的苏格拉底、柏拉图和亚里士多德。苏格拉底创立了著名的"问答式"教学法(又称"助产术"或"产婆术")，即通过巧妙的诘问，让学生"自知其无知"，进而引导学生自己进行思索，自己得出结论。柏拉图的教育思想集中体现在他的代表作《理想国》中，他将可见的现实世界与抽象的理念世界区分开来，认为人类要想从现实世界走向理念世界，一个非常重要的途径就是通过教育，帮助未来的统治者获得真知，以洞察理想的世界，才能引导芸芸众生走向光明。亚里士多德的教育主张在他的《政治学》中有充分的反映，他认为教育的最高目的是追求美德，主张按照儿童心理发展的规律对儿童进行分段教育，这也成为后来强调教育中注重人的发展的思想渊源。此外，古希腊的毕达哥拉斯及其代表作《金言》，古罗马的昆体良及其教育著作《论演说家的培养》，以及中世纪和文艺复兴时期许多思想家的哲学、社会学论著，对当时或后世的教育认识和实践都产生了深远的影响。

这一时期人类的教育认识是对当时的教育实践所作出的经验总结，特别是一些伟大的思想家提出的许多深刻而精辟的观点，包含着大量科学的成分，对后来教育学的创立和科学化产生过并将继续产生积极的作用。但就其理论的系统性与深刻性而言，无论是在我国还是在西方，所有的教育方面的著作和言论都没有达到科学的水平，没有形成专门的教育学语言，思维与论述的方式也大都采用一些机械类比、比喻、格言、寓言等方式，缺乏科学的理论分析，没有形成完整的体系，因而只能说是教育学的萌芽或雏形。

二、教育学的学科化努力

在相当长的历史时期，哲学是一切知识的母体，人类在各个领域的知识探索都是在哲学的旗帜下进行的。随着人们认识的拓展和深入，在许多领域积累了丰富的资料，并

① 严格说来，思孟学派应该是子思学派和孟子学派的通称，因二者思想上具有某种一致性，所以人们往往将其联系在一起，称为思孟学派。参见梁涛.郭店竹简与思孟学派[M].北京：中国人民大学出版社，2008.

在整理资料的过程中，人们的认识逐渐由综合走向分化，许多学科也就慢慢地从哲学母体中分化出来，成为独立的学科。从17世纪初开始，教育学开始从其他领域中分化出来，进入学科创建阶段。

一般说来，教育学成为独立学科的标志主要有：第一，从对象方面而言，教育问题构成一个专门的研究领域；第二，从概念和范畴方面而言，形成了专门的反映教育本质和规律的教育概念、范畴及体系；第三，从方法方面而言，有了科学的研究方法；第四，从结果方面而言，产生了一些重要的教育学家，出现了一些专门的、系统的教育学著作；第五，从组织机构而言，出现了专门的教育研究机构。当然，这些标志并不是同时出现、一蹴而就的，而是在比较长的历史时期内逐渐形成的，前后经历200多年的时间。

作为近代实验科学的鼻祖，英国哲学家培根为独立形态教育学的出现作出了重要贡献。他于1623年在《论科学的价值和发展》一文中，提出了科学分类的基本框架，首次把教育学作为一门独立的学科提了出来，与其他学科并列。

在教育学的独立学科化过程中，捷克教育家夸美纽斯取得了突出的成就，受到后世教育学家们的高度赞誉。夸美纽斯一生写了大量的教育论著，其中最著名的就是《大教学论》。他在这本书里提出了"泛智教育"思想，探讨把一切事物教给一切人类的全部艺术，提出了系统的教育目的论、方法论、教育原则体系、课程与教学论、德育论以及一些学科教育思想。该书不仅指出了教育应该怎么办，而且努力地为教育措施寻找理论依据。这本书的教育学价值主要在于使教育问题开始成为一个专门的研究领域，在此之后人们开始了教育学的独立探索时期。因此，在教育学史上，一般把夸美纽斯的《大教学论》看成是第一本教育学著作。

英国哲学家洛克于1693年出版了《教育漫话》，表明教育学史在英国有了真正的开端。在这本书中，洛克提出了著名的"白板说"，认为人的心灵如同白板，观念和知识都来自后天，并且得出结论——天赋的智力人人平等，人类之所以千差万别，便是由于教育之故。他主张取消封建等级教育，人人都可以接受教育，提倡绅士教育，并建构了完整的绅士教育理论体系。在教育学理论构建和写作形式上，洛克没有留下可供后人借鉴的任何东西，倒是在教育思想上为后人提供了一种鲜明的教育价值取向。

法国思想家卢梭于1762年出版了享誉全球的《爱弥儿》，这是反封建的理性革命声音在教育领域的反映。在《爱弥儿》中，卢梭提出了"自然教育"的思想。自然教育有两层意思：一是儿童的教育要远离城市，到偏远宁静的乡村进行；二是教育不要从过去的惯例或习俗出发，而要从儿童的自然本性出发。他认为儿童的自然本性是向善的，只要尊重儿童的本性，发展儿童的个性，就能培养出独立、自由、平等、博爱的人。卢梭的教育学说是教育思想史上自然主义的源头，《爱弥儿》是现代儿童观的第一部宣言。其对现代教育理论和实践的影响，堪称教育学史上的哥白尼。

德国著名的哲学家康德对于教育学创立的贡献，主要由于他在大学讲坛上以哲学家的身份讲授教育学，并为后人留下一部教育学著作。康德在哥尼斯堡大学期间，先后四次讲授教育学课程，并将自己有关教育的讲演稿交给学生编纂发表。1803年，《论教育学》一书出版。在该书中，康德明确指出，教育是一门很难的艺术，教育一定要成为一种学业，否则毫无希望；教育的方法必须成为一种科学，否则绝不能成为一种有系统的学问。作为教育学家，康德除了直接影响赫尔巴特等人外，最重要的贡献是开创了教育学史的一个新时代，即哲学教育学的时代。

瑞士著名教育家裴斯泰洛齐对科学教育学的创立做出了更直接的贡献。他一生写了许多教育论著，其中最著名的是《林哈德和葛笃德》。在该书中，他把教育的目的规定为全面、和谐地发展人的一切天赋力量和能力。因此，为达到这个目的，教育必须与生产劳动相结合，必须符合学生的本性，必须从最简单的要素开始直到最复杂的事物。他明确地提出"使人类教育心理学化"的口号，对于推动教育活动的科学化及教育学的诞生都起到了重要的作用。

对教育学的学科创建做出最重要贡献的是赫尔巴特。赫尔巴特是康德哲学教席的继承者，德国著名的心理学家和教育学家，在世界教育学史上被认为是科学教育学的奠基人。他的《普通教育学》被公认为第一本科学教育学著作，是教育学成为独立学科的标志。赫尔巴特明确提出，必须将哲学和心理学作为教育学的理论基础，建立教育学的基本概念，使教育学成为科学。在《普通教育学》中，赫尔巴特构建了普通教育学的基本框架，即教育目的、教学论、德育论和学校管理，由此形成了教育学研究和思维的目标-手段范式。他认为教育的最高目的是培养和完善人的性格和道德；提出教学的教育性原理，认为教学是教育的主要手段，教育是教学的目的；根据统觉心理学的原理，将教学过程分为明了、联想、系统、方法四个阶段；强调权威作用，坚持教师、教材、教室（课堂）三中心论。赫尔巴特在哥尼斯堡大学期间，除了讲授哲学和教育学课程外，还创办了教育科学研究所和实验学校。所有这些，最终使得教育学从哲学中独立出来，成为科学大家族中的一员。

赫尔巴特之后，进一步推动教育学科学化的，首推英国实证主义哲学家斯宾塞，他是第一个运用实证主义哲学观分析教育的人。他从社会进化论的观点出发，提出教育要为完满的生活作准备，确立了实科教育思想及尊重科学知识的教育价值观念。在《教育论》一书中，他系统地论述了学校教育内容和方法，构建了一个以学科知识为中心的课程体系，总结了教学的原则与方法。斯宾塞对于教育学的贡献主要表现在他开创了科学教育学的新时代，为现代教育科学乃至众多教育分支学科（如教育测量学、教育统计学等）的产生奠定了理论基础。为此，有学者甚至认为，使教育学成为专门学问者，当推赫尔巴特和斯宾塞二人，他们共同奠定了现代科学教育学的基础。

概括地说，教育学的独立和创建是各种主客观条件综合作用的结果。首先，是来源于教育实践发展的客观需要。17 世纪初，新航路的开辟，资本主义的产生和发展，催生了新型的实科学校，需要新的教育思想、新的教育方法，更需要具有新思想和新方法的教师。1684 年，法国创办了教师讲习所。随后，许多国家开设了师范学校。所有这些，都促进了教育学的创立。其次，教育学的独立与当时的科学发展趋势有着密切的关系。如前所述，随着人们认识成果的不断积累，许多学科从哲学中分化出来成为独立的学科，已成为当时科学发展的总趋势。与此同时，随着一般的科学方法论的建立，努力将自己建设成为一门科学，成为当时各学科建设的基本追求。为此，教育学的独立和科学化也是不可避免的事实。再次，教育学的创建与一些著名学者和教育家们的努力是分不开的。几代教育家的努力，使教育认识从教育术的阶段上升为教育学的阶段，由前科学时期进入科学时期。不过,由于历史的局限和教育问题及其研究本身的复杂性,这一时期的教育学研究还是初步的、稚嫩的,对有些问题的论述也是不正确的,需要进一步反思和研究。

三、教育学的多样化发展

赫尔巴特提出的教育学由于主要建立在理性主义基础上,思辨的成分很重,对教育现象及其问题缺乏实际的研究,不能提供切实可靠的教育知识,因此不断地受到人们的批判。随着各国教育实践的不断发展和来自教育学内部的批判,出现了许多新的教育学派别和重要的教育学著作,教育学进入多样化发展阶段。其中,最有影响的有以下几个学派。

(一) 实验教育学

实验教育学是19世纪末20世纪初,在欧美一些国家兴起的用自然科学的实验法研究儿童发展及其与教育的关系的理论。其代表人物有德国的教育学家梅伊曼和拉伊,代表著作主要有梅伊曼的《实验教育学纲要》和拉伊的《实验教育学》。实验教育学的主要观点是:反对以赫尔巴特为代表的强调概念思辨的教育学,提倡把实验心理学的研究成果和方法运用于教育研究,从而使教育研究真正科学化;主张用实验、统计和比较的方法探索儿童心理发展过程的特点及其智力发展水平,用实验数据作为改革学制、课程和教学方法的依据。实验教育学所强调的定量研究成为20世纪教育学研究的一个基本范式,极大地推动了教育科学的发展。实验教育学的方法也是有局限性的,因为像教育目的这样涉及价值判断和选择的问题就不能通过实验的方法来解决。

(二) 实用主义教育学

实用主义教育学是19世纪末20世纪初在美国兴起的一种教育思潮,是典型的美国版的教育学,对20世纪整个世界的教育理论研究和教育实践发展产生了极大的影响。其代表人物是美国的杜威、克伯屈等,代表作有杜威的《民主主义与教育》和《经验与教育》、克伯屈的《设计教学法》等。实用主义教育学的基本观点是:第一,教育即生活,教育的过程与生活的过程是合一的,而不是为将来的某种生活做准备的;第二,教育即学生个体经验的持续不断的增长,除此之外教育不应该有其他的目的;第三,学校是一个雏形的社会,学生在其中要学习现实社会中所要求的基本态度、技能和知识;第四,课程组织以学生的经验为中心,而不是以学科知识体系为中心;第五,师生关系中以儿童为中心,而非以教师为中心,教师只是学生成长的帮助者,而非领导者;第六,教学过程中重视学生自己的独立发现、表现和体验,尊重学生发展的差异性。实用主义教育学对以赫尔巴特为代表的理性主义教育理念进行了深刻的批判,推动了教育学的发展。其问题是忽视了系统知识的学习,忽视了教师在教育教学过程中的主导作用,忽视了学校的特质,并因此受到了20世纪美国社会及其他国家思想家的连续不断的批判。

(三) 马克思主义教育学

马克思主义教育学包括两部分内容:一部分是马克思恩格斯以及其他马克思主义的经典作家对教育问题的论述,也就是他们的教育思想;另一部分是教育学家们根据马克思主义的基本原理(包括教育原理)对现代教育一系列问题的研究结果,如苏联教育学家凯洛夫的《教育学》、中国早期的共产党人杨贤江的《新教育大纲》等。

马克思恩格斯第一次从社会、教育与人三者之间历史的、现实的总体联系中，考察教育和人的发展问题，为教育学的发展奠定了科学的方法论基础。马克思主义教育学的基本观点是：第一，教育是一种社会历史现象，在阶级社会中具有鲜明的阶级性，不存在脱离社会影响的教育；第二，教育起源于社会生产劳动，劳动方式和性质的变化必然引起教育形式和内容的改变；第三，现代教育的根本目的是促使学生个体的全面发展；第四，现代教育与现代大生产劳动的结合不仅是发展社会生产力的重要方法，也是培养全面发展的人的唯一方法；第五，教育一方面受社会发展制约，另一方面又具有相对独立性，并反作用于社会，对于促进现代社会政治、经济与文化的发展具有巨大的作用；第六，唯物辩证法和历史唯物主义是教育科学研究的方法论基础，既要看到教育现象的复杂性，不能用简单化的态度和方法来对待教育研究，又要坚信教育现象是有规律可循的。

（四）批判教育学

批判教育学是20世纪70年代之后兴起的一种教育思潮，也是当前在西方教育理论界占主导地位的教育思潮，对于教育诸多问题的研究都有比较广泛和深刻的影响。批判教育学的代表人物及其代表著作主要有：美国鲍尔斯与金蒂斯的《资本主义美国的学校教育》、阿普尔的《教育中的文化与经济再生产》(1982年)、吉鲁的《教育中的理论与抵制》、法国布厄迪尔的《教育、社会和文化的再生产》等。

批判教育学针对当代西方资本主义教育制度中的种种不平等不公正现象进行了分析与批判，其主要观点是：第一，当代资本主义的学校教育维护现实社会的不公平和不公正，是造成社会差别、社会歧视和社会对立的根源；第二，社会的政治意识形态、文化状态、经济结构强烈地制约着学校的目的、课程、师生关系、评价方式等，学校教育的功能就是再生产出占主导地位的社会政治意识形态、文化关系和经济结构，因此，下层民众的子弟、文化处境不利者的子女以及被统治阶级的孩子就很少能在学校教育系统内取得成功；第三，教育理论研究不能采取唯科学主义的态度和方法，仅仅依靠收集、整理、统计一些数据来进行，而要采用实践批判的态度和方法，揭示具体教育生活中的利益关系，使之从无意识的层面上升到意识的层面，积极地寻找克服教育及社会不平等和不公正的策略。新世纪的批判教育学仍在发展之中，必将对西方教育理论乃至我国的教育理论产生重要的影响，应该给予积极的关注。

除了以上各种教育学流派以外，第二次世界大战以后，还出现了一些有重要影响的教育理论家和教育著作。如美国心理学家布卢姆创立了教育目标分类学；教育心理学家布鲁纳在《教育过程》中，提出“学科基本结构”的课程观念和“发现学习”的教学理论。苏联心理学家、教育家赞科夫在《教学与发展》中，提出“教学必须促进学生一般发展”的思想；苏联教育科学院院士、副院长巴班斯基提出“教学过程最优化”理论。此外，还有法国成人教育学家保罗·朗格朗提出了“终身教育”思想。这些都在一定程度丰富和发展了教育理论，进一步推动了教育学的多样化发展。

四、当代教育学的发展趋势

随着社会经济的迅速发展，科学技术的突飞猛进，教育学研究也发生了巨大的变化，以至于如今的教育学与初创时期乃至20世纪初的教育学已经大不相同，呈现出新的面貌和发展态势。

（一）教育学研究的问题领域急剧扩大

随着教育学的社会影响不断扩大，其问题领域亦随着教育内涵的丰富、外延的拓展而扩大。20世纪初，教育学研究主要集中在对学校教育问题的研究上，而且主要集中在对学校教育教学过程中出现的问题的研究上。到21世纪，教育学研究的问题领域已经从微观的教育教学过程扩展到宏观的教育规划，从教育的内部关系扩展到教育的外部关系，从基础教育扩展到高等教育，从正规教育扩展到非正规教育，从学校教育扩展到社会教育，从正常儿童的教育扩展到一些有特殊需要的儿童的教育，从儿童青少年的教育扩展到成人教育、老年教育等，一个巨大的教育问题领域已经形成。因此，有人把教育学说成是对所有人的教育的科学，教育学变成了终身教育学、大教育学。

（二）教育学研究基础多样化

随着科学技术的发展，教育学研究的基础越来越多样化。在赫尔巴特时代，教育学的基础主要是哲学和心理学，当代教育学的基础包括了更加广阔的学科领域，如生理学、脑科学、社会学、经济学、政治学、法学、人类学、文化学、科学哲学、技术学、管理学等。不同的人可以从不同的理论基础出发进行研究，如实用主义教育学、批判教育学等就是从不同的理论基础出发，对教育的一系列问题发表自己的见解，从而形成了不同的教育观，彼此之间相互批评、相互借鉴、相互吸收，出现了一个教育学史上少有的百家争鸣的时代，推动了教育理论和教育实践的发展。

（三）教育学研究模式多元互补

要提高教育学的科学化程度，必须利用现代知识体系的多学科进行多角度、多侧面、多层次的研究。与之相关的就是教育学研究模式的多样化：有的从科学主义的角度进行研究，强调对教育活动中数量关系的描述；有的从人文主义的角度进行研究，强调对教育活动中非数量关系的质的东西进行分析；还有的介于二者之间，或偏向一方，或二者结合。就教育学研究的层次而言，也出现了基础研究、应用研究、行动研究、开发研究、咨询研究等多种层次类型，彼此之间相互依赖、相互渗透、相互推动，构成教育学研究的完整体系。

（四）教育学学科进一步分化与综合

20世纪中叶以来，随着教育问题领域的扩展以及研究基础和模式的多样化，教育学发生了快速的学科分化，一个个组成部分纷纷发展为独立的学科。与此同时，这些相对独立的学科又与其他类型的学科进行交叉，出现了许多子学科、边缘学科。值得注意的是，20世纪后半叶的教育学在发生高度分化的同时又出现了高度综合的现象，子学科与子学科之间，子学科与边缘学科之间，以及子学科、边缘学科与其他非教育学科之间，出现了多种形式、多种层次和多种类型的综合，产生了许多新的教育知识增长点。例如，分化出来的教学论与哲学、教育哲学综合产生教学哲学，与社会学、教育社会学综合产生教学社会学，与人类学、教育人类学综合产生教学人类学，与技术学、教育技术学综合产生教学技术学等。又例如，从教学论中分化出来的课程论又与哲学、社会学综合，出现了课程哲学、课程社会学等新的学科领域。这种多层次、多类型、多形式的学科综合，打破了传统学科界限，扩展了研究视野，深化了问题研究，使得当代教育学研究走上了一个新的阶段。

（五）教育学研究与教育实践改革的关系日益密切

教育学的研究在刚刚独立的时候主要是一种形而上学的研究，研究者注重的是从自己的某种哲学或伦理学或政治学的观点出发，提出一些有关教育的规范性要求，这样一来对教育实际活动中所面临的问题关注不够，所发表的见解也就与教育活动的改进关系不大。当代教育学研究这种形而上学的风气大减，研究者们所关心的是教育实践中到底存在哪些问题，问题产生的原因是什么，以及如何解决这些问题。与此同时，当代教育实践的发展也日益呼唤着教育理论的指导，这为教育学的发展提供了强大的社会动力。在这种情况下，教育理论工作者与教育实践工作者之间的隔膜乃至对立状态均得到了一定程度的改善，在一些教育理论工作者与教育实践工作者之间出现了多种形式的接触、交流和对话。

（六）教育学加强了对自身的反思并尝试建立元教育学

教育学的发展与其对自身的反思是分不开的。当代教育学发展的一个重要特征就是出现了自觉的教育学反思。教育学反思作为一种研究活动而言不同于对教育实践的研究，它是对教育研究的研究，即对教育研究的元分析，其目的不是要形成教育理论，而是要检讨教育研究活动本身的目的、性质、价值、知识结构等，形成教育学观。教育学反思之所以如此，是因为不提高理论活动的自觉性，就不能提高理论本身的清晰度和科学性，不能更好地为教育实践服务。有关教育学自身的反思研究结果就形成了教育的元理论或元教育学，即关于教育学学科自身的知识体系，如关于教育学研究对象的知识、逻辑起点的知识、发展史和历史分期的知识、知识陈述形式的知识、教育学理论与教育实践关系的知识、教育学者社会责任的知识、教育学知识结构的知识等。这些教育学元理论的出现，会极大地提高教育学者的理论自觉性，会推动明日教育学的发展，使之在当代和未来教育改革中产生更大的作用。

第三节　教育学的价值与学习

教育学是在人类社会教育实践（包括个体教育实践活动）的反思中形成和发展起来的，是人们对教育的一种理性认识和科学探索。它必将提高人类社会教育活动的自觉性，使教育的发展和活动过程循规律、有章法、出实效。正是夸美纽斯的《大教学论》总结了班级授课制的特点和规范，有力地推动了班级授课制的推广普及，从而促进了适应大工业生产所需要的普及义务教育的发展；也正是教育经济学的研究和影响，才催生了“百年大计，教育为本”“经济要发展，教育要先行”的社会发展理念。教育学的宏观价值如此，其微观意义更为无数优秀教师的教育实践和专业成长所证实。这里，主要就教师教育专业公共教育学课程的意义和学习，作些分析和讨论。

一、教育学的价值

教师是履行教育教学职责的专门人员，但教师这个专业和其他专业不同，其他专业如律师，他只要具备法律、法规方面专业知识就可以做好一个律师，但教师只具备所教学科的知识，并不必然保证他能成为一个好教师。教师既要知道“教什么”，又要知道“怎样教”，更要知道“为什么教”。作为一名合格教师，不仅要接受所教学科专业训练，还要进行教育专业训练。所以，教师教育是“学科性”与“教育性”、“学术性”与“师范性”的统一，是学科专业教育与教育专业教育双专业的整合。师范院校开设的公共教育学就是对学生(即未来的教师)进行教育专业训练的重要内容之一，其目的在于帮助教师获得必要的教育理论素养，必需的专业思想意识和基本的工作能力与技巧。具体说来，学习教育学的意义有以下几个方面。

(一) 传承教育知识，塑造专业形象

教育学作为教师教育的必修学科，最基本和最基础的功能便是直接向教师(或准教师)传承教育理论知识及其所蕴含的深层文化。应该说，教育学的产生和发展与教师教育的完善和成熟是密不可分的。特别是教师由职业向专业转变的今天，教师教育更加呈现出开放性和多元化的格局。而这一切的顺利实现，终将有赖于教育学学科传承教育学知识与文化这一功能的有效发挥。“教师职业专业化的提出和实践，既是教师教育步入一个新的历史发展阶段的体现，也是教师教育自我提升的必然结果。”[①]必须看到，专业化教师已不再单纯如《师说》中所言的传道、授业、解惑者，他们更应是兼具积极专业精神、精深专业知识、娴熟教学技能的示范者、管理者和研究者。作为专业化教师，他们将不仅纯粹作为学科知识(即“教什么”的知识)的输送器，更重要的是应把专业知识(即“如何教”的知识)融会贯通于学科知识中，使教学过程本身焕发生命活力。而这一切目标的顺利达成与实现，是离不开教育学作为学科依托进行系统的师范训练和教师素质培养的，否则必将舍本逐末、无功而返。教育学的直接功能，在于通过教师教育过程中的知识传播、能力锻炼和素质培养，最终塑造教师的专业形象。

(二) 陶冶教育态度，坚定教育信念

教育态度是教育工作者关于教育工作的情感体验。积极的、健康的教育态度是教育工作不竭的精神动力，消极的和不健康的教育态度则是导致教育素养缺陷的主要原因。在各种各样的教育态度中，教育信念因其坚定性和强烈性而成为一种最可宝贵的精神力量。拥有坚定的教育信念是所有伟大教育家的共同人格特征，其本身就具有重要的教育价值和巨大的教育力量。然而，无论是教育态度还是教育信念，都不是凭空形成的，也不是教育者狭隘感觉经验的产物。它们与教育知识特别是教育理论知识的获得有着直接的关联，所谓“知之深”才能“爱之切”。教育学课程及其教学对学习者教育态度和信念的影响，一方面是通过关于教育之于人和社会发展的作用、功能的论述，奠定学习者热爱教育事业、坚定教育信念和态度的理性思想基础；另一方面是通过对古往今来许多伟大教

---

① 柳海民.当代教育理论专题[M].长春：东北师范大学出版社，2002：40-41.

育家和优秀教师不断创新探索的人格魅力，终身献身教育，奉献毕生心血造就大批人才甚至杰出人才，从而实现人生价值的叙事教学，感染、陶冶学习者的态度和信念来实现的。

（三）启发教育自觉，领悟教育真谛

所谓教育自觉，就是基于对教育的深刻理解而形成的合目的合规律的教育意识。具有教育自觉性的教师，懂得什么是教育、为什么进行教育、怎样进行教育，从而能自觉地根据教育目的目标和教育规律，结合教育对象的实际，采取适当而有效的教育行为。具有教育自觉性的教师，既不会盲目照搬教科书的教条，也不会盲目套用别人的教育经验，更不会主观随意地跟着感觉走。而这种教育自觉又不是天生的，也不是像技术或规则一样可以由外部获得的。它来自理论的教化以及在理论启迪之下的内在自觉性。教育学的首要价值就在于对广大的教育实践工作者进行这种理论的教化，促使他们的内在反省，从而不断地提高教育活动的自觉程度，深刻地理解教育活动的价值和意义，领悟教育真谛。学习教育学理论，就是要提升教育工作者的教育自觉性，使之从一个教书匠成长为一个教育家，从一个以教育为业的人转变为一个以教育为毕生追求的人。

（四）增长教育见识，开阔教育视野

教师教书育人是一种复杂的创造性的劳动，要面对复杂而多变的教育对象和教育环境，面对不断发展、更新的教育内容和手段，面对不断变化、变革的社会背景与需要。如果仅仅凭着对教育的习俗性认识，个体有限的教育经验和封闭的个体性思考，是很难适应各种教育因素的发展变化的，也是很难超越个体局限的。其结果必然是观念的僵化、方法的陈旧、知识的老化，造成教育的效果不佳或低下，或是导致学生的厌学与反感。而教育学教材及其教学，既要在教育基本问题上讨论许多不同教育流派的思想观点和理论主张，也要介绍现实的各种教育改革、变革的模式和方法，同时还要引进许多优秀教师的教改经验和做法。这不仅有助于形成学习者的教育观念，而且有利于学习者开阔教育视野，增长教育见识，吸取新鲜的教育经验，掌握教育新模式、新方法，启发教育思路。

（五）引导教育反思，奠定研究基础

一个好的教育工作者，应该是一个能够不断自我反思、自我发展的教育工作者。所谓能够自我反思，就是指能够不断地在思想领域对自己所作所为的合理性和合法性进行追问；所谓能够自我发展，就是指能够不断地超越自己已经达到的教育境界，追求某种更高的教育境界。一个有实现自我人生价值理想的教师还应该是一名教育研究者。在当代，教师角色趋向于由教学者向研究者转变，由传递型教师向研究型教师转变。事实上，许多优秀教师、特级教师，就是由不断总结、反思、研究而成长为专家型教师的。教师要具有自我反思和教育教学研究能力，当然需要不断实践、勇于探索和经验积累，这是基础和前提条件。但是没有理性自觉，实践可能是盲目行动，探索可能是误打误撞，经验只能停留在感性层面。况且经验具有局限性，在实践条件改变了的情形下，曾经行之有效的经验可能碰壁失效。盲目探索与实践，极有可能误人子弟，甚至害人子弟。因此，教育科学理论的学习，无论对于自我反思、经验总结，还是对于教育教学改革实践、开展教育教学研究，都是必要和重要的。教育理论学习给予教师以教育基本概念和原理，有助于反思的知识指导，有助于将经验上升为具有普遍意义的教育观点，也有助于发现和思考问题，在共同的知识平台上表达自己的见解，与不同的教育观点进行对话和交流。

二、教育学的学习

学习教育学对于教师的专业成长有着十分重要的意义。但由于教育学是一门理论性较强的学科，对没有教育教学实践经验的在校师范生来说，只有掌握科学的学习方法，才能取得良好的学习效果。

（一）要掌握教育学学科的基本结构

学好一门课程，关键是要掌握学科的基本结构。所谓学科基本结构，就是一个学科的基本概念、原理、方法和价值观的总体。在教育学中，有一些核心的概念、原理、价值观和方法，它们构成一个有机联系的体系。学习这门学科，首先是要整体掌握这些基本概念、原理、价值观和方法，并把它们有效内化到自己的认知结构中去，深入领会其要义，并把握好概念之间的联系，形成教育学学科的基本结构。掌握学科基本结构是学习教育学的基本目标。

（二）要领会基本的教育概念、命题或原理

教育学是一个专门的知识领域，它有着自己独特的概念体系，以及建立于这种概念体系基础上的命题或原理。不掌握这些概念、命题或原理，就不能理解人类在教育问题上已经取得的认识成果，就不能为新的教育知识创新打下基础。因此，掌握一些基本的教育概念、命题或原理，是教育学学习的基本功。需要注意的是，教育学的概念、命题或原理不像自然科学的概念、命题或原理那样具有唯一性、确定性或同质性，而经常是具有多样性、不确定性或多质性的。因此，学习者在学习的时候不要有一种非此即彼的心态，接受了一种说法就排斥另一种说法，而应该认真地分辨各自的角度与合理性，用一种宽容的学术态度来看待不同的解释或观点。

（三）要分析教育概念、命题或原理背后的理论假设

教育知识是一个开放的体系。说它是开放的体系，是指教育知识往往与其他领域的知识交织在一起，甚至是以其他学科的知识为基础的。在通常的情况下，教育知识与哲学知识、社会学知识、经济学知识、文化学知识以及心理学知识之间有着密切的关系，后者构成了教育学庞大的基础性学科。许多教育知识背后都有着哲学、心理学等学科的假设，不理解这些假设，就不能理解一种理论流派或一个人的教育学观点。因此，教育概念、命题或原理的学习应该经常地深入到它们赖以建立的其他学科知识中去，不能就教育知识而论教育知识。如果这样的话，学习者对教育知识的理解就只能停留在表层，只能知其然，而不能深入到它们的内部，知其所以然。

（四）要注意理论结合实际

从性质上说，教育学是一门价值性学科、实践性学科，与教育实践有着密切的联系。任何一种教育理论，都是对某种或某些教育实践问题的解释或解决而形成的。因此，教育学的学习必须扣住不同的理论所关注的教育实践问题来进行，而不能脱离教育实践问题的把握，单纯地记忆一些教育的词句或原理。所谓紧紧扣住教育实践问题，主要体现

为两个方面:一方面,学习者要积极地运用实际经验来阐释和理解理论,即借助个人经验、典型案例和现实情境等因素,促进对概念和原理的把握。主动关注教育问题,对教育问题有一种高度的敏感性,并带着一种求解的心态去学习教育学。另一方面,学习者要做到学以致用,即关注教育现实,努力运用所学理论去分析和解决现实问题,要善于从比较抽象和一般的教育理论中发现它们与教育实际工作之间的内在联系,并尝试着用新的理论来解释或解决自己所遭遇的形形色色的教育问题,检验这些理论的解释力或指导力。

(五)要广泛阅读教育书刊

对于教育学的初学者来说,教材教学是重要的。因为教材是阐述教育基本概念、命题或原理的载体,掌握教材内容是学习其他教育知识的基础。但是,只重视教育学教材的学习是远远不够的,还应该注重教育书刊的广泛阅读,如教育名著、教育专著、教育类核心期刊和教育类报纸及网上信息等。教育名著是经过实践和历史检验的经典,凝聚着人类的教育智慧,体现着作者的教育情怀,不仅能够给人以理智上的启迪,而且能够给人以情感上的陶冶,能够激发人的教育责任感和使命感。教育专著是关于某方面教育问题的专门的、系统的和深入研究的成果,具有较高的学术价值和知识原创性,能够对某方面问题提供新的有说服力的解释。教育类核心期刊是获取最新教育研究成果的读物,这类阅读能够帮助学习者把握教育知识的最新进展,不断地更新自己的教育观念,寻找更为有效的知识支持。教育类报纸主要介绍一些教育政策的变化以及各地的一些教育教学改革经验,所包含的信息量很大,具有很强的时效性,可以用做学习教育学的参考资料,从中捕捉一些有价值的教育问题或研究素材。教育类网站有着各种各样的教育信息,反映教育教学改革的最新动态,可以帮助教育学基本理论的学习。尤其值得重视的是教学研究的文章。因为这类文章多是教学第一线教师撰写的,有理论有实际,有观点有材料,有理性认识有感性经验,有思辨分析有具体做法,可说是“有血有肉”、生动活泼。对于师范生来说,这样的阅读,不仅有助于理解教育学理论,而且有助于获得教育教学实践智慧的启迪。

【本章小结】

教育学是对教育的科学认识,是通过对教育问题的研究以揭示教育规律的一门科学。随着科学的发展和教育研究的深入,教育学逐渐形成了许多分支,并与其他学科交叉,形成了许多新的教育学科,在形式上发生了由单数到复数的变化,形成了一个庞大的学科体系。因此,教育学科分类标准的制订需同时考虑到对象与方法,才更能反映教育学科内部的逻辑联系。从学科性质看,教育学属于带有人文学科特点的社会科学,兼具实践性与理论性、人文性与科学性、综合性与独特性等特点。

教育学是随着社会的发展和人类教育经验的丰富而逐渐形成和发展起来的一门科学,具有悠久深厚的历史积淀和丰富的遗产,经历了萌芽、学科化努力、多样化发展等阶段。随着社会经济的迅速发展,科学技术的突飞猛进,教育学研究也发生了巨大的变化,如今的教育学呈现出新的面貌和发展态势:教育学研究的问题领域急剧扩大;教育学研究基础多样化;教育学研究模式多元互补;教育学学科进一步分化与综合;教育学研究与教育实践改革的关系日益密切;教育学加强了对自身的反思并尝试建立元教育学。

教育学作为教师教育的必修课程，对于师范生来讲具有十分重要的意义，即传承教育知识，塑造专业形象；陶冶教育态度，坚定教育信念；启发教育自觉性，领悟教育真谛；增长教育见识，开阔教育视野；引导教育反思，奠定研究基础。教育学是一门理论性较强的学科，对没有教育教学实践经验的在校师范生来说，在学习过程中要注意以下几点：要掌握教育学学科的基本结构；要领会基本的教育概念、命题或原理；要分析教育概念、命题或原理背后的理论假设；要注意理论结合实际；要广泛阅读教育书刊。

【拓展阅读】

[1] 王坤庆. 教育学史论纲[M]. 武汉：湖北教育出版社，2000.

[2] 石中英. 教育学的文化性格[M]. 太原：山西教育出版社，1999.

[3] 瞿葆奎，唐莹. 教育科学分类：问题与框架[J]. 华东师范大学学报（教育科学版），1993(2).

【实践与探索】

(1) 从文中提到的教育著作中挑一本你最喜欢的，认真阅读并撰写读书心得。

(2) 请回顾你接受教育的经历，列举一些教育观念影响教育实践的事例。你是否感受到当代教育实践中教育观念的困惑或冲突？

(3) 深入访问一位中小学老师，了解他(她)当年在师范院校学习教育学的情况，以及日后在工作中运用教育学知识解决教育问题的体会。

(4) 谈谈你对本课程的教学建议和学习要求。

【参考文献】

[1] 全国十二所重点师范大学. 教育学基础[M]. 北京：教育科学出版社，2002.

[2] 袁振国. 当代教育学[M]. 北京：教育科学出版社，2004.

[3] 靳玉乐. 教育概论[M]. 重庆：重庆出版社，2006.

[4] 扈中平，李方，张俊洪. 现代教育学（新编本）[M]. 北京：高等教育出版社，1999.

[5] 郑金洲. 教育通论[M]. 上海：华东师范大学出版社，2000.

[6] 顾明远. 实用教育学[M]. 北京：北京师范大学出版社，1990.

[7] 程敬宝，韩冰清. 教育学导论[M]. 武汉：湖北人民出版社，2007.

第二章 教育的历史发展

【材料研读】

教育历史研究的价值①

研究教育历史，就是要凭借文字并辅以照片、图像等形式来记载、陈述教育历史实际，使历史上的教育文化得以回归、复活、传承和弘扬，为现实教育问题的认识和解决提供借鉴；通过寻求教育历史事实的本真面貌、实际状况以及教育历史事实产生的真实原因、引发的真实后果，揭示教育历史的真实本质和变化发展规律，改善和发展人们的教育认识。

◆教育史学的借鉴功能

当代教育的一切莫不带有历史的印记，一切现实教育莫不是教育历史的延续和发展。教育历史正如现实教育的一面镜子，借它可以鉴今、校今，教育史学的任务就是擦去蒙在镜子上的灰尘，使镜子更加光洁，使镜子中的影像尽可能与教育历史实际符合一致，供现代人们整衣冠、明是非。现实教育问题的认识与解决完全可以在以往教育历史中获得解决的经验，可以通过对教育历史的审视而获得历史智慧；现实社会中的教育事件或多或少可以在以往的教育历史中寻找到依据，或因相类似而从过去的经验中找到处理时务的参照。研究教育历史的目的也正在这里——“正言之，为模范，为指南；反言之，则亦前车之覆辙也”。尽管研究教育史，就其本身而言，是不能解决目前的实际问题的；但它使我们更为聪明地解决目前的实际问题。这是因为研究教育史可以帮助我们看出目前的重要问题是什么，这些重要问题是怎样出现的，过去曾怎样解决的，过去解决的办法能否用来解决目前的问题。通过教育历史分析，我们可以睿智地看待教育现状，理性地进行教育改革；通过对以往教育历史的回顾、总结、反思，从中汲取成功的经验与失败的教训，为现实教育改革提供历史借鉴与参考，减少教育实践的盲目性，少犯和不犯同样的历史错误。

◆教育史学的认识功能

任何一门专门的学问，要真正掌握，首先一定要了解这门学科的历史。教育史能培养人们较为远大的教育眼光和对于教育课题的领悟能力，而这种眼光和能力会产生人们意识不到的威力。如果不了解教育历史和教育史学，要想成为一位优秀的教育科学研究者，实属不易；要想成为贯通古今的教育科学大师，更是难乎其难。探究当前存在的一切教育现象、教育问题，需要强烈的历史意识为指导或历史感渗透其中，而历史意识或历史感正是建立在对教育历史的基本事实、基本线索和基本规律的整体把握基础之上的。如不通晓古今中外的教育历史，难以深入考察当前存在的一切教育现象、教育问题的起源、

① 肖会平，周洪宇．教育史学的学术功能与社会功能[J]．教育学报，2006(6)．

发生过程及其形成的结果本身，不能根据过去的教育历史预知未来教育的发展，也无法透过纷繁复杂、千变万化的教育现象把握教育发展规律，形成对教育现实的深刻理解和全面认识，从而提出科学的论断；对教育问题的历史根源理解得越深刻、越全面，对教育的各方面关系认识得越透彻、越充分，对当今教育状况的看法就越明晰、越准确。再者，教育科学中一些长期性和根本性的课题，实验室是无能为力的，若借助教育历史探索则能得出结论，在此意义上教育史研究完全可以被看做教育科学的实验室，很大程度上弥补了教育科学实验的不足。

【思考与讨论】

(1) 你对古今中外的教育历史了解多少？给大家说说。

(2) 根据你对教育历史和教育现实的了解，推测未来教育的发展趋势。

据人类学家、考古学家的研究，人类的历史大概已有 150 万年至 300 万年。教育现象的历史与人类历史一样久远，这是一个无可辩驳的历史事实。因为，如果没有教育，人类也就不可能成为人类。对教育现象的产生与发展的历史考察，有助于人们把握教育的本质及其规律。

第一节　教育的起源与历史分期

一、教育起源的探索

教育起源问题的探究关系到对教育本质、教育功能等的认识。关于教育的起源问题，在教育学术史上一直是深受人们关注并争论不休的问题，已有不少学者从不同的视角对此做了大量的研究与论述。下面就国内外关于教育起源的几种常见的学说，作些介绍和评析。

(一) 生物起源论

生物起源论者认为，人类教育起源于动物的生存本能活动。其主要代表人物有法国社会学家勒图尔诺、英国教育学家沛西·能等。

勒图尔诺认为，教育行为首先存在和发生于动物界，动物基于生存与繁衍的天性本能把“知识”与“技能”传授给幼小的动物，这种行为就是教育的最初形式与发端。例如，隼会把猎获的死鸟从高处放下，训练幼隼猛扑向猎物的习惯；当幼隼初步学会后，母隼又会把猎获的活鸟在幼隼面前放飞，训练幼隼独立捕猎的能力。在家禽家畜中也存在上述现象，如母鸡在雏鸡幼小时会带领雏鸡到野外觅食，当雏鸡长到能独立觅食时，母鸡又会猛啄雏鸡，迫使雏鸡离开母鸡独立生活；等等。基于这种认识，勒图尔诺指出：“兽类教育和人类教育在根本上有同样的基础；由人强加的人为的教育，可以动摇甚至改变动物的被称为本能的倾向，并反复教它们具有一些新的倾向……由此不难看出，人类教育的进行与动物的教育差别不大，在低等人种中进行的教育，与许多动物对其孩子进行的教育甚至相差无几。"[①]由是观之,人类教育不过是继承了动物界业已存在的教育形式,使其获得了新的性质而已。

沛西·能于1923年在不列颠协会教育科学组大会所作的报告《人民的教育》中,指出教育从起源来说,是一个生物学的过程,不仅一切人类社会——不管这个社会如何原始——都有教育,甚至在高等动物中间,也有低级形式的教育;生物的冲动是教育的主流;教育是扎根于本能的不可避免的行为。

生物起源说的提出虽有一定的经验基础,但存在两个明显的错误:一是动物中的许多行为是由遗传而获得的简单行为定型,并不需要教育;二是有些动物学会一些动作,但这只是一种条件反射,而不是教育。同时,由于没有把握人类教育的目的性和社会性,仅仅着眼于外在行为,未能从内在目的的角度论述教育的起源问题,未能区分出人类教育行为与动物养育行为之间质的差别。生物起源说的观点揭示了动物教育的基础是本能,其核心是动物的训练,但它不属于真正意义上的教育,只是教育产生的始前阶段。

(二)心理起源论

心理起源论者认为教育起源于儿童对成人的无意识的模仿。其主要代表人物是美国心理学家孟禄。

孟禄从心理学观点出发,根据原始社会没有学校、没有教师、没有教材的原始史实,判定教育起源于儿童对成人无意识的模仿。他认为:在原始社会里"儿童仅仅是通过观察和使用尝试-成功的方法学习如何用弓箭射击,如何加工被杀死的动物,如何烹饪,如何编织,如何制作陶器。重复地模仿,成功地使失败越来越少,这给予了原始时代的儿童在技艺方面所获得的全部东西"[②]。由此,他得出了这样的结论:原始社会的教育其实是一种非进取性的教育,它以适应社会为主要内容,普遍采用的方法是简单的、无意识的模仿;原始社会只有最简单形式的教育,然而,在早期阶段中,教育过程却具备了教育最高发展阶段中的所有基本特点。也就是说,儿童对成人的无意识模仿便是最初的教育。

孟禄的心理起源说从表面上看不同于生物起源说,但实质上二者无本质区别。一是把教育等同于无意识的活动,否认了教育的目的性和意识性,也就否认了人的自觉能动性;二是把教育看成简单的模仿,否认了教育的社会性,教育虽然有模仿的成分,但却是社会历史的产物,正是这种社会性,把人与动物区别开来,也使人不断朝着更高的水平跃进。如果把模仿看做最初的重要的教育手段是成立的,但把它看做教育的起源,就未免简单化了。

(三)劳动起源论

劳动起源论主要源于恩格斯关于劳动创造人的基本思想。恩格斯在《家庭、私有制和国家的起源》与《劳动在从猿到人转变过程中的作用》中提出:人类从开始制造工具时产生,而劳动是从制造工具开始的,因而,劳动创造了人。

基于这一思想,劳动起源论者认为,教育起源于劳动,起源于劳动过程中社会生产需

①② 瞿葆奎,沈剑平.教育学文集·教育与教育学[M].北京:人民教育出版社,1993:177,186-187.

要和人的发展需要的辩证统一。第一，人类在创造工具、使用工具以及进行生产中，形成一定的技能、技巧，积累一定的经验。为了维持人类的生存和发展，必须把年长一代所掌握的技能、技巧和经验传授给下一代。此种传递生产劳动经验的活动即为教育产生的基础。第二，人类的劳动是社会的共同劳动。社会成员要遵守一定的行为准则，如服从纪律、尊敬长者。这些道德规范、风俗习惯，以至宗教禁忌等方面的经验也需要传递给下一代。此种传递活动也促进了教育的产生和发展。于是，便得出结论："教育产生于劳动，存在于劳动，发展于劳动，而且在劳动中进行；教育的需要也是为了劳动，教育之所以可能也是劳动的结果，教育之所以为人类所专有，也就是因为只有人类才有劳动。"①

劳动起源论先由苏联教育史学家和教育学家提出，于 20 世纪 50 年代传到我国，至 20 世纪 80 年代一直不容置疑。但从 20 世纪 80 年代初开始，有些论者开始对劳动起源说提出了质疑。一是混淆了"教育"与"劳动"这两个不同性质的概念，把教育看成为从属于劳动的范畴。其实，二者有着本质区别，即劳动生产物，教育生产人。二是劳动起源论并未对教育借以起源的劳动加以界定，并曲解了恩格斯的原意。劳动起源论是以恩格斯"劳动创造了人本身"这一论断为前提进行逻辑推理的结果，它撇开了恩格斯"以至我们在某种意义上不得不说"等字句，孤立地从"劳动创造了人本身"这句话推演出"人类教育起源于劳动"的结论。而恩格斯的原意，是指劳动是整个人类生活的一个基本条件。因此，这种观点是不能成立的。

（四）需要起源论

需要起源论是劳动起源论的逻辑延伸。它包括三种略有区别的主张：生产劳动需要说、社会生产和生活需要说、社会生活和人类自身发展需要说。

生产劳动需要说的主要代表人物是沙毓英等。沙毓英在《教育是特殊范畴》一文中指出：教育是在劳动过程中，由于生产劳动的需要而产生的；由于生产劳动的需要产生的教育，从一开始既和生产力有紧密联系，又和生产关系有密切联系。

社会生产和生活需要说的主要代表人物是厉以贤、毛礼锐等。毛礼锐在其主编的《中国教育通史》中指出："人们在根据历史唯物主义基本原理，联系教育发展的史实，深入研究这个问题的过程中，逐渐认识到教育起源不仅和劳动有关，而且还与人类赖以生存的物质生活有关，也就是说社会生产和生活的需要产生了教育。"②

社会生活和人类自身发展需要说的主要代表人物是孙培青、胡德海等。孙培青在其主编的《中国教育史》(1992 年)中指出："人类社会特有的教育活动是起源于人类参与社会生活的需要和人类自身身心发展的需要。"③胡德海在《教育学原理》(1998 年)中指出："教育起源于人类社会生活的需要，这句话讲得具体点，就是教育起源于社会群体传递、发展文化和社会个体社会化这两个方面的共同需要。"④

对此说持有异议的论者认为，社会生产生活和人类自身发展虽然离不开教育，是教

---

① 瞿葆奎，沈剑平. 教育学文集·教育与教育学[M]. 北京：人民教育出版社，1993:231.

② 毛礼锐，沈灌群. 中国教育通史(第 1 卷)[M]. 济南：山东教育出版社，1985:3.

③ 孙培青. 中国教育史[M]. 上海：华东师范大学出版社，1992:3.

④ 胡德海. 教育学原理[M]. 兰州：甘肃教育出版社，1998:197.

育功能的基本体现,但需要起源论离开教育起源的本身,从人类教育的发展及其职能上来寻找关于教育起源的解释,因而所得出的结论也是难以令人信服的。

(五)交往起源论

交往起源论者认为,教育起源于人类的交往活动。其主要代表人物是叶澜等人。

叶澜在《教育概论》一书中讲:"如果从形态的角度看,我们认为教育起源于人类的交往活动,而不是生产劳动,尽管人类社会最初的交往活动大量是在劳动中进行的,但我们依然不取生产劳动为教育的形态起源。"因为教育关系是人与人之间的关系,而劳动关系是人与物之间的关系。"在人与人之间的交往,即使是原始社会中人与人之间的交往,已具备了教育所必需的基本要素。自然,交往并不就是教育,但它蕴含着产生教育的要素,当交往的双方相对特殊化,并形成一种以传递经验、影响人的身心为直接目的的活动时,交往才转化为教育。从这个意义上可以说:教育是人类交往的一种特殊形式。"①

交往起源论与其他理论的不同之处就在于,它强调对教育起源的研究,不能只停留在从历史唯物主义原理出发进行演绎推理、满足于认识一般的水平上,而应力求通过特殊来验证、丰富一般。但这种学说只考虑了教育起源的形态特征,没有关注教育起源的内在动力。

(六)超生物经验传递论

超生物经验传递论者认为,教育起源于人类在劳动过程中形成的超生物经验的传递和交流。其代表人物有桑新民等。

桑新民认为,教育作为人类特有的生活方式,其内容在于传递超生物经验;其目的在于促进个体人的形成,促进整个人类的发展和完善;其特点在于有指导地自觉传授人类已经获得的各种知识、技能、规范;其方式必须借助抽象思维和语言;其作用在于不仅促进了人类生理、心理和超生物肢体的形成、发展,而且促进了社会关系的形成和发展。

对于这一观点,有论者认为这是对劳动起源说的进一步阐释和丰富。也有论者认为这种观点存在着逻辑上立论不清的倾向,方法论上偏重于内因的作用,因此无法从根本上找到开启教育起源大门的钥匙。

教育起源问题是教育理论的基本问题。可以说,不研究教育起源问题,就无法准确把握整个教育的发展状况,也就无法准确把握教育的本质、功能和价值。上述这些关于教育起源的认识或假说,丰富了对教育起源问题的认识,提出了许多值得深思的问题,对进一步探讨教育起源问题有重要的借鉴价值。然而,这些学说都只是从某个侧面解释教育的起源,有的分析了教育起源的动力,如需要起源论;有的则解释了教育起源的形态,如生物起源论、心理起源论、交往起源论等;有的则论述了教育起源的条件,如超生物经验传递论;有的兼顾了教育起源的动力和条件,如劳动起源论等。本书认为,教育的起源绝对不是某单个因素作用的结果,而是多因素综合作用的产物,研究教育起源问题要整体把握各因素的综合作用机制。这也恰恰说明了教育及其发展变化是一种复杂的多因素作用的人类活动。

---

① 叶澜.教育概论[M].北京:人民教育出版社,1991:40-41.

二、教育发展的历史分期

教育作为社会生存、延续和发展的手段，作为物质再生产和人类自身再生产的手段，它存在于历史的任何时期。从这种意义上说，它是个永恒的范畴。只要人类社会存在，它将永存于社会生活之中。然而，教育又是一个历史现象，因为教育目的、教育内容、教育形式、教育方法等方面的不同及其组合，使一个时期的教育在质上有别于另一个时期的教育。这种变化的动力何在？教育发展阶段划分的依据是什么？对这些问题的合理解答，有助于准确把握教育的历史形态及其发展趋势。

（一）关于教育发展阶段划分依据的几种观点

1. 以生产关系为根据

生产关系是人类社会最基本和最原始的关系，它对其他社会关系具有制约作用，对教育也有制约和定性作用。根据生产关系所确定的不同的社会经济制度和社会政治制度，把人类社会划分为原始社会、奴隶社会、封建社会、资本主义社会、社会主义社会等五种基本社会形态。与此相对应，将教育也分为原始社会的教育、奴隶社会的教育、封建社会的教育、资本主义社会的教育、社会主义社会的教育。这种划分是教育史和教育学界传统的历史分期。这种阶段划分法，基本上是对科学社会主义的社会类型理论的借用，对教育自身的特征与规定没有多少专门的考虑。有的学者认为，这一方法虽然有助于提示教育与社会经济基础和上层建筑的内在联系，有助于对不同时代的教育作阶级分析，但却很难揭示教育这一社会现象的特殊本质和发展的内在逻辑，甚至出现贴标签等简单化、公式化的倾向。

2. 以社会生产力为根据

党的十一届三中全会以后，教育理论研究工作者对教育发展的历史分期问题进行了新的探讨，一些同志提出了从生产力角度来划分社会发展与教育发展的历史时期的思路。具体而言，就是以作为生产力标志的生产工具的性质为标准，把社会划分为使用手工工具为标志的古代社会和使用机器生产为标志的现代社会。与此相应，教育的发展，也就划分为古代教育和现代教育。古代教育包括原始社会的教育、奴隶社会的教育、封建社会的教育，现代教育包括资本主义社会的教育和社会主义社会的教育。古代教育又分为古代劳动者的教育和古代学校教育，古代学校教育可以归结为统治术的教育或思想政治教育。现代教育的本质和职能之一是它的生产性。学术界大多认为，古代教育和现代教育的划分方法，是有重大价值的教育理论研究成果。这种划分意义在于从整体角度揭示了教育发展的动力和它的社会职能，突破了教育仅为生产关系制约的局限性。

3. 以重大历史事件为根据

在历史研究中，人们常常以重大历史事件为根据来划分社会历史阶段。据此，史学界一般把人类历史分成如下几个阶段：古代、近代、现代（当代）。如我国历史教材中，将“鸦片战争”视为中国近代史的开端，将“新中国成立”视为中国现代史的开端。在具体年代上，世界史和中国史又有些时间上的差距，对每个阶段的上限和下限，学者们也有争论。我国教育史学的研究，基本上秉承史学界的历史阶段分类法，多用古代教育史、近代教育史、现代教育史（当代教育史）来描述。这也是一种十分通用的阶段划分法。在教育史界，大家主要是把它作为历史研究的通用前提来使用的，因而并不着意探讨阶段划分的标准及不同阶段之间的实质性区别问题。

4. 以教育发展的内在特征为根据

以上三种划分方法，都是以社会的某种特质为标准的。对此，有的学者认为，尽管教育发展的历史划分不能离开社会，并且与推动社会发展的社会物质生产方式有密切关系，但任何事物都会有自身的特定的矛盾，有其自身的根据。于是，便出现了从教育自身特征来划分教育发展阶段的探索。这又有两种主张：一种是把整个教育的发展历程分为原始状态的教育、古代学校教育、近代学校教育、现代学校教育；另一种是以教育自觉实施的程度作为衡量不同时期教育发展水平的客观尺度，以教育发展过程中每一次由自发到自觉的质变及由这种质变导致各类教育从社会不同层次中的分化、独立作为划分教育发展不同阶段的内在根据，而以学校教育的深度、广度及其与社会生活的联系、对社会发展影响的程度作为不同阶段教育发展水平的主要标志，把教育发展划分为原始状态的教育、学校教育、学习化社会（终身教育）。

概言之，各种教育发展分期的方法，都有合理的成分和积极的意义，它们丰富和深化了对教育发展分期问题的认识。但是，从大家的互相辩驳来看，似乎问题还没有一个令人满意的答案。其中，共同存在的不足是，在划分标准中，社会和教育没有能够有机地统一起来。也许，寻求社会和教育的内在联结点，以便在划分标准中把教育与社会统一起来，是进一步探讨并较好解决教育发展历史阶段问题的重要突破口。

（二）人的发展水平是教育发展阶段划分的合理依据

在《政治经济学批判》(1859 年)中，马克思提出了著名的人类社会发展三形态理论。马克思指出："人的依赖关系（起初完全是自然发生的），是最初的社会形态，在这种形态下，人的生产能力只是在狭窄的范围内和孤立的地点上发展着。以物的依赖性为基础的人的独立性，是第二大形态，在这种形态下，才形成普遍的社会物质变换、全面的关系、多方面的需求以及全面的能力的体系。建立在个人全面发展和他们共同的社会生产能力成为他们的社会财富这一基础上的自由个性，是第三个阶段。第二个阶段为第三个阶段创造条件。"①

马克思的社会发展三形态理论告诉我们，人的发展水平是社会进步的实质所在，人的解放程度是社会进步的内在标志和综合指标；用人的发展为指标，可以将人类社会发展分为三种基本形态：人身依赖的社会、物质依赖基础上的人的独立性的社会、自由个性的社会。这样，就揭示了社会发展与人的发展之间的内在一致性。教育是培养人的活动，其变化和发展总是适应着人的发展的具体历史要求，人的发展既是教育性质和水平的显示器，又是教育变革和发展的指示器。因此，以人的发展为标准划分教育发展阶段，更能体现教育、社会、人三者之间的规律性联系。如此，以马克思社会发展三形态理论为指导，以人的发展水平为标准，可以将教育发展历程分为依附的教育（原始教育、古代教育）、独立的教育（现代教育）、自由的教育（未来教育）三个阶段。

依附的教育主要是原始社会、奴隶社会、封建社会的教育，即人身依赖（自然的或政

① 马克思恩格斯全集(第 46 卷〈上〉)[M]. 北京：人民出版社，1979：104.

治的依赖关系)社会的教育,它的主要特点是教育常常作为其他社会活动(如政治、宗教)的附属物而存在,教育的主要作用是维护社会中的人身依赖关系,培养维护人身依赖关系所需要的人才。独立的教育是资本主义社会、社会主义社会的教育,即在物质依赖基础上的人的独立社会的教育,它的主要特点是教育不再是某种或某些社会部门的附属物,而是具有独立性的社会机构,教育的主要作用是提高、保护人的独立性,教育的功能日益全面,教育的生产性突显出来。自由的教育是共产主义社会的教育,即自由个性社会的教育,这是未来教育发展的理想形态,是真正促进和实现个人全面发展的教育。

需要特别说明的是,这种新的教育发展分期方法,和以生产力为标准的古代教育和现代教育的分期具有较多的一致性。这是因为,把社会划分为古代社会和现代社会,与马克思关于社会阶段的三分法是完全一致的。也就是说,以生产力为标准的古代社会和现代社会的区分是体现了马克思社会发展三形态理论的精神的:古代社会就是人身依赖的社会,现代社会就是物质依赖的社会。从这种意义上说,二者是统一的。

第二节　教育的历史形态

根据马克思的社会三形态理论,以人的生存状态、发展水平或解放程度为依据,可以将教育的历史发展划分为三个阶段四种形态,即原始教育、古代教育、现代教育和未来教育。这里主要分析和讨论前三种教育形态。

一、原始教育

原始社会是人类最初的社会形态,由于没有文字记载,我们无法还原和准确把握当时人类的生活状态和教育活动。不过,通过考古学家的探索和考证,以及人类学家对遗存的人类原始部落的考察,可以获得一些关于原始教育的材料和信息。

比如,平原印第安人的孩子在很小的年纪便使弓弄箭,八九岁时便学着射小鸟或兔子。当他射中第一头鹿的那一天,克洛人便举行盛大的庆祝,他的父族中便有一位族人出来穿营走寨唱着歌曲赞美他。平时同伴中间有射靶比赛,还有假的水牛猎和作战演习。儿童们又组织会社,模仿他们的长辈的举动。……在他们的会社里,他们也模仿成年人的会社的形式……儿童们常做宿营的游戏,男孩外出觅食,女孩子则安置营地,收拾火柴,像她们的母亲们一样……澳洲的少年也常常跟着父亲去打猎。……无意中就获得了木工的基础知识,学会了使枪的方法,练习了使用飞去来(Boomerang)的手法。在北西伯利亚,察克奇族的男孩到了能握刀柄的年纪,父亲就给他一柄样品,他就渐渐学会了怎样用刀雕刻木头和怎样用刀做兵器。到了十岁,男女儿童都得放牧冰鹿群,在直接的放牧活动中获得处理这种好动的动物的经验,虽然他们的睡眠时间比年纪大一些的牧人的确要多一些,但他们必须作为辅助劳动力担负起这个辛苦工作的一部分。[①]

我国一些关于少数民族的调查报告,也提供了原始社会教育的实际情况。如我国的

① (美)罗伯特·路威.文明与野蛮[M].2版.吕叔湘,译.北京:生活·读书·新知三联书店,2005:155-156.

基诺族在新中国成立之前处于原始社会农村公社阶段，没有文字，也没有学校，在基诺语里连“老师”或“先生”等词也没有，他们的教育途径基本有两种。一是行动教育。由于生产力低下，剩余产品不多，儿童到四五岁，就跟随父母兄长或单独进行一些家庭辅助性轻微劳动，如到山箐里背水、找野菜等。到十一岁左右参加正式的集体生产劳动。在劳动中，年青一代受到老一辈的示范影响，而掌握到生产经验和技能。其他如祭祀、拜神、集会、舞蹈、歌曲、日常生活礼节、恋爱等，也多半是通过这种行动示范教育，把存在于老一辈个体身上的经验和技能接受下来，并一代一代传递下去。二是口头教育。儿童长到一定岁数，在一定时候，一定场合，有意识地从父母、长者那里接受口头教育。例如，男女儿童到了能担负生产任务时，父亲在山地里，有时就向他们讲述砍树、烧山、点种等刀耕火种的经验和方法；女孩到十二三岁时，母亲或姐姐有时教给她绣花的手艺，或者到别人家求教，因此绣出的花样，不仅承继了家庭的传统，而且也有自己的创新；男孩在家里，父亲还教给他一些编织竹器或其他方面的技能和手艺。基诺族在长者、成年人记忆中，保存着比较丰富的民歌和多种“阿巧”（一种经文）。这些民歌和“阿巧”集中反映了基诺族的生产、风俗、道德以及神话等。所以年青一代多半从这些民歌和“阿巧”来接受老一辈总结出来的间接知识。除了自幼就听熟了一些民歌和“阿巧”外，到一定年龄，还求教于长者，如向长者（不向父亲）学情歌，向念经的巫师“摩彼”“白拉婆”（都是男子担任）学念经等。基诺族教育的组织形式，在十五岁前，主要是家庭教育，并辅以长者的影响和培养。女性儿童在十五岁以后，仍然是受这种教育，而男性儿童到十五岁之后，则受到另一种形式的教育，就是“饶考”这种组织形式的社会公共教育。“饶考”的教育是多种多样的，主要有过年的歌会活动、过年的体育竞赛活动、日常在“尼高撮”竹楼里的社交活动、战争时的军事教育活动等。通过上述途径和组织形式，年青一代受到多方面的教育，包括生产劳动的教育、宗教和道德教育、爱情和婚姻教育、美育、体育、数学知识和自然常识等。

“在原始社会里，教育是复杂的和连续的。这时教育的目的在于形成一个人的性格、才能、技巧和道德品质，一个人是通过共同生活的过程来教育自己的，而不是被别人所教育的。家庭生活或氏族生活、工作或游戏、仪式或典礼等都是每天遇到的学习机会；从家里母亲的照管到狩猎父亲的教导，从观察一年四季的变化到照管家畜或聆听长者讲故事和氏族巫士唱赞美诗，到处都是学习的机会。这种自然的、非制度化的学习方式在世界广大地区内一直流行到今天；这种学习方式至今仍是为千百万人提供教育的唯一形式。”①但这绝非教育的理想状态，而是与原始社会生产力水平低下相适应的原始形态的教育，其特点主要体现在三个方面。一是生活性。人类最初的教育活动是与一般的社会生活和生产直接融为一体的，原始人关于社会生活和生产的各种观念、技能，主要是在实际社会生活和生产的过程中习得的。二是公共性。原始社会的生产关系是氏族公有制，没有等级性。人们共同劳动、共享成果，儿童被视为公有的，抚养教育儿童也是共同的任务。教育为全社会所公有，体现出原始的教育平等。三是原始性。原始形态的教育内容主要是一些采集、狩猎、用火、熟食等日常的生产生活经验。“古之教民，口耳相传”，主要

---

① 联合国教科文组织国际教育发展委员会. 学会生存——教育世界的今天和明天[M]. 北京：教育科学出版社，1996：26-27.

是以言传身教和观察模仿进行。往往采取一些宗教迷信的方法进行道德教育，利用害怕鬼怪、女巫等心理恐吓儿童，并把它作为一种教育的手段。

二、古代教育

人类经过漫长的原始社会，在生产力进一步发展的基础上进入了新的历史时期。这一时期的教育与原始社会相比较，发生了很大的变化。

（一）古代学校的形成与发展

随着社会活动中劳动分工的出现以及文字的产生，加之生产力的进一步发展，到了奴隶社会就出现了专门从事教育工作的教师，产生了古代学校教育。

我国的古代学校最早产生于夏朝。据《孟子·滕文公上》记载，夏、商、周"设为庠序学校以教之。庠者，养也；校者，教也；序者，射也。夏曰校，殷曰序，周曰庠；学则三代共之，皆所以明人伦也"。[①] 西周以后，古代学校教育有了比较完备的形式，建立了典型的政教合一的官学体系，并且有"国学"与"乡学"之分，即设在王城、诸侯国都的学校与设在地方、闾里的学校。春秋战国时期，官学衰微，私学大兴，儒、墨两家的私学成为当时的显学。孔子私学的规模最大，存在了40多年，弟子3000，"身通六艺者七十二人"。私学的发展是我国教育史、文化史上的一个重要里程碑。私学冲破了"学在官府"的限制，学校从宫廷移到了民间，教育对象由贵族扩大到平民，教师可以随处讲学，学生可以自由择师，教学内容与社会现实生活有了较广泛的联系。汉朝的学校有官学和私学之分。官学分为中央官学与地方官学两种，中央官学最重要的是以传授儒家经典为主的太学，由九卿之一的太常领导和管理。东汉还曾设鸿都门学、宫邸学等特殊性质的学校。地方官学主要是指郡国学。隋唐以后的科举制度使得政治、思想、教育的联系更加制度化，从中央到地方广泛建立了学校，号召人们学经习礼。一直到光绪三十一年(1905年)，科举制度再也不能适应社会发展的要求，清政府才下令"废科举，兴学堂"，兴办现代学校。

大约在公元前2500年，古埃及王宫就开始办学——宫廷学校。之后，又创办了职官学校、寺庙学校及书吏学校等。"以僧为师"、"以(书)吏为师"成为古代埃及教育的一大特征。古代苏美尔的神庙是城邦的政治、经济、文化中心，管理寺庙财产的人称为书吏，要当书吏就得懂得文字与记账法，因此就产生了训练书吏的学校。考古学家发掘出来的学校遗址是在两河流域的上游玛里城，且坐落在政府机关与宫殿之间，据此可以推测在公元前2100年，学校已不再与寺庙联在一起，这时它已进步为一种世俗的机构。古希腊教育有两种教育体系，即斯巴达教育与雅典教育。斯巴达教育主要是军事教育，而雅典学校的发展相对完善一些(详见表2-1)。古罗马人在公元前146年征服希腊本土，大批以开办学校作为谋生之道的教师(其中包括许多修辞学家和哲学家)来到罗马，从此，罗马逐步形成以希腊学校为模式的并带有罗马民族本身特点的学校系统。西欧中世纪的教育开始于基督教的寺院，大约在公元6世纪，修道院就开始办学校，有些修道院学校又

---

① 杨伯俊.孟子译注[M].北京：中华书局，1962：118.

分内学和外学。内学是教育新入修道院的新信徒的学校，外学为非本院的外界俗人而设。在法国，在骑士制度和骑士精神的基础上，形成了一套较为固定的形式化的骑士教育。骑士教育分为侍童阶段、护卫阶段和骑士阶段。骑士教育并无专门的教育机构，主要在骑士生活和社会交往中进行。在爱尔兰，不仅有教会学校，而且有世俗学校。另外，在中世纪还出现了大学、行会学校及城市学校等新的学校形式。

表 2-1　雅典教育体制

18～20 岁	“埃弗比”团的教育（相当于今天的高等教育）
16～18 岁	体育馆的教育（体操、政治、文学及哲学谈话）
13～15 岁	体操学校
7～14 岁	文法学校（阅读、写字、计算） 弦琴学校（音乐、唱歌、诵诗）

古代学校的出现意味着一部分教育活动从人类日常生活中分离出来，形成了一种新的教育形态——形式化教育，它是现代学校系统的前身，为教育制度化奠定了基础，是人类教育文明发展的一个质的飞跃。

（二）教育阶级性的出现与强化

不同的阶级地位享有不同的教育权利和等级，贵族与平民、主人与仆人之间有着不可逾越的鸿沟。原始社会没有阶级，因而原始社会的教育是没有阶级性的。进入奴隶社会，由于生产资料占有及分配上的差异而出现了阶级，教育也随之具有了阶级性。

首先，古代社会统治阶级独揽教育大权。奴隶社会，奴隶主占有生产资料和生产者，奴隶只还过是会说话的工具，无人身自由。所以，学校教育被奴隶主阶级所独占，所有的学校都是奴隶主用来培养他们自己子弟的场所。“学在官府”，奴隶主阶级独揽教育大权，奴隶的子弟是没有接受学校教育的可能的。到了封建社会，虽然一些贫民子弟拥有接受学校教育的机会，但也只是最初级的教育。

其次，教育具有明显的等级性。这种等级性不仅表现在统治阶级与被统治阶级在教育上的不平等，即便是在统治阶级集团内，也有森严的等级制度。我国西周以后有了“国学”与“乡学”之分。不同的学校，入学者的资格有严格的限制。魏晋南北朝时期出现了“上品无寒门，下品无士族”的现象。古埃及王宫创办的宫廷学校，就是法老教育王子王孙以及贵胄大臣子弟的场所；而职官学校，由政府各部门创办，用于训练官吏和各级接班人。在古希腊、古罗马 7～12 岁的儿童进入私立学校学习，但进入这种学校学习的大都是社会地位比较低的阶层的子弟；贵族阶级子弟都是聘请家庭教师，不送子女上学；中等教育则主要是贵族和富人的教育。

（三）学校教育与生产劳动相脱离

到了奴隶社会，体力劳动与脑力劳动分离，体现在教育上则是学校教育与生产劳动脱离甚至对立。

首先，教育的象征性功能占主导地位。奴隶主阶级主要依靠对奴隶的占有权，享有奴隶的全部劳动及其成果，他们不关心生产，他们要生活得更好，不是靠劳动，而是靠占有更多的奴隶。这就决定了为奴隶主阶级服务的学校教育与生产劳动不仅相脱离，而且极端鄙视生产劳动。同样，奴隶从事的劳动及技艺也遭鄙视。“劳心者治人，劳力者治于人”，被看做是天经地义的事。统治阶级控制着学校教育，主要是为维护现存的社会秩序和等级制度，培养统治人才。与之相应的是，教育的象征性功能占主导地位，教育的功用性价值不受重视，即受教育的目的主要不是获得实用的知识，而是受教育本身。能不能受教育和受什么样的教育是区别社会地位的标志，经典、教义的教育处于社会较高的地位，习得实用知识的教育处于社会较低的地位。

其次，从教育内容上看，人伦知识受到极大的重视，而实用的生产知识则遭到鄙视。古代学校教育教学文本主要是圣人之言、祖先遗训、经典古籍等，在我国为四书五经，在西欧则是宗教神学和古典人文学科，基本上与生产劳动相脱离，很少生产知识技能和自然科学知识的内容。人类历史在进入近现代之前的几千年里，正规学校主要是传授统治阶级伦理道德与统治术的场所，而生产劳动经验及其自然知识主要是通过物质生产劳动者在物质生产劳动过程中默默无闻地积累、传授并延续下来的。如孔子就非常明显地排斥生产知识，骂“请学稼”的樊迟为小人便是这种现象的真实体现。我国西周以后，形成了以礼乐为中心的文武兼备的六艺教育。六艺由六门课程组成：礼，包括政治、历史和以“孝”为根本的伦理道德教育；乐，包括音乐、诗歌、舞蹈教育；射，射技教育；御，以射箭、驾兵车为主的军事技能教育；书，习字教育；数，简单的读、写、算教育。宋代以后，程朱理学成为国学，儒家经典被缩成为四书五经，特别是《大学》、《中庸》、《论语》、《孟子》四书被作为教学的基本教材和科举考试的依据。古希腊的亚里士多德也反对学生学习实用的生产知识。古代西方的教育内容，除神学外，则主要体现在“七艺”，即文法学、修辞学、辩证法、算术、几何学、天文学和音乐等七门学科范围之内。法国骑士教育的内容首先是效忠领主的品质，然后是军事征战的本领，以及附庸风雅的素养。

（四）个别指导式的教育方式

古代社会没有向学校提出培养生产劳动者的任务，进入学校接受教育的人数不多，一个教师所教的生徒相当有限，一般采用个别教学的组织形式。无论是东方还是西方，古代学校教学活动基本上只有一种“个体手工业式的个别指导”形式。在我国这种方式一直延续到清末。郭尧臣曾在《捧腹集诗抄》中描述了清朝家塾教学的场面：“一阵乌鸦噪晚风，诸徒齐逞好喉咙。赵钱孙李周吴郑，天地玄黄宇宙洪。千字文完翻鉴略，百家姓毕理神童。公然有个超群者，一日三行读大中”。同一教室中的学生各读各的书，教师面对一群程度不同的学生，分别将他们叫到自己面前授课。这是古代中国家塾的一般情况。有时在较高层次的书院里，也会出现一些集体讲授和分组教学的情况，如宋代胡瑗把学生按兴趣和才能分入各斋学习，“使之以类群居讲习”，但远非有着严格规章制度的班级教学。

西方古代学校教学也大抵如此。古代雅典的学校就没有国家规定的教学计划，一切由私人自创或依习惯而定，不过已经有了一些法律对学校组织的个别特征作出规定。如梭伦所制定的一个法律规定，学校从日落到日出是闭门时间。也有些法令规定儿童一组一组地在学校集合。但是即使儿童在同一时间留在学校里，教师并没有同时对全组儿童授课，而是对每个儿童进行个别教学。这种方式后来经中世纪一直保存到 17 世纪中叶。

这种教学形式使因材施教、启发教学等有了可能。只是这种松散的教学组织虽然以学为主，但由于缺少了教师有计划、有组织的系统教学，学生所学不多，教学效率低下。

（五）教育的专制性日益增强

古代教育的专制性特征十分的鲜明。首先，教育是统治阶级进行思想文化专制的工具。古代学校的教学内容主要是古典人文科学和治人之术，统治阶级的政治思想和伦理道德是唯一被认可的思想，天道、神道与人道往往合而为一。如我国明代，为加强思想控制，实行文化专制统治，就采取了推崇程朱、删节《孟子》等措施，对中央和地方学校都严加管理。国子监设立"绳愆厅"，由监丞负责，凡"诸师生有过及廪膳不洁"，则书之于集愆簿，并依据情节加以惩罚，严重者则"发遣安置"。国子监还屡次更定学规，严格管束监生的言论、行动，禁止他们"议论他人长短"，各堂之间不准"往来相引"，"交结不非"。如有违者，则由绳愆厅纠察，严加治罪，甚至法外用刑，屡兴文字狱。西方古代学校管理奉行禁欲主义，以残酷的体罚压制学生。统治阶级利用教育这个工具，达到控制人们的思想，进而稳固其统治的目的。

对受教育者来说，古代学校的教育过程是被动接受和绝对服从的过程。如果从知识形态的角度看，古代学校教学进行的是"形而上学知识"和"神学知识"教育。由于形而上学知识和神学知识具有绝对性、终极性和神圣性的特征，古代学校教学非常注重服从权威、引经据典。与这种权威崇拜意识一起，教师在古代学校教学活动中也获得了绝对的权威地位。荀子说："礼者，所以正身也；师者，所以正礼也。无礼何以正身？无师，吾安知礼之为是也？"（《荀子·修身》）教师是"礼"的化身和"德"的典范，是一种完美的人格形象，"天地君亲师"并列。"师徒如父子"，学生从属于教师，不可怀疑、非议和背叛教师。"言而不称师谓之畔；教而不称师谓之倍。倍畔之人，明君不内，朝士大夫遇诸涂不与言"（《荀子·大略》）。教师与学生之间是一种上行下效、师授学承的关系。古代希伯莱人特别尊敬教师，教师先于父母，如果双亲与教师都处于危难之中，应先救教师，因为他们认为，父母只生下自己在此世界，教师则教导自己在未来的世界中过活。中世纪的学校更是如此，全部教学建立在盲目服从《圣经》和教师的权威之上，不允许学生有任何探索和创造。尽管古代学校教学采取个别指导的组织形式，整个教学过程以学为主，根据学生的具体学习情况来组织，教师同每个学生分别建立直接联系，为因材施教、发展学生个性、引导学生自我生成提供了可能和便利，可实质上不仅学生的一切行动不得不受成规的约束，教师也为成规所束缚。

三、现代教育

伴随着资本主义经济的发展，以及受文艺复兴和宗教改革运动的影响，许多国家的社会制度、思想观念和生活方式发生了巨大的变化，也引起了教育的巨大变化。

（一）现代教育制度的建立与完善

伴随各国学校教育的发展，学校数量增加、教学内容广泛、参与教育的人数增多，这些都要求有一定的规章制度来作为学校工作的尺度。于是，学校制度、课程设置、考试制度等措施应运而生。15 世纪末，尼德兰的代文特学校进入鼎盛时期，学生有 2000 人，把全校学生分成8个班级，这是班级授课制的滥觞。德国纽伦堡和萨克森选帝侯国的人文主义学校、法国的居也纳学院、德国斯特拉斯堡的文科中学等，也出现了班级教学的尝试。夸美纽斯总结了前人和自己的实践经验，在《大教学论》中第一个为班级教学制度奠定了理论基础。他说："我们还不知道有一种可以用来同时教导全班学生的方法，我们所教的只是个别的学生。"[①]"我认为，一个教师同时教几百个学生不仅是可能的，而且也是要紧的；因为，对教师，对学生，这都是一种最有利的制度。"[②]这种节约时间和精力、大量生产的班级授课制度的出现和实施，意味着现代教育制度的开始建立，同时也标志制度化教育或教育制度化的产生。继而，教育系统的形成，教育事业的普及，推动了教育制度化的进程；教育经验的积累，教育研究和教育改革的进展，使制度化教育日趋成熟。

与教育制度化相伴随的是，重视教育立法，强调以法治教。教育的每一次重要进展或重大变革，都以法律的形式予以规定和提供保证。如各国义务教育的推行基本上是以立法的形式来实施的。早在16世纪末，德意志就有不少公国颁布了义务教育的法令，维登堡在1559年、魏玛在1619年颁布的教育法令中都明文规定父母必须送儿童入学。其他主要资本主义国家在19世纪下半期也纷纷颁布了义务教育法令，美国的马萨诸塞州于1852年颁布州《义务教育法》，英国于1870年由国会正式颁布《初等教育法》(亦称《福斯特法案》)，1872年德国颁布《普通教育法》，法国于1881—1882年期间颁布《费里法案》，日本文部省于1886年颁布了《小学校令》，等等。正是这些具有强制性质的法律的颁布与实施，才有了标志着教育大众化的普及教育的实现。

（二）教育的公共性日益突出

19世纪以前，欧美国家的学校教育多为教会或行会主持，国家并不重视。后来，资产阶级政府逐渐认识到了公共教育的重要性，逐渐建立了公共教育系统。例如，工业革命的策源地英国的教育，在历史上都是为教会所垄断。19世纪30年代以后，国家加强了对教育的干预，1833年议会开始拨款资助教育，并加强了对教育的监督和管理。之后，成立了4个皇家教育委员会，分别对高等教育、初等教育和文法学校进行调查、审议和制定改革方案，逐渐成为英国教育行政管理的传统特点。1604年，普鲁士政府宣布，一切学校不仅属于教会的组织，同时也是属于国家的。17世纪至18世纪伴随德国经济的发展，学校开办权也逐渐转移到政府手中，如威廉一世及腓特烈大帝在教育方面颁布种种法令和措施，加大对教育的经费投入。18世纪末的法国革命，确立了资产阶级政权，执政的资产阶级各党派积极改革旧教育，如1791年法国宪法在教育方面作了规定，提出国家应创立一种公共教育制度，制宪议会还设立了公共教育委员会，并由塔力兰写出教育报告，拟出教育方案，方案提出教育行政管理权归于国家，国家没收教会的田产，并出卖一部分充作公用；1792年的孔多塞方案，提出了一个更为进步、更为完整的公共教育体系。

公共教育体系的建立意味教育走向世俗化，为学校教育的普及奠定了基础。19世纪中叶以后各个先进资本主义国家都通过具有强制性的有关普及义务教育的法律，大力推行和普及义务教育，先后在19世纪末20世纪初完成初等教育的普及。第二次世界大战后，先进资本主义国家又先后实现了中等教育的普及和高等教育大众化。发展中国家也

---

①② (捷)夸美纽斯.大教学论[M].傅任敢，译.北京：人民教育出版社，1984:136,139.

在由教育的极端落后向普及教育迈进，并取得了巨大的成绩。如今，我国已经完全普及九年义务教育，并快速实现了高等教育大众化。应该说，学校教育普及的过程，是人的受教育权利不断扩大的过程，也是教育的公共性日益增强的过程。在现代社会初期，教育的阶级垄断比较明显，主要为新兴的资产阶级服务，不反映或很少反映广大劳动人民的利益和愿望。但随着大工业生产发展的需要，随着工人阶级和劳动人民对教育权的争取，以及现代社会管理方式的变化，教育的等级性、特权化越来越不合时宜，越来越受到来自各方面的批判。在此情形下，教育就越来越成为社会的公共事业，成为社会的公共话题，成为各国优先考虑的社会问题。当今，这种趋势更加明显。这是现代教育的一个重要进步。当然，现代社会中阶层的、种族的、民族的、性别的教育不平等和歧视现象还依然严重。

（三）教育的生产性日益增强

正如马克思在《资本论》中所指出的那样："从工厂制度中萌芽了未来教育的幼芽，未来教育对所有已满一定年龄的儿童来说，就是生产劳动同智育和体育相结合，它不仅是提高社会生产的一种方法，而且是造就全面发展的人的唯一方法。"①随着机器大工业生产的发展和科学技术的进步，学校教育不仅要培养统治和管理人才，而且还要培养大量的劳动者，这就必然要求学校教育与生产劳动相结合。一是教育内容增加了科学技术的含量。建立在机器工业上的生产过程需要科学技术的运用，从事生产的劳动者就需要一定的科学技术的知识。为此，学校扩大了自然科学教育的内容，增加了实科教育。同时，职业教育受到各国的普遍关注和重视。二是教育过程与生产劳动相结合。学校日益重视实验、实习、实践等与教育内容相适应的教学方法。尤其是职业教育，直接倡导产学研一体化，如德国的"双元制"、瑞士的"现代学徒制"及日本的"产学一体化"职教模式等都是典型的案例。

现代教育与生产劳动相结合具有极其重要的经济价值、教育价值以及生产功能。所以，联合国教科文组织第三十八届国际教育会议的建议书强调：把理论知识应用于实践，以及学生参加生产劳动，是现代教育的重要组成部分，它们通过提供与外界包括与劳动界更多的接触，促进学生品格的全面发展；除此之外，还使他们个人和集体加深对社会、道德、教学和经济价值的理解。教育面向现代化就是教育要为生产现代化和科学现代化服务，教育与社会经济的各部分、各环节相联系，做到教育—科研—生产一体化。由此看来，现代教育与生产劳动相结合，不仅成为劳动力再生产的重要手段，也成为科学知识再生产和发展科学技术的重要手段，对提高社会生产效率和增强社会财富起到了重要作用。现代教育的这种生产性得到了人们的普遍关注，也得到了世界各国政府的高度重视。许多国家把教育看成是一种生产性事业，加大对教育的投入，积极发展教育事业，努力提高教育质量。许多国家的经验也证明，优先发展教育，是发展科学技术，推动经济发展的根本保证。

（四）教育的科学性日益提高

现代教育与古代教育相比，在形式、规模、结构、目标、内容、方式方法等方面都发生

---

① 华东师范大学教育系.马克思恩格斯论教育[M].北京：人民教育出版社，1986：229-230.

了巨大的变化，这使其复杂性程度大大增强。在这种情况下，仅凭经验性认识无法应对教育发展的需要，解决现代教育中的困惑。现代庞大的教育体系和复杂的实践活动迫切需要理论的指导，从客观上推动教育科学的发展和教育理论的创新。所以，现代教育的形成和发展过程中，教育的理论自觉性也越来越高。人们常常会自觉运用一些已有相关学科知识来指导教育实践，如运用心理学、生理学等方面的知识，从人的身心发展规律出发来安排学习内容和学习时间等。同时，在教育实践中也非常注重自我反思，总结经验教训，探索教育规律，改进教育行为。由此，也就促进了教育科学研究的发展。反过来，教育科学研究的成果运用于教育实践中，提高了教育质量，推动了教育改革，促进了教育发展。这样，现代教育在实践—探索—实践的无数次循环中不断提高自身的科学性。

第三节　教育的发展趋势

当今世界，知识经济已见端倪，科学技术日新月异，社会生产方式、生活方式、产业结构正在发生革命性的变革。20 世纪 60 年代以后，一些社会学家、未来学家开始用“后工业社会”、“知识社会”或“信息社会”来概括当今社会的发展特征。社会的变革和发展也正在不断地引发和推进教育改革的强大浪潮。概括地说，当今世界的教育发展变革呈现出如下几个方面的走向或趋势。

一、教育全民化

20 世纪 60 年代以来，教育事业取得了空前的发展。发展中国家由于教育基础薄弱，发展的速度尤为迅速。如发展中国家入学的儿童人数 1960 年为 21 700 万人，1990 年达到了 50 530 万人；6～11 岁儿童的入学率从 1960 年的 48%提高到 20 世纪 80 年代末的 77.8%。另外，世界范围内的成人扫盲活动也取得了巨大成就。尤其在第三世界国家中，只用了 20 年的时间(1970—1990 年)，非文盲成年人的人数增加了 2.5 倍，文盲率从 54.7%降至 35.9%。但是，在世界范围，尤其是在发展中国家，基本教育也面临着巨大的问题，如 1 亿多儿童，其中至少有 6 000 万女童没有机会接受初等小学教育；全世界有超过三分之一的成人没有机会接触能改善他们的生活质量、有助于他们影响和适应社会与文化变革的书本知识、新的技能与技术。同时，世界面临严重问题，人口增长、战争、国与国之间的经济差距不断扩大、暴力犯罪、环境恶化等，这些问题限制了满足基本学习需要的努力，而占很大比例的人口缺乏基本教育，阻碍着各国社会有力和有效地解决这些问题。

在这样的背景下，1990 年 3 月，由联合国教科文组织、联合国儿童基金会、联合国开发计划署和世界银行共同发起，在泰国宗滴恩召开了世界全民教育大会。会议讨论通过了《世界全民教育宣言》和《满足基本学习需要的行动纲领》，提出了全民教育的目标：(1)扩大幼儿的看护和发展活动，包括家庭和社区的参与，尤其要针对贫困儿童、处理不利儿童和残疾儿童的看护和发展活动；(2)到2000 年普及并完成初等教育(或任何被认为是“基础”的更高层次的教育)；(3)提高学习成绩，使一定年龄段的一定比例的人(如 14 岁儿童的 80%)达到或超过规定必需的学习成绩水平；(4)降低成人文盲率(各国自定适当的年龄组)，比如到 2000 年减少至 1990 年水平的一半，要特别重视妇女扫盲，以明显地减少男女文盲率之间的差异。

世界全民教育大会以后，全民教育一直受到国际社会的高度重视。以后的历次国际教育会议和其他国际与地区范围的会议，都在其宣言和行动纲领中重申对全民教育目标的承诺。一些国际机构也开始对教育资助作出调整，把重点放在满足基本学习需要上。2000 年全民教育评估表明，许多国家在实现全民教育目标上已经取得了重大进展。但 1990 年确定的全民教育目标并没有得到全面的实现，发展中国家在中小学全民基础教育和成人扫盲方面还面临着严峻的挑战，如还有 11 300 万儿童上不了学，有 88 000 万成人是文盲，性别歧视仍然普遍存在，等等。于是，2000 年 4 月 26 日至 28 日在塞内加尔举行全民教育论坛，通过了《达喀尔行动纲领——全民教育:实现我们集体的承诺》，提出全民教育新的目标:全面提高和改善幼儿教育;确保在 2015 年以前所有儿童特别是女童都能完成高质量的初等教育;为青年人提供平等的受教育机会;促进成人扫盲和基础教育，到 2015 年文盲人数减少 50%;在 2005 年以前消除小学和中学的性别差异问题;全面提高基础教育和成人教育的水平。同时，会议还要求各国在 2002 年以前制定出本国的全民教育行动纲领。

全民教育就是教育对象的全民化，亦即教育必须向所有人开放，人人都有接受教育的权利并且必须接受一定程度的教育。全民教育目标的提出，使得“人人有权受教育”的理念进一步得到强化。首先，从个人发展的层面看，全民教育既是使每个社会成员享有受教育的权利和机会，实现社会平等的根本保证，又是使个人获得生存发展能力的基本手段。其次，从社会和国家层面看，全民教育既是社会经济进步的结果，又是社会和国家走出危机、摆脱贫困、实现繁荣的必然选择。再次，全民教育是促进世界文明和共同繁荣的需要。在当今时代，一国的教育落后不再只是一国自己的事情了，因为其教育落后的恶果具有蔓延性。消除世界上各国各地区间的不平等、不稳定，在全球范围内采取一致的行动——全民教育，是不能不走的道路。

二、教育终身化

一位外国学者曾说过:自从地球上出现人类，终身教育就存在了。在教育实践和教育认识中，人类始终保留着终身教育的朦胧意识，但作为一种教育思想被社会普遍接受还是 20 世纪的事情。联合国教科文组织于 1965 年 12 月在法国巴黎召开第三届促进成人教育国际委员会，是现代终身教育诞生的标志性事件。法国的保罗·朗格朗在会上作了题为“恒久教育”(Education Permanente)的学术报告，引起了与会专家及有关组织的极大关注。会后，联合国教科文组织将“Education Permanente”译为英文“Life-long Education”(即中文的“终身教育”)，标志着终身教育作为一种国际性教育思潮被正式确立起来，一个终身教育的时代已来临。1970 年，保罗·朗格朗的代表作《终身教育导论》出版，它明确提出了终身教育的含义和目标，为终身教育思想提出了初步的理论模型和框架。

在倡导终身教育的过程中，联合国教科文组织一直是最重要的推动力量。它通过一系列国际性活动，使终身教育思想广为传播，并促进终身教育思想本身不断完善。国际教育发展委员会从1971年开始历时一年多，先后举行了六次会议，对23个国家进行实地考察，充分引用联合国教科文组织25年的思考与活动过程中积累的经验，并研究了70多篇有关世界教育的形势和改革的报告，最后于1972年5月完成了研究报告，即《学会生存——教育世界的今天和明天》。这篇报告提出了“终身教育”、“终身学习”和“学习化社会”等基本概念，使终身教育思想进一步系统化和理论化，并奠定了它的国际地位。由雅克·德洛尔任主席的国际21世纪教育委员会经过3年的研究，于1996年提交了《教育——财富蕴藏其中》的报告，对终身教育进行了独到的阐释，标志着终身教育思想体系的最终形成，也标志着终身教育思想向主流的教育指导思想发展和变化，成为一种世界性教育潮流。终身教育已不再是一种遥远的理想，而是一种以一系列体现这种要求的教育变革为标志的教育现实。

终身教育是指人从出生到死亡的不间断的连续的、各个方面的全部教育的总和，它强调社会每个成员一生在任何时间和任何场所都应接受所需要的各种形式的教育，以适应社会发展和自我完善的需求。从纵向讲，终身教育包括一个人从生到死的各个阶段的教育，强调的是不间断的发展，强调学前经验和学校学习的结合，学校教育和学校后教育的结合，强调各级教育在组织和内容上的一体化；从横向讲，终身教育包括教育的各个方面、各项内容，体现家庭、学校、社会的一体化，强调的是教育和社会的密切联系。终身教育被誉为“打开21世纪光明之门的钥匙”，形成了对教育的全新认识，使教育的内涵和外延都发生了变化，建立了未来学习化社会构建的基本的教育原则，呈现出与传统教育完全不同的特征（见表2-2）。

表2-2　传统教育与终身教育的比较

	传统教育	终身教育
教育过程	仅把教育限制在青少年时期	把教育贯穿于人的全部生涯
教育组织	把职业教育与普通教育、正规教育与非正规教育、学校教育与校外教育等隔绝开来	统筹安排各种教育活动，谋求各类教育之间的联系和统一
教育目的	强调掌握各个领域的专门知识	提高受教育者的学习能力，促进自我发展
教育功能	注重教育的筛选功能	注重使人的素质充分地得到发展
教育机构	主要限定在学校	扩大到与人们实际生活相关的各种环境
施教人员	只能由社会中的一部分人（教师）来施教	根据时间和情况的不同，由社会整体来提供教育机会
教育内容	集中学习抽象的知识	内容涉及知识、情感、审美、职业等，并注意从整体上寻求它们之间的联系
教育方法	注重从外部施加教育影响	尊重个人的个性、独立性

三、教育民主化

教育民主化一直是现代教育发展的重要特征，尤其20世纪50年代以来，教育民主化一直受到广泛的重视，众多国家也都先后采取种种措施促进教育的民主化。随着民族民主化运动的高涨，一些发达国家在继续推行“教育机会均等”的同时，不得不做一些让步与努力，主要表现在：①种族隔离现象减少了，黑人儿童不能与白人儿童同校学习的规定从法律上被取消了。它表明，各民族不仅有平等的社会地位，而且有享受各民族多元文化教育的权利。②不同社会阶层的人接受教育的权利也得到了改善。过去，许多国家实行双轨制，限制下层社会的子弟进入好学校。现在，美、英、法、德、芬兰、瑞典等国，综合学校相继出现，并明文规定，不管学生家庭背景如何，所有学校都能为每一个考生敞开大门。③歧视女子的规定，各国从法规上也取消了，不同性别的人也获得了接受教育的平等权利。并且，教育民主化在发展中国家也受到重视。譬如，墨西哥议会在 1973 年颁布的《联邦教育法》中提出了教育发展的五大目标，其首要目标就是保证所有墨西哥人，特别是学龄儿童都能受到教育。

进入 20 世纪 80 年代，为了迎接社会巨变的挑战，构建一个符合未来人类文明进步所需要的新的教育模式，国际教育改革的大幕开始拉开。这场教育大改革提出了一些带有普遍性的问题，如教育改革的费用、范围、实质等问题。人们认识到，这些问题的解决都与教育的民主化有着密切的联系。从此，教育民主化成为世界教育改革的主流，并逐渐被发达和发展中国家接纳而成为一种共识。《今日的教育为了明日的世界——为国际教育局写的研究报告》一书指出，未来教育有五大发展趋势，其一就是在许多国家中已列为主要教育政策的民主化。联合国教科文组织出版的一份有关教育未来的研究报告指出，尽管各国都有自己的特殊情况，但多数会员国在整个教育改革中都有一些共同关心的基本要求，从最近制定的教育政策中可以看到，占主导地位的就是教育民主化。

教育民主化包括教育的民主与民主的教育两层含义。前者是民主外延的扩大，即把政治民主扩大到教育领域，使受教育成为公民的权利和义务；后者是教育内涵的加深，即把不民主的教育改造成民主的教育。概言之，教育民主化是指全体社会成员享有越来越多的教育机会，受到越来越充分的民主的教育。一般而论，教育民主化主要涉及三个方面的内容：一是教育平等，包括教育机会平等、教育过程平等（如享有平等的师资、教育条件等）和教育结果平等（如可以获得同样的学历、就业机会等）。其中，教育机会均等是基础。所谓教育机会均等，就是指全体社会成员不受政治、经济、社会地位、种族、信仰及性别差异的限制，都享有受教育的同等权利与机会。其基本要求是，每个人都有机会享受最基本的教育，每个人都有相等机会接受符合其能力发展的教育。二是教育的民主决策与管理，即教师、学生、家长和国家的其他公民与教育行政管理人员一道共同参与教育的决策管理。这是民主在教育领域中的延伸，是教育民主化的内在要求，它要求树立现代的民主观念，要进一步深化教育体制改革，激发更多的人参与教育决策与管理。三是教学民主，主要指教学过程中师生关系的民主，也就是师生在教学过程中具有平等的人格关系和伦理关系。正如《学会生存——教育世界的今天和明天》所言：“我们应该从根本上重新评价师生关系这个传统教育大厦的基石，特别当师生关系变成了一种统治者和被统治者的关系的时候……在我们当代的教育界中，这种陈腐的人类关系，已经遭到了抵抗……教师的职责现在已经越来越少地传递知识，而越来越多地激励思考；除了他的正式职能以外，他将越来越成为一位顾问，一位交换意见的参加者，一位帮助发现矛盾论点而不是拿出现成真理的人……如果教师与学生之间的关系不按照这个样子发展,它就不是真正民主的教育。"[①]

四、教育信息化

以计算机和互联网为代表的信息技术推动人类社会进入了信息时代,这从根本上改变了人类的生存方式,同时也将从根本上改变人类的教育方式和学习方式。对此,世界各国都在作出积极的应对和充分的准备。1993年,美国克林顿政府正式提出建设"信息高速公路"计划。此举引起世界各国的积极反应,许多国家相继出台了一系列国家信息基础设施建设规划,制定了推进本国信息技术在教育中应用的计划。这种自20世纪90年代以来国际教育界出现的以信息技术的广泛应用为特征的发展趋向,被国内学者称为"教育信息化",其核心是发展以因特网(Internet)为主要载体的综合化信息服务体系,把信息技术在教育中的应用作为实现面向21世纪教育改革的重要途径。现在,我国政府的各种文件已经正式使用"教育信息化"这一概念,并高度重视教育信息化的工作。如我国教育部于2001年7月颁发的《全国教育事业第十个五年计划》正式提出"教育信息化",并将其列为全国教育事业"十五"计划的战略重点;2004年2月10日颁发的《2003—2007年教育振兴行动计划》明确提出实施"教育信息化建设工程"。

教育信息化有两层含义或两种表现形式:一是把提高信息素养纳入教育目标,培养适应信息社会的人才。当今社会要求教育应培养和提高学生的信息素养,包括信息意识、信息知识、信息道德、信息能力等。特别是要重视信息能力的培养,因为信息能力是信息社会人们生存的基本能力,深深影响着人们的生活、工作、学习的方方面面,是个人寻找工作、融入社会的决定性因素。为此,许多国家通过立法或颁布教育改革的政策法规,把信息教育课程列入了正式课程,并增大了投入。如英国于1998年以立法形式规定,信息教育课在全体中小学中由原来的选修课全部改为必修课,并拟订中学信息技术课程评价的9项标准。1998年7月29日,日本教育课程审议会发表了题为"关于教育课程基本走向"的咨询报告书,进一步明确了信息教育课程的运作细则。二是把信息技术手段有效应用于教学与科研,注重教育信息资源的开发和利用。如前所述,当今世界各国都重视教育信息技术的应用。如美国于1996年明确提出,到2000年,全美国的每间教室和每个图书馆都将连上信息高速公路;鼓励和支持教师使用新技术对学生进行革新教育。法国教育部于1998年初宣布,制定3年教育信息化发展方案,重点放在教育信息化大发展以及相应的信息教育师资培训上,侧重于多媒体教学和微机操作水平的提高,旨在发挥信息设备的使用效率。在教育信息资源的开发上,德国和日本的表现颇为突出,德国的考夫曼模式和日本的松田模式代表了当代信息资源开发的顶级水平。

教育信息化不仅仅是现代信息技术手段的运用,它不仅停留在技术层面上,更多的是涉及教育与教学的方方面面,如教育目的、教育内容、教育模式、教育环境、教育管理、教育方法等,是对传统教育理念的一次全面的更新与变革,其最终目的是实现教育现代

---

① 联合国教科文组织国际教育发展委员会.学会生存——教育世界的今天和明天[M].华东师范大学比较教育研究所,译.北京:教育科学出版社,1996:107-108.

化，培养创新型人才。从更深远的意义上看，信息化改变教育的文化形态背景，将教育放置在“映像文化”之中。映像文化具有语言、文字所不能比拟的形象性、具体性，因而对提高教育的直观性，培养学生的主体性和创造能力，增加学生的感性认识等，提供非常有利的条件。但信息化也会引起人们直接交往的减少和人际关系的疏远，造成“代理经验”、“疑似体验”的膨胀，从而导致现实体验的模糊和遮蔽；也可能造成人们对媒体信息和多媒体交流技术的依赖，比如对键盘、微软软件等的依赖；等等。这些是在教育信息化中需要认真研究和努力克服的。

五、教育个性化

冷战结束以后，世界格局朝多极化方向发展，国际形势错综复杂，西方各国的政治家、社会活动家、哲学家、教育家，无不根据各自的阶级立场和世界观作出各自的判断，并扩展到对西方各国教育制度的判断。其中，个人与社会的关系、个性与教育的关系成为中心议题，由此引发或激进的、或缓和的教育个性化观点，进而汇合成了一股强劲的教育个性化思潮。其共同点，就是批判资本主义及其教育制度对个性的压制、奴役、异化。这一思潮自然冲击着许多西方国家的教改决策，进而波及世界各国。譬如，日本临时教育审议会 1988 年提出的教育改革的基本原则之一就是重视个性，提出实现教育的多样化和个性化，注重发展每个人的个性；巴西全民教育十年计划(1993—2003)规定，实施教育策略要满足各个学生的特殊学习需求，要充分尊重学生，促使儿童或青少年形成特殊的个性；苏联在解体前由于政治环境的变化，爆发出了一股强劲的教育个性化思潮，苏联党政当局采取相应的教育改革对策；我国自改革开放以来，对教育要培养德智体等全面发展的个性的决策作了充分肯定，并且使其成为教育方针的基本内容之一。很显然，培养学生丰富多彩的个性，使学生获得全面和谐的发展，已成为未来世界教育的又一发展趋势。

教育个性化不仅体现在各国的教育政策文件中，而且体现在学校教育教学实践的改革尝试中，其中最具代表性的是个别化或个性化教学的实验与实践。20 世纪 30 年代以后至第二次世界大战前的这段时期，个别化教学的实验及理论探讨销声匿迹。随着西方国家以“教育机会均等”为核心的教育民主化思潮的兴起，以及学习化社会对学会学习的呼唤，在新科学技术革命的推动和哲学、心理学、脑科学最新研究成果的支撑下，20 世纪 50 年代以来，个别化教学再次成为教育教学领域的热门话题。《国际教育百科全书》指出：近几十年来，教育革新最积极的领域之一是个别化教学，在全世界的教育环境中，一种适合学习者个别差异的越来越多样化的技术已经发展起来。从程序教学、个别视听教学到计算机辅助教学，从个别化规定教学、个别化指导教学到个性化教学系统，从按需学习计划、掌握教学步骤到策略教学等，均是教学个别化改革的尝试。这些个别化教学改革尝试针对传统教学忽视学生学习主动性、片面强调教师主导作用的缺陷，强调以个别差异为出发点，以儿童兴趣与需要为中心，以每个学生能力与个性的最大发展为目标，给学生留有更多的自由选择和自我活动的空间和机会。

教育个性化的实质就是强调教育要重视培养和发展学生的个性，要创建适合学生个性发展的教育。这是信息社会对新型的创造性人才的需求在教育中的反映。工业社会的特点是标准化，信息社会的特点是个性化、多样化。新的生产方式(生活方式)要求新一代具有创造性、个性及广泛的适应性。需要根据不同的个体施以不同的教育，才能使他们潜在的能力、智力和体力得到充分的发展。同时，教育个性化也是为了克服目前教育中存在的划一性、僵化和封闭性，树立和践行尊重个人、发展个性、培养自我责任意识等教育理念的需要。发展个性，并不是放任自流、不负责任，而是尊重、发挥和培养每个人的个性，让每个学生在真正认识自我个性的同时，认识和尊重他人的个性。

六、教育国际化

20世纪以来，特别是第二次世界大战以后，随着经济、社会全球化日益加剧和信息技术的急速发展，教育日益成为世界各国经济、政治、文化和科学等方面相互依赖关系的纽带，越来越成为国际性的公益事业。传统的以民族国家为基本单位的自我封闭的教育体系受到冲击，国际教育交流与合作不断加强。与此相应的是，国际教育组织不断发展，并在世界教育改革中发挥着越来越重要的作用。1925年，作为私立机构的国际教育局在瑞士的日内瓦成立。1927年7月各国政府签署章程，要求国际教育局“在鼓励教育者之间接触方面发挥协调中心作用”，教育领域的国际合作从此开始，国际教育局也随之成为独立的国际性政府间组织。1947年，国际教育局开始与联合国教科文组织合作，1969年正式成为联合国教科文组织的组成部分。自1934年以来，国际教育局每年向世界各国提交教育政策建议，至1997年共计有80项，对世界各国的教育改革和发展起到了十分重要的作用。自1970年以来，联合国教科文组织也积极发挥其学术优势，给各国政府提供了一系列具有权威性的政策建议，如《学会生存》、《教育——财富蕴藏其中》等。在这些报告的引领下世界教育逐渐融合起来的，极大地推动了世界各国的教育国际化进程。

到20世纪90年代，伴随着全球化进程的不断加快，人才需求和人才培养的国际化要求空前提高，为了提升本国竞争力，适应全球化挑战，由北美、西欧、澳大利亚以及日本等发达国家和地区率先起步，拉美、亚洲、非洲的许多发展中国家积极参与，掀起了教育国际化的新高潮。例如，日本临时教育审议会于1984—1987年间，先后4次发表关于教育改革的咨询报告，阐明实施教育国际化的必要性，并明确指出21世纪的教育目标是培养面向世界的日本人，即培养能在艺术、学识、文化、体育、科学技术、经济社会等各个领域为国际社会作出贡献的日本人。新西兰1989年教育法特别鼓励高等学校积极招收海外学生，新西兰国际学生人数从1990年开始迅速增长，到2000年已有3.9万国际学生在新西兰学习。澳大利亚政府于1992年9月重新审视了此前的留学生教育政策，认为国际教育是澳大利亚国际关系的重要组成部分，并于1994年11月成立了澳大利亚国际教育基金会。在教育国际化方面走在前列的欧洲共同体12国，于1993年开始实施“欧洲共同体促进大学生流动计划”，划拨专款用于帮助大学生、教师和行政人员在会员国之间流动。2000年11月，欧盟、拉美和加勒比地区的50多个国家的教育部部长和教育专家聚会巴黎，签署了一项关于建立高等教育“共同空间”的协议，其内容是促进各国知识交流、技术转让以及学生、教师、研究人员和管理人员的流动和相互承认学历证书等。

教育国际化是以经济、社会全球化为背景，以解决人类共同面临的问题和培养当今社会所需的国际性、开放型人才为目的，形成的国际相互交流、研讨、协作以解决共同的教育问题的发展趋势。它不仅是一种教育理想,而且是一种正在全球范围内展开的教育实践活动。但教育国际化在促进全面的国际交流与合作的同时,也会对民族国家的主权和传统文化形成侵蚀,威胁其经济和社会的稳定,并容易引发意识形态、政治、宗教、文化和社会诸方面的问题。因此,真正的教育国际化必须建立在不同国家、民族、文化之间相互理解和尊重的基础上,在消除了偏见与沉默的情况下,以一种真正的国际精神发展相互间的接触。从这个意义上讲,教育国际化也就要求加强国际理解教育,以增进不同种族、不同宗教信仰和不同区域、国家、地区的人们之间的相互了解和相互宽容,促进每个人都能够通过对世界的进一步认识来了解自己和了解他人,加强他们之间的相互合作,以便共同认识和处理全球社会存在的重大共同问题。

【本章小结】

关于教育的起源问题,在教育学术史上一直是深受人们关注并争论不休的问题,已有不少学者从不同的视角对此做了大量的研究与论述:有的分析了教育起源的动力,如需要起源论;有的则解释了教育起源的形态,如生物起源论、心理起源论、交往起源论等;有的则论述了教育起源的条件,如超生物经验传递论;有的兼顾了教育起源的动力和条件,如劳动起源论。然而,这些学说都只是从某个侧面解释教育的起源。教育的起源绝对不是某单个因素作用的结果,而是多因素综合作用的产物,研究教育起源问题要整体把握各因素的综合作用机制。

我国学界形成了几种有代表性的关于教育发展阶段划分依据的观点,即以生产关系为根据、以社会生产力为根据、以重大历史事件为根据、以教育发展的内在特征为根据等。这些教育发展分期的方法都有合理的成分和积极的意义,但它们共同存在的不足是没有能够将社会和教育有机地统一起来。教育是培养人的活动,其变化、发展总是适应着人的发展的具体历史要求。人的发展既是教育性质和水平的显示器,又是教育变革和发展的指示器。因此,以人的发展为标准划分教育发展阶段,更能体现教育、社会、人三者之间的规律性联系。

根据马克思的社会三形态理论,以人的生存状态、发展水平或解放程度为依据,可以将教育的历史发展划分为三个阶段四种形态,即依附的教育(原始教育、古代教育)、独立的教育(现代教育)、自由的教育(未来教育)。与原始社会生产力水平低下相适应的原始教育,其特点主要有三个方面:一是生活性;二是公共性;三是原始性。古代教育的特征主要表现为:古代学校的形成与发展、教育阶级性的出现与强化、学校教育与生产劳动相脱离、个别指导式的教育方式、教育的专制性日益增强。现代教育的特征主要表现为:现代教育制度的建立与完善、教育的公共性日益突出、教育的生产性日益增强、教育的科学性日益提高。当今世界的教育发展变革呈现出如下几个方面的走向或趋势:教育全民化、教育终身化、教育民主化、教育信息化、教育个性化、教育国际化。

【拓展阅读】

[1] 教育部人事司.中外教育简史[M].北京:北京师范大学出版社,2002.

[2] 毛礼锐,沈灌群.中国教育通史[M].济南:山东教育出版社,2005.

[3] 孙培青.中国教育史:修订版[M]上海:华东师范大学出版社,2000.

[4] 戴本博,张法琨.外国教育史[M].北京:人民教育出版社,2001.

[5] 国家教育发展与政策研究中心.发达国家教育改革的动向和趋势[M].北京:人民教育出版社,1987.

[6] (瑞士)查尔斯·赫梅尔.今日的教育为了明日的世界——为国际教育局写的研究报告[M].王静,等,译.北京:中国对外翻译出版公司,1983.

[7] 联合国教科文组织国际教育发展委员会.学会生存——教育世界的今天和明天[M].华东师范大学比较教育研究所,译.北京:教育科学出版社,2001.

【实践与探索】

(1) 查阅一些教育史学著作,结合本章关于教育历史的分析,分析说明教育历史的发展规律。

(2) 选取一个现实的教育现象或问题,探寻它的历史渊源,并分析其未来的发展走向。

(3) 根据未来教育的发展趋势,分析说明当前我国教育发展的主要问题,并提出你的发展思路或改革建议。

【参考文献】

[1] 瞿葆奎,沈剑平.教育学文集·教育与教育学[M].北京:人民教育出版社,1993.

[2] 毕淑芝,王义高.当今世界教育思潮[M].北京:人民教育出版社,2005.

[3] 陈时见.当代世界教育改革[M].重庆:重庆出版社,2006.

[4] 王道俊,郭文安.教育学[M].北京:人民教育出版社,2009.

[5] 袁振国.当代教育学[M].北京:教育科学出版社,2004.

[6] 王枬.教育原理[M].桂林:广西师范大学出版社,2007.

[7] 张建鲲.从形态、条件、动力到本体——教育起源问题的研究范式变革[J].内蒙古师范大学学报(教育科学版),2005(5).

第三章 教育本质

【材料研读】

中西方对教育的不同理解

教育行为是教育观念的外化,有什么样的教育观念就有什么样的教育行为。由于中西方对教育理解的不同,因而在课堂中,教师与学生就有不同的教与学的行为。

◆中西方教育词义的不同

中国古代最早将“教”和“育”二字联结起来使用的是孟子,他说:“得天下英才而教育之,三乐也。”(《孟子·尽心上》)在《说文解字》中,“教”“育”的解释分别为:“教,上所施,下所效也”;“育,养子使作善也”。如此,“教”和“育”合起来解释,则为:在上者以好的言行供在下者模仿,使在下者形成善良的品质。

在西方,“教育”一词的英文是“education”,法文是“education”(英法文“教育”一词拼写相同,但读音不同),德文是“erziehung”。三者都出自拉丁文“educare”。前缀“e”是指从某个地方出来,而词根“dcuare”则为“引导”,二者合起来即为“引出”,意思是用一定的手段,把某种本来就潜藏于人身上的东西引导出来,从一种潜质变为现实。

◆中西方课堂面貌的差异

你见过中国的课堂吧? 50多个学生拥挤一堂,桌椅安排基本上是秧田式的,即面对讲台一排排朝前摆放,呈现出权力般的秩序;课堂气氛肃穆庄重,教师在讲台上居高临下,尽情地发挥自己的演讲口才和表演天赋;相应的,学生正襟危坐,遵照教师预先设置的程序(即所谓的备课),按部就班地听讲、观看和练习,以便在期中或期末考试时能够非常精确地解答试题。

而英美等国家的课堂呢? 美国的中小学课堂布置得花花绿绿,像游乐园,学生与教师上课围成圆圈坐,教师居于其中,师生在如此平等的气氛中,民主、自由地探讨、交流;法国的学生上课,不受每一节课45分钟、每星期5天的限制,教室被布置成“T”形,以便师生交流;而英国教师认为知识可以通过图书馆学习获得,上课时间宝贵,应该用来激发创造性思维,课堂教学以师生之间、生生之间的讨论为主。

【思考与讨论】

(1) 阅读上述材料,分析中西方对教育理解的差异。

(2) 回顾你的成长经历,想想你先后接受过哪些不同形式或性质的教育? 其中的教育者对教育的理解有没有差异甚至冲突?

(3) 谈谈你对教育的理解,并尝试分析教育的本质属性(即将教育与其他社会活动区分开来的特性)。

教育是什么? 这可能是一个所有关心教育的人都想弄清楚的问题。这既是一个教育学的基本理论问题,也是教育实践工作者必须明确的问题。然而,古今中外人们对这一问题的回答是见仁见智,众说纷纭。为了更深入说明这一问题,本章尝试从分析教育的表现形态和内部结构入手,来探寻教育的本质。

第一节　教育的结构

一、教育的类型结构

类型就是事实的不同形态,涵盖、包容和标定着一种事实的全部内容,不同的类型即事实的不同的存在样式或形式。对教育类型的认识也是对教育发展史的认识。

根据不同的分类标准,教育事实可以划分为不同类型。

(一) 本能训练性教育、适应性教育与进取性教育

教育是随着人的产生而产生的。在人的主体能力的历史生成过程中,教育也经历着从简单到复杂、由低级到高级、由自发到自觉的发展过程。按照人的主体能力的生成和增强,教育形态可以分为三种类型:本能训练性教育、适应性教育和进取性教育。

本能的训练是动物界类似教育的本能在人类教育中的某种反映。现代教育理论认为,一方面,人类之所以能够产生教育现象,是因为人类具备特别的生物学基础,即人类在生理构造上的未特定化和人类在脱离动物界以前所获得的一种类似教育的本能。每一种动物的生理构造都是适应于该种动物特定的生活环境的,如蝙蝠的声纳定位系统、墨鱼特殊的逃生系统等。然而,人在生理构造上却没有这种专门化,婴儿出生时只有最基本最初级的生命活动机能,如吃喝拉撒等,却没有任何生存技能。人在生理构造上的这种未确定化赋予了人的可塑性,也为教育的产生提供了客观条件。另一方面,人的潜意识中的教育意向——也就是在漫长生物进化史上赋予动物界的一种类似教育的本能——也为教育的产生提供了前提条件。如果没有这种潜在的教育意向,很难想象原始社会的教育是如何实现从无到有的。法国社会学家勒图尔诺曾举出大量例证说明:动物尤其是略为高等的动物,完全同人一样,生来就有一种由遗传而得到的潜在的教育,其效果见诸个体的发展过程。人脱离动物界的同时,也秉承了这种类似教育的本能。在我们意识的深处,这种类似教育的本能依然存在,并作为人类教育中最低的然而又是最基本的层次表现出来,如婴儿的进食训练就既是一种带有文化特征的人类教育,又与生物的本能密切联系。

适应性教育是指人通过自发的活动达到适应自然环境和社会生活的目的的活动。人们在参与这些活动时,往往并不存在某个明确的发展目标,而且也没有自觉意识到活动本身的发展意义。人们在日常生活和生产过程中存在大量这种适应性教育的活动。例如,儿童自发的游戏活动就是一种适应性教育,它模仿成人的生产、生活乃至战争,不仅可以锻炼儿童的身体和心理素质,而且可以提高儿童对社会生活的适应能力。在现代社会中,儿童要随成人一起按时起床、按时吃饭、按时就寝等,也是一种适应性教育,它使儿童获得了适应社会生活节奏的能力。特别是在现代快速变化的社会生活中,人们工作和生活环境的迁移成为一种常态,适应性教育在成人世界中也随处可见,古语所说的“入

乡随俗”、“入境随俗”是这种适应性教育的最好写照。

进取性教育指人对某种发展目标的自觉的、积极的追求的活动。就此而言，学校教育可谓当之无愧的代表。学校教育的目的性、计划性和组织性表明了这是一种具有高度自觉性和高度进取性的教育形态。但进取性教育并不仅限于学校教育，社会生活中还存在着大量此类教育，如家庭教育和社会教育中就有许多进取性教育的因素。我国古代的孟母“断织劝学”就是要劝诫孟轲持之以恒地刻苦学习，以便将来成就功名的；现代社会家庭教育中的“早教”也是以有意识地培养孩子的某种能力或素质为目的的；现代社会政府对公民进行的法律、政治和公德教育，也是一种自觉的、目的明确的进取性教育；等等。

上述三种形态的教育是随着人的主体能力的历史生成而依次产生和发展起来的。在生产力低下的原始社会，人的主体能力还处在历史生成的初级阶段，适应性教育在人的教育中占据主导地位，教育与社会生活、生产融为一体，人类教育行为的自觉水平很低。随着生产力水平的提高和人的主体能力的增强，教育的进取性因素逐步占据主导地位，而适应性却相应降低。然而，教育形态的这种历史演变却并不是简单的一种高级形态对一种低级形态的取代，而是一种合理地包含低级形态的高级形态逐步替代了简单的低级形态，以致最后形成了复杂的教育现象。从历史角度看，现存的教育是一种高级形态的教育，它不仅包括了进取性的教育成分，也含有本能的训练和适应性的教育成分，构成了多层次的、复杂的教育现象。

（二）非形式化教育与形式化教育、非制度化教育与制度化教育、非正规教育与正规教育

此种分类方法的依据是教育的组织形式。这一分类是以教育实体的产生作为非形式化和形式化教育的划分依据的；以现代学校教育制度的形成为标志，将形式化教育分为非制度化教育和制度化教育两类；同时，又根据教育实体的结构化及其社会权威的合法化程度，将制度化教育分为非正规教育与正规教育（见图 3-1）。

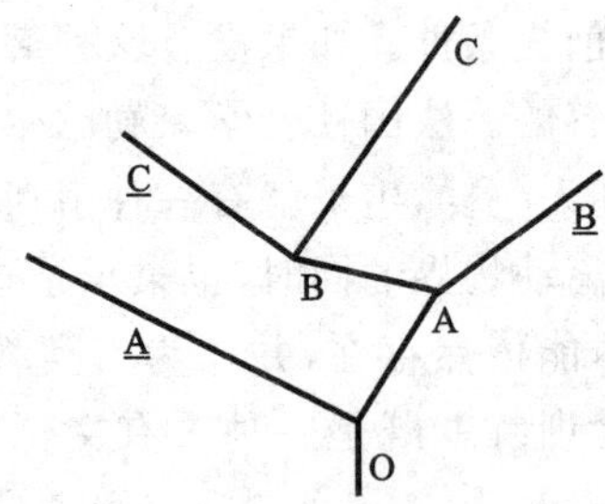

图 3-1　教育组织形式的演变

O—原始教育；A—形式化教育；A—非形式化教育；B—制度化教育；B—非制度化教育；
C—正规教育；C—非正规教育

从教育组织形式的演变来看，原始教育最初是未分化的，教育与原始社会生活和生产是融于一体的。我们将这种没有专门的教育者和受教育者、也没有固定的活动场所、没有融生活和生产于一体的教育称为非形式化教育。

随着生产力的进一步发展，社会分工出现，原始教育逐步产生了分化，拥有专门的教育者、受教育者以及固定的活动场所的专门教育机构——学校开始出现，即形式化教育

已经形成。至奴隶社会，学校作为独立的教育实体已经在社会生活中发挥作用。据相关典籍记载，我国古代西周时期已经形成了完备的学校体系。《礼记·学记》中记载："古之教者，家有塾，党有庠，术有序，国有学。"吕思勉也在《先秦史》中指出："古代社会，有平民贵族之等级，其教育亦因之而异。贵族教育，又有大学与小学之分。贵族之小学与平民之学校，皆仅授以日用之知识技艺，及当时所谓为人之道，绝不足语于学术。大学则本为宗教之府，教中之古籍，及高深之哲学在焉。然实用之学，亦无所有，而必求之于官守。"[①]同时，非形式化教育在古代社会中仍然大量存在，对人们的日常生活和生产产生着不可或缺的影响。《礼记·内则》曰："子能食食，教以右手。能言，男"唯"女"俞"。……六年，教之数与方名。七年，男女不同席，不共食。八年，出入门户及即席饮食，必后长者，始教之让。九年，教之数日。十年，出就外傅，居宿于外，学书计。"这是当时儿童十岁之前在家庭接受教育的情况。在原始教育分化成形式化教育和非形式化教育之后的一个相当长历史时期中，学校教育都是采用学徒式的个别教育形式。

现代社会，随着科学技术的迅速发展和社会生产力的巨大变革，把一切知识教给一切人成为一种时代的必然。显然，效率低下的个别教育方式已经不能满足社会时代的需求，这种矛盾迫使以个别教育方式为主要教学形式的古代学校教育发生巨大变革，形式化教育发生了新的变化，即表现为现代学校教育体系的制度化教育的诞生。教育的制度化包含两个方面，一是教育实体内部作为一种社会组织的权威和权力结构的形成，这个权力结构具体保障"标准操作规程"的贯彻执行；二是教育系统作为整个社会权力结构的一部分而结构化。另外，形式化教育在分化出制度化教育形态的同时，也保留了那些仍保持个别教育方式的形式化教育形态，这里我们称之为"非制度化教育"。这样，制度化教育与非制度化教育就构成了现代社会中两个各具功能且相互不可替代的教育组成部分。

制度化教育在发展过程中，其中一部分教育实体被赋予合法化且强制性的权威，形成了所谓的正规教育。比如，只有正规教育的证书才被政府和社会承认等。与此同时，社会又不断向教育系统提出许多新的要求，因此，在正规教育形成和发展过程中，非正规教育在不断发展，成为对正规教育的有益补充部分，并不断为正规教育系统所吸收，如广播电视大学和各类非学历的成人学校和补习班等。

（三）社会教育、家庭教育与学校教育

从教育系统赖以运行的空间特性看，可以将教育形态划分为家庭教育、学校教育和社会教育三种类型。顾名思义，家庭教育是指以家庭为单位进行的教育活动；学校教育是指以学校为单位进行的教育活动；社会教育是指在广泛的社会生活和生产过程中所进行的教育活动。这三种教育形态各有特点，相互之间不存在任何隶属关系，在教育实践中彼此影响，在现代教育理论中构成了一个重要的研究课题。

家庭教育有广义和狭义之分。广义的家庭教育是指在家庭生活中，家庭构成人员之间的持续不断的教育和影响活动。它既包括家庭成员之间自觉的或非自觉的、经验的或意识的、有形的或无形的多重水平上的影响，又包括家庭的社会背景、家庭的生活方式和

① 吕思勉.先秦史[M].上海:上海古籍出版社,1982:468.

家庭环境因素对其成员产生的影响。狭义的家庭教育是指父母或者其他年长者在家庭中自觉地、有意识地对子女进行的教育。无论是在古代社会还是在现代社会，家庭作为一种基本的社会单位，都承担了大量的教育任务，发挥了重要的教育作用。特别是在当今的学校面临越来越多的问题的时候，家庭教育更为人们所看重。在一些国家或地区，甚至出现了“家庭学校”(Home School)这种新兴的教育形式。家庭教育作为一种教育形态，有自身的优越性，如范围的广泛性、强烈的感染性、特殊的权威性、天然的连续性、特有的继承性、内容的丰富性、形式和方法的灵活多样性、教育影响的持久性等。但家庭教育也存在一些自身无法克服的缺陷，如各个家庭的具体情况具有差异性，导致家庭教育不平衡；家长所具有的知识、经验、能力、技能的深度和广度总是有限的；家庭成员之间的道德面貌、文化素养和教育能力也常常不一致、不平衡，而不利于小孩的成长；社会和儿童是不断发展的，不同年龄的少年儿童的要求是复杂多样的，家长特别是独生子女的父母往往缺乏教育经验；家长对子女进行教育时，往往容易感情用事、操之过急，不能达到理想的家庭教育效果。因此，如何充分发挥家庭教育的作用是一个值得研究的课题。

学校是一种特定的、正式的社会组织。学校教育是社会通过学校对受教育者的身心所施加的一种有目的、有计划、有组织的影响，以使受教育者发生预期变化的活动。作为一种教育形态，学校教育有其自身的优越性，如它有专门的教育机构，有经过专业培训的专职教师，有比较充裕的教育经费，有精心设计、安排的课程和教学计划，有专门的评价机制，等等。正因为有这些特征，学校教育成为现代社会中主导性的教育形态。但是，自从学校产生以来，特别是自现代学校教育制度形成以来，思想家们对学校教育的批评就从未中止过。因为，“制度化”首先就意味着一系列“标准操作规范”的建立，这套规程限制了社会组织在不同行动中作出选择的自由。如此，制度化的学校教育就不可避免地会带有两个副作用：僵化和保守。而且，现代学校教育是以班级授课制作为基本教学组织形式的，注重集体化、社会化、同步化、标准化，因此，它在大大提高教学效率、为社会培养了一代又一代的建设者和接班人的同时，也在一定程度上限制了受教育者个性的发展。

社会教育作为一种教育形态，也是自古有之。从广义上讲，社会教育是指社会生活中一切影响人的身心发展的活动。从这个意义上讲，社会教育的广义概念等同于教育的广义概念，二者是完全相同的关系。狭义的社会教育是指学校教育和家庭教育之外的一切社会文化机构以及有关的社会团体或组织对社会成员（学生和人民群众）所进行的教育。它是一种全民教育和终身教育，是学校教育和家庭教育的延续和补充。本章讨论的是狭义的社会教育。社会教育也有自身的特点，如社会教育是受教育者自愿、自主选择参加的教育活动，社会教育的范围可宽可窄，具有很强的伸缩性，社会教育的内容和形式灵活多样，社会教育的效果持久巩固，等等。

家庭教育、学校教育和社会教育三种教育形态各有优缺点。因此，如何融合三者之间的关系，同时突出各自的优势和长处，增加各自的教育力度，从而形成教育合力，更好地促进青少年发展，是一个值得当代教育理论和实践深入探究的问题。

二、教育的要素结构

要素是构成活动必可不少的最基本的因素，认识教育的基本要素是认识教育活动结构的基础。构成教育活动的基本要素是:教育者、受教育者以及教育中介系统。

(一) 教育者

凡是能对受教育者在知识、技能、思想、品德等方面产生教育影响作用的人,都可称为教育者。从这个意义上说,父母是个体的第一任也是最经常的教育者;社会教育中的师傅以及起到教育作用的其他人员,都是教育者。但是,自从学校产生以后,教育者就主要是指学校中的教师和其他专职教育工作的人员。

教育者是构成教育活动的一个基本要素。尽管教育的过程是致力于受教育者的发展,但是受教育者的发展,既可能受自发因素的影响,也可能受自觉因素的作用。并非所有对个体身心发展产生影响的行为都是教育,教育活动是有目的、有意识地影响个体身心发展的活动,它由教育者所促成。换言之,如果没有教育者有目的的引导活动,也就不存在教育过程,而只能称为个体的发展过程。

教育活动是教育者自觉地、有意识地、想方设法以其自身的活动来引导和促进受教育者的身心朝向预期方向发展的过程。因此,教育者是教育活动的主体,其主体性表现为:第一,教育者启动和调控着教育活动。第二,教育者还利用自己的生活经历、价值观念、思维方式、生活方式乃至人生信念和社会理想,加上对受教育者身心特点和需要的了解,对教育内容进行再加工,以便受教育者更易于理解。第三,教育者还必须想方设法激发和调动受教育者学习的主体性。因为,教育活动的最终目的要落实在受教育者的身心发展上,如果失去了受教育者在教育活动中的自我建构,教育将是一句空话。由是观之,教育者不仅是教育活动的主体,也主导着教育活动的进展,在教育活动中发挥着主导作用。并且,在教育活动中,教育者的主导作用与受教育者的主体性发展程度呈反向关系,即受教育者的主体意识和能力越弱,教师的主导性作用就表现得越明显、越重要,反之亦然。

(二) 受教育者

受教育者是指在各种教育活动中从事学习的人,既包括学校中学习的青少年和儿童,也包括社会上各种形式的教育中的成人。受教育者是教育活动的价值指向,因此也是构成教育活动的必不可少的要素。缺少这一要素,就如无的放矢,教育活动也就不复存在。

受教育者是教育活动的价值指向,是教育者“教”的作用对象。但是,受教育者也是社会的现实的人,他们不是没有思想、感情的物体,因而不可能是教育者可以任意涂抹的白板或加工的素材。在教育活动中,受教育者在接受教育者的引导进行学习的时候,往往会带上他们自己的社会生活经验和个人的需要、兴趣、情感与希望,乃至会有自己的判断、选择、建构与评价。而且,越是随着受教育者意识水平的发展和提高,这些因素会表现得越突出、越明显,且对教育效果的影响越大。也可以说,教育活动就是促使受教育者将一定的外在的教育内容和活动方式内化为他们自己的智慧、才能、思想,同时又将他们的思想、需求与创造才能外化为他们改造客观事物的实践活动过程。毫无疑问,在这一活动过程中,受教育者的自我建构和自我努力是不可或缺且非常关键的。正是在这个意义上,我们说受教育者不仅是教育者“教”的作用对象,更是教育活动中的主体,是“学”的主体。

(三)教育的中介系统

教育中介系统是教育者与受教育者联系与互动的纽带,也是教育者和受教育者共同认识的对象,包括教育活动的内容和方式。

教育内容是教育者用来作用于受教育者的影响物,也是受教育者学习活动的对象。它包括有形的和无形的两种。有形的教育内容通常以课程(如课程方案、课程标准、教科书、教学参考书等)和其他形式的信息载体(如广播、电视、报刊、电影等)来表现,还体现在经过选择和布置的具有教育作用的环境(如教室、阅览室、校园等)中。在教育活动发生前后,教育内容的性质并不完全相同。在教育活动开始之前,教育内容仅仅是一个客观的独立的存在物,反映的是编著者的意图。进入教育活动以后,教育者根据自己的知识、经验、经历和教育的目的并结合受教育者的身心特点等因素,将其转化为“教”的内容呈现给受教育者。此时的教育内容,也就是教育者所“教”的内容,与未进入教育活动之前的教育内容之间并不能完全画等号,至少不能百分之百等同。同时,受教育者在教育过程中并不总是全盘接收教育者所“教”的内容,受教育者通常会依据自身的经验、兴趣、思想等来理解教育者所“教”的内容,至此,受教育者所理解的教育内容或者说受教育者所“学”的内容与教育者所“教”的内容又会出现差异。此外,教育者在与受教育者的交往互动中,他自身所拥有的知识、经验、言谈举止、思想品质和工作作风也影响着受教育者的发展,因而也是教育内容的组成部分,是教育内容中的无形部分。

教育中介系统的另一部分就是教育活动方式。关于这个部分,多数教材将其概括为教育方法与组织形式以及教育手段等教育活动中的一切物质条件。但是,王道俊和郭文安主编的《教育学》中将其概括为教育活动方式。本书也赞成此观点。毕竟,在教育活动中,除了教育内容可以独立存在发挥作用外,单一的教育方法、形式与手段从来都不能作为独立的因素而对教育效果产生实际的影响,产生影响的是上述几种因素的合理组合。教育活动方式涉及教育基本要素的组合与教育工具和手段的应用,是一个十分复杂的动态形式,在一定意义上说,教育活动方式就是教育活动本身。它涉及四个相互制约的环节:一是教育活动的实际目的,即教育者与受教育者的活动目的;二是教育活动的方式与方法,即与教育内容、活动目的相适应的,教育者与受教育者心理的和行动的活动方式与方法;三是教育活动的评价,包括对教育者和受教育者活动的评价,以及对受教育者身心所获发展状况的评价;四是教育者与受教育者在教育活动中的地位和关系。譬如,语文课上,如果目的是认字、识字,那么就必须让学生去实际操作,才能达到理想效果;如果目的是陶冶思想,教育活动的重点就必须放在范文所蕴含的人文精神上,使学生进行情感体验、价值观照,否则,就会事倍功半。可以说,教育者对教育方式的选择与设计直接关系到教育效果的差异,进而深刻影响到受教育者的身心发展。选择一种教育活动方式就意味着为受教育者选择一种发展方式和结果。因此,要不断思考和探索“什么教育活动方式最有价值”的问题。

教育的三个基本要素之间既相互独立又相互规定,共同构成了一个完整的实践活动系统。教育者既是“教”的主体,也发挥着主导作用,他组织和领导着教育活动,他掌握着教育的目的,采用适当的教育内容,选择适宜的教育活动方式,创设必要的教育环境,调控着受教育者和整个教育过程;受教育者既是“教”的作用对象,也是“学”的主体,整个教育过程如果失去了受教育者的自我建构,教育的意义将不复存在;教育中介系统既是教育者活动的客体,也是受教育者活动的客体,如果没有了它,教育活动就成了无源之水、无米之炊,一切教育意图都将无法实现。教育活动的基本要素只是一种对教育活动的过程结构的抽象分析与概括,各个要素本身及其关系是随着社会历史条件和现实选择的变化而变化的。

第二节　教育的本质

关于教育的本质的追问,是认识教育现象、规范教育实践的思维起点和价值起点。从教育现象的产生到教育成为人类生活的基本元素,对这一问题的追问就一直没有停止过。迄今为止,仍未能达成共识。

一、教育本质研究的意义

对“教育是什么”的教育本质探讨,不仅源于人类追根究底的思维特性,而且直接关涉着教育理论表述的形态,进而影响着人们的教育观念与行为。因此,即使我们可以抛弃教育本质这一概念,但无论如何也难以杜绝对教育是什么的言说。也就是说,教育本质问题本身具有不可消解性。

首先,教育本质探寻表明了人们试图把握教育发展的外在尺度,即在理论思维上认识教育发展的轨迹,力图使人的思维认识反映教育发展的真实。确切地说,教育本质探寻的首要目的是掌握、揭示教育发展的客观规律,以便为丰富多样的教育实践提供一种统一的图式或框架,使现实教育的多样性能够在这个图式或框架内得到解释,或被解释为某种普遍的教育本质的各种外化样态。

其次,教育本质探寻意味着为教育发展设定一种内在尺度,即对现实的教育理想的表达和确立。在教育实践中,人们会假设某种基于教育现实而又超越教育现实的教育理想,以便通过教育实践来否定教育的现实存在,把教育理想变成教育现实,而教育理想的实现又会生成、激发出新的教育理想。这种教育理想—教育现实—教育理想的螺旋式无限延伸,不断地推动着教育的发展。此时,教育本质探寻的真正意义就在于,它启发人们在教育理想与教育现实、教育的理想追寻与教育的现实给予之间,既保持一种必要的张力,又不断打破这种微妙的平衡;既为教育实践提供一种理想的价值支点,规范、导引人们的教育行为,又让人们在探究教育发展的真谛中时刻保持一种生机勃勃的求真、向善与审美的意识,永远敞开自我批判和自我超越的空间。

概而言之,研究教育本质的意义就在于人们对教育发展的外在尺度和内在尺度的把握与敞亮。从这种意义上说,教育本质探寻是不可避免的。但是,教育本质探寻的方式却是人主观选择的。不同的教育本质探寻的思维方式会把人们引向不同的教育路径。

二、关于教育本质的研究

新中国成立后,受特殊历史时代的影响,在相当长的时间里,人们关于教育本质的理解一直停留在“教育是一种上层建筑”。1978年，学者于光远在《学术研究》第3期上发表了《重视培育人的研究》一文，率先对教育的“上层建筑说”提出了质疑，一时间激起了有关教育本质问题的热烈讨论，并一直持续至今。概括说来，新中国成立后关于教育本质的探讨，主要有如下几种观点。

（一）上层建筑说

该观点认为，教育是通过培养人为政治、经济服务的，是一种专事培养思想品德、传递知识技能的工作，一种属于意识形态范畴的活动；教育与生产关系的联系是直接的、无条件的，生产力对教育的影响是以生产关系为中介的；教育总是存在于一定社会的，是随社会历史条件的变化而变化的，教育的性质也会随着社会经济结构的变迁而发生根本的变化，历史性、阶级性是教育的根本属性；上层建筑也具有一定的继承成分。

（二）部分上层建筑说

该观点可分为以下几种亚类型：教育一部分属于上层建筑，一部分不属于上层建筑，但整个说来，不能说教育就是上层建筑；教育一部分属于上层建筑，一部分属于生产力，但主要属于生产力；教育一部分属于上层建筑，一部分属于生产力，但主要属于上层建筑；教育既属于上层建筑，又属于生产力。

（三）生产力说

该观点认为，教育劳动是生产劳动；教育具有传递生产劳动经验的职能；教育是劳动力的再生产，它把潜在的劳动力变成直接的劳动力；教育投资是一种生产性投资；教育与生产力有着直接的联系，为生产力所决定。

（四）特殊的社会实践活动说

该观点认为，无论把教育归为上层建筑，还是生产力，都只是教育的归属问题，而不是教育的本质。对教育本质的认识，应该回到教育本身，把教育当做一个特殊的范畴，从教育内部矛盾来揭示其本质。依据这种思路，关于教育本质有如下认识。

1. 教育是培养人的社会实践活动

此论点一开始是作为相对于“教育是一种社会意识形态”而出现的，认为教育的专门特点或它的本质可归结为为社会培育人才，教育最根本、最终极的目的就是培养人、塑造人、发展人、完善人。这也是当代我国教育界认同度较高的一种观点。但是，也有学者对此提出了质疑。其一，培养人的活动并非人类所有教育现象的本质。其二，社会实践活动不可能成为教育区别于其他一切社会现象的根本依据。把教育的本质定义为培养人的社会实践活动，很难说明教育与文学、艺术、道德等其他也有培养功能的社会实践活动的根本差异。其三，“教育”与“培养”是同义反复。

2. 教育是使人社会化的过程

该观点是对培养人这一说法的具体化，认为教育者以一定的外在的教育内容向受教育者主体的转化，实现人类文化的传递，促使和限定个体身心发展，促使个体社会化。此一学说成立的依据是，它揭示了教育的内部矛盾——社会要求和个体心理发展水平的对立统一，揭示了人与社会的关系及教育的作用。

3. 教育是引导和促进儿童个性化的过程

“社会化说”强调社会对人的发展的作用，而忽视了个性，于是有学者提出“引导、促进儿童的个性化是教育本质的规定”。这种观点同时强调个性化是建立在社会化基础上的，通过社会化来促进个性化。

4. 教育是人的自我建构的实践活动

该说认同教育是实践活动的说法，但同时又认为实践活动有两类，即改造客观世界的活动和改造主观世界的活动。教育当然是后一种。人是应然与实然的对立统一存在。教育实践的发生，表明人决心要按应然来存在和发展，来改变人的现实存在，改变人在自然、自发状态下的发展结果。所以说，教育是人之自我建构的实践活动。

5. 教育的本质是主体间的文化传承

该学说认为，人类靠生育传递生命，靠教育传递文化、文明。教育的根本特性是传递性、工具性、手段性。无论是社会发展还是个体发展都离不开社会文化的传承。从社会方面看，社会文化必须传递，否则，人类的文化就不可能延续和发展。从个体方面看，个体必须接受继承社会文化，否则，个体便适应不了社会生活，也发展不了自己。因此，社会文化，从总体角度看，是“传”；从个体角度看，是“承”。教育是个体主体和社会主体之间的一种文化传承形态和手段。

（五）多重本质说

该说又分为几种亚类型。一是多方面联系说。教育同社会生活的各方面都有联系，同生产力的发展有关，同生产关系有关，同经济基础相联系，也同政治、法律、道德等上层建筑相联系。二是多性质发展说。教育的本质是它的社会性、生产性、阶级性、艺术性、社会实践性等的统一，教育的本质不是永恒不变的，而是随着社会的发展，也在不断丰富和更新它的形态，形成教育的多质的、多层次的、多水平的本质属性。三是“单一普遍性＋多样特殊性说”。教育的首要价值追求就是人的发展（普遍性），同时教育是一定社会的教育，表现为教育的直接现实性（特殊性）。在一定社会条件许可的范围内是否尽可能地促进人的发展，是教育的根本问题。四是分阶段说。教育本质的认识，只能是一定社会历史文化中教育认识或实践主体在教育实践中获得的暂时性认识成果，它不具有普遍性。这个流程是一条奔腾不息的赫拉克利特的河流[①]。五是分层次说。教育本质具有三个层次，即教育的类本质、种本质和亚种本质。

（六）反本质说

该观点是受到否定本体的后现代主义哲学思潮影响，把本质问题当做虚无的哲学问题予以排斥的一种教育本质观。后现代主义主张消除本质，否定本体，反对实质化，标榜不确定性、多元化，崇尚差异和个性。他们认为世界上各种事物并不存在普遍共同本质，只显示出重叠交叉的相似性，他们强调任何一个追求某种事物本质的人，都是追求一个

---

① 赫拉克利特有一句名言：人不能两次走进同一条河流。这句名言的意思是说，河里的水是不断流动的，你这次踏进河，水流走了，你下次踏进河时，流来的是新水，所以你不能踏进同一条河流。这里是指，人类的教育是变化、发展的，每个阶段获得的认识都是新的教育本质，不可能形成关于教育本质的普适性结论。

幻影。持此观点的学者认为传统的教育目的、教育措施、教育方法等一套东西，都是建立在普遍的、一般的本质基础上，按解构哲学的演绎，这套东西是有问题的，教育研究应该寻找新的道路。他们质疑传统教育文本中一些“不言自明”的“真理”性叙述，认为这种“真理”在某种程度上阻碍了教育理论研究的进一步向纵深发展。

上述诸种关于教育本质观的出现几乎都有其特殊的时代背景，大多与同一时期教育所呈现出的一些比较突出的功能或特性，以及这一时代人们对于教育的期待和要求有着密切的关联。

“上层建筑说”是新中国成立后较长一段时期内在教育理论界很有影响的一种观点。这种观点将教育看做是社会意识形态领域人们的一种实践活动，它所强调的是教育的社会属性和意识形态方面的功能，这与新中国成立后“左”的思想政治路线占据统治地位密切相关。“上层建筑说”是特殊年代教育的社会意识形态的性质和功能过度张扬的结果。

“生产力说”是我国教育理论界于 20 世纪 80 年代前后在批判“上层建筑说”的基础上建构起来的一种教育本质观。这一本质观从根本上体现了进入改革开放和以经济建设为中心的新时代后，人们对教育的经济功能的认识和期待。换言之，进入改革开放和以经济建设为中心的新时期，教育所具有的经济或生产力的功能和特性开始凸现，人们对于教育的这一重要属性的认识得到强化，由此，教育本质的“生产力说”应运而生。但是，无论是“上层建筑说”，还是“生产力说”，都强调教育与社会的关系，都是从教育活动外部联系的某一个侧面来认识教育的，都有其片面性。

进入改革开放和以经济建设为中心的时代后，教育过程中知识教育的作用、地位和功能重新被人们认识，并不断被强化放大，在教育实践中出现了一种新的应试教育的狂潮，教育过程中作为教育主体的人及其自身需要日渐被冷落和遮蔽。在这样的背景下，“培养人说”等观点开始得到人们的认可，人们寄希望于从教育活动内部来认识教育，以摆脱教育“无人”的困境。

与此同时，由于思想观念的大解放，人们对教育本质讨论的不断深入，也出现了教育“多重本质说”的观点。但是，“多重本质说”虽然看到了教育有各种不同的属性，对教育的认识深化了，但把这些不同的属性并列起来作为教育的本质，也就事实上并没有真正回答什么是教育的本质。

20 世纪 80 年代，随着西方后现代主义思潮在我国的流行，教育中的反本质主义也逐渐形成。在这种本质观下，教育不再是一种预设，而是师生互动的、开放的、生成的、变化的过程，目标是培育人的主体性和创造性。这一理念恰好与世纪之交乃至新世纪社会对创新型人才的需求不谋而合。于是，“反本质”的教育观开始引起人们的重视。但是，如果按照后现代教育观，去除中心而否定教育的本质，那么，教育究竟是什么？我们如何确立我们所从事的教育的信仰和信念？

三、教育本质的探寻

一般说来，下定义就是揭示概念的本质属性。给教育下定义既是对教育事实的理论抽象，也反映了人们在教育上的追求。由于古今中外人们对教育概念的认识千变万化，莫衷一是，所以必须从分析“教育”一词的本源含义着手，来探寻教育的本质。

（一）"教育"释义

1. 汉语中"教育"的词源与词义

古汉语多为单音词，虽然"教"和"育"这两个字早在甲骨文中就曾出现，但绝大多数古代典籍中"教"和"育"一直是分开使用的，并且先秦古籍中也大多只用"教"字来论述有关教育的事情。据柳海民教授考证，去声"教"字的用法在古代典籍中大致有六种含义，具体如下文所述。

（1）教育。如"谨庠序之教，申之以孝悌之义"（《孟子·梁惠王上》）；"当求数顷之田于伊颍之上，以待馀年，教吾子与汝子幸其成，长吾女与汝女待其嫁：如此而已"（唐代韩愈《祭十二郎文》）。

（2）教导、指点。如"教以顺于接物，推贤进士为务"（司马迁《报任安书》）。

（3）告诉。如"此大事也，愿仲父之教寡人也"（《吕氏春秋·贵公》）；"教犹告也"（高诱注）。

（4）训练。如"以不教民站，是谓弃之"（《论语·子路》）；"统率士民，欲其教也"（《吕氏春秋·简选》）；"教，习也"（高诱注）。

（5）政教、教化。如"前世不同教，何古之法"（《商君法·更法》）；"圣人之立教，欲人为善而已"（纪晓岚《阅微草堂笔记·滦阳消夏录二》）。

（6）效仿。如"尧教于隶属而民不听，至于南面而王天下，令则行，禁则止"（《韩非子·难势》）；"教，借为效……尧教于隶属而民不听，谓尧与隶属相仿则民不听其令也"（陈奇猷集释）。

同时，平声的"教"字用法也有一种含义：把知识或技能传授给人。如"教其不知，而恤其不足"（《左传·襄公三十一年》）。

从上述对"教"的去声和平声含义的解释中可以看出，单音词"教"在中国古汉语中多数情况下是作为一个中性词来使用的。

另外，在古代汉语中，"育"有四种含义。

（1）生育。如"虞部员外郎张咸，其妾孕五岁而不育"（宋代吴曾《能改斋漫录·记事二》）。

（2）抚养。如"拊我畜我，长我育我。"（《诗经·小雅·蓼莪》）；"育，覆育也"（郑玄笺）。

（3）培养、教育。如"三十年心血育英才，芬芳桃李满天下"（王德安的《严师》）。

（4）生长、成长。如"致中和，天地位焉，万物育焉"（《礼记·中庸》）；"育者，逆共生也"（朱熹集注）。

由此可见，古汉语中，"育"主要是指生、长，或引申为生育、养育，与"教育"的关系并不密切。

陈桂生教授也认为，在中国古代教育典籍中，"诲"、"学"的概念与"教"的概念更为接近。相对于"学"而言，除了《论语》外[①]，其他一般情况下，"诲"的概念都可归于"教"的概念。并且，双音词"教诲"在《荀子》中就已经开始反复出现。东汉许慎在《说文解字》中对

① 《论语》中，"教"主要指教化，"诲"则指比较正式的教弟子学。

“诲”的解释为:“晓教也。”“诲”是明明白白的,也是滔滔不绝的说教,如“诲尔谆谆”(《诗·大雅·抑》)、“朝夕纳诲”(《书·说命上》)。同时,“诲”是一个中性词,既可诲人向善,也可“慢藏诲盗,冶容诲淫”(《易·系辞》)。如此看来,“教诲”在词源上也是一个中性词。

中国古代最早将“教”和“育”二字联结起来使用的是孟子,他说:“得天下英才而教育之,三乐也。”(《孟子·尽心上》)在《说文解字》中,“教”、“育”的解释分别为:“教,上所施,下所效也。”“育,养子使作善也。”如此,“教”和“育”合起来解释,则为:在上者以好的言行供在下者模仿,使在下者形成善良的品质。由是观之,“教育”一词在古汉语中是一个带有价值意蕴的规范词汇。

2. 外文中“教育“的词源与词义

在西方,“教育”一词的英文是“education”,法文是“education”(英文、法文“教育”一词拼写相同,但读音不同),德文是“erziehung”。三者都出自拉丁文“educare”。前缀“e”是指从某个地方出来,而词根“ducare”则为“引导”,二者合起来即为“引出”,意思是用一定的手段,把某种本来就潜藏于人身上的东西引导出来,从一种潜质变为现实。

赫尔巴特对德语“erziehung(教育)”作了解释,认为“教育”这个词是从训育(zucht)与牵引(ziehen)两个词来的。由此可知,德语“教育”有两个基本含义:一是引出,即它是一种内发的活动;二是内发有一定方向,或说训育。德国教育学家约瑟夫·多尔赫将教育一词的动词词根(ziehung)解释为:“它表示借助外力而对对象实施影响,从而使其从一种状态或现象向着靠近实施影响者的方向,亦即向着实施影响者所期望的更好的或者更加正确的方向改变”;而前缀(er-),则表示实施影响者的一种“使对象或事务由低层次向高层次发展变化的观念或想法”。这表明,在德语中,“erziehung”一词是个规范性词汇。而古汉语中只有“教育”是一个规范词,这也许是近代我国教育学界在译介西方教育著作时用“教育”而不用“教诲”来解释“erziehung”的重要原因吧。

如此看来,从词源上讲,“教育”是一个规范词,表示的是借助外力而使对象发生变化,这变化应朝着更好的方向进行。

(二) 教育的定义

中外教育史上,给教育所下的定义可以说是数不胜数。究其原因,既与教育现象本身的复杂多变有关,也与定义者在界定教育概念时的思维方式不同有关。

美国分析教育哲学家谢弗勒也曾在《教育的语言》中把教育的定义方式分为三种:规定性定义、描述性定义、纲领性定义。在谢弗勒看来,我们实际上找不到纯粹的规定性定义、描述性定义或纲领性定义,但是每种定义都有着区别于其他定义的一些特征。

规定性定义是创制的定义,就是作者自己所下的定义,要求这个被界说的术语在后面的讨论中始终表示这种规定的意义。许多中外教育家关于“教育”的理解多属于此类。

描述性定义与规定性定义不同,不是“我将用这个术语表示什么”的一类主张,而是适当地对术语或者使用该术语的方法进行界说。描述性定义回答的是“教育实际是什么”的问题。通常,词典上的定义一般都是这种描述性定义的罗列。并且,由于有的词在不同的语境中有不同的用法,也就有着多种描述性的含义。譬如,我国《教育大辞典》对“教育”的解释是:“传递社会生活经验并培养人的社会活动。通常认为广义的教育,泛指影响人们知识、技能、身心健康、思想品德的形成和发展的各种活动。狭义的教育,主要指学校教育。即根据一定的社会要求和受教育者的发展需要，有目的、有计划、有组织地对受教育者施加影响，以培养一定社会（或阶级）所需要的人的活动。”[①]联合国教科文组织在《国际教育标准分类》中为“教育”所下的定义：教育是有组织地和持续不断地传授知识的工作。

纲领性定义描述的是一个实践方案，它或隐或显地告诉人们事物应该成为的样子。教育一词的纲领性含义往往包含着“是”和“应当”两种成分，是描述性定义和规定性定义的混合。比如，从广义上说，凡是以教与学为活动形式，有意识地促进人身心发展的活动，都是教育；从狭义上说，是教育者有目的、有计划、有组织地对受教育者施加影响，促使其身心得到发展的活动。它主要是指学校教育。

作为一本教科书的教育定义，采用纲领性定义方式是比较合理的。这种界定方式既清楚地描述了教育事实和现象，让学习者明白教育之所是，又提供了一种价值取向，让学习者领会教育之所意。要准确表述一个概念，关键是需要比较清楚地确定其特征。教育现象复杂多样，如何来有效地描述它的特征呢？德国教育哲学家沃尔夫冈·布列钦卡对教育定义逻辑的分析对我们有很大启发。他认为，“教育”一词在使用中有四对八种逻辑上不一致的含义：①过程含义/产品含义；②描述性含义/计划—规章性含义；③意图含义/效果含义；④行动含义/事件含义。而对于学术概念而言，它越是可能多地用来表达一般性法则，也就越是具有意义。因此，在这八种教育含义中，以行动和促进目标为特征的教育概念就比其他的教育概念更具有优先权。

根据上述分析，结合教育活动的历史考察和结构分析，可以得出如下结论：教育就是指有意识的以促进人的身心发展为直接目标的社会活动。这也是目前比较权威并获得大多数人认同的观点。对此教育概念，有如下几点说明。

1. 教育是一种社会活动

动物界类似人类的教育现象与人类的教育活动有着本质的区别。

首先，有些动物虽然在养护幼小动物过程中与人类有些相似，但它们只是一种基于亲子和生存本能的自发行为，是一种本能活动。所谓的小动物向老动物“学习”，只是以本能为依据的行为，即使再复杂，也只是动物种系在漫长的生物演化过程中形成起来的，一种程序化了的动作条件反射系列，在它们的染色体中定位作图，成为行为基因遗传下来，当发育到一定时期和在一定的环境条件下，便表现了出来。正如马克思所说：“动物和它的生命活动是直接同一的。动物不把自己同自己的生命活动区别开来。它就是这种生命活动。”[②]而人类的教育活动产生于个体生存和人类社会延续、发展的需要，尽管在教育活动中要考虑到人的生物特点，但人类教育并不是直接起源于人的生物本能，而是从一开始就是具有社会性和为了社会的活动。

其次，动物没有语言，因而没有能力将个体的经验“类”化并将其传给其他动物。这样，所谓的动物的“教育”，只不过是局限于动物个体与个体之间本能行为的模仿，动物不可能将“类”经验转换为个体经验，所以动物不可能“教育”出超越自己的个体来，而只能

---

① 顾明远. 教育大辞典（增订合编本〈上〉）[M]. 上海：上教育出版社，1998：725.

② 马克思恩格斯全集（第 42 卷）[M]. 北京：人民出版社，1979：96.

是永远地简单重复模仿。动物“教育”的结果只能停留在对环境的适应水平上，而不能“教育”出能够改造环境的下一代来，就像老猫教小猫捕鼠，小猫的捕鼠技巧永远没有超过老猫。人类的教育活动与此截然不同。人类借助语言，将个体的经验积累起来构成类经验，将一代一代的类经验汇集成人类历史，再通过教育传递给年青一代，使他们站在前人的肩膀上继续前进，推动人类和社会发展。人类社会就是在这样不断地继承和超越过程中前进的。正是因为这样，现代社会里人类自身的活动和社会才有了如此巨大的变化，这是任何一种动物都无法做到的。

由此可见，教育是人类社会特有的活动。社会性是人的教育活动与所谓的动物“教育”活动的本质区别。

2. 教育是有意识的社会活动

人类的社会活动都是有意识的活动。教育活动的意识性就在于它有明确的目的和积极的价值倾向。有人认为，用“促进”来表述教育意味着只是把积极的影响看做是教育，这样就把历史上和现实生活中许多没有产生实际的积极影响的活动排除在教育之外了。我们认为，教育从词源上讲就是一个带有价值规范的词汇，而不是一个中性词。另外，在定义教育这个概念时，意图上的价值选择与实际活动效果的价值判断应该区别开来。只有那些在意图上首先是“善”或者“好”的行为选择才可能被称为“教育”，而那些意图上非“善”或不好的行为选择首先就不能被称为“教育”。如一个人教另一个人怎样做小偷，这种活动充其量只能被称为“教唆”而不能被称为“教育”。或许，意图上“善”的行为选择并不一定能够带来积极的后果，就如父母要求子女在家进行题海训练，虽然这种行为可能带来种种不良后果，但是我们不能否认这种行为本身也是一种教育。用“促进”来表述教育概念只是一种意图上的价值选择，而非对教育这种活动后果的价值判断。

3. 教育是以人的身心发展为直接目标的

人类有意识的社会活动有许多种，不仅包括教育活动，还包括除教育活动以外的其他众多活动形式，如政治活动、社会公益活动等，并且这些活动在某种程度上讲也具有教育作用。那么，是不是这些活动都是教育呢？人从作为自然人而降生到成为社会的合格一员，在这个过程中受到他周围一切环境的影响。换句话说，也就是所有环境和活动都能对人产生教育的效果。但是，在这些能产生教育效果的因素中，它们的作用方式是不同的，有些是直接的，有些是间接的，有些是有意识的，有些是无意识的。因此，并不是所有能产生教育效果的社会活动都是教育活动。我们所讲的教育活动是一种直接作用于人的发展的有意识的有目的的社会活动。

4. 教育活动的内在机制是受教育者的自我建构

马克思主义哲学认为，人的实践按照对象可以区分为改造客观世界的活动与改造主观世界的活动两种类型。教育存在于人的实践之中，是一种发展和改造人的主观世界的活动。一方面，作为改造世界的个体主体，人生而无知无能，也就是说他不能生而就能成为实践主体。作为社会实践主体，他必须具备他所处时代的主体特征与素质，掌握他所处时代的知识、能力、心理模式、思维方式等，才能发挥现实的实践主体的作用。每个个体在成长发展过程中，他的主体性的获得、主体的生成，需要一个现实化的过程，这个过程实质上也就是人的类本质在个体身上的转化与生成。个体越不成熟，他与类本质的差距也就越大，从而也就越需要改变主观世界的实践来消除这种差距。另一方面，人作为改造世界的主体，在不断改变外部世界的过程中，他的现存的主观状况、他的现实性总是不能满足他在活动中的需要，他必须不断改变自己的这种现实性存在来满足他作为改变世界的实践主体的需要。教育这种改造和发展人的主观世界的活动，就是要使人在已有规定性的基础上不断地创造出自己新的规定性来。

人的主观世界的改变与发展，一方面需要在客观世界中，通过主客体之间所建立的特定关系，所进行的特定活动来实现；另一方面还依赖于主观世界内在关系的发展。人的主观世界的发展，不是简单的主体对客体的被动反射和静态直观，不是主体对外界关照的结果，它还包括主体对自身的反思，即主体通过自我意识将自己既作为主体又作为客体，并不断发展这种存在于自我之中的主客体相互关系，在内在相互作用的改造活动中，建构新的主观世界。简言之，人的主观世界的改变与发展，既受外界客体的影响，也是主体自我建构的结果。这就像同样面对家庭贫困的两个人，一个人把它当做自我奋斗的动力而最终成为自立自强者，而另一个人却认为它是阻碍自身发展的巨大障碍而沦为愤世嫉俗者。

教育作为改造和发展人的主观世界的活动，不仅是对受教育者施加一种外部影响，更是受教育者在教育的指引下不断进行自我建构主观世界的过程。教育活动中，向受教育者施加一定的影响，并不断扩大、提高、完善这种影响，以及重视、肯定、强调教育者的指导或引导作用，这些都是非常必要的。但是，说到底，教育活动的实际效果，受教育者的个性素质的发展，还需依赖于受教育者的自我建构和自我努力。正是在这个意义上，人们说“教是为了不教”。

【本章小结】

教育是一种复杂的社会现象。从外部形态结构看，教育既可以按照教育中主体性的程度分为本能训练性的教育、适应性的教育和进取性的教育三种形态，也可以依据组织形式的差异，分为非形式化教育与形式化教育、非制度化教育与制度化教育、非正规教育与正规教育等形态，还可以按照教育所赖以运行的空间特性，分为家庭教育、学校教育和社会教育三种类型。从内部要素结构看，教育含有教育者、受教育者和教育中介系统三个基本要素。其中，教育者既是“教”的主体，也发挥着主导作用；受教育者既是“教”的作用对象，也是“学”的主体；教育中介系统是联系二者的纽带和桥梁，既是教育者活动的客体，也是受教育者活动的客体。教育的基本要素之间既相互独立又相互规定，共同构成了一个完整的实践活动系统。各个要素本身及其关系是随着社会历史条件和现实选择的变化而变化的，这种变化是教育形态演变的实质和原因。

教育本质是教育言说的逻辑起点，研究教育本质的意义就在于人们对教育发展的外在尺度和内在尺度的把握。由于时代背景的不同以及教育本质探寻的思维方式的差异，形成了许多不同的关于教育本质的观点，如上层建筑说、部分上层建筑说、生产力说、特殊的社会实践活动说、多重本质说、反本质说等。一般说来，下定义就是揭示概念的本质属性，既是对教育事实的理论抽象，也反映了人们在教育上的追求。教育是一个规范词，给教育下定义应是纲领性定义。从这个角度看，教育就是有意识的以人的身心发展为直接目标的社会活动。

【拓展阅读】

[1] 项贤明.泛教育论——广义教育学的初步探索[M].太原:山西教育出版社,2000.

[2] 贯馥茗.教育的本质——什么是真正的教育[M].北京:世界图书出版公司,2006.

[3] (德)沃尔夫冈·布列钦卡.教育科学的基本概念[M].胡劲松,译.上海:华东师范大学出版社,2001.

[4] 李润洲.教育本质研究的反思与重构[J].教育研究,2010(5).

【实践与探索】

(1) 本章正文中罗列了许多种对教育概念的理解,你最赞同哪一种?为什么?

(2) 有人说,现实生活中存在"5+2=0"的现象,即5天的学校教育与2天的社会教育和家庭教育相互抵消,没有任何教育效果。你对此怎么看?应该如何认识和处理三者的关系?学校教育在其中的地位怎样?

【参考文献】

[1] 瞿葆奎,沈剑平.教育学文集·教育与教育学[M].北京:人民教育出版社,1993.

[2] 王道俊,郭文安.教育学[M].北京:人民教育出版社,2009.

[3] 叶澜.教育概论[M].北京:人民教育出版社,1991.

[4] 郑金洲.教育通论[M].上海:华东师范大学出版社,2000.

[5] 冯建军.现代教育原理[M].南京:南京师范大学出版社,2003.

[6] 袁振国.教育原理[M].上海:华东师范大学出版社,2001.

[7] 陈桂生.常用教育概念辨析[M].上海:华东师范大学出版社,2009.

[8] 田娟.我国30年教育本质研究回顾与反思[J].河北师范大学学报(教育科学版),2010(3).

第四章 教育功能

【材料研读】

材料一 “读书无用论”悄然泛起

《重庆晚报》2009年3月28日报道，与三年前的高中入学数量相比，重庆高考报名人数减少2万人左右，而据调查，应届高三学生中，有上万考生没有报名参加高考，这些考生多是农村考生。曾几何时，在农村孩子中，有句比较流行的话，叫“知识改变命运”。然而，这条曾经确实让无数人改变了命运的路径为何今天被放弃？

“读书无用论”在我国由来已久。最早的形成也许是孔子的得意门徒仲由(即子路)对学习的质疑，他说：“南山有竹，不揉自直，斩而射之，通于犀革。以此言之，何学之有？”1968年秋“停课闹革命”以后，大中学生纷纷上山下乡，人们认为读书没有实用价值、读书不能创造财富，这一观点后来便发展成“读书越多越反动”。20世纪80年代到90年代初的那段时间，开始了经济体制改革，一些私营业主仅靠简单的产品加工和贸易，就获得了经济收入的快速增长，而当时的知识分子和技术人员的收入却无法得到显著改善，流传着“造原子弹的不如卖茶叶蛋的”，“拿手术刀的不如拿杀猪刀的”等言论，“读书无用论”一时盛行。

1999年高校扩招以来，教育费用猛涨，使得贫困群体(尤其是农村)负债读书。大学毕业不包分配、自谋职业，但社会上可提供的工作职位的增长远远跟不上毕业生数量的增长，导致“毕业即失业”的现象日益普遍，时有出现数百人抢一份工作的景况。即使找到工作，起薪也大幅滑落，一些地方大学生的起薪甚至不如农民工。这些导致农村出现了严重的初中生流失、辍学现象。加之近年来，中国的股票等资本市场交易极为活络，社会上所谓的“暴发户”日增，相对而言知识分子的地位下滑。于是，新的“读书无用论”思潮又悄然泛起。

材料二 两次“大学扩招”

1998年11月，亚洲开发银行驻北京代表处首席经济学家汤敏，以个人名义向中央写信，提出《关于启动中国经济有效途径——扩大招生量一倍》的建议书，陈述5个理由支持大学扩招：其一，当时中国大学生数量远低于同等发展水平的国家；其二，1998年国企改革，大量下岗工人进入就业市场，如果大量年轻人参与竞争，就业将面临恶性局面；其三，国家提出保持经济增长8%的目标，扩招前经济增长率为7.8%，急需扩大内需，教育被认为是老百姓需求最大的；其四，当时高校有能力消化扩招，平均一个教师仅带7个学生；其五也是最重要的，高等教育的普及事关中华民族的整体振兴。建议被采纳之后，中央很快制定了以“拉动内需、刺激消费、促进经济增长、缓解就业压力”为目标的扩招计划。1999年招生人数增加51.32万人，招生总数达159.68万人，增长速度达到史无前例的47.4%，之后2000年的扩招幅度为38.16%，2001年为21.61%，2002年为19.46%。到2003年，中国普通高校本专科生在校人数超过1000万。

2009 年，教育部下达的全国研究生招生计划为 47.5 万人，其中博士 6 万，硕士 61.5 万，硕士招生计划比上年增长 6.4%左右，并在基础上增加 5 万名全日制专业学位硕士研究生招生计划，主要用于招收当年考研的应届本科毕业生。有数据显示，2009 年全国共有 610 万高校毕业生，加上 2008 年剩余的 100 万未就业毕业生，就业形势格外紧张。相关专家表示，在这个大背景下，教育部面向应届毕业生新增的这部分招生计划显得特别及时。

【思考与讨论】

(1) 阅读材料一，对“读书无用论”思潮的不时泛起，你有何看法？读书到底有何用？

(2) 你觉得中小学教育对你产生了哪些影响？

(3) 阅读材料二，谈谈你对两次“大学扩招”的看法。

(4) 根据你的观察，教育对社会发展有何影响？这些影响主要是怎样发生的？

(5) 教育有负面或消极的作用吗？

分析教育功能是为了回答“教育干什么”的问题。这一问题与“教育是什么”的教育本质问题密切相关，对教育本质的不同认识必然导致对教育功能的不同理解。反过来，对教育功能研究的深入也有助于加深对教育本质的认识。并且，对教育功能的认识和把握，直接影响着教育目的的确立、教育政策的制定和教育活动的组织与实施。

第一节　教育功能概述

一、教育功能的含义

综观中外相关研究文献，对教育功能的理解纷繁多样，尚存许多分歧。其中，最主要的分歧是“主观论”和“客观论”之间的分歧，也可以说是“应然”层面和“实然”层面的分歧。如果把“功能”理解为“干什么”的话，那么，它们之间的分歧就是“应该干什么”和“实际干什么”之间的分歧。主观论者认为，“功能”概念是一个主观的范畴，在内涵上与“目的”、“愿望”、“期待”、“动机”等概念相同或相近。客观论认为，“功能”是一种客观的范畴，所关心的主要问题是“某事物实际如何”，即一事物对其他事物究竟产生什么影响、多大影响、结果如何等。本书对教育功能的理解持客观论的观点。

作为一个客观的范畴，功能(有时称为性能)是指事物或系统所具有的、由其特定结构决定的、并在内部和外部的联系中表现出来的能力和作用。它是事物或系统之所以存在的根本属性和标志。一般来说，功能主要表现为两个方面：一是某事物或系统内部所具有的特定作用，这完全是由该事物或系统的结构所决定的；二是该事物或系统在更大的系统或整个社会结构中所具有的特定作用，即该事物或系统对其他事物或系统的作用，这是由该事物或系统的结构和其他事物或系统的结构共同决定的。

教育功能就是指教育活动和系统对个体和社会所具有的各种影响和作用。作为一个独立的系统，教育在微观上表现为一种活动，是由教育者、受教育者、教育内容、教育方式和手段等要素构成的,这些要素之间的相互作用则构建了教育活动的内部结构。教育活动内部结构的运行,是教育者借助一定的教育方式和手段,用教育内容作用于受教育者,其结果是影响受教育者的发展,因此,教育的内部功能就表现为对受教育者发展所起的作用。教育在宏观上表现为社会的一个子系统,与人口、文化、经济、政治等其他系统共同构成完整的社会结构。社会的发展变化是由生产力和生产关系的矛盾运动推动的,教育则通过对生产力和生产关系的作用而对社会其他子系统产生影响,从而表现出影响社会发展的功能,这就是教育的外部功能。

教育功能不同于教育职能、教育目的、教育价值。教育职能、教育目的、教育价值是指教育应该实现的任务和作用,是人们对教育的功能期待,是从社会和个人的发展需求出发、由主观愿望确定的,具有主观性。教育功能是教育本身所固有的属性,表明教育对受教育者和社会所具有的影响和作用。教育在实践中所释放出来的实际效果,取决于教育与其他事物的相互联系方式,取决于人们如何去做教育,反映教育在实践中"实际干了什么",因此,教育对其他事物的影响和作用既可以是积极的,也可能是消极的。

二、教育功能的分类

教育是一个相对独立的系统,有着相当复杂的内部结构和外部联系。因此,教育功能也是多种多样的。对教育功能类型的认识,可以从多个角度入手。这里主要从作用的对象、方向两个方面对教育功能进行类型划分。

(一) 个体功能与社会功能

从作用的对象看,教育功能可分为个体功能与社会功能这两类。

教育的个体功能是指教育对个体身心发展所产生的影响和作用。教育的个体功能是由教育活动系统的内部结构决定的,如师资水平、课程的设置及内容的新旧、教育物质手段的现代化水平及其运用,都构成影响个体发展方向及其水平的重要因素。教育的个体功能是在教育活动内部发生的,所以也称为教育的本体功能或教育的固有功能。

教育的社会功能是指教育对社会维持和发展所产生的影响和作用,特别是指对社会政治、经济、科技与文化等方面产生的影响和作用。教育的运行无法离开外部社会条件而存在。教育作为社会结构的子系统,它通过培养人进而影响社会的存在和发展,这构成了教育的社会功能。培养人是教育的出发点,也是教育区别于其他社会活动的本质所在。教育对个体的作用是教育对社会起作用的基础和前提,从根本上讲,教育对社会的作用和影响主要通过培养人来实现。因此,教育的社会功能是教育的本体功能在社会结构中的衍生,是教育的派生功能,也称教育的工具功能。教育的社会功能还可以分为两个层面:一是教育的直接社会功能,即教育自身作为一个社会子系统直接对其他社会子系统所产生的功能;二是教育的间接社会功能,即教育通过有针对性地影响人的发展进而影响社会的发展。例如,教育对社会政治的影响可以体现在两个方面,一方面是直接作为一种政治力量参与社会政治活动,另一方面还可以通过在教学中传播特定的政治主张,进行政治思想教育,从而培养具有一定政治倾向的人,间接影响国家的政治。

教育对个体发展之所以产生作用和影响,是因为文化对个体发展具有巨大的作用和价值。教育是以文化为中介对个体发展产生影响的,这是社会遗传的文化机制。文化即是人化，教育正是通过对人类文化进行选择、传递和再创造而实现对人的影响，进而对社会发生作用的。因此，教育功能存在的深层原因在于教育能够对文化产生作用，即对文化进行保存、选择、整理、传播、批判和再创造等。从这个意义上说，教育对文化的作用是教育功能存在的前提。

（二）正向功能与负向功能

从作用的方向看，教育功能可分为正向功能与负向功能这两种。

这是美国社会学家默顿20世纪50年代末提出的功能分析的一个维度。默顿是客观功能论者，他指出："社会功能系指可见的客观后果，而不是主观的意向（目标、动机、目的）。若不能区分客观社会后果与主观意向，则必然导致功能分析上的混乱。"[①]既然是客观的结果，功能就不一定都是正向的促进作用，也同时存在负向的阻碍作用。所以，他提出正向功能和负向功能的分类。所谓正向功能是那些有助于一个特定体系的适应或调整的可以观察到的结果；负向功能是不利于体系的适应或调整的可以观察到的结果。也就是说，正向功能是贡献性功能，负向功能是损害性功能。

按照默顿的思想，教育功能也分为正向功能和负向功能这两种。正向教育功能是指有助于社会进步和个体发展的积极影响和作用；负向教育功能是指阻碍社会进步和个体发展的消极影响和作用。由于功能是一个中性的概念，对任何社会、任何时期的教育来说，正向和负向的功能都存在，只不过比重不同。如果说某个时期教育的功能是正向的，实际上是指这个时期的教育是以正向功能为主的；反之亦然。

人们常说的教育的育人功能、经济功能、政治功能、文化功能等，往往是指教育的正面的、积极的功能。但是，教育对于个体和社会发挥这种良好的作用也不是没有条件的。在实施教育的过程中，必须充分遵循社会发展和个体发展的客观规律，正确发挥教育自身的能动作用，教育的这种促进功能才能真正实现。因而，努力探求教育的客观规律，正确组织开展教育活动，纠正教育实施过程中的不适应社会发展和个体发展的做法，使教育与时俱进，跟上时代发展，这是使教育产生良好影响和作用即发挥正向功能的前提。换句话说，教育活动是否遵循个体发展规律和社会发展规律，遵循的程度如何，就决定了教育是促进还是阻碍个体发展和社会发展。

教育也有负向功能，这在长期的教育实践中已有所体现，只是过去人们对这一问题讨论得较少。由于教育与社会发展不适应，教育者价值观念与思维方式不正确，教育管理体制不完善，教育内部结构不合理以及教育实施过程中内容、方法、手段不科学等因素，教育有时不同程度地对个体发展和社会进步产生消极影响和阻碍作用。例如，片面追求升学率的指导思想使教育培养的人才重智轻德，成为单向度发展的人，影响了受教育者的全面和健康的发展。再如，"学而优则仕"等传统的价值观对教育产生潜移默化的影响，使教育带上了明显的功利性。对教育的负向功能进行深入分析，从而正确认识和有效地减弱或消除教育的负向功能，对强化教育的正向功能，促进个人和社会健康发展是十分重要的。

---

① （美）罗伯特·金·默顿．论理论社会学[M]．何凡兴，李卫红，王丽娟，译．北京：华夏出版社，1990：104-105.

教育负向功能的产生原因是复杂的，表现形式也是多样的。尤为值得注意的是，教育的负向功能往往具有隐蔽性和滞后性的特点，这也正是教育负向功能难以消除和避免的重要原因。教育的负向功能是人们所不期望的，同时也是难以预料的，它的发生往往是潜在的，其效果通常滞后，因而具有隐蔽性和滞后性，这一点与教育正向功能的发挥是不同的。因此，在教育实践中，教育者应该努力分析教育实施过程中可能出现的负影响，增加预见性，减少负向功能的产生。针对已出现的教育的负向功能，应该深入细致地分析原因，了解造成这些负向功能的具体缘由，有针对性地采取积极措施去矫正和防微杜渐。根据需要对症下药，尽力克服教育的负向功能，发挥教育的正向功能。

第二节　教育的个体功能

教育的个体功能是教育系统内在的固有功能，是其他教育功能实现的前提和条件，也是教育本质的直接体现，因而在教育功能系统中具有基础性地位。

一、个体发展的认识

（一）个体发展的含义

所谓个体发展，是指个体从出生到死亡，其身心诸方面及其整体性结构与特征不断变化的过程。个体发展是整体性的发展，主要包括三个方面：一是生理发展，包括生物有机体的正常发育和体质增强以及神经、运动、生殖等生理功能的逐步完善；二是心理发展，包括感觉、知觉、注意、记忆、思维、言语等认知的发展，需要、兴趣、情感、意志等倾向性的形成，以及能力、气质、性格等个性的完善；三是社会性发展，主要表现为社会经验和文化知识的掌握，社会关系和行为规范的习得，人生态度和社会意识的形成，社会实践能力的提高，成长为能够适应并促进社会发展的现实的社会个体。个体发展的这三个方面，既有一定的相对独立性，又十分密切地联系在一起，在个体发展过程中形成相互制约、相互促进的关系。

人类个体发展不同于其他动物的生长。人作为最高级的动物，是由自然性、精神性和社会性构成的生命体，与其他生命体有着本质的区别。从自然性来看，人虽然是一种生物性存在，但不像其他动物那样是被特定化了的，“人的器官没有片面地为了某种行为而被定向”，所以，“人在本能上也是匮乏的：自然没有对人规定他应做什么或不应做什么”。[①] 也正是人的这种“无能”和“不完善”，使得人类个体永远处于一种“未完成”的状态，蕴含着巨大的生命活力和发展可能性。从精神性来看，人是一种有意识的超生物性存在，对自身活动的自觉或自我意识是人类所特有的能力。所以，个体发展也必定是一个自觉能动、自主自决的过程。从社会性来看，人作为个体在时空中的有限性，决定了社会是人类存在的必然形式，社会是人类个体能够作为人而存在下去的基本条件，即便是最为基本的人类自身再生产，也必须通过个体之间的合作方能进行。对于每个个体而言，社会是其赖以生存和发展的资源、条件和环境，这样的环境要求生活于其中的个体必

① （德）M·兰德曼. 哲学人类学[M]. 阎嘉，译. 贵阳：贵州人民出版社，1988：195.

须参与社会实践，也只有通过社会实践个体才能生存，个体发展也是在社会实践过程中实现的。

个体发展的现实过程是十分复杂的。概括地说，个体发展是发展主体在与周围环境积极地相互作用中，通过主体的能动的社会实践活动实现的，其实质是个体生命的多种潜在可能转化为现实个性的过程。个体发展贯穿于生命的全过程，沿着一定的程序前进，表现出一定的阶段性和规律性，但不同个体的具体发展过程是连续性与非连续性的统一，纷呈差异与独特。这一过程是一个生命力的不断涌动、消长，与外界环境不断相互作用，从而使人生不断构建，不断推陈出新，显出无比的丰富与斑斓变幻的令人神往的过程。这个过程的规律性，用直线或圆等简单线条是无法表示其全部复杂性的。

（二）个体发展的影响因素

根据上述关于个体发展的实质与特征的分析可知，个体发展是个体生命的潜在可能转化为现实个性的过程，是多种因素相互作用与建构而形成的结果。以对个体发展的影响性质为依据，可将影响个体发展的因素分为两个层次：一是可能性因素，即对个体的潜在可能产生影响的因素；二是现实性因素，即对个体的潜在可能转化为现实个性产生影响的因素。

1. 影响个体发展的可能性因素

可能性因素包括个体自身条件（包括先天与后天）和环境条件。

个体的先天因素是指个体出生时机体结构具有的一切特质，主要包括遗传、成熟机制以及个体先天性的非遗传特质。其中，遗传是先天因素中最基本的因素，是指人从上代继承下来的生理解剖上的特点，如机体的结构、形态、感官和神经系统的特点及本能、天赋倾向等。这些遗传的生理特点，也叫遗传素质，是个体发展的自然或生理的前提条件。遗传素质提供了来自个体自身的物质基础、机体与外界发生作用的组织机制以及机体内部调节机制，从而为个体发展提供了可能。人的遗传素质是有差异的，这种差异是个体发展差异的原因之一，但在正常状态下，个体的整体发展水平不会因遗传素质受阻，并且遗传和其他先天因素对个体发展影响在整个发展过程中总体上呈减弱趋势。遗传因素对个体发展的影响程度与机体具体机能的性质有关，如人的低级生理、心理机能受遗传影响的程度强，而高级生理、心理机能（如认知、高级神经系统活动等）受遗传影响的程度相对较弱。

个体的后天因素是指个体出生以后在发展过程中逐步形成的特征，包括身体生长发育水平与健康状态，心理能力的发展水平，知识经验的积累水平与结构，对人、对己、对事的倾向性态度等，它涉及个体的体质、知识、经验、能力、立场、态度等内在素质。它是个体前一阶段发展的结果，同时又对后一阶段的发展产生影响，影响着个体对环境的选择与作用方式，影响着个体对自身发展方向的选择和实现。一般而言，后天因素作用的强弱与已达到的发展水平成正相关。如人的智力水平越高，从周围世界中能吸收到的东西也越多；人的过去经历越丰富，他对现实的认识、感受也就越丰富。相反，如果前一阶段发展中存在着什么缺陷，同样会对后一阶段的发展带来相关的影响。当然，人过去获得的知识、经验、能力以及形成的态度并不是凝固不变的，它也存在着被后一阶段的实践所改造的可能，而且，它也不是以简单累加的方式影响今后的发展，而是以整体结构的形式发生作用。但不管怎样，个体过去的一切越丰富，已达到的发展水平越高，为自身今后发展提供的可能性就越多样，个体的自我塑造能力也就越强。

环境泛指个体生活于其中，在个体的活动交往中，与个体相互作用并影响个体发展的外部世界。人的生存与发展环境十分复杂，若按性质可分为自然环境与社会环境这两类，若按范围可分为大环境（总体的自然环境与社会环境）与小环境（与个体发展直接联系的自然环境与社会环境）这两类。人生活在各种不同的环境中，这些环境为个体发展提供了多种可能（包括机遇、条件与对象），并且环境对个体发展的影响有积极和消极之分。不同类型的环境因素对不同发展阶段的个体的影响程度和作用性质是不一样的。从发展阶段上看，在童年时期，自然环境、小环境对人的发展影响大；从青年时期开始，社会文化和大环境对人的发展影响相对增强。从影响程度上看，每个人的思想、品行、才能与习性无不打上历史、地域、民族、阶级与阶层的烙印，社会环境是个体得以发展的现实条件和现实源泉，对个体发展起着重要的不可替代的作用。当然，环境对个体发展的影响作用有其自动或自发的一面，但更多的是个体对环境的能动活动的结果，会随着个体活动能力的大小而变化。并且，随着人的能动性的增强，环境对人的影响的性质也会由受限制逐渐转向被有效利用。

在影响个体发展的可能性因素中，环境因素与个体自身因素是密切相关的，它们通过相互作用实现相互渗透和转化。

2. 影响个体发展的现实性因素

个体与环境之间真实的相互作用，人对外界存在（物质的和精神的）的摄取、吸收都要通过个体的不同性质、不同水平的生命活动来实现。个体活动是个体发展得以实现，从潜在状态转向现实状态的决定性因素，由生理活动、心理活动和社会实践活动三个层次构成。在个体活动中产生和表现出来的人的能动性，是个体发展的内在动力。

生理活动是人作为有机体与环境中的物质发生交换的过程。它是人满足有机体生存与发展的最基本需要的活动，与人的身体发展直接相关。在这类活动中，人自身的各种器官就是与环境沟通的直接工具，其过程的实质就是新陈代谢。生理活动的直接结果是人体的生长、发育或衰退。由于生理活动达到自控的程度，因此在常态下，此类活动几乎不被人所意识到，然而，它却是真实地、无时无刻不在进行着。它的正常进行不但对于身体的发展是至关重要的，而且也是各种心理活动和社会实践活动的必不可少的基础。

心理活动，尤其是高级心理活动，是人类所特有的、具有鲜明个体特征的生命活动，是人对外部世界能动的、带有个体性的反映，也包括人对自己的意识、态度与倾向。心理活动的内容丰富多彩，其中最基本的是认识活动。它满足个体与外界环境进行信息交换和自我控制的需要。人的各种感觉器官与神经系统是承担心理活动的主要工具，加工的对象是各种符号和信息，其直接结果是认识与判断的形成。这是个体认识外部世界并认识、构建自己内部精神世界的过程，是物质对象转化为意识的过程。它具有认识外部世界、发展个体心理能力、控制主体活动的作用。当然，心理活动的内容不只有认识，还包括情感与意志等，也都与人同外部世界的交往相关。

社会实践活动是个体生命活动的最高层次，也是最富有综合性的活动。它除了具有社会和群体发展的意义外，还具有满足个体生存、发展和创造需要的意义，是人与环境之间最富有能动性的能量交换活动。社会实践活动有鲜明的目的性、指向性和程序性，体现了人的主动选择。它不仅使人的智慧和力量得以外化和对象化，而且使人的内在素质在实践中得到综合运用，实现内部世界的丰富与发展。在社会实践活动中，人与人之间还结成了各种不同性质的社会关系，使得每个人不是作为孤立的个体而存在，而是作为社会有机体中独特的一分子而存在。

三类不同水平和性质的个体生命活动及其实际作用，是共时、交融的。个体的生理活动、心理活动渗透在一切社会实践活动中，个体的所有社会实践活动又受到它们的支持和影响。人的社会实践活动从综合的意义上把主体与客体、个体与社会、人的内部世界与外部世界联系起来，成为推动个体发展的决定性因素。

以上分析的影响个体发展的各种因素，对于个体发展来说都是必不可少的，然而又都是不充分的。只有它们之间发生真正的联系并构成整体后，才是个体发展的充足条件。它们之间的相互关系不是并列的，也不是同类的，不能简单相加，只能相互渗透、转化，互为因果。在个体身心发展的全过程中，每一个因素的实际作用和地位，随着个体的变化而变化，其自身的内容与结构也呈变化状态，相互之间的关系也在不断变化，从而使个体发展过程成为一个充满契机、内容不断丰富、结构不断变化、具有多种可能性的动态过程。

毫无疑问，教育与个体发展有着密切的联系。作为影响个体发展的因素，教育，尤其是学校教育是一种包含着特殊个体与特殊环境的特殊活动因素，是上述三个因素的特殊的综合。教育活动的产生，表明人决心要按照他的目的来改变人的现实存在，改变人在自然、自发状态下的发展结果。特别是学校教育中，有专门负责教育工作的教师，来全面、系统地对某个特定阶段的青少年施加影响。学校中进行的大量有计划的活动，是为影响受教育者的成长而精心设计的。学校活动是在人为设置的环境中进行的，这一环境有意识地提供的条件与活动对象，都是为实现教育目的服务的，其核心内容是经过认真挑选和组织了的人类文化知识经验。概言之，教育活动中个体发展是一种在人的有目的的参与和干预下所发生的变化过程，具有更高程度的自觉性和有效性。并且，教育对个体发展的作用也会随着社会发展而越来越大。正因如此，教育，尤其是学校教育对个体发展可以起到主导作用，具有加速个体发展的特殊功能。

二、教育的个体正向功能

人的存在有自然性、精神性、社会性三个基本维度，这也体现了人类的天性和基本需求。刚出生的婴儿只是一个生物学意义上的自然人，依靠后天的学习才逐渐发展成一个真正意义上的个体的人，这个过程也是人内在的天性或基本需求不断发展或获得满足的过程。因此，要使人真正成为一个人，具体讲应该包括三个方面的内容：一是使人由自然人成为社会的人，即人的社会化；二是使人成为他自己，使自我的人格和才能得到充分的施展，即人的个性化；三是使人学会生存、得到享受、获得幸福。教育的个体正向功能也就是教育在促进人的社会化、个性化以及使个人获得幸福等方面产生积极的影响。概括地说，教育具有促进个体发展和改善个体生活的功能。

（一）教育的个体发展功能

教育通过个体的社会化和个性化，促使一个作为生物体的自然人成为一个现实生活中的具体的人。教育的个体发展功能也就表现为促进个体的社会化和个性化。

1. 教育的个体社会化功能

人是社会的动物，社会性是人的根本属性之一。人要成其为人，要在社会中生存，必须适应社会的要求，必须不断学习他所处的那个时代长期积累的知识、技能、行为规范等，接受社会文化，参与社会生活，学习承担社会角色，将一定的价值、态度、知识和技能等内化为自己日常生活的习惯之中，从而从一个不知不识的生物个体成为一个合格的社会成员。这个过程就是个体的社会化过程。

个体的社会化过程是一个终身持续的过程。从婴儿期到老年期，它不断地调整个体的观念和行为，以适应社会生活变化的要求。例如，婴儿期的社会化主要在家庭中完成，通过获得思维、情感、语言和最初的行为方式等特征，掌握一些最基本的生存能力，这是人的第一次社会化。青少年期是一生中最重要的学习时期，社会化的基本任务是在这一时期完成的，人的个性也是在这一阶段基本形成和定型的，因而这个阶段的社会化过程称为基本的社会化过程，也称第二次社会化，其社会化的场所主要是学校。这个时期逐步掌握了社会行为规范，形成了独立生存能力，为进一步深入社会打下了基础。进入成年后，开始独立承担社会角色，独立进行社会生活和创造活动，成为社会发展的骨干力量。成年后的这个时期，为了适应生活和工作的不断变化和新的社会要求，还要不断进行新的社会化。直到进入老年期，社会化的过程依然在进行，老年人要不断调适生活，适应老年生活环境，参与社会活动。

个体社会化的基本途径是社会教化和个体内化的统一。社会教化就是广义的教育，包括学校教育、家庭教育与社会教育。个体内化是指个体经过一定的方式进行社会学习、接受社会教化，将社会目标、价值观、规范和行为方式等转化为其稳定的人格特征和行为反应模式的过程。个体内化是在个体的活动中进行的，它是个体的内部心理结构与外部社会环境相互作用，并对后者进行选择和适应的过程。个体内化充分体现了个体的能动性和创造性，是个体社会化的关键，也是社会教化得以实现的内部因素。社会教化与个体内化是相辅相成的。社会教化是个体社会化的外部动因，没有社会教化，个体内化就没有基础，而没有内化，社会教化也就毫无意义。

对于青少年来说，教育，尤其学校教育是社会教化的主体，也是促进个体内化的有效手段，在青少年个体社会化过程中起着特殊的作用。这种作用具体体现在以下几个方面。

1）教育促进个体思想的社会化

人从自然人到社会人的过程乃是文化化的过程。从某种角度来看，这个过程正是个体内化社会观念的过程，也是个体思想观念的社会化过程。个体的思想观念是支配个体行为的内在力量，它的形成总是要受到社会文化背景和现实的社会实践活动的制约，因而本质上是社会价值规范在个体头脑中的反映。教育代表一定社会的要求，传播社会中的主流文化和价值观念，受这种文化和价值观的影响，受教育者就易于形成与主流社会文化要求一致的思想意识，从而认可并自觉维持现存社会的种种关系。而且，由于教育所传播的文化价值观念的系统性和深刻性，还由于教育活动组织的计划性和严密性以及教育形式的活泼性和多样性，受教育者易于接受这种价值观念，并形成完整的思想观念体系。

2）教育促进个体行为的社会化

人自身有了什么样的思想就会产生什么样的行动，人的思想观念的社会化和人的行为的社会化是紧密联系的。社会规范总是规定着生活于其中的人们应该做什么和不应该做什么。教育通过社会规范的传递，使人们认识社会规范的意义和内容，从而规范人的行为，防止个体行为偏离社会的轨道。同时，教育还具有生活指导的功能。它授予人在社会生活中必需的知识和技能，帮助人们学会协调理想和现实之间的冲突，使人们首先学会生活、适应生活。

3）教育促进个体角色的社会化

人生活在现实社会中，总是扮演着多重的社会角色，如父母、子女、朋友、公民、职业身份等。个体的角色扮演需要两个基本条件，即必须具备相应的角色意识和角色技能。教育对于个体角色的社会化的促进作用，也就体现在对个体角色意识和角色技能的培养上。首先，教育过程本身就是个体特殊的社会生活过程，受教育者在其中同时扮演着不同的角色，如学生、朋友、同学等，从中也就获得了角色意识和角色技能的锻炼。其次，不同层次的教育都会各有侧重地对受教育者进行专门的角色意识和技能的培养，其中职业角色意识和技能的培养是基本内容，各级各类教育都负有职业指导和职业定向的重要职责。

2. 教育的个体个性化功能

人与人之间存在着共性，但并非无差别的同一。虽然人的社会性表现出人与人之间相同的一面，但每个个体都是独立的现实的个人。也就是说，个体也是个性化的存在，也正是个性将一个人同另一个人区分开来。所谓个性就是个体基于自身的生理和心理素质，在一定的社会历史条件下，通过社会实践活动并经主体内化后形成和发展起来的基本品质，是个体关于世界、社会、人生等的基本价值取向和行为特征的集中表现，是个体的主体性、独立性、创造性在社会实践中的集中反映。由此可见，个性不是先天的，而是在主体同外部生活条件相互作用中形成的。一方面，外部生活条件通过内部积极能动的心理机能对个性形成发生作用；另一方面，主体内部能动的心理机能，也只有通过作用于外部生活条件，方可以改变自身，发展个性。培养和形成人的个性，是当今社会的基本要求。

1）教育促进个体主体性的发展

主体性是个性形成的前提，发展人的主体性品质是个体个性化的基本内容。概括地说，人的主体性品质的形成和发展，就是人的主体意识、主体能力和主体人格的培育。主体意识是人作为认识和实践活动的主体的自觉意识，它包括主体的自我意识和对象意识；主体能力是主体认识、改造外部对象世界以及自我内部世界的能力；主体人格是对人的实践活动起调节作用的非理性因素和品质，如情感、意志、灵感、信念、直觉等。与其他动物相比，人的生物本能是非常低弱的，人要成为认识和实践的主体，无论是主体意识的形成、主体能力的获得还是主体人格的塑造，都必须通过接受教育，获得相应的知识和能力，从而达到认识和变革客观世界、实现自我发展的目的。注重主体性品质的培养已成为当今世界教育改革的共同趋势。对个体而言，教育过程本身就是一个提高自身素质、增强自我能力、促进主体性发展的过程。

2）教育促进个体独特性的形成

个性之所以称为个性，就是因为它是作为个体的人，不同于他人，“不像任何其他人”的特殊性，每个个体由于先天素质不同，社会经历、地位和受教育程度不同，而具有其独特性，否则每个个体之间就无法区别。个体的独特性一方面表现在人的个性心理上，诸如兴趣、爱好、情感、意志、气质、性格、能力、理想、信念、世界观等；另一方面更突出地表现在每个个体都潜藏着独特的发展潜能；此外，更为重要的是，个体由于后天的生活环境、教育影响的不同，即便是相同的遗传素质，也会形成不同的发展结果。教育作为有目的的活动，可以根据受教育者的不同心理发展特征，设计适合他的教育，选择适合他的发展道路；能够尊重个体的差异，因材施教，帮助不同的受教育者充分开发其内在潜力，形成自己的优势区域和特长。

3）教育促进个体创造性的开发

创造性是人的个性的核心品质，是个体独特的自我意识的体现。在社会生活中，人的存在是一种双重性存在：一方面受制于世界的事实，另一方面又主宰着生活事实。可以说，人是创造存在的存在。创造性是人的主体性品质的最高层次，也是人的个性的核心成分和最高表现。一般说来，个体的创造性包含两层含义：一是个体对外在事物的超越，即个体通过变革和改造旧事物，产生新颖的、独特的新事物；二是个体对自身的超越，即个体在改造外部客观世界的同时，也改造了自身，使“旧我”转变为“新我”。从某种程度上讲，创造是人与生俱来的本能和禀性。但人的创造本能是非常脆弱的，如果不加以保护、激发和培育，就慢慢地丧失殆尽。在当今社会，人们已充分认识到创造对于社会和个人的价值，培养人的创造意识、能力和精神已成为当代教育的重要主题。教育过程中，教育者可以通过启发、引导受教育者的内心需求，创设宽松、民主、探究的教育环境，有目的、有计划地组织、规范各种教育活动，从而把他们培养成为能够自主地、能动地、创造性地进行认识和实践活动的主体。

（二）教育的个体生活功能

追求完美、幸福的生活是每个个体的基本需要和权利。然而，完满的个体生活是物质生活和精神生活的有机统一。针对前者，主要是解决“何以为生”的问题，即必须具备谋生的本领以获取足够的物质生活资料；针对后者，主要是解决“为何而生”的问题，即要不断追寻生活的意义而获得精神世界的充盈和享受。而这些个体生活能力的获得离不开教育。并且，教育也是人们生活的基本成分。相应的，教育除了作为个体的一种生存手段和工具之外，也是个体生活的基本需要。这样，教育对于个体物质生活的谋取和精神生活的享用有着直接的功效。

1．教育的个体谋生功能

教育的个体谋生功能，在性质上不同于教育的个体发展功能。教育的个体发展功能，着眼于主体人自身发展的需要，促进人身心和谐完善的发展，是成“人”的教育。教育的个体谋生功能，着眼于社会生产和生活对人的知识技能的要求，是成“才”的教育，是

“人力”的教育。当然，教育的最终目的是成“人”，但成“才”是成“人”的必要环节，同时，成“人”必须通过成“才”表现出来。

教育的个体谋生功能，一方面可以通过个体社会化，将社会文化行为规范传递给新生一代，使他们获得未来社会生活或职业生活中相应的角色和意识，以便他们在进入社会生活时能尽快地适应新环境。另一方面，教育是通过知识经验的传授而促进人的发展的，促进人的发展虽然是教育的终极目的，但不是教育的唯一目的，教育在传授知识的同时也要使人获得谋生的本领。斯宾塞曾经将“个人完满生活的准备”作为教育的目的，认为“为我们的生活做准备是教育应尽的职责”，这虽然具有功利主义的色彩，但它的确是现阶段社会的需要。因为现代社会还没有达到生产力高度发达和对产品的各取所需，劳动既是人的需要，更是人谋生的手段。教育，尤其是普通教育基础上的职业技术教育、高等教育、成人教育，其职责就是要造就和培养具有谋生本领的劳动者和建设者，成为推动社会生活发展进步的人力资源。个体谋生的需要，要求教育必须教人学会生存。在当代，这不仅是学校教育的任务，还是整个终身教育的职责。

2. 教育的个体享用功能

教育的个体谋生功能指向外在社会的要求，个体把教育作为一种生存手段和工具。而教育的个体享用功能，并非指为了达到外在目的而受教育，而是教育成为个体生活的需要，受教育过程是满足需要的过程，在满足需要的过程中，个体可以获得自由和幸福，获得精神上的享受。

人有双重生命。从父母那里遗传而获得的自然生命只是做人的物质基础，人要成为人，还要经历第二次生成，并且必须讲求为人之道，只有在自觉做人中才能真正成为人。因此，人必须学习做人。教育教人做人，是满足人的生命需要的最基本形式。这样，受教育对人来说，是生命中的最基本需要。从历史的角度来考察，教育满足人的需要，首先是满足其生存的需要，主要实现其人类保存自身和个体谋生的价值。而后，随着人类的进化、社会的进步、物质的丰富，人类对于教育的需要，才开始从以生存价值、功利价值为主转化为以精神价值为主，人们逐渐把精神的完善作为追求的目标，从而达到精神上的满足与享受。

只有在一个充分发展的个体身上，教育才成为一个人较为明确的内在需求，在接受教育的过程中获得一种自我提升的满意感、满足感，从而使教育不再成为一种异己的过程，而是一种愉快的自主的精神建构过程，个体受教育不再是一个痛苦的过程，而是体验到教育中的自由和幸福。真正的自由不是外在强制的和令人讨厌的事情，也并非为所欲为，而是外在的必然性和自我提出的目的的统一，是人的本质力量的对象化，体现了自我实现中的快乐和享受。教育，尤其是学校教育，主要是通过知识的教化来帮助受教育者通达自由、走向幸福的。知识的获得有外在和内在两种不同的价值，知识的外在价值在于转化为一种力量或一种生产力而成为谋生的手段，知识的内在价值在于促进人的身心和谐发展，造就完满的自由人格，使人成为自由之人、幸福之人。由此可见，教育的享受功能是教育个体发展功能的必然延伸。

三、教育的个体负向功能

教育对人的身心发展有着极大的促进作用，甚至可以说在人的发展中起主导作用；

然而，这种作用的发挥是有条件的，并非所有的教育都能发挥正向的促进作用。正如《学会生存》所指出：教育既有培养创造精神的力量，也有压抑创造精神的力量。如我国现行教育制度下，为了追求高分数，学校特别强调标准化教学。这种对客观化、规范化的过于追求成为扼杀个性潜能和创新精神的罪魁祸首，教育过度的工具化阻碍了受教育者的全面发展，导致受教育者在各个方面不同程度地被异化，主要表现为出现主体意识淡漠（如学习活动中缺乏自主性）、个性被压抑（如过分的从众心理与行为）、功利思想严重（如重成就而轻人品）、素质发展不全面（如智力发展较强，但思想道德素质和心理素质薄弱）等现象，这在很大程度上是教育对个体发展的负向功能所导致的。

从整体上看，现代教育对个体发展的负向功能主要体现在以下几个方面。

第一，教育追求效率最大化，压抑个性发展。随着工业化的深入，社会政治、经济发展需要大量人才，个体受教育的需求也日益增加，于是，为了最大限度地满足个体受教育需求和社会发展的要求，教育走上了效率化的道路，最为典型的是班级授课制、讲授为主的教学模式成为学校教育教学的主要形式。然而，学习者的素质基础、个性特长、认知能力是有差异的，用一种统一的教育模式实施于千差万别的个体，在提高教育效率的同时免不了对受教育者的个性产生压抑。

第二，教育强化顺应社会，导致独立精神缺失。教育要适应社会，传承社会意志，具有极强的社会性、阶级局限性，从而显示出传统、守旧的特征。学校教育在引导受教育者遵守现行社会政治秩序、接受社会价值准则和规范的同时，极易造成个体独立精神的缺失，而独立精神正是创新思想的源头。

第三，消极的文化观念导致个体发展的偏差。教育是通过文化传承对个体产生影响的，文化对教育能够产生潜在的、深层面的影响。不适应时代发展的消极的文化观念必然对个体发展产生负效应。例如，师生关系长期处于一种不平等的权威与服从的关系状态，受教育者逐步养成了依附性的人格，缺乏自主意识和创新精神。

第四，教育的工具理性吞噬了幸福感。以分数论英雄、以升学为目的的功利性的教育严重压抑个性发展，使教育无幸福可言；为了追求升学率而增加受教育者的负担，对受教育者进行过度教育的行为更使受教育者对教育产生厌恶和恐惧。这样，教育的个体享用功能和价值也就荡然无存了。

第五，教育者自身局限直接产生消极影响。教育者尤其是教师是教育的主导，是受教育者内化知识、提高素质的设计者和引导着，对受教育者的影响极大，因而也是最容易压制个体发展的人。教师对学生起着言传身教的作用，其素质高低、一言一行都对个体发展产生着潜移默化的影响。由于教育发展迅速，教师队伍素质参差不齐，许多教师的教育观念、教学水平、敬业精神等跟不上时代的发展和个体成长的要求，不能深刻把握教育的规律，这样必然对个体发展产生消极影响。

第三节　教育的社会功能

教育的社会功能是教育的个体功能所派生的，是次级的功能，因为人是社会存在和发展的决定因素，教育的社会功能首先反映在人身上，而非反映在具体的某个事物上。

因此，人们常说的教育对社会政治的作用、对社会经济的作用，等等，除了教育系统的直接影响之外，从根本上来看是教育对人的作用的结果和体现。

一、社会发展的认识

（一）社会发展的含义

社会是以共同的物质生产活动为基础而相互联系的人们的综合。作为一个大系统，社会主要是由人口系统、物质生产系统、政治系统、文化系统、教育系统等子系统有机构成的整体结构。其中，人口系统是构成人类社会物质前提或生态基础的重要方面（还有自然生态环境），即人类自身的自然再生产；物质生产系统是人类为维持自己的生存与发展所必须进行的物质产品的生产活动的系统；政治系统是社会内部整合与发展所必需的上层建筑，其基本价值在于产生人类生存所必需的社会秩序；文化系统是为满足人类对于生活意义的需要而进行的精神生产活动的系统；教育系统是人类社会得以维持和发展的基本手段，主要体现为人类自身的自觉再生产。这些子系统构成了人类社会活动和社会生活的最基本的领域。这些领域也体现了人类生存所必需的物质生活资料、社会秩序、生活意义等基本需求和条件，既有各自的独特价值和准则，又彼此依赖、相互制约。

按照社会学的定义，社会发展是一种积极进步的社会变迁。从时间上看，社会发展是社会流变的过程；从发展动力上看，社会发展是因满足人类基本需求而发生的社会结构变迁。改善整个人类基本需求的满足状况的关键，便在于对瓶颈需求的满足方式的改进。所谓瓶颈需求，就是满足手段匮乏或稀缺而在现实生活中只能按最低限度要求予以满足的需求。一个社会一旦找到了改进满足瓶颈需求的手段，便可能导致整个社会的革命性变化。这种改进的结果可能有两种情形：一种是导向瓶颈需求对其他需求的约束状况的改变；另一种则是更深刻地导致瓶颈需求从一种基本需求向另一种基本需求转变，从而引起人类社会生活中心领域的转移。在人类历史上，瓶颈需求曾经经历了从物质生活资料到社会秩序的转移，如今正显露出向生活意义转移的端倪。与之相应的是，人类社会生活的中心领域经历了从满足物质生活资料需要的经济活动到满足社会秩序需要的政治活动的转移，目前呈现出向满足生活意义需要的精神文化活动转移的动向。

上述转移动向在当代社会发展观的变革中得到了印证。20 世纪 60 年代欧美国家推出一批以“现代化理论”命名的研究社会发展的著作，用“现代化”一词指称一个非工业化向工业化社会所经历的社会变动过程，也即是将“现代化”主要理解为技术和经济方面的发展。这种发展观割裂了经济增长与文化价值的关系，简单地把财富、财富增长及其速度作为衡量发展的尺度，其结果只能是有增长无发展。这种发展观也被实践证明是不可行的。如今，当代社会发展开始发生转向，即从重视物质、纯经济的因素逐渐向精神的、文化的因素转移；从重视社会客体的因素逐渐向社会主体的因素转移。价值理性、幸福指数成为社会发展的新的关键词。新的社会发展观要求重建文化价值观，认为社会发展的最终目的不是科技进步和经济增长，而是促进人的幸福。因此，提高人的素质是社会发展的最主要因素。教育作为专门培养人的社会活动，更是被摆在战略地位，日益成为人类生活的中心话题。难怪乎，李泽厚肯定地说，21 世纪将是教育学的世纪。

（二）教育与其他社会子系统的关系

美籍奥地利生物学家冯·贝塔朗菲最早把系统区分为封闭系统与开放系统。所谓开放系统，是指与周围环境进行着物质、能量与信息交换的系统。教育、社会及其子系统都是开放系统，它们彼此之间总是不断地进行着有目的的、复杂多样的物质、能量和信息的交换（见图 4-1）。所以，一定社会中教育的发展水平是社会其他子系统综合作用的结果，也是它们发展水平的综合反映。只不过，教育与不同社会子系统之间交换的性质、内容、路径不同。

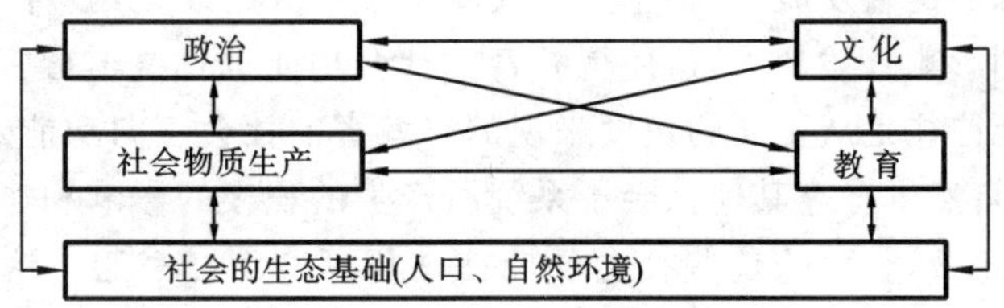

图 4-1　教育与其他社会子系统的关系

首先，教育与社会各子系统的联系是多方面、多渠道、多性质的，但并非在同一层次。教育与文化的关系比教育与其他系统的关系更为直接和密切。一定的文化在内容上总是一定社会政治和经济的反映，文化中蕴含着人类劳动与智慧的丰富创造，它又直接作用于受教育者个体，渗透在教育的各种活动与关系中。因此，教育与文化的相互作用，实际上是沟通社会与个体，教育活动由宏观向微观转化的关节点，也是教育沟通不同社会以及同一社会的过去与未来的关节点。当然，人是文化的最基本、最重要的载体，教育与文化的相互作用也是通过培养人来实现的。

其次，教育与社会各子系统相互作用的性质与侧重点是有区别的。对于教育来说，人口系统是前提性因素，它影响到办学的规模、形式、结构、布局以及生源的质量。社会物质生产具有经济上的决定性作用，社会政治具有意识形态上的决定性作用，物质生产对教育的作用部分地通过政治实现，它们主要作用于教育的发展水平与教育制度的性质，对教育目标的制定、内容的选择等具有导向与规范意义，其实现途径的强制性成分更多一些。文化与教育的相互关系是直接关联的，它是用来对受教育者进行“加工”的材料与手段。教育与社会各子系统的相互作用都有直接与间接之分，只是直接、间接的比例不同。因此，教育对社会各子系统来说也是必不可少的。从长远的角度看，教育对于社会的延续与更新具有基础性、决定性意义。但从社会平面图和现时态看，教育的作用往往被社会的方方面面所制约。所以，教育应立足于未来，从发展的角度发挥自己的社会功能。

最后，社会各子系统对教育的要求只有恰当地内化为教育本身的要求，内化为教育的制度、内容、方法、组织形式等，才能得以实现。这是一个由外向内转化的过程。教育能否充分发挥其社会功能，关键在于能否合理而恰当地完成这个转化。因此，既要看到教育与社会各方面关系的密切程度，又要看到它们之间的区别。也就是说，教育是具有相对独立性的，有着自身的特点与规律。处理教育与社会的关系时，不能强调即时效应，简单、强硬地将某一活动领域的内容、要求、方式搬到教育领域，否则，不但不能实现预期的目标，反而连教育本身也会受到极大的破坏。例如，我国曾经把搞政治运动的方式直接套用到思想教育领域，把物质生产管理的方法简单地用做管理人的方法，最终导致了教育的失败。因此，社会各子系统与教育的关系未被正确认识，没有做好由外向内的转化，教育正向的社会功能不会自发产生，而且还可能产生反面影响；社会对教育的作用也是如此。

二、教育的社会正向功能

随着科学技术的迅猛发展，社会生产方式发生了巨大的改变，教育也在不断发展，教育对社会的作用和影响日益加大，这使得教育的社会功能也日益丰富多样。人们通常说的教育的社会功能往往是从正向的角度来说的。教育的社会正向功能是指教育对人口、文化、经济、政治、自然生态等其他社会子系统所产生的积极的影响和作用。以人的培养为轴心，以文化为纽带，教育的这些社会功能往往相互交织在一起。这里主要从直接相关的角度分析教育的这些社会功能，而不考虑教育通过借道而产生的影响和作用。比如，分析教育的经济功能，只考察教育与经济的直接相关性，而不包括教育通过影响文化、政治、自然生态而产生的经济效益。

（一）教育的人口功能

人口是生活在一定社会、地区，具有一定数量、质量与结构的个体的总和。社会的存在是以人口为生态基础的，人口的数量和质量在社会发展的不同阶段起着不同的作用。比如，当社会生产力处于较落后的状态下，生产劳动主要以体力劳动为基础，生产的发展和经济的增长主要靠劳动力的增加，因此强调的是人口数量。而当社会生产力的发展达到高度科学技术化后，经济的发展就越来越依赖于科学技术、知识、智力的积累与发展，可以说，人口质量成为现代生产发展和经济起飞的关键因素。因此，国民受教育程度和水平也就成为一个国家现代化水平的重要指标。我国人口众多，在自然经济时代可能是一大资源，但在知识经济时代，众多的人口，若没有与这个时代所要求的文化素质，就只能是一种沉重的负担。教育对控制人口数量、调整人口结构都有着重要作用。但与这些功能相比，教育对改善人口质量和提高民族素质的功能表现得更为直接，在当代也更为突出。教育提高人口质量的功能，是其他社会功能的基础。

人口质量是一个表明人口各方面素质综合发展水平的概念，它包括人口的身体素质、科学文化素质和思想道德素质。它们都与教育息息相关。首先，教育对人口身体素质的提高有直接作用。主要体现在：体育活动会直接提高人口身体素质；受过较高教育的人更容易掌握和理解优生优育的知识和技能，从而可以大大降低先天残疾婴儿的出生率；此外，受过教育的父母更能把握人类自身生命发展的客观规律，更能科学合理安排孩子的饮食起居、体育锻炼等。其次，教育对人口科学文化素质的影响更为明显，人口科学文化素质的高低主要取决于教育的好坏。世界上通常用下列具体指标来衡量人口的科学文化素质：文盲率与识字率；义务教育普及和提高程度；就业人口的平均受教育年限；每万人口中科技人员数；每万人口中的大学生数。显然，这些指标直接受制于教育。最后，人口思想品德的形成也依赖于教育。可以说，有什么样的教育环境就会培养出什么品质的人。因此，一个文化素质较高、文化氛围较浓的家庭以及良好健全的学校教育和社会教育环境，对提高人口思想品德素质的作用是不容忽视的。

（二）教育的文化功能

根据文化人类学的有关研究，教育是人类所特有的文化行为。它主要是在教育者的引导之下，受教育者与一定文化环境之间的双向互动与交往行为。这种互动与交往行为一方面促进人在文化活动中的自我创造和自主生成，即文化创造着人；另一方面，它又促使人主动地去影响、改造、建构文化，即人也创造着文化。

1. 文化的活化

德国现代哲学家、文化教育学的主要代表人物斯普朗格认为，教育也是一种文化活动，这种文化活动指向不断发展着的主体的个性生命生成，它的最终目的，是把既有的客观精神（文化）的真正富有价值的内涵分娩于主体之中。教育的基本任务就在于将人性引入文化体系之中，通过传递文化、体验文化价值，培养具有文化素养并能创造文化价值的人格，促进文化生命个体的生成。简言之，教育培养人就是使人文化化的过程。在这个过程中人类过去积累的文化就获得了现实的生命载体，从而使得教育发生着文化的活化功能。教育的这一活化文化的功能是教育的其他文化功能的最主要的基础和凭借。

文化按照存在的形式，可以分为两种类型：一种是实物存储形态的文化，一种是现实活跃形态的文化。存储形态的文化依附于实物、符号（包括语言文字）、科学技术等载体，虽然可以避免因个体的死亡而带来的流失，达到保存的目的，但它把文化当做“死”的物看待，只具有保存的意义。活跃形态的文化，不仅依附于物体、文字等载体，而且依附于人这一载体。文化体现在人身上，就不再是文物，而是思想，它把死的文物变成了活的文化。从存储形态的文化转变为活跃形态的文化，这一过程就是文化活化的过程。而只有教育才能够把文化从物质载体转移到人身上，与人的思想、智慧、情感建立联系，从而使文化成为影响人的行为的现实力量，也使得文化的更新、创造和发展有了可能。

2. 文化的传承与保存

文化是一种社会性信息，独立于个体之外，不能依靠生物遗传方式去为他人获得，而只能通过社会传承，特别是教育的方式得以延续和发展以及空间上的流动，从而实现文化的代际相传和横向传播。由此，教育成为文化传承的主要手段。首先，教育通过教育者和受教育者的共同活动实现文化的传承。教育过程中，教育者总是借助一定的经过选择和加工了的人类文化，来对受教育者施加影响，经过受教育者的接受、理解、掌握，上一代的文化被传递到下一代并得到传播和普及。其次，教育通过使人类掌握文化传递的手段和工具实现文化的传承。通过教育，受教育者掌握各种传播、获取、创造的基本工具，如语言和文字、现代信息技术等，从而能够在教育过程之外去获得文化、继承文化甚至发展文化。

通过教育实现文化传承的过程中，文化也得以保存。文化的表现形式有多种，包括物质文化、制度文化和精神文化。对前两种文化可以借助物质实体，如各种名胜古迹、语言符号等，将人类的精神以外在化的方式保存。但只有这种方式是不够的。一方面是因为这些文化的承载物还需要人的理解；另一方面，作为人类文化核心的精神文化，尤其是民族的文化传统、思维方式等，是不能通过物化的形式体现出来的。所以，无论哪一种文化的保存，都离不开教育对人的培养。教育成为文化保存的主要手段。

3．文化的选择与批判

教育通过文化育人，它必须对一般的社会文化按照社会标准和个体发展要求进行认可、接纳、清理、整合，淘汰不良的文化成分，并对文化内容进行课程化的改造，对外来文化进行本土化改造，从而选择出适宜于人才培养的系统化、标准化、逻辑化的文化体系。因此，教育的文化选择有两个标准：一是按照统治阶级的需要选择主流文化；二是按照学生发展的需要选择系统的、科学的、基本的文化。教育的文化选择形式总体上有吸收和排斥两种。吸收是对与教育同向的文化因子的肯定性选择；排斥是对与教育异向文化因子的否定性选择。教育作为一种特定的、有明确指向的文化活动，必须对浩瀚的文化做出选择，文化选择是教育的应有之义，也是教育具有创造性的体现。教育选择文化不只是促进文化的发展和变迁，更重要的是提高受教育者的文化选择能力，促进人的发展。

文化选择必然伴随着文化的分析与评判。教育过程中，教育主体按照其价值目标和理想，对社会现实的文化状况进行分析，做出肯定或否定的评价，引导社会文化向健康的方向发展。教育的文化批判的过程也是一个选择的过程，但批判还具有改造的功能，是选择功能的深化。教育何以具有文化批判的功能？因为教育本身意味着一定的价值期待和向善情怀。这说明并非所有的“教”都是教育，如教唆就不是教育。教育是一种使人为善的“教”。“善”作为人类的价值追求，它不是现实生活的写照，而是一种应然状态。教育中的善，其最高理想就是人的自由而全面的发展。教育就是按照这一“促进人的全面自由发展的理想”，在不断地对现实文化进行肯定性和否定性评价，对文化的发展予以引导，使之向着善的方向发展的。

4．文化的交流与融合

文化具有地域性，文化交流是将文化从一个区域向另一个区域扩散或流动。当代社会是一种开放性的信息化社会，政治、经济等方面已经打破了封闭的地域性，文化的交流成为一种必然和事实。不同文化的交流不仅可以开阔人的视野，增进文化间的相互了解和理解，而且在文化的碰撞中会诞生新的观点、智慧和理论。文化的融合是文化交流的产物，它表现为不同文化的相互吸收、借鉴。由此可见，教育促进文化的交流和融合，既是必然的，也是必需的。

教育促进文化的交流和融合，主要有两种形式：一方面是通过教育的交流活动，如互派留学生、教师互访、学术交流、合作研究等，促进不同文化间的相互吸收、相互影响；另一方面，教育过程本身通过引导受教育者对不同文化的学习，对文化进行选择、创造，对旧的文化进行变革、整合，形成新的文化，促进文化的不断丰富和发展。教育的过程，作为文化学习的过程，不是对文化的简单认可和复制，而是对文化的选择、重构和创造，这一过程实现了文化的融合。文化的融合，不是不同特质文化的简单相加，而是要以某种文化为主吸收其他文化的有益成分，引起原质文化的变化。当然，促进文化交流、融合，教育不是唯一的途径，还有迁徙、战争、贸易等，但它却是最积极、最有效的方式。

5．文化的更新与创造

文化的生命不仅仅在于它的保存和积累，更在于它的更新和创造。文化的创造是文化发展的真正来源，也是教育的文化功能的最终指向。教育创造文化有直接和间接两种途径。直接途径是教育直接生产新的文化，包括新的作品、新的思想和新的科学技术。

教育活动中，不只是传播知识，而且还要创造知识，文化的创新是教育尤其是高等教育的重要使命。高等学校由于特有的学科优势、人才优势、学术氛围等条件，从而成为科技创新的重要力量。另外，由于学术探究和学术自由的环境，大学在各种文化冲突、批判、交融的过程中不断形成新的价值观和各种文化思潮。教育创造文化的间接途径，也是最根本的途径，就是创造性人才的培养。教育通过传授人类文化，培养人的个性和创造力。这些具有创造性的人才在各行各业中直接从事文化创造活动，从而使教育系统成为文化创造源。

（三）教育的经济功能

教育对经济发展的推动作用，主要是通过培养“经济人”和参与“经济事”来实现的。所以，教育的经济功能就主要体现为提高人力资本、生产科学技术、推动相关产业发展等方面。

1. 教育通过提高人力资本促进经济发展

当代社会已步入知识经济时代，经济发展已由依靠物质、资金的物力增长模式转变为依靠人力和知识资本增长的模式。教育经济学的研究证明，人力资本是当代经济增长的关键。所谓人力资本，是相对于物质资本而言的，指人所拥有的诸如知识、技能及其他类似的可以影响从事生产性工作的能力。教育对经济增长的贡献主要体现在提高人力资本上。美国经济学家、人力资本理论的创始人舒尔茨根据人力资本理论的观点，运用教育资本储量分析的方法，通过计算美国1957年比1929年增加的教育投资总额，推算出教育水平提高对国民经济增长的贡献是33%。教育通过提高人力资本为经济发展作出贡献，主要体现在如下两个方面。

一是通过提高民族文化素质，为经济发展提供良好的发展潜能。有关研究表明，劳动生产率的提高与劳动者的受教育水平、文化程度有明显的正相关，不同受教育水平、文化程度的劳动者提高劳动生产率的能力是不一样的。如根据舒尔茨的测算，一个小学毕业生可以提高劳动生产率43%，中学毕业生提高108%，大学毕业生提高300%；世界银行研究表明，劳动力受教育时间每增加一年，就能提高劳动生产率9%；中国科学院发布的《2002中国可持续发展报告》显示，用于体能、技能、智能发展的投入的比值为1∶3∶9，而相对应的收益的比值却为1∶10∶100。教育，尤其是普通教育通过提高民族文化素质，不仅为生产发展提供了合格的劳动者，更重要的是它提供了经济发展的良好背景，这是经济持续发展的后劲。第二次世界大战之后，德国、日本经济的迅速恢复，主要得益于它们对基础教育、普及教育的重视，就说明了这个道理。

二是通过直接生产劳动能力，为经济发展提供人力智力支持。在现代生产过程中，技术改造、设备更新要靠专门人才把科学技术成果应用于生产过程来实现，丰富的自然资源、先进的生产工具要通过技能水平高的劳动者来发挥作用，生产效率的提高要靠高水平的管理人员的管理活动来实现。因此，教育承担着生产劳动能力，使潜在的生产力转化为现实的生产力的使命。而这一使命主要通过职业或专业教育来完成。通过相应的职业或专业教育，劳动者可以熟练掌握生产知识和劳动技能技巧，提高对生产过程原理的理解，提高新技术的运用能力、生产改造能力以及技术创新能力等，然后将这些劳动能力直接运用到生产过程之中，从而提高生产效率和效益。

2. 教育通过生产科学技术促进经济发展

科学技术是第一生产力，精辟地说明了现代社会中科学技术具有社会价值和经济价值。而教育是科学技术的母机，是生产科学技术的重要手段和途径。

一是教育通过积累、继承和传播科学知识而发挥科学技术再生产功能。科学技术具有继承性，是人类社会整个历史发展过程的结晶，是人类不断积累、继承和创造的结果。显而易见，科学技术的积累和继承主要是通过教育来实现的。并且，科学技术要得以传播，尽管有许多途径，但教育是最有效的途径。教育通过对已有科学技术的整理加工，可以使受教育者更迅速、更易理解地掌握这些知识和技能，使原来为少数人所掌握的科学技术为更多的人所掌握，从而使得科学技术由以知识形态储存的潜在的、可能的生产力转化成直接的、现实的生产力。

二是教育，尤其高等教育通过发明创造新的科学技术，扩大其科学技术再生产功能。高等学校培养了一大批科技人才，他们是生产新的科学技术的不竭动力。高等学校具有科学研究力量集中、学科门类比较齐全、学术思想活跃、信息来源丰富等特点，成为科学研究的生力军，对生产新的科学知识和技术作出特别的贡献。就我国来说，高校在国家创新体系中发挥着重大的作用，承担国家重大科研任务的能力不断提高，成为重大专项核心、共性、关键技术研发的主力军之一。根据2009年的统计数据显示，共有150余所高校不同程度承担了国家科技重大专项课题，在9个民口重大科技专项中，高校承担的课题数占到34.1%，高于科研院所的课题数(32.1%)和企业的课题数(33.8%)。2010年度的国家科学技术奖的获奖项目中，高校作为第一完成单位的项目达到54.5%，比2009年提高6个百分点；在国家三大奖通用项目中，71.5%的项目由高校获得，比2009年提高了3个百分点。其中，上海交通大学王振义院士成为国家最高科学技术奖的两位获奖人之一；高校获得国家自然科学奖二等奖21项，占授奖总数的70.0%；获得国家技术发明奖通用项目二等奖25项，占通用项目总数的75.8%；获得国家科技进步奖通用项目152项，占通用项目总数的71.0%。

3. 教育所必需的投入推动相关产业的发展

教育需要大量的人力、物力投入，必然需要一个庞大的后勤保障系统，从而拉动相关产业的发展。在计划经济体制中，后勤服务由学校包办，教育的这一经济增长作用不是很明显。在市场经济体制中，后勤服务实现了社会化，教育消费拉动经济增长的状况日益明显。如在学校周围，总会形成餐饮和商业服务群，学校的基本建设会拉动建筑业的发展，教育对仪器设备、设施的需要也拉动了相关制造业的发展。另外，随着人力资本理论的兴起，人们投资教育的意愿日益增强，在市场机制的作用下，教育服务市场就不断形成和扩大，导致营利性教育机构的产生和发展，国际教育服务贸易也正在兴起。这些也会对经济增长产生积极影响。不过，这种影响是教育的经济发展功能的次要方面，绝对不能仅仅为了发挥这种影响作用而刻意作出某种教育决策或改革举措；否则，就会把教育引向歧途，进而产生更大的社会问题。

(四) 教育的政治功能

教育的政治功能的形成和实现主要有两种方式，即通过培养人影响社会政治和通过直接参与社会政治活动影响社会政治。

1. 教育为社会政治培养所需要的人才

任何一个国家或者阶级，都要通过教育来培养它所需要的政治人才，通过人才这一支柱来组织管理国家各项事务，从而实现其经济政治制度的发展和巩固。例如，我国古代占统治地位的儒家教育思想，就提倡向学生传授修己治人之道，最终目的是要维护既定的社会秩序，使统治者江山永固、天下太平。在现代社会，科学技术日益社会化，社会也日益科学技术化，政治经济部门的管理渗透了科学技术的成分。科学、技术、管理已成为不可分离的整体，专家政治的新潮流已经形成；大批科学技术专家和社会科学专家进入统治集团，教授厅长已经不再是什么新鲜事。许多国家更加重视通过学校来培养它们的政府官员和管理人员。由此可见，教育在为社会政治培养人才方面将发挥越来越大的作用。

2. 教育可以促进政治民主

社会民主属于政治范畴，政治的民主化是政治现代化的重要组成部分。教育促进政治民主化首先是通过增长国民的知识和判断能力来实现的。从世界各国政治发展的历史看，政治民主化的重要基础就是一个民族要有较高的受教育水平和科技文化素质。当一个国家教育的普及程度高时，人们的知识增多，判断分析问题的能力增强，才能有较强的公民意识，认识自身的权利和民主的价值，推崇民主的措施，参与民主事务，积极抵制独裁与专制，推动政治的改革和进步。在一个文盲充斥的国家里，独裁政治、宗教迷信、官僚主义往往容易盛行。

教育还通过专门的民主法治教育提高受教育者的民主意识。现代教育越来越注重传播民主政治，启发和激励人们参与政治，提高政治素质。民主与法治息息相关，民主政治只有在法治的轨道上才能更好地实现，而教育通过专门的法治教育，提高公民的法治意识，增强公民的法制观念，包括人权观念、权利义务观念、遵纪守法观念以及法律面前人人平等观念等，从而加快民主政治的进程。

3. 教育为社会政治制造舆论、营造思想环境

学校是重要的文化基地，它具有极强的文化创新、扩散和宣传功能，因而学校可以通过宣传和扩散一定的政治纲领、方针、路线、主张和经济政策等方式作用于社会的政治活动。教育为社会政治制造舆论、营造思想环境，具体表现在两个方面。一是通过教学、师生思想交流和各种学校文化活动对社会上的政治思潮作出反应，批判落后的政治观点和主张，抵制消极的社会政治理论，形成一种舆论和思想环境，推动符合时代发展的政治变革，从而促进社会进步。二是通过研究和咨询直接参与社会政治决策。现代学校特别是高校与国家社会政治有着越来越密切的联系。由于学校具有特有的人才、设备等文化资源优势，国家和社会许多重大的政治决策都是先在高校研究、讨论、酝酿，修改完善后再运用于社会的，因而学校的政治观点和思想倾向必将影响社会的政治走向。

（五）教育的生态功能

生态是指人类生存、发展的自然环境的条件和状况，也称生态环境。生态问题的核心是人与自然的关系问题。在历史的不同时期，人与自然的关系发生着不同的变化。从原始时代的属于自然，到农业文明的走出自然，到现代工业文明的征服自然，人类对自然的威力显得越来越大。19 世纪后半叶，随着科学技术和大工业生产的迅猛发展，人类征

服自然和改造自然的能力有了极大的提高，使得工业文明中人类中心主义的观念急速膨胀起来，开始出现人类对自然生态的大规模破坏。同时，随着征服自然的节节胜利，人类也越来越意识到自身的力量，甚至误以为人可以主宰一切，从而对自然为所欲为、肆意施虐。但正如历史已经证明了的，人对自然的无限制的征服，必然带来大自然的报复。如美索不达米亚、小亚细亚等地居民，为了得到耕地而把森林砍光，结果使这些地区变成了不毛之地；楼兰古国的消失，据现代考古研究表明，一个重要的原因也是生态环境的恶化。特别是20世纪以后，人类不加控制地掠夺资源，导致了森林被破坏、土壤被侵蚀、沙漠扩大、空气污染和水质恶化，人与自然的关系严重失调。如今，生态问题已经成为影响人类自身生存的基本问题，成为影响经济、政治、文化发展的重大社会问题。就如《学会生存》所指出的：技术已经产生了严重的有害结果。它已经危害着，并且仍然在破坏着人与环境之间、自然与社会结构之间、人的生理组织与他的个性之间的平衡状态，无可挽回的分裂状况正在威胁着人类。

正因如此，人们开始反思并努力矫正工业文明中人与自然的关系，于20世纪后半叶提出了重回自然的可持续发展观。于是，生态或环境教育成为当代教育的一个重要主题和任务。1949年，国际自然资源保护联合会(IUCN)的教育委员会宣告成立，意味着人类已注意到教育对环境保护的巨大作用，并开始谋求以促进环境保护教育为途径来培养和增进人类的环境意识，使全人类共同关心和保护自己赖以生存的环境。1972年，人类历史上具有划时代意义的首届人类环境会议在斯德哥尔摩召开，113个国家以及联合国机构和非官方组织的代表出席了会议，正式通过了《人类环境宣言》，提出了“只有一个地球”的著名口号，并成立了一个专门机构——联合国环境规划署(UNEP)，正式将“环境教育”(Environmental Education)的名称肯定了下来，并在其96号建议中着重强调了进行环境教育的必要性，明确了环境教育的性质、对象和意义。1975年10月，联合国教科文组织和联合国环境规划署在南斯拉夫的首都贝尔格莱德共同组织举行了国际环境教育研讨会，来自65个国家的教育领导人、专家出席了会议，大会制定了《贝尔格莱德宪章》。这次会议是有史以来级别最高的一次国际性环境教育专题研讨会，为全球范围内环境教育事业发展高潮的到来拉开了序幕。之后，在非洲、阿拉伯地区、亚洲、欧洲、北美洲及拉丁美洲召开了一系列地区性环境教育会议，均以《贝尔格莱德宪章》的精神作为讨论的出发点，根据不同地区的需求和重点，探讨与本地区自然环境和社会经济文化的特点相适应的环境教育。

概括地说，教育的生态功能主要表现为通过生态或环境教育，让人们掌握生态和环境的知识和技能，激发人们的生态意识，树立建设生态文明的理念，形成保护生态环境的行为习惯，提高解决生态环境问题的能力。正如《贝尔格莱德宪章》所提出的：教育要培养世界上每个人都能注意到环境及其有关的问题，能够关心环境，也能对环境问题有解决能力，对于未来可能发生的环境问题也能加以防范。为此，对于世界上的每一个个人或团体，需要授予必要的知识、技能、态度、意愿与实践能力，以期对环境问题的处理与防范，获得适当的对应策略。

三、教育的社会负向功能

由于社会和教育本身的种种原因，教育也会对社会产生负面影响。教育对社会发展的负向功能是多层面的，其形成原因、表现形式、产生的机制都相当复杂，还有待于继续深入的探究。这里仅就以下几个方面作些分析和讨论。

第一，教育的滞后性。从发展的角度看，教育往往落后于社会各子系统的发展，因为教育系统内部是一个相对稳定的系统，培养人才需要一个较长的周期；同时，教育又是以社会发展的已有水平为基础的。这种教育的滞后性会给社会发展带来不利的影响。例如，学校教育有时跟不上社会的变化，某些专业培养出过多的毕业生，造成人力、物力的浪费，还造成就业的压力。

第二，教育的保守性。教育活动中许多潜在的因素，如教育观念、角色意识等，都是经过长期的历史积淀而形成的，其改变也是十分困难的，这就使得教育具有某种保守性，有时跟不上时代发展。例如，由于受传统文化的影响，经过长期的历史积淀，功利主义思想在我国教育中已经根深蒂固，政治上、经济上的功利主义使得教育严重偏离其本质，成为政治和经济的工具，养成了官本位和拜金主义的不良倾向，对整个社会文化也产生了消极的影响。

第三，教育的封闭性。教育由于具有相对独立性，很容易造成自我封闭而脱离现实的社会生活。尤其是学校教育系统，在实现正规化、系统化和相对独立的同时，也逐渐形成了其封闭性，使教育与社会之间形成了一个壁垒，出现了某种程度的与社会的脱离。当社会处于落后状态时，教育的封闭性是有其积极意义的，但随着社会的发展，这种封闭性就会对社会发展产生消极影响。如同家庭教育的封闭性使许多独生子女难以适应社会生活一样，学校教育的封闭性也造成了学生难以适应社会生活的现象，这无疑对社会发展是不利的。例如，许多大学毕业生难以适应工作岗位和难以调适人际关系等，在很大程度上是由于教育的封闭性造成的。

第四，教育的种族中心主义倾向。迄今为止，各个独立民族国家的教育无不以塑造下一代的民族自豪感为己任，爱国主义教育成为各独立国家教育的基本法则。这种教育的结果是，西方民族因其技术和富裕而普遍认为他们处于优越地位，而非西方民族因其悠久的历史和特殊的智慧而认为他们才真正优越，特定的政治集团和独立的民族国家则固执地强调自身的文化价值和道德准则。毫无疑问，各个国家都在试图充分发挥教育对于培养民众爱国精神的作用，然而教育的这一正向功能在充分地发生作用时，却也明白无误地显示了种族中心主义倾向。其产生的后果是，在使民族国家得以巩固的同时，也使人类社会走向逆向发展，造成分裂和蒙昧主义。

第四节　教育功能的实现

以上对教育功能的分析，主要是静态的横切式分析。但是在不同的具体历史时期，教育表现出来的功能是不一样的。因此，上述各种教育功能也可以说是教育的潜在功能。这种潜在的功能转化为现实的功能，发生在教育过程之中，受着各种因素和条件的制约，是一个漫长的动态过程。若按时间顺序，教育功能的实现过程大致可以分为如下几个阶段或步骤：社会和个人发展的期待和要求、教育系统对教育期待功能的选择、教育功能行动的发生、教育功能结果的形成、教育功能结果的释放（见图 4-2，其中实线表示主要方面，虚线表示次要方面）。这个过程是一个闭路循环系统，即教育功能的最终实现，促使社会和个人都发生了变化，变化了的社会和个人又会赋予教育新的功能期待。如此循环往复，不断推动教育自身的变革，同时也促进社会与个人之间的协调发展。这也是教育发挥其沟通社会与个人的桥梁作用的实践模型。

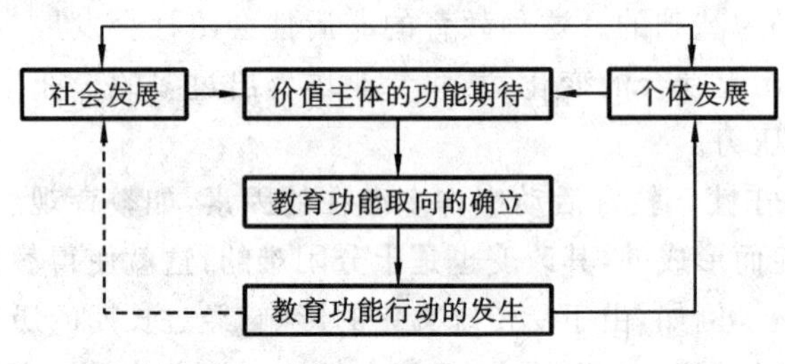

图 4-2　教育功能的实现过程

一、教育功能取向的确立

从教育系统承受社会和个人的功能期待到确立自己的功能取向，是教育功能实现所经历的第一个阶段。虽然说教育功能是教育系统作用于社会和个体的一种客观结果，但教育归根到底是一种有目的的活动，人们总是希望教育活动产生的功能能够满足自己的需要，即功能期待。社会和个人都有不同的功能期待。其中，社会的期待代表统治阶层的利益，是社会的主流价值。教育功能取向的确立，是一个对不同功能需求的选择过程。在教育功能取向的选择过程中，某一时期以一种占据主导地位的功能取向为主，就意味着对其他功能需求的排斥和压抑。从教育的历史发展来看，功能期待及其选择是不断变化的。如西方的文艺复兴运动，唤醒了西方的个人主体意识，教育在功能取向上力主个人本位，但到了 19 世纪后半叶，自由资本主义向垄断资本主义转变，社会本位在德国、法国、美国应运而生。我国文化传统是社会本位取向，在儒家文化中即便是主张“修身”，也不是为了“养性”，而是为了“齐家”、“治国”、“平天下”，这种文化传统造成了教育功能以社会取向为主，而且主要是教育的政治功能取向。20 世纪 70 年代末，特别是党的十一届三中全会以来，随着党的工作重心的转移，教育的经济功能成为教育功能取向的重要内容。在当今知识经济的时代，社会的要求和人的发展表现出一致性，培养人的全面素质和创新能力是社会的需求，也是人的发展的根本，这时的教育功能取向呈现出以人为本的全面性。

教育功能取向的确立过程是一个特殊的选择过程，即教育系统在对各种功能期待进行理解、分析、比较与判断的基础上，确立自己的功能取向的过程，其主体部分是对统治阶层的功能期待加以选择。但是，教育系统的功能定向并非无条件、盲目机械地认同并内化统治阶层的功能期待，尽管统治阶层的功能期待通常是教育系统确立功能取向的最大外部压力。在现代社会，作为一种理性社会主体的教育系统，一方面不得不接受统治阶层的选择，另一方面也对统治阶层的功能期待进行着选择。这种选择主要受教育系统的社会态度的制约。当教育系统的基本社会态度为肯定时，它对统治阶层的功能期待通常易于认同并内化；当教育系统的基本社会态度为漠不关心时，一般很难指望它对认同与内化统治阶层的功能期待会有多大热情；当教育系统的基本社会态度为否定时，它对统治阶层的功能期待也容易予以否定与抵制。教育系统的社会态度实际上是其对统治阶级功能期待进行选择的一种价值筛选。选择的结果既有可能确立旨在满足统治阶层期待的功能取向，也可能确立与之相背的功能取向，还有可能不确立相应的功能取向。

当然，处于一定社会历史阶段的个人，也会因其所处的不同状态而对教育提出各自的需求，特别是在倡导教育机会均等、教育日趋民主化和大众化的今天，每个人都有选择教育的权利。这些个人的功能期待，也会对教育功能取向的确立产生影响，尤其是在民主政治比较发达的社会或国家里，这种影响就表现得更加明显和深刻。一般来说，个人的功能期待对教育功能取向的影响主要三种方式：一是一些民众（特别是学生家长）在某些社会或教育问题上取得了共识，他们不断呼吁和倡导，会影响甚至改变统治阶层的功能期待；二是一些有影响的专家学者或知识分子极力提倡某种教育价值观，会对教育系统的功能取向产生影响；三是教育功能取向不可避免地受到教育系统内的教育主体个人的功能期待的影响。

二、教育功能行动的发生

从教育功能取向的确立到教育功能行动的发生，是教育功能实现所经历的第二个阶段。教育功能取向的确立只是对教育期望功能的选择，并非是现实的教育功能行动。这种经过选择的期望功能只有通过教育功能行动才可能变为现实的功能。所谓教育功能行动，是指在一定教育功能取向的指引下，可能产生一定的功能结果的所有教育行动，具体包括教育制度的建立、教育结构的确立、教育目标的设定、教育内容的编制、教育手段的选择以及教育活动的展开等。当然，教育功能取向确立以后，不一定必然导致相应的教育功能行动的发生，它们之间存在一个隐性的、不可或缺的转换过程。这一转换过程同时受到社会与教育两个方面因素的制约。

从社会因素来说，社会对教育的实际投入，尤其物质投入是教育功能行动发生的重要制约因素。教育功能行动的发生有赖于一定的物质前提，包括资金、设施、设备及场所等。具备充分的物质前提，教育功能取向就可能迅速转化为相应的教育功能行动。如果物质前提缺乏或不够充足，就会阻碍教育功能取向转化为教育功能行动，甚至出现与教育功能取向相反的教育功能行动。比如，免费义务教育的实施需要巨额的教育经费支出，如果财政或社会投入多，免费义务教育的实施就快，效果也较好；反之，免费义务教育就只能是一纸空谈。因此，社会的教育投入对教育的功能取向转化为教育功能行动起着促进或延缓的作用。

从教育因素来说，教育系统自身的素质也制约着教育功能取向的教育行动转化。教育系统自身的素质涵盖内容很多，其中对这一转化起制约作用的主要有两个方面。一是各种具体的教育观念。具体的教育观念与总的教育功能取向可能是和谐一致的，也可能是相互矛盾冲突的。比如，“教师权威不可侵犯”的具体教育观念与“培养具有独立个性的人”这一总的教育功能取向之间就存在矛盾。在教育实践中，常常存在着新的教育功能取向与旧的具体教育观念之间、旧的教育功能取向与新的具体教育观念之间相冲突的情况。二是各种具体的教育专门知识与技能。主要包括教师从事教育教学实践的专门知识与技能，学校进行教育管理的专门知识与技能，教育行政机构进行教育决策、监督与评价的专门知识与技能。这些具体的教育专门知识与技能构成了教育系统的能力素质，是教育功能取向转化为相应教育功能行动的技术中介。教育功能取向的行动转化，实际上是教育系统据其现有专门知识与技能对已定的功能取向进行一定的操作化加工的过程。在现实中，教育系统的具体观念与其功能取向相符，也获得了必要的社会投入，但其功能取向仍然不能转化为相应的功能行动，其原因必定在于缺乏功能行动所必需的教育专门知识与技能。

三、教育功能结果的形成

从教育功能行动的发生到教育功能结果的形成，是教育功能实现过程的第三个阶段。这个阶段包括两个方面：一是对社会各要素的直接影响与改变过程。这个过程形成了教育社会功能的直接结果，如教育活动使得一定的社会意识形态、社会思潮得到广泛传播；教育消费刺激了某些行业的发展并带来直接的经济收益；教育对文化的传播、选择、批判、创造等。二是对受教育者的影响过程。这个过程主要是通过教育功能行动控制受教育者的发展，干预或影响受教育者的文化特性形成的过程。其结果是形成或改变了受教育者的文化特性，如知识的掌握、技能的形成、能力的培养、思想观念的树立等，培养了符合社会要求的人。这是教育功能结果的主要方面，因为教育是培养人的活动，虽然教育可直接参与政治、经济的运营，但那只能是一个附带的结果。

教育功能结果的形成不仅受到教育功能行动自身状况的影响，还受到外部社会与受教育者两个方面因素的制约。从教育系统自身来看，教育功能结果的形成主要取决于教育过程的运行，这包括教育者的素质条件和教育活动是否有序、持续开展。从外部社会来看，对教育功能行动起制约作用的主要是社会文化环境，特别是大众传媒、伙伴群体、社区等，总是对受教育者有意识地施加或不自觉地传播着各种文化影响。这些文化影响与教育系统功能取向既可能是相符的，也可能是不相符的；既可能容易为受教育者所接受，也可能不容易为受教育者所接受。正因如此，社会文化环境会加强或削弱教育功能行动的作用力量。从受教育者来看，对教育功能行动起制约作用的主要是受教育者在外部社会文化因素影响下业已形成的文化特性。在教育系统施加文化影响之前，受教育者便在现实的社会生活中接受了一定程度的文化熏陶，从而形成了某种文化特性。当受教育者已有的文化特性与教育功能行动所蕴含的文化特性相容时，教育功能行动就易于达到预期效果；如果二者不相容，就会增大产生预期效果的难度。

四、教育功能结果的释放

教育功能的结果除了直接发生功能作用外，更多的是以凝固形态储存起来，主要表现为人才和精神文化产品（如作品、发明、设计方案等）。它们是教育功能从形成到释放的最基本、最主要的中介。当这些人才和精神文化产品作用于社会系统时，对社会各个结构的改造和发展会起到相应的作用。从严格意义上说，这个过程超越了教育自身的范围，是教育功能结果的衍生或释放。所以，教育功能的释放不同于发生在教育过程之中的教育功能的形成，它是发生在社会系统之中，通过教育功能的结果参与社会活动而实现的。由此可见，教育功能结果的释放，既受到教育产品自身的影响，也受到外部社会环境的制约。

从教育产品自身来看，教育所培养的人才和生产的精神文化产品必须与社会的需要相适应。如果教育所培养的人才没有受到恰当的训练或教育所授予的知识和技能不能满足社会需求，生产出来的精神文化产品不合时宜或缺乏科学性、创新性、推广性而不能产生社会效益，那它已经形成的教育功能结果根本就不会被社会所接受，更谈不上充分有效地释放。为了避免这种情况，教育系统自身在功能形成过程中，必须主动回应时代挑战与社会需求，不断调整教育内容，引入最新的科学文化成果，并且要有前瞻性，反映未来社会的需要。同时，还要随着社会产业结构的不断变革，及时调整教育结构，切实根据社会发展的需求来确定培养人才的规格与数量，以免发生结构性的人才奇缺与人才过剩现象。否则，就会造成严重的教育浪费，甚至危及社会稳定。

从外部社会环境来看，社会对教育产品的接受和利用直接影响着教育功能结果的有效释放。就人才而言，其功能释放主要受制于社会人才环境，如人才能否流动到其所学的专业方向上，使其潜在的才能有可能发挥出来；人才能否流动到相应的岗位层次上，使其潜在的才能有可能充分发挥出来；社会是否提供了必要的物质和精神条件，使人才愿意并可能将其潜在的才能充分发挥出来。事实证明，制约或阻滞人才身上所蕴含的能量充分释放出来，既有结构上的偏差，更有社会调节机制上的偏差。由于社会人才流动的机制运转不灵，以及工作和生活条件上的差别，人才不可能或者不愿意流向社会需要并能够发挥他们才能的地方或岗位上去，形成某一时期、某一局部范围内的人才相对过剩。就精神文化产品而言，其功能释放关键在于社会能否为教育过程中所产生的精神文化产品提供传播和发表的机会和条件，能否为教育过程中所产生的新设想、新发明提供试验、实施和推广的物质条件和社会条件。

【本章小结】

教育功能就是指教育活动和系统对个体和社会所具有的各种影响和作用。教育功能不同于教育职能、教育目的、教育价值。教育职能、教育目的、教育价值是指教育应该实现的任务和作用，是人们对教育的功能期待；而教育功能是教育本身所固有的属性，表明教育对受教育者和社会所具有的影响和作用。教育是一个相对独立的系统，有着相当复杂的内部结构和外部联系。因此，教育功能也是多种多样的。从作用的对象看，教育功能可分为个体功能与社会功能这两类；从作用的方向看，教育功能可分为正向功能与负向功能这两类。教育实践中，要尽力克服教育的负向功能，发挥教育的正向功能。

教育的个体功能是教育系统内在的固有功能，是其他教育功能实现的前提和条件，也是教育本质的直接体现，因而在教育功能系统中具有基础性地位，也称为教育的本体功能。教育的个体正向功能是指教育在促进人的社会化、个性化以及使个人获得幸福等方面产生的积极的影响。概括地说，教育具有促进个体发展（包括个体社会化和个体个性化）和改善个体生活（包括个体谋生和个体享用）的功能。教育对人的身心发展有着极大的促进作用，甚至可以说在人的发展中起主导作用，但并非所有的教育都能发挥正向的促进作用。从整体上看，现代教育对个体发展的负向功能主要体现在以下几个方面：教育追求效率最大化，压抑个性发展；教育强化顺应社会，导致独立精神缺失；消极的文化观念导致个体发展的偏差;教育的工具理性吞噬了幸福感;教育者自身局限直接产生消极影响。

教育的社会功能是教育的个体功能所派生的,是次级的功能,因为人是社会存在和发展的决定因素,教育的社会功能首先反映在人身上。教育的社会功能,除了教育系统的直接影响之外,从根本上来看是教育对人的作用的结果和体现。教育的社会正向功能是指教育对人口、文化、经济、政治、自然生态等其他社会子系统所产生的积极的影响和作用。以人的培养为轴心,以文化为纽带,教育的这些社会功能往往相互交织在一起。由于社会和教育本身的种种原因,教育也会对社会产生负面影响,如教育的滞后性、保守性、封闭性、种族中心主义倾向等对社会发展的消极影响。教育对社会发展的负向功能是多层面的,其形成原因、表现形式、产生的机制都相当复杂,还有待于继续深入地探究。

教育功能的实现发生在教育过程之中,受着各种因素和条件的制约,是一个漫长的动态过程。若按时间顺序,教育功能的实现过程大致可以分为如下几个阶段或步骤:社会和个人发展的期待和要求、教育系统对教育期待功能的选择、教育功能行动的发生、教育功能结果的形成、教育功能结果的释放。这个过程是一个闭路循环系统,即教育功能的最终实现,促使社会和个人都发生了变化,变化了的社会和个人又会赋予教育新的功能期待。如此循环往复,不断推动教育自身的变革,同时也促进社会与个人之间的协调发展。这也是教育发挥其沟通社会与个人的桥梁作用的实践模型。

【拓展阅读】

[1] (德)M.兰德曼.哲学人类学[M].阎嘉,译.贵阳:贵州人民出版社,1988.

[2] (美)罗伯特·金·默顿.论理论社会学[M].何凡兴,等,译.北京:华夏出版社,1990.

[3] (德)O.F.博尔诺夫.教育人类学[M].李其龙,等,译.上海:华东师范大学出版社,1999.

[4] 叶澜.教育概论[M].北京:人民教育出版社,1991.

[5] 傅维利.教育功能论[M].沈阳:辽宁教育出版社,1990.

[6] 孙绵涛.教育效能论[M].北京:人民教育出版社,2007.

[7] 雷鸣强.教育功效观——一个教育原理的新视角[M].长沙:湖南师范大学出版社,1999.

【实践与探索】

(1) 如何理解个体的社会化与个性化是同一过程?

(2) 怎样正确理解教育的人力资本意义?教育仅仅是一种人力资本吗?忽视教育的人力资本意义,或仅仅把教育看作人力资本的观念,在现实中有何表现?

(3) 结合实际,谈谈你对“教育是沟通社会与个人的桥梁”的理解,并分析说明教育两大功能之间的关系。

(4) 分析我国中小学教育的现状,列举对学生起负向功能的表现,找出原因并提出对策。

(5) 运用教育功能的相关理论,分析我国教育改革的必要性及其主要任务。

【参考文献】

[1]　王南湜.从领域合一到领域分离[M].太原:山西教育出版社,1998.
[2]　吴康宁.教育社会学[M].北京:人民教育出版社,1998.
[3]　邹进.现代德国文化教育学[M].太原:山西教育出版社,1992.
[4]　全国十二所重点师范大学.教育学基础[M].北京:教育科学出版社,2002.
[5]　冯建军,等.现代教育原理[M].南京:南京师范大学出版社,2001.
[6]　叶澜.新编教育学教程[M].上海:华东师范大学出版社,1991.
[7]　柳海民.教育原理[M].2版.长春:东北师范大学出版社,2000.
[8]　王道俊,郭文安.教育学[M].北京:人民教育出版社,2009.
[9]　黄济.教育哲学通论[M].太原:山西教育出版社,2001.
[10]　王枬.教育原理[M].桂林:广西师范大学出版社,2007.
[11]　袁振国.当代教育学[M].北京:教育科学出版社,2004.
[12]　冯建军.教育的个体享用功能[J].上海教育科研,2002(1).
[13]　黎君.论教育的负向功能[J].教育理论与实践,1999(2).
[14]　傅维利.论教育功能的释放与阻滞[J].教育科学,1989(1).

第五章 教育目的

【材料研读】

材料一　樊迟请学稼[①]

樊迟请学稼。子曰："吾不如老农。"请学为圃。曰："吾不如老圃。"樊迟出。子曰："小人哉樊须也！上好礼则民莫敢不敬。上好义则民莫敢不服。上好信则民莫敢不用情。夫如是，则四方之民襁负其子而至矣，焉用稼？"

材料二　"神童"13岁进北大[②]

2004年春节期间，北京大学给武汉市一所名校H中学高三(18)班的鲍宇阳寄来预录通知单，向这名年仅13岁的少年发出邀请。鲍宇阳在2003年的全国数学联赛中获湖北赛区一等奖，之后通过北大面试而获准保送北大。鲍宇阳经历过数次跳级，小学读了4年，初中读了1年，之后直接进入H中学理科实验班读高中，总共接受了8年正规教育。记者走近鲍宇阳时，却意外发现周围的人对这位"神童"持有各种各样的态度，在"神童"光环的背后，有争论和担忧。

鲍宇阳的同学："鲍宇阳的领悟能力特别强，尤其在数学和化学上，而且有股韧劲，做不出题时出去转转回来接着做。至于英语、语文，则是班上最差的，有一次甚至写过只有60个字的作文，后来就干脆不写作文了。""我们班同学基本上和鲍宇阳没什么来往，他也没什么朋友，因为年龄差距太大，交流不起来。""鲍宇阳很调皮，有时候跟我们闹，我们也不理他。有一次他上自习吵闹、尖叫，有同学过去吼他：'你干什么！'就把鲍宇阳给搞哭了，他在我们这里经常哭。只要他不哭不闹的时候，我们就当他不存在。"

鲍宇阳的老师："鲍宇阳很聪明，记忆力特别好，但是一个真正的科学家，除了知识，还要懂得哲学、艺术等别的学科，可鲍宇阳的语文、英语成绩很差，这对他将来接触社会很不利。""鲍宇阳作为一个高三学生，他应该是一个社会上的人了，可他现在并不适应环境，还处于以他自己为中心的自我心态，也就是童年心态。他频繁地跳级，这让他被迫失去了与社会、环境接触的机会，他和同学玩不到一块儿，将来上了大学，他也融不进大学生活中去。""这是个悲剧！"

鲍宇阳的父亲："我给儿子设计的前途是，17岁大学毕业，然后继续攻读硕士、博士，或者可以再选一个专业学习，即使读两次大学，毕业时也只有21岁，然后争取25岁进入国家一级实验室。""什么叫悲剧？虽然孩子不是全面发展，但他在自己喜欢的领域有点儿发展，这就是悲剧吗？"

---

① 引自《论语·子路》。

② 武汉男孩13岁保送北大"神童"缺失的童年[EB/OL]. http://news.163.com/2004w02/12467/2004w02_1077175610966.html. 2011-08-20.

【思考与讨论】

(1) 材料一反映了孔子怎样的教育价值观？孔子为什么要批评勤学好问的樊迟，并认为他是“小人”？请结合孔子的儒家思想、生活时代等予以分析。

(2) 对于材料二中的“神童”鲍宇阳的成长现状和未来发展，他的老师和父亲的看法大不相同，你怎么看？据此，你怎么看待中小学里的一些怪才和偏才？

(3) 你认为教育究竟应该培养什么样的人？该如何理解人的全面发展？

人类实践活动的目的性是人类活动有别于动物活动的区别所在。教育活动是人类社会重要的实践活动之一，教育活动的目的性也正是人类的教育活动与动物本能的区别所在。动物活动依靠本能和自身机能适应环境的能力而生存，人类由于出生的未完成性需要通过学习和接受教育来求得生存和发展。从这个意义上讲，人只有接受教育才能从一个自然的生物意义的人转变成为一个社会意义的完整的生命存在，所以教育从产生之日起就是一项有目的的、理性的人类社会实践活动。由此可见，教育作为培养人的社会活动，其本身就意味着一种理性自觉的价值追求。教育要培养什么样的人，既是一切教育活动展开的前提，也是古今中外人们密切关注、讨论较多、争议较大的教育问题。

第一节　教育目的概述

一、教育目的的概念

(一) 教育目的的内涵

教育作为一种有目的地培养人的社会实践活动，是否有目的地培养人是教育与其他社会实践活动的区别之一。一般认为，教育目的就是教育要到达的预期结果，反映一定社会对教育在人的培养上的总的要求，规定教育要培养的人的质量规格。

教育目的有两层含义，即广义的教育目的与狭义的教育目的。广义的教育目的是指人们对受教育者的期望或理想设计，即人们希望受教育者通过教育在身心诸方面发生什么样的变化，或者产生怎样的结果。社会各界、教育机构、学生的家长和亲友、教师等都对新一代寄予这样那样的期望，这些都可以理解为广义的教育目的。狭义的教育目的是指国家对教育培养出什么样的人的总的要求。各级各类学校无论具体培养什么领域或什么层次的人才，都必须努力使所有学生首先符合国家提出的总要求。本教材所研讨的主要是狭义的教育目的。

(二) 教育目的的结构

教育目的的结构是指教育目的的组成部分及它们之间的相互关系。从古至今，人们在提出教育目的时都紧紧围绕着一个问题，那就是教育究竟要培养什么样的人。比如，在西方，苏格拉底确定的教育目的就在于培养有智慧、有完善道德的人；柏拉图认为教育要培养哲学家和军事家；夸美纽斯则强调教育要造就在身体、智慧、德行和信仰几方面和谐发展的人。在我国，古代的学校重在培养“士”“君子”“圣人”等；韩愈主张教育培养能体道、悟道、行道的人；蔡元培先生主张培养能"养成完全之人格"的具体个性的人。所有的这些提法都是基于一定社会背景和要求提出的对教育所要造就的个体素质的要求，所以这些关于教育目的的主张都包含着两个方面的内容，即社会价值要求和个体素质要求。

由此可见，教育目的的结构主要由两部分组成。一是对教育活动所指向的对象的规格作出规定，也就是培养的人应该具有哪些素质要求，即受教育者在知识、智力、品德、审美、体质等方面获得发展，以形成受教育者的某种个性。这是对教育对象的质的规定。二是对教育培养的人发挥怎样的作用作出规定，即教育要为谁（什么社会、哪个阶级）培养人、为谁服务。这是对教育活动的质的规定。其中，教育对象的质的规定性，反映了教育活动的本质属性，即教育是一种促进人的发展的活动；教育活动的质的规定性，反映了教育活动不可能脱离一定社会发展的要求，特别是在阶级社会，统治阶级总是通过教育来培养其阶级利益的维护者。在这二者之中，关于受教育者身心素质的规定是教育目的的结构的核心部分，关于教育要为谁服务的规定体现了教育目的的性质。只有全面理解教育目的，才能根本保证教育所培养的人与社会发展的要求相一致。

（三）教育目的的层级

在现代社会，国家的教育目的主要通过制度化的方式渗透到教育实践中，也就是说国家教育目的主要是通过学校教育来实现的。由于学校教育活动本身具有阶段性和系统性的特点，确定的教育目的要发挥对学校教育实践的指导作用，就要求教育目的必须具体化和系列化。从这个角度看，教育目的就是对教育活动具有指导作用的目标领域，含有不同层次、不同类别的目标系列，具体表现为一个纵横交叉、相互衔接的教育目标体系（见图 5-1）。

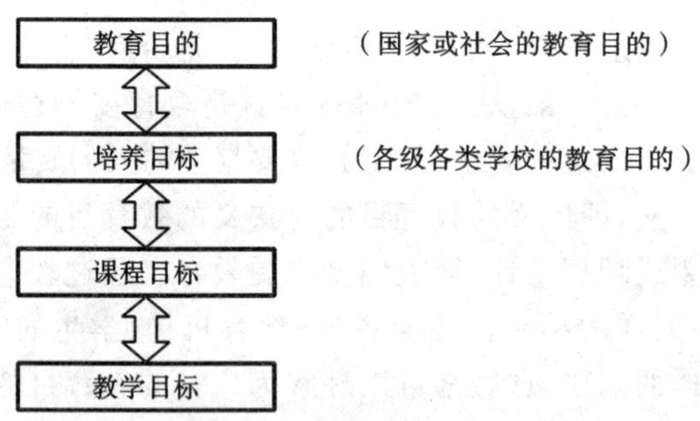

图 5-1　教育目的的层级结构

国家的总的教育目的在这个体系中处于最高层，是国家总的人才培养规格，是国家对教育所要造就个体在质量规格上的总的规定，以及对教育培养的个体在从事社会职业时的各种基本素质的规定。它转化为各级各类学校或其他教育机构的培养目标，指导和规定着各级各类学校或其他教育机构的运行方式和工作内容。

培养目标则是国家的总的教育目的的具体化，它体现某一层级或某一类别学校培养人才的规格和标准。我国现代教育体系从横向上可分为不同类型，如普通教育、职业教育、专业教育等，其中职业教育和专业教育又可分为若干类型；从纵向上可分为不同层次，如初等教育、中等教育、高等教育等，它们各自又可划分为若干层次。各类型学校的性质及各个教育层次中的需求和任务是不同的，统一的、概括的教育目的难以同时指导不同目标的教育实践，培养目标是针对特定的对象提出的，制定培养目标不可能不研究自己学校学生的特点。这种在总体教育目的指导下确立的与各级各类学校教育性质和任务相适应的培养目标，一方面指引和规定学校的教育方向，另一方面为评价学校教育质量提供具体标准。

课程目标是微观层次的教育目的，它是指课程本身要实现的具体目标和意图。课程目标是指导整个课程编制过程的最为关键的准则，是一切教育活动的现实基础。课程是为实现教育目标而选择的教育内容的总和。课程目标又可分为课程总目标和分科课程目标两个层次。各领域、各学科的教育目标（即分科目标），是指从某一领域或某一学科的角度所规定的人才培养的具体规格和质量要求。课程目标还可纵向分解为学段目标，横向分解为知识与技能、过程与方法以及情感、态度、价值观等不同维度。总之，制定课程目标要着眼于学校的具体培养目标和课程本身的特点，以达到科学指导教学实践的目的。

教学目标则是具体的教育实践活动中的教育目标，它是根据课程目标的指向，在教师的主导下由教师和学生共同完成的每一门课程的教学活动，甚至具体到每一教学单元应达到的教与学的要求。它将课程目标与具体的教学活动结合起来，具有很强的操作性。各学科课程的教学目标和各项教育活动的目标，都是课程目标在具体的课程教学活动或教育活动上的具体化，是指导、实施、评价教育教学活动的基本依据。

这些不同层次的教育目的，既表现为抽象与具体的上下层级关系，也表现为反映与被反映、实现与被实现的反向联系。首先，国家的教育目的被分解为各级各类学校的培养目标，然后又被进一步分解为各学段课程目标和各门具体学科的教学目的和要求，以此指导和组织教育教学活动。在教育教学活动开始之后，被分解的教学目的和要求又在教育者的工作过程与受教育者的学习和发展过程中逐渐整合起来。整合得好的教育教学活动能够使教育者的工作目的和学习者的内在学习目的同教学目的、要求统一起来，既能充分发挥教师的积极性，又能促使学生的个性获得健全、和谐的发展。最终，通过如此的教育，个体与社会的教育目的同时得到实现。在教育活动中，教育者不仅要正确认识教育目的，而且要把社会或国家的教育目的转化为自己的和受教育者的教育目标，转化为教育活动的动力，只有这样，教育目的才会真正地在教育实践中起到指导作用，真正地成为教育现实。

通过以上界定与分析可知，教育目的表达的是社会或个人对教育对象未来发展状况的期望，所展现的是一种预期的状态。在对教育目的的规定中，渗透的是他们关于美好生活前景的设想，反映的是人生发展的理想。这种表达总是抽象的、一般的，而非具体的，它对人的身心素质提出的要求以及对所培养的人的社会价值所作出的描述，都是方向性的指南。同时，它又不是轻易就能实现的，往往带有不可及性的特点。它是对受教育者身心发展的最终要求，是教育者和受教育者共同追求的理想目标，需要教育者和受教育者抱有执著的信念，在实践中通过不懈的努力才有可能实现。

二、教育目的的功能

教育目的的功能是指教育目的对实际的教育活动所具有的作用。教育目的为教育活动指明方向，是教育活动的出发点和归宿。其具体的功能表现在如下几个方面。

（一）对教育活动的定向功能

教育目的为教育对象指明了发展方向，预定了发展结果，也为教育者指明了工作方向和奋斗目标。教育目的及其所具有的层次性，不仅含有对整体教育活动努力方向的指向性和结果要求，而且还含有对具体教育活动的具体规定性。它指示给教育的不仅有“为谁（哪个社会、哪个阶层）培养人”，“培养什么样的人”这样未来的方向，而且还包括实现教育实际问题解决的具体路径。具体体现为：一是对教育的社会性质的定向作用，对教育“为谁培养人”具有明确的规定；二是对人的培养的定向作用，使教育依循这样的规定，不仅能改变人的自然的盲目的发展性，而且还能对人的不符合教育目的要求的发展给予正确的引导，使其发展与预定的方向相一致，符合教育目的的规定，产生社会所需要的新的品质；三是对课程选择及其建设的定向作用，它对选择什么样的内容、选择何种水平的教育内容，对内容如何进行取舍等具有决定性作用；四是对教学方向的定向作用，除了要培养学生能力和技能方面的教学定向外，还有对培养思想品德方面的价值定向作用，使教师知道自己所要教的最重要的是什么。正因为教育目的的定向功能，教育活动才有所依循，避免其社会性质和发展方向上的失误。事实上，任何社会为满足自身发展需要，总是首先确定相应的教育目的，引导教育发展的方向，以便从根本上确保教育的社会性质和人才培养的社会倾向性。

（二）对教育活动的调控功能

一定的教育目的，是一定社会根据自身或人的发展需要对教育活动进行调节、控制的一种重要手段，以便达到其自身发展的目的。教育目的对教育活动的调控主要借助以下方式来进行。

一是通过确定价值的方式来进行调控。这一点主要体现在对教育价值取向的把握上。教育的产生和发展既是社会的需要，也受社会所制约，社会在利用教育来满足自身或人的发展需要时，无不赋予它特有的价值取向。因此，教育目的总是体现为带有一定价值实现的要求，并成为衡量教育价值的内在根据，进而调控实际的教育活动，使其对价值不可违背。

二是通过制订标准的方式进行调控。教育目的对教育活动的影响，往往通过制订具体的标准和规范来实现。这些标准和规范具有调控作用，直接影响着教育者对教育内容或教学方式的选择。

三是通过建立目标的方式来进行调控。教育目的向实践转化的过程中，会衍生出系列的短期、中期或长期的目标。正是这样一些目标，铺开了教育目的可以实现的行走（操作）路线，具体调节和控制教育的各种活动。

就调节控制的对象而言，既包括对教育工作者教育观念、教育行为的调控，也含有对受教育者的调控。一方面，体现为对学生的外部调控。由于教育目的本身含有对学生成长的期望和要求，因此教育者对学生不符合教育目的的行为总是予以引导或纠正，把学生的发展纳入预定的方向中去。另一方面，体现为学生的自我控制。这是因为当受教育者意识到教育目的对自身未来成长的意义和要求时，往往能增强他在教育活动中不断完善自身的努力程度，把合乎教育目的的发展作为努力方向，主动发展和规划自己。总之，教育目的含有的各种内在规定性，对整个教育过程具有很强的调控功能。

（三）对教育活动的评价功能

教育目的既为教育活动指明了方向，又为检查和评价教育活动的质量提供了衡量尺度和根本标准。无论是过程性评价还是终结性评价，都必须以教育目的为根本依据。同时，教育目的只有具体体现在学校教育的各个评价体系之中，才能切实发挥其导向和调控功能。教育目的对教育活动的评价主要表现在以下两方面。一是对价值变异情况的判断与评价。社会中个人、群体、社会各层次之间存在的利益、需要、目的等方面的矛盾与冲突，常常导致教育上的冲突。这就使得教育活动的进行，总是面临多种多样的教育价值观和教育目的的影响和干扰，并不是事先已被赋予了明确的目的或多层次目标就能保证教育活动的顺利进行的。这种影响和干扰虽不能马上取代已经正式确定的教育目的，但有时却容易在实践上导致教育活动的方向模糊不清，甚至使其被赋予了另外一种价值取向。现行倡导的素质教育，有的就已被赋予了片面升学的价值取向。对于这种情况，如果不坚持用所确立的正确的教育价值观进行衡量评价，就不能意识到教育活动价值的变异，也难以使其得到有力的纠正。二是对教育效果的评价。依据教育目的确立的各层级的教育目标，一般都是根据具体教育问题提出的，它不仅是具体教育活动可操作可实现的目标，而且是评价具体教育活动效果的直接依据。运用这样的标准来评价具体的教育活动过程，可判断出过程的得失、质量的高低、目的实现的程度等。总之，教育是一个多因素参与的社会活动，复杂多样的社会因素总是对教育及其过程产生这样或那样的影响。要确保教育目的的实现，就应注意依据教育目的不断分析评价教育过程的发展状况和结果，适时作出恰当判断。只有注意发挥教育目的对教育活动的评价功能，才能更好地从根本上把握教育活动的进行。

教育目的的上述功能，统一于教育活动的全过程之中，相互联系、综合体现。定向功能是伴随评价功能和调控功能而发挥的，没有评价和调控功能，定向功能难以发挥更大的作用；而调控功能的发挥需要以定向功能和评价功能作为依据；评价功能的发挥也离不开对定向功能的凭借。在现实教育中，应重视和发挥教育目的的这些功能，对其合理地把握，在于对教育目的理解的深刻性和全面性。

第二节　教育目的的确立

一、历史上几种典型的教育目的观

在教育史上，特别是现代以来，关于教育目的存在如下几种典型的、具有代表性的观点或价值取向。

（一）个人本位论

个人本位的教育目的观，一般认为教育的目的就是使受教育者的本性、本能得到自然的发展，教育目的应当根据人的本性的需要来确定。个人本位的教育日的观一般注重个人价值，注重人身心的和谐发展。个人本位论的典型代表是卢梭。卢梭是以培养自然人作为教育目的的，在他看来，教育目的不是别的，它就是自然的目标。他认为不能同时把人教育成“人”与“公民”，而要在“人（自然人）”与“公民（社会人）”之间作出抉择。他选择了前者，他在《爱弥儿》中说，人应该为自己和自己的爱好而生存，公民的一切却由社会来决定，因而他不再是一个独立的人，顺应天性发展的教育便不应以培养这种公民为职责。但这种自然人不是纯粹生物性的人，不是那种倒退到原始社会的原始人。他指出：一个生活在社会中的自然人全然不同于一个生活在自然中的自然人，他须知道怎样在城市中谋求生存，如何与人相处。卢梭强调，自然人应具有独立个性，具有自爱、自主、自立、自制的人格特点。他把人的天性作为教育目的的最高追求。这一观点的提出有其具体的历史背景，他所提出的自然主义的教育目的并非绝对反对一切社会，而是主张培养一种自由竞争时代的社会人，“爱弥儿”无疑就是他的理想中所期待的资本主义市民社会的公民。

个人本位论在当代的代表人物则是那些人本主义者，如美国心理学家马斯洛、罗杰斯等。人本主义者用不同的词语来表示他们心目中的教育最终目标，马斯洛主张培养“自我实现”的人、有“完美人性”的人；在罗杰斯那里，则是“充分发挥作用的人”。这些词在含义上是相近的，即指那些不仅在身体、精神、理智、情感、情绪和感觉各方面达到了有机整体化，而且在有机协调的内部世界与外部世界的联系方面达到了和谐一致的人；这些人也是充分实现其潜能的人，有创造力的人。

（二）人格本位论

人格本位论虽然也主要是指向人的和谐发展，但与个人本位论相比，更注重受教育者完整人格的陶冶，在突出人的价值的同时，更多地关注到了社会的需要。

裴斯泰洛齐认为，教育目的在于发展人的一切天赋力量和能力，使人的各种能力和谐发展。在他看来，人的一切才能必须获得最大限度的发展，因为每一个人都具有天赋的能力和力量，这种能力和力量都具有从不活动状态到充分发展的倾向。他还注意到，人是社会性的动物，人的发展是有社会目的的，人的各种能力的发展，乃是“人类的普遍需要”。他指出：为人在世，可贵者在于发展，在于发展各人天赋的内在力量，使其经过锻炼，能人尽其才，能在社会上达到他应有的地位，这就是教育的最终目的；发展人的内在力量，不得不利用社会与个人相结合的教育办法，从而使其得到人的品德、家庭幸福、工作能力，直到实现社会上的需要。

日本著名的教育家小原国芳也是“人格本位论”的突出代表。他依据柏拉图的“和谐就是善”以及裴斯泰洛齐的“和谐发展的教育”思想，创造性地提出“全人教育”（也译为“完人教育”）的思想。什么是全人教育？概括地说，就是塑造健全的人格，亦即塑造和谐的人格。其教育理想在于创造真、善、美、圣、健、富六个方面的价值，也就是使受教育者在学问、道德、艺术、宗教、身体、生活六个方面协调、丰满地发展，形成完整的而不是片面的人格，使知、情、意等心理品质得到圆满的陶冶。他认为，教育必须充分发展每一个人的个性，使学生达到自我发现和自我实现的目的。但是，与此同时，他又认识到，人既是个体人又是社会人，既要追求理想又要生活于现实，既作为自由人又受制于法律、规范；教育要使相反的、矛盾的、对立的两方面在一个人身上合而为一，达到灵肉合一，身心如一。

（三）文化本位论

文化本位论强调用文化来统筹教育、社会、人三者的关系，认为教育活动就是一种文化活动，教育目的的制定应围绕文化这一范畴来进行。文化本位论随着文化教育学的张扬，而成为教育目的观中一种较有影响的主张。其代表人物有早期的狄尔泰和后来的斯普朗格。

在文化教育学中，“文化”是一个基本的概念。在他们看来，凡文化必须具有价值，而与价值相联系的事实，就是我们称之为文化的那种东西。文化是历史创造的财富的总和，文化价值实现于文化财富之中。斯普朗格在这种认识的基础上，把文化进一步划分为四个组成部分：团体精神、客观精神、规范精神、人格精神。斯普朗格的“文化”这一基本范畴统合了个人与社会、自我与历史、主观精神（人）与客观精神（世界）的多重关系。他认为，个人是文化生命的一个关键，个人的主观精神是通过其创造活动发展和创造文化的。文化与个人的关系是一种“生动的循环”。教育是为培养个人人格精神而进行的一种文化活动，是根据社会文化的有价值的内容进行的，其最终的目的在于唤醒个人的意识，使其具有自动追求理想价值的意志，并有所创造，增加文化的新成分。在这个意义上可以说，教育是一个从客观文化价值到个人的主观精神生活的转化过程，也即个人在接受文化、创造新文化的同时，内在地创造了掌握文化的新人。

（四）生活本位论

生活本位论把教育目的与受教育者的生活紧密联系在一起，他们或以为教育要为未来的生活做准备，或以为教育即是生活本身，注重的是使受教育者怎样生活。这方面突出的代表是斯宾塞和杜威。

斯宾塞明确提出，教育目的是为“完满的生活”做准备，为个人更好适应社会生活做准备。教育的主要任务就是教会人们怎样生活，教会人们运用一切能力，做到“对己对人最为有益”。他指出：“为我们的完满生活做准备是教育应尽的职责；而评判一门教学科目的唯一合理办法就是看它对这个职责尽到什么程度。”[①]他非常赞成当代强调实用主义和科学，特别是进化论思想。他主张按照对个人和社会的生存价值来安排教育的目的，并提出教育的目的是传授自我生存、维持生活、教养儿女、公民责任、闲暇娱乐五个方面的科学知识。斯宾塞的“生活预备说”体现了当时英国资产阶级对通过教育获取使个人幸福的知识与能力的现实要求。

杜威反对将教育视为未来生活的准备。他认为，一旦把教育看做是为儿童未来的生活做准备，必然要教以成人的经验、责任和权利，而忽视了儿童此时此刻的兴趣与需要，

① （英）斯宾塞.教育论[M].胡毅，译.北京：人民教育出版社，1962：7.

把儿童置于被动地位。因此，他主张把教育理解为教育生活，“教育即生活”。一切事物的存在都是人与环境相互作用产生的，人不能脱离环境，学校也不能脱离眼前的生活，学校教育应该利用现有的生活情境作为其主要内容，教儿童适应眼前的生活环境，也就是培养能完全适应眼前社会生活的人。他在《学校与社会》中明确提出应把学校创造成一个小型的社会、一个雏形的社会，在学校这样一个特殊的社会环境中，应该把儿童视为民主主义社会的正式成员，才可能养成配做社会的良好分子的公民。他认为儿童是起点，是中心，而且是目的；儿童的发展、儿童的成长，就是理想所在。主张尊重儿童，尊重儿童现在的生活。他的教育无目的论试图调和教育、人与社会之间的关系，只不过他更加关注教育的内在价值，坚决反对所谓外在强加给教育的目的罢了。

（五）伦理本位论

伦理本位论是介于个人本位论与社会本位论之间的教育目的观，但它更偏向于社会本位一边，注重社会伦理。它有两个代表人物，一是康德，一是赫尔巴特。

康德深受卢梭思想的影响，但对理性和科学更为偏爱。他对卢梭立足于个体，用否认和贬低理性来阐发人的本性和教育目的的观点不能完全地接受。康德认为人的目的是做人，人只有靠教育才能成为人，教育的目的是发展所有一切自然禀赋和才能。他开创出一条与卢梭不同的探讨教育目的之路，即从自然与人、个体与社会、感性与理性的矛盾对立中来认识和把握教育目的。他揭示了人的双重本性：一方面，人属于自然界，作为自然存在的人具有各种感性欲望；另一方面，人又是道德世界的理性存在，人能以理性来克制感性欲望，从而使自己的行为承担道德责任。作为教育来说，就是要使本能驱使的自然人转变为能自觉运用社会规范来支配行动的道德的人，也就是通过文化的熏陶使人摆脱自然欲望的束缚而变得富有教养，从而塑造出“文化-道德”人来。

赫尔巴特认为教育目的应该依据伦理学决定，教育方法则依据心理学决定。他认为教育的目的在于借助知识的传授使受教育者能明辨善恶，陶冶意志，养成去恶从善的品德。他指出：教育的唯一工作与全部工作可以总结在道德这一概念之中；道德普遍地被认为是人类的最高目的，因此，也是教育的最高目的。他把道德培养主要集中在“内心自由”、“完善”、“仁慈”、“正义”、“公平或报偿”五个方面。他还把教育目的区分为两类：必要的目的与可能的目的，或称道德的目的与选择的目的。他认为可能的目的或选择的目的是为成长的一代将来能从事某种职业实施一定的教育，帮助他们发展兴趣与能力，这只是教育的职责，而不是教育的目的。教育的真正目的是必要的目的，即道德的目的，是指一个人在他的任何活动中都需要达到的目的。不管你将来干什么工作，从事什么职业，都必须具有一定完善的道德品质。

（六）社会本位论

社会本位的教育目的观，主张教育目的应当根据社会的要求来确定，认为教育的根本目的在于使受教育者掌握社会的知识和规范。这种目的观一般强调人是社会的产物，教育就是要使受教育者成为社会需要的、维护社会稳定和促进社会进步的人。

社会本位论的思想由来已久，古希腊哲学家柏拉图在他的国家学说和社会政治学说中系统地阐述了他的教育思想。他提出，一个完美的理想的国家，必须由三部分人组成：

哲学家、军人和劳动者(指农民和手工业者),而培养这些人并达到理想国的目的,主要通过教育来实施。"通过教育培养'爱学习和爱智慧'的人……'把爱好智慧和刚烈、敏捷、有力这些品质结合起来'。"[①]他认为,教育的最终目的,就是要培养和选拔出统治国家的哲学家——最高统治者。柏拉图关于教育目的的认识,是与其社会政治思想紧密结合在一起的,在他那里,教育是社会政治的附庸,是建设理想国的主要手段。

法国社会学家涂尔干则从社会学的视角看待和研究教育。在他看来,教育是一个社会事物,学校是社会的缩影,不同的社会环境造就了不同类型的教育。他说:"今天,我们难道看不到教育同样随着社会阶级的不同,甚至随着居住地点的不同而有所差别吗?现在,城市教育就不同于乡村教育,资产阶级受到的教育也不同于工人受到的教育。"[②]整个社会及特定的社会环境,决定着教育能够发挥怎样的功能。他指出:"教育在于使年青一代系统地社会化,其目的在于,使儿童的身体、智力和道德状况都得到某些激励与发展,以适应整个社会在总体上对儿童的要求,并适应儿童将来所处的特定环境的要求。"[③]

在社会本位论的教育目的观中,持有更为极端观点的是德国教育家凯兴斯泰纳。他批评学校过于培养了学生的个人主义,发展了学校对知识的自私追求,使学生的发展几乎不带有社会的性质。在他看来,公立学校的主要目的是为社会进行公民教育。他认为作为教育的第一目的,是要使人们热爱劳动,提高工作效率;第二目的是培养明智而健康的生活方式,即必须使学生深刻领会个人之间以及个人与国家之间的关系,并最终使学生成为服务于社会的国民。

二、教育目的确立的制约因素

现实的教育目的的确立是在不同的价值倾向性的基础上对人的培养目标进行选取和选择的结果,必然受到各种主客观因素的影响。分析并关注这些影响教育目的的重要因素,对于教育目的的确立是十分重要的。

(一) 社会发展

教育目的受到社会发展的客观需要所制约。一方面,一定的生产关系及由此产生的政治经济制度是确立教育目的的直接依据,它们决定了教育目的的方向。一个和谐的稳定发展的社会总是需要教育来培养具有与这个社会生产关系相适应的政治立场、政治观点和思想意识的人。原始社会低生产力条件下,人们为了基本的生存结成平等的没有阶级的社会关系,教育与生产劳动结合在一起,其目的在于保障后代的生养延续。古代阶级社会,脑体分工出现,学校教育出现,教育目的也凸现阶级性。无论是我国孟子提出的"明人伦",还是西方古希腊斯巴达所培养"军人"、"武士",雅典培养儒雅有学识的政治家及商人,我国封建社会培养封建的"士绅""官吏",西方中世纪培养虔诚教徒和世俗的"骑士",无不反映了统治阶级对于人才质量规格的要求,要求他们具有统治集团所要求的社会意识和维护社会制度的才能。资本主义社会生产关系摆脱了人身的依附关系,生产力

① 张法琨.古代希腊教育论著选[M].北京:人民教育出版社,1994:5.

②③ 张人杰.国外教育社会学基本文选[M].上海:华东师范大学出版社,1989:6-7,9.

的迅猛发展客观上要求教育除了要培养管理国家及企事业的各级专业人才外，还要培养与这一生产关系相适应的具有自由精神、掌握知识技术的工人，相比较以往社会的教育更加关注人的发展，但资本主义国家普遍存在的“双轨制”的教育制度，反映的仍然是资产阶级的核心利益和要求。

另一方面，社会的生产力发展水平和科学文化发展的需要，对教育目的中人才的素质结构提出要求，并为这种人才的实现提供客观的条件。无论任何社会形态，在培养什么人的问题上总会大体反映当时生产力的发展水平。在奴隶社会和封建社会，由于整个社会生产力水平的低下与发展的迟缓，作为生产力首要组成部分的劳动者的劳动能力，一般不需要学校教育来进行专门的培养与训练。所以，当时确立学校教育目的的依据从根本上讲是社会的政治经济制度，它对教育培养人的规格一般表现为政治、法律、宗教及军事等统治人才，是一种精英式的教育。但近代以来，随着生产力的提高，社会生产力对学校教育提出了直接的要求，促使了义务教育的普及和实科学校、技工学校的出现，具有一定专业知识与技能的熟练工人及技术人员成为教育目的的重要组成部分。特别是现代社会，随着生产力的发展及其产业结构的变化，科学技术成为第一生产力，培养掌握现代科学技术、具有现代科学文化素养的人才，就成为世界各国教育目的中不可或缺的重要因素。随着生产力的发展和科学技术的提高，社会财富的积累增多，生产效率不断提高，使得社会总体闲暇时间增多，客观上更多的劳动力能从生产劳动中脱离出来，使得与这种社会生产力相适应的社会成员的个体和整体素质的形成成为可能。

（二）历史文化

教育目的的确立可以从以往历史上的教育目的中吸取有价值的东西。教育目的的两种价值取向——个人本位论和社会本位论，经历了从理论发源到指导实践，从分庭抗礼再到不断修正而倾向融合的历史。涂尔干提出培养“社会我”的教育目的，凯兴斯泰纳则提出“公民”教育理论，我们都可以从中看到古希腊时期斯巴达教育目的的影子。以教育目的的个人本位论而言，卢梭提出的培养“自然人”的教育目的中所体现出来的民主倾向，我们在古希腊时期具有民主倾向的雅典教育目的中，也可以找到其存在的根据。

任何民族的文化传统都是一个国家（或社会）确立教育目的的重要依据，尤其是民族文化的核心价值取向对教育目的确立的影响更为明显。就中西方传统教育目的的差异而论，中国文化以家族为本位，以儒家思想为主体，强调个人的责任与义务，注重个人与社会关系的调和，教育目的更多强调社会的控制、关注群体的利益；而西方文化则受到古希腊文化的影响，以个人为本位，注重个人的权利和自由，这种教育传统历经 14 世纪至 16 世纪的文艺复兴运动、18 世纪的法国资产阶级思想启蒙运动以及 20 世纪的实用主义、人本主义等思潮而确立下来，在教育目的上注重突出受教育者的地位，强调个性的培养。这种教育目的上的差异，与中西方文化核心价值取向上的传统有着重要的关系。

（三）受教育者

杜威十分注意教育目的中的受教育者因素。他认为制定教育目的要避免两种倾向：一种是以成年人的喜好为参照目的，忽略受教育者的能力；另一种是千篇一律，忽视个人的特殊能力和需要，忘记一切知识都是一个人在特定的时间和特定的地点获得的。教育作为一种培养人的社会活动，任何教育目的，它最终总是指向人的培养，因此，受教育者身心发展的规律必然是确立教育目的的必要依据。

人的身心发展特点是确定各级各类教育目的(或目标)不可忽视的重要依据。不考虑这一点，就会导致实际教育活动脱离学生身心发展水平，难以有效地促进学生发展。因为，人在发展的不同年龄阶段，其身心发展特点和水平有所不同。在把教育目的转化为各级各类教育的培养目标时，就必须以此为依据，这样才能使实际教育活动适应学生的要求，符合学生身心发展的特点和水平，具有针对性，而不至于过低或过高、过轻或过难。心理学的研究早已揭示，人的身心发展具有阶段性和顺序性、稳定性和可变性、不平衡性和差异性等特点。这是各级各类学校选择确立教育目的(或培养目标)时，应该好好把握的基本前提。依据这些特点，才能将各级各类教育目的(或培养目标)从低到高整合为一个循序渐进、相互联系、相互衔接的有机序列，为不同教育阶段实际教育活动的开展提供合适的指导，这样的目标不仅具有实际可行性，也能对学生身心发展起到强有力的推动作用。

人的发展的需要也是教育目的选择确立不可忽视的重要因素之一。人的发展具有各方面的需要，包括物质的和精神的需要、现实的和未来的需要、生存的和发展的需要，等等。在现代社会中，教育的普及程度越来越高，人们的认识尤其是对教育的认识有了很大的变化。按照马克思对“人的全面发展”的进程分析，在资本主义手工业时期，人们(工人)虽然可以通过接受教育来发展自己，但当事人的发展是被动的，是服从资本家对更多剩余价值的追求的，是一种外在的目的。但今天，人们对教育的态度可以说已经开始转向了主动，人们开始把受教育作为自己的一种不可剥夺的基本权利，开始将教育看做是提升自己生命价值的重要途径。而且，社会生产力的迅速发展也给人们提供了更多的自由时间，人们也由此有了更多的生活需求。这些需求在教育活动或教育目的上表现为更重视个体身心发展的特点和规律，更重视个人多方面的发展需求。美国早在1918年就在《中学教育之基本原理》中提到了“闲暇教育目标”，并把它表述为：“闲暇时间的善用：教育应从个人之生活中获得身心之休息与愉悦，并充实其精神生活而发展其人格。”[①]受教育者接受教育的过程绝不是一种被动的完全由外部各种条件塑造与规定的过程，教育目的必须经过他自身的认同与理解才能真正在其身上发挥作用。确定公共的教育目的时必须正视受教育者的主体性需要，注意受教育者的个体需要在人生发展过程中由于受到社会要求的影响而发生的变化，培养受教育者的自我发展意识，造就具有积极主动精神和富有创造精神的社会主体。

（四）哲学观念

任何特定教育目的的确立都有其内在的哲学理论基础，哲学理论对人、社会乃至对整个世界本质的看法影响着教育目的价值取向的基本方向。无论是个人本位取向的教育目的还是社会本位取向的教育目的，自由性质的教育目的还是职业性质的教育目的，普及倾向的教育目的还是精英倾向的教育目的，适应性的教育目的还是超越性的教育目的，无不是人们不同哲学观念的反映。哲学对教育目的的影响是广泛的。卢梭的自然主

① 陈桂生. 教育原理[M]. 二版. 上海：华东师范大学出版社，2000：153.

义教育建立在他的人性自由的理论基础上；康德的“发展所有一切人自然禀赋和才能”的教育目的立足于理性人的假设；永恒主义的教育目的在于他们认定人类天性中有着共同的永恒的要素；现代实用主义教育目的建立在实用主义的哲学理论之上，认为人有制造、交际、表现和探索四种基本的本能，坚持本能论的人性论；存在主义教育目的则高举人是价值主体的存在主义的人学大旗，强调人的“存在先于本质”的哲学理念，认为人不是由教育塑造而成的，而是由自己的主观性来形成的，教育的目的仅在于使人认识到自己的存在，形成自己独特的生活方式，教会人们“自我发现”“自我设计”、“自我完成”。

三、教育目的确立应处理好的关系

当代教育目的尤其是我国教育目的，在理论与实践层面有许多亟待解决的问题。当今我国经济社会正发生翻天覆地的变化，我国发展所面临的世界环境也正发生着深刻的变化。教育的发展在我国一方面面临教育现代化的挑战，另一方面随着世界全球化一体化的加剧，教育后现代化的特征也呈现出来。这必然对教育所培养的人的要求与规格提出新的要求。围绕当代教育目的的重构，需把握以下几个方面的关系。

（一）个体本位与社会本位

在教育目的观上，存在两种基本的教育价值取向，即个人本位的价值取向和社会本位的价值取向的分歧与矛盾。两者的对立是不同教育学者在思考教育与人、教育与社会关系问题时，对于价值选择结果的一种抽象概括，是一种人为的、观念上的区分。事实是，人类教育史上并不存在任何一种极端教育目的的实践，都是两种教育目的价值取向的融合。一种更为准确地理解二者的关系的方式是，将个人本位和社会本位看做是教育价值取向连续体的两极。教育实践中实际存在并发挥作用的现实的教育目的，因不同时代、不同国家及其他不同的情况，如钟摆一样摇曳于对立的两极之间，应以动态的、发展的眼光来把握。同时，我们也应看到，一个人的发展既要考虑个体的因素也要结合社会的发展变化，教育要同时满足人的需要和社会的需要，两种教育目的取向不论以何种方式、在多大程度上的结合最终都要通过人的发展来实现，这是教育的直接目的，是教育价值的着眼点。

（二）本土情怀与国际视野

本土情怀就是对家乡和祖国有深深的依恋，对本民族的文化传统有真诚的热爱，有强烈的民族自豪感，有强烈的国家复兴的责任意识。作为一个国家和民族的教育理应承担文化的使命，教育的过程也是优秀传统文化复兴和弘扬的过程。审视传统、审视文化，发掘本民族文化和传统中那些最具科学性、人文性和创造性的因素，也是国家的教育目的的应有之义。

当代世界正在进入一个全球化的时代，世界各国和各民族紧密地联系在一起，所有国家和民族在信息、交往和利益方面，体现出普遍的相关性，人类面临的诸多问题，如人口、生态、发展等，需要国际社会和世界各国广泛关注与共同合作才能解决，与世界各国的交往与合作已成为每个国家或民族自身发展的重要基础和前提。因此，一个民族的当代发展，必须要有世界性意识，把握一些必要的世界性准则，才能适应全球化的要求。在如何保持本民族文化特色的前提下，培养人类的共同意识，是教育义不容辞的责任。所以，教育应该超越本国的局限，提倡国际化，这是人类面临共同问题的情况下，应该特别强调的东西。基础教育必须加强国际理解教育和多元文化教育，让学生学会共同生活，从拓展视野、增进理解、培育共识、养成和平共处行为等根本层面上，努力造就具有国际视野、致力于和谐世界建设的世界公民。

当代教育目的的确立应在国际视野和本土背景中保持一定的均衡。教育目的的价值取向，要立足民族，面向世界，在民族开放中发展民族、创新民族精神，使民族更好地走向世界并影响世界。从我国教育目的来看，就是要培养有国际视野的中国人，即我们培养的学生，应该知晓中国，了解世界；知晓中国的过去和现在，关注中国的未来；了解世界的现状与变化，关心世界的发展；把个人的发展与民族的复兴、国家的强盛以及人类的进步紧密地结合在一起。培养国际人成为世界性人才战略潮流，也成为教育的目标指向之一。比如在日本，有人率先提出国际人应具备的10个基本条件：积极肯干，但是不蛮干；人际关系融洽，不以自我为中心；兴趣广泛，知识丰富；外语出色，乐意结交外国人；行动迅速；能很快适应异国他乡的环境；意志刚强，富有忍耐性；深谋远虑，但不优柔寡断；能安排和处理好家庭生活关系；身体健康，精神焕发。

（三）功利主义与人本主义

随着社会的发展，特别是近代以来，对经济效益的渴望，使功利性成为现代化追求的首要目标，教育也越来越被赋予了经济发展的目的和物质利益追求的目的，生存与发展的功利性、实用性的教育成了培养人的根本所在。教育被国家和个人当成追名逐利的工具，使得教育的目的不是为了探索真理，不是为了人的发展和完善，而是为个人谋生作准备。当今的学校教育过分注重人的物质层次的发展，严重偏向于实用的知识和技术的传授和培训，忽视了人之为人的精神性发展，"像填鸭般地用那些诸如形而下之'器'的东西，塞满学生的头脑，而对本真存在之'道'却一再失落而不顾，这无疑阻挡了学生通向自由精神之通衢"①。教育自身的媚俗使得教育追求的是社会的认可，表现最为明显的就是学校教育对升学率的追求，学校课程的设置偏向那些能迅速带来实利的实用课程，而忽视陶冶人性的艺术类课程。功利主义教育目的指导下的教育导致了人的工具化，完全割裂了作为一个完整的人的精神与肉体的统一性。

教育不单有外在的功利价值，更为重要的是教育本质上还是一种唤醒人的生命意识，启迪人的精神世界，建构人的生存方式，以实现人的价值生命的特殊活动。人之为人就在于其具有精神性，能超越自身、超越世界，不受动物式欲求和环境的束缚，具有自主性，能够进行自我创造。而教育根本上作为一种使人向善、引导人过一种良善生活的活动，能引出人之精神，引导人追求卓越的精神品质，使其超越自身和世界，实现个人真正的精神成长。当代教育目的的重构，就是要求教育要在功利主义盛行的当今时代，努力建构对人类功利取向、物质追求和经济发展具有良好价值导向功能的人文精神，回归到培植人的以自由发展为本质的内在生命，关注学生的精神世界的成长，积极有效地提升当下个体人性的境界，提升生命存在的层次，以教化来提升生命的自由与卓越，并引导个

① （德）雅斯贝尔斯．什么是教育[M]．邹进，译．北京：生活·读书·新知三联书店，1991：33．

体走向并服务他人与社会以至人类，促进社会在物质与精神、人与环境、人与社会等方面的协调发展。

（四）科学主义与人文主义

在古代社会，人们偏重于人文主义，学校教育中人们重视对学生进行人文教育，其中即使有科学教育的渗透也是非常人文化的，如古希腊柏拉图的教育内容里就有算术、几何、天文学，但柏拉图把辩证法作为具有最高价值的学科，即人文教育占绝对优势地位。19 世纪末 20 世纪初，日益重视人的科学素养，主张用科学主义来培养学生的价值取向的思潮高涨，甚至出现了科学技术发达带来的现代物质文明，刺激着人们漫无止境的欲望，使人们完全倒向科学主义而导致现代人整体人格的分裂、价值资源的枯竭、人生意义的失落等令人堪忧的局面。这一时期，科学主义与人文主义哲学观的对峙，以及科学技术在满足社会功利追求中的巨大作用，加剧了科学技术与人文科学的分离，使教育目的中的科技素质与人文素质失衡。

科学精神重在求真务实，探究万物之理；人文精神重在价值蕴涵，追求理想境界。它们是人类在探索世界和发现自己的活动中形成的两种观念、方法与价值体系，是人类文化的同体两面，它们使我们既认识物性又透视人性。这两种精神在个体人格中的凝聚，就成为人的综合素质中的科学素养和人文素养。教育培养的人本质上是一种精神性的社会存在，这种精神性是借文化的孕育而获得的，因同时吸收科学主义与人文主义而变得更丰富。当代教育目的的重构，倡导一种科学人文主义，即应以科学精神作为教育目的的基础，以人文主义作为教育目的的价值取向。“它是人道主义的，因为它的目的主要是关心人和他的福利；它又是科学的，因为它的人道主义的内容还要通过科学对人与世界的知识领域继续不断地作出新贡献而加以规定和充实。”①科学精神要用人文精神来提升、整合和定位、定向，人文精神要以科学精神来提纯、净化、活化等。科学教育和人文教育都是构成完整教育所不可缺少的，它们各有其不可替代的价值，又都各有其固有的局限性，两种教育应该相互容纳、相互渗透。

（五）全面发展与独立个性

人的全面发展一直是人类教育的理想，尽管在不同时代对于全面发展的含义有不同的认识和解读。从德智体美等方面促进人的发展，一方面满足受教育者生命之需要，体现了对受教育者个人生命的关怀；另一方面，它承认受教育者在教育目的中的主体地位，维护受教育者的独立人格，尊重受教育者的个人价值，主要把受教育者当作目的——使受教育者成为全面发展的理想的完人，从而满足个人自身完善的需要。教育目的必须在讲全面发展的同时考虑个性化，因为全面发展的基础是每一个人全面而自由的发展，个人的独特个性与才能构成社会的丰富多彩。所谓全面发展，是指受教育者个体必须在德智体美诸方面都得到发展，不可或缺，即个性的全面发展；所谓独立个性，是指德智体美

---

① 联合国教科文组织国际教育发展委员会.学会生存——教育世界的今天和明天[M].华东师范大学比较教育研究所，译.北京：教育科学出版社，1996：8.

等素质在受教育者个体身上的特殊组合，不可一律化，即全面发展的个性。人的全面发展与培养人的个性是统一的，也就是说人的全面发展的结果肯定人的个性充分自由的发展，绝不是扼杀个性的千人一面的一律化、模式化、标准化。

当代教育目的的确立，要正确把握人的全面发展和培养人的个性之间的关系。在教育实践中，从学生个体的发展来看，有时需要针对其某种潜质和倾向，着重和抓好某一方面的教育，但这不意味着可以忽视和放松其他方面的教育，否则，就有可能因为教育的缺陷或失误，使得个体的成长和发展失去基础和动力。这种发展不是平均发展、平均用力，而是主张在教育活动中根据学生的具体情况把全面发展和因材施教结合起来，使得学生既打好未来成长和发展的基础、具备较为完善的基本素质，又能获得丰富而独特的个性与发展优势，防止片面发展。

（六）适应现实与超越创新

教育是人类社会实现世代继承和发展的一种重要手段。社会的继承与发展决定了服务于它的教育无不带有适应与超越的本性。教育既要适应现实社会当前要求和需要，因为这是社会继承所必需的。但只注重适应的教育，容易导致教育的短视，降低对未来发展的适应意识和应对能力，必然缺乏对未来发展挑战的充分准备，也难以赋予现实向未来发展的有力导向和巨大的内在发展潜能。教育的超越，是教育基于现实社会当前的发展趋势或可能，在体现现实社会未来发展要求，满足现实社会未来需要方面所具有的努力状态。它既是对现实社会当前发展的未来指向，也是教育对现实社会当前的否定性。适应现实，要有走向未来的指向；超越现实，要有良好的现实基础。忽视或割裂适应与超越之间所具有的联系性，教育就难以使社会发展保持良好的连续性。

当代教育目的的确立，要坚持适应性与超越性的统一。这种统一中的适应不是简单的消极适应，这种超越也不是脱离实际不顾现实的幻想。这种适应性与超越性统一的教育不再仅仅回应当下社会生活的要求，不再是有什么样的社会就要什么样的教育，被动地接受社会的指令，而是积极参与社会生活并干预社会的发展。教育之于社会是被动地适应还是主动地超越，取决于什么样的教育和培养什么样的人。教育面向未来，走在社会发展的前面，它不是简单地为维持一个已存在的社会而培养工具人，维持和再现过去的社会状态，而是要迎接时代的挑战，为一个尚未出现的社会培养主体人。教育通过培养主体人来变革社会、决定社会，从而真正做到教育先社会而行。我国当前教育所倡导的注重学生创新实践能力的培养，事实上既是基于我国传统教育过于注重人的社会适应性而提出的，也是教育目的对创新时代的回应。创新是时代发展的鲜明特征，我们必须努力提高本国的知识创新和技术创新能力，以应对知识经济时代带来的挑战和机遇，缩小同发达国家的差距。教育在国家创新体系中的地位是突出的，教育越来越成为经济长期可持续发展的驱动力。创新不仅仅被理解成一种能力，更被理解成一种精神、一种人格，因而创新能力培养常与个性发展联系起来。教育目的必然要能满足创新的需要，把创新能力培养作为一个重要的内容。

第三节　我国的教育目的

一、我国教育目的的历史沿革

（一）我国古代的教育目的

以儒学精神为主体的儒家文化，在中国漫长的封建社会逐渐形成并居于主导地位。中国古代的教育是儒家教育，甚至在某种意义上可以把中国儒家的文化传统看做是儒家的教育传统。我国儒家倡导和践行的教育目的是侧重于社会本位的价值取向——培养封建统治者的理想接班人，专注于人文主义的文化取向——以儒家的经典培养受教育者，使其具有儒家精神的"内圣外王"的理想人格，即"依于仁"、"立于礼"的精神与人格。

儒家的创始人孔子将"六艺"、"六经"作为教学内容，目的是通过对这些内容的学习，培养治世的"君子贤人"。这种人应具备"忠孝"、"仁爱"的品质，即"明礼"。儒家的集大成者孟子也持类似的观点与看法。孟子认为，夏商周三代的学校"皆所以明人伦也"。因此，他主张，学校教育的中心任务和终极目的是"明人伦"。儒家经典《大学》中所说的八条目中的"格物、致知、诚意、正心"归结到"修身"——"自天子以至于庶人，壹是皆以修身为本"，修身即"内圣"。中国古代的这种教育目的绝非只是追求个人的完善，而是崇尚家国一体化，最终实现以天下为己任、平定天下的理想，"齐家、治国、平天下"便是这种"外王"的社会本位的体现。八条目中的逻辑顺序既是教育目的分类化层的递进之序，又认定了教育目的实现的条件。

（二）清末时期的教育目的

1902 年以前，我国并没有确定的全国统一的教育目的。中国近代史上由国家制定的教育目的，始于 1904 年的《奏定学堂章程》。其中规定："至于立学宗旨，勿论何等学堂，均以忠孝为本，以中国经史之学为基。俾学生心术壹归于纯正，而后以西学瀹其智识，练其艺能，务期他日成材，各适实用，以仰副国家造就通才，慎防流弊之意。"这一教育目的反映了当时半封建半殖民地教育"中体西用"的方针，中学以忠孝为本、以中国经史之学为基，西学以西方近代科学知识和艺能为主，以造就国家所需要的各种实用的通才为目的。

1906 年，当时的学部（1905 年成立）正式规定了更加明确的教育宗旨，即"忠君、尊孔、尚公、尚武、尚实"。前两条为"中国政教之所固有，而亟宜发明以距异说者"，也就是要以中国所固有的封建伦理道德为根基，并以此去反对各种民权学说；后三条则是"中国民质之所最缺，而亟宜箴砭以图振起者"，指出了中国国民所缺乏的公共心，并注意到了近代实业发展的需求。但这是以封建伦理为基点，强调培养国民具备维护封建国家的公共心，并增强封建国家的实力，与《奏定学堂章程》所规定宗旨的"中体西用"的精神实质是一脉相承的。[①]

---

① 孙培青. 中国教育史(修订版)[M]. 上海：华东师范大学出版社，2000：349.

（三）民国时期的教育目的

1912年2月，当时任教育总长的蔡元培在《教育杂志》上发表了《对于新教育之意见》一文，主张废除清政府制定的“忠君、尊孔、尚公、尚武、尚实”的教育宗旨，因为“忠君与共和政体不和，尊孔与信仰自由相违”，应以军国民教育、实利主义教育、公民道德教育、世界观教育、美感教育五项为教育目的。同年9月，教育部根据临时教育会议的决定公布了民国教育宗旨，即“注重道德教育，以实利教育、军国民教育辅之，更以美感教育完成其道德”[①]。这一教育宗旨否定了清末的封建专制主义教育宗旨，充分体现了资产阶级教育关于人的智、德、体、美和谐发展的思想，是历史上的一大进步。

1929年3月，国民党在南京召开第三次全国代表大会，把制定教育宗旨和政策作为会议的重要议题。经大会讨论决定的教育宗旨和实施方针，于同年4月26日，由国民党南京政府以《中华民国教育宗旨及其实施方针》通令颁行：“中华民国之教育，根据三民主义，以充实人民生活，扶植社会生存，发展国民生计，延续民族，其宗旨为生命为目的；务期民族独立，民权普遍，民生发展，以促进世界大同。”[②]这是国民党南京政府首次颁布的三民主义教育宗旨。

1936年5月5日，国民政府公布的《中华民国宪法草案》（又称“五五宪草”）中的第七章主题为“教育”，第一三一条明确规定：“中华民国之教育宗旨，在发扬民族精神，培养国民道德，训练自治能力，增进生活智能，以造成健全国民。”

（四）新中国成立以来的教育目的

1957年，我国在生产资料所有制的社会主义改造完成后，开始了以发展社会生产力、发展经济为重点的大规模建设时期，根据这一时期政治、经济、文化等方面发展的新要求，毛泽东在国务会议上指出：“我们的教育方针，应该使受教育者在德育、智育、体育几方面都得到发展，成为有社会主义觉悟的有文化的劳动者。”这一教育方针在当时对我国教育事业的发展和人才培养起了非常有力的指导作用，对以后教育方针（目的）、政策制定的影响很大。

1981年，中共中央《关于建国以来党的若干历史问题的决议》对教育目的有新的表述：“用马克思主义世界观和共产主义道德教育人民和青年，坚持德智体全面发展、又红又专、知识分子与工人农民相结合、脑力劳动与体力劳动相结合的教育方针。”在同年五届人大政府工作报告中指出教育目的是使受教育者在德育、智育、体育几方面都得到发展，成为有社会主义觉悟的有文化的劳动者和又红又专的人才，坚持脑力劳动和体力劳动相结合，知识分子和工人农民相结合。

1985年，《中共中央关于教育体制改革的决定》提出：教育要面向现代化，面向世界，面向未来，为20世纪90年代至21世纪初叶我国经济和社会的发展，大规模地准备新的能够坚持社会主义方向的各级各类人才。并且明确指出：所有这些人才，都应该有理想、有道德、有文化、有纪律，热爱社会主义祖国和社会主义事业，具有为国家富强和人民富

---

①② 孙培青.中国教育史（修订版）[M].上海：华东师范大学出版社，2000：359，417.

裕而艰苦奋斗的献身精神，都应该不断追求新知，具有实事求是、独立思考、勇于创造的科学精神。

1986年颁布的《中华人民共和国义务教育法》规定：义务教育必须贯彻国家的教育方针，努力提高教育质量，使儿童、少年在品德、智力、体质等方面全面发展，为提高全民族的素质，培养有理想、有道德、有文化、有纪律的社会主义的建设人才奠定基础。这里，首次把提高全民族素质纳入教育目的。

1993年2月，中共中央国务院颁发的《中国教育改革和发展纲要》提出：教育改革和发展的根本目的是提高民族素质，多出人才，出好人才，各级各类学校要认真贯彻"教育为社会主义现代化建设服务，必须与生产劳动相结合，培养德、智、体等全面发展的建设者和接班人"的方针，努力使教育质量在90年代上一个新台阶。

1995年颁发的《中华人民共和国教育法》规定：教育必须为社会主义现代化建设服务，必须与生产劳动相结合，培养德、智、体等方面全面发展的社会主义事业的建设者和接班人。这是目前我国通行的教育目的最规范的表述。

1999年6月，《中共中央国务院关于深化教育改革全面推进素质教育的决定》把教育目的表述为：以培养学生的创新精神和实践能力为重点，造就有理想、有道德、有文化、有纪律的德、智、体等方面全面发展的社会主义建设者和接班人。

2001年6月，《国务院关于基础教育改革与发展的决定》明确提出：要高举邓小平理论伟大旗帜，以邓小平同志"教育要面向现代化，面向世界，面向未来"和江泽民同志"三个代表"的重要思想为指导，坚持教育必须为社会主义现代化建设服务，为人民服务，必须与生产劳动和社会实践相结合，培养德智体美等全面发展的社会主义事业建设者和接班人。

2006年6月修订通过的《中华人民共和国义务教育法》第一章第三条规定：义务教育必须贯彻国家的教育方针，实施素质教育，提高教育质量，使适龄儿童、少年在品德、智力、体质等方面全面发展，为培养有理想、有道德、有文化、有纪律的社会主义建设者和接班人奠定基础。

二、我国教育目的的基本精神

新中国成立以来，我国教育目的的表述在不同时期有所变化，但基本精神却是一致的，即培养学生成为未来国家、社会发展的主人。我国教育目的的基本精神有如下几个要点。

（一）培养社会主义建设者和接班人是根本性质

教育目的具有社会制约性，教育目的的方向性是教育性质的根本体现。任何教育都会有自身的政治方向、政治追求。我国教育目的的社会主义方向性是极为明显的，这在新中国成立后所制定的每一个时期的教育目的中都有明确体现，每一次教育目的都规定了我国各级各类学校的办学方向和培养的各级各类人才最基本的政治要求。我国社会主义的教育目的不同于一切剥削阶级的教育目的，它毫不掩饰自己的真实意图，明确提出培养的是社会主义建设者和接班人，是新型的劳动者。这种新型劳动者的首要素质即是必须坚持社会主义方向、拥护社会主义制度。这种社会主义教育的性质指明我国教育培养的人的社会地位和社会价值。这是我国教育目的和其他阶级社会教育目的的本质区别。

我国的教育目的要培养劳动者，这里所说的劳动者既包括体力劳动者，也包括脑力劳动者。在社会主义条件下，体力劳动者和脑力劳动者都是劳动者。那种把劳动者仅仅理解为体力劳动者的观点是错误的。劳动对于社会主义的公民而言，既是自我谋生、自立、自强的手段，也是积极承担社会责任为社会作贡献的形式，从而将个体发展和社会进步结合起来，实现劳动者的人生理想。社会主义的劳动者应该是脑力劳动与体力劳动相结合的劳动者，是全面发展的生产者。我国现行教育方针中的"建设者"和"接班人"都是这样的劳动者。

（二）德、智、体、美等方面全面发展是素质要求

德、智、体、美等方面全面发展，是对人才培养的素质要求。马克思主义关于人的全面发展学说揭示了人的全面发展的必然性，也为我国教育在社会主义阶段尽可能促进人的全面发展，构建和谐社会提供了理论基础。马克思和恩格斯在考察社会物质生产与人的发展关系时，提出了关于人的发展问题的基本原理，是马克思主义教育思想的重要组成部分。它的基本思想是：人的发展是与社会生产发展相一致的；旧式劳动分工造成人的片面发展，大工业机器生产要求人的全面发展，并为人的全面发展提供了物质基础；实现人的全面发展的根本途径是教育同生产劳动相结合。马克思主义关于人的全面发展的学说成为我国教育目的制定的基本指导思想。

现代科学揭示了人的生理与心理、智力与非智力、知识与能力、品德与才能等诸范畴，在构成完美个体方面的相互联系和制约，也是德、智、体、美诸素质要素全面发展的理论基础。德，是指人在社会实践活动中，处理与自然、他人和社会关系时应具有的符合一定社会规范的价值观念、人生信念、人格修养、道德追求和相应的行为品质。受过教育的人应具有明辨是非的能力、行为自控的理性、稳定平和的心态以及不怕挫折的意志品质等。智，是指人在社会实践活动中应具有的学识、才能和智慧。受过教育的人应具有化知为识、不懈求真的学习和创造能力等。体，是指人在社会实践活动中应具有的好的身体机能、体质、能量和体力等。受过教育的人应是发育正常，体质健康，具备完成相应实践活动的身体基础。美，是指人应具有的感受美、鉴赏美和创造美的能力。受过教育的人应具有体察人生真谛、感恩现实生活、向往美好未来的精神境界和生活情趣。这些方面相互联系、相互融合、相互作用，是每一个受教育者在生存和发展过程中不可或缺的基本素质。

（三）教育与生产劳动相结合是实现途径

尽管人们对于马克思关于教育必须和生产劳动相结合的思想存在不同的理解，我国的教育实践中也曾有过片面的机械的实践，但教育的发展不可能脱离现实的经济建设和社会全面发展的现实。教育无论是培养建设者、接班人还是各级各类人才，抑或是培养具有创新精神和实践能力的人，一方面反映了社会主义建设实践的不同历史阶段对人才培养提出的素质要求，特别是社会生产力的发展要求；另一方面反映了教育活动要产生正向的作用，就必须与社会形成良性的互动，既不可能脱离教育的本体功能直接参与到社会生产中，也不可能脱离现实的社会培养抽象的人。教育也只有立足于人的发展，通

过培养人，通过培养能够适应现实生活并在一定程度上反映未来社会要求的人，教育的作用才能展现，教育的目的才能实现，教育才能真正指向其终极目标——促进个性自由而全面发展的人的形成。

三、坚持人的全面发展教育观

（一）全面发展教育的内涵

所谓全面发展教育是指为了促使人的全面和谐发展而实施的教育，是对含有各方面素质培养功能的整体教育的一种概括，是对为使受教育者多方面得到发展、多种素质得以提高而实施的教育活动的总称，是由多种相互联系而又各具特点的教育所组成的。我国教育目的内含促进人的全面发展的精神实质，但在实践中，忽视人的全面发展的教育至今仍然存在并且较为普遍，给社会发展和人的发展带来了不良的影响。要全面贯彻和实现全面发展的教育观，必须在以下方面给予正确的把握和理解。

第一，现在所讲的人的全面发展，既包括人在物质生活领域，特别是在生产劳动领域的全面发展问题，又包括人在精神生活和文化生活领域的全面发展问题，并强调前者是后者的基础。同时，我们所涉及的不仅仅是极少数人的发展问题，要努力实现的是所有人的全面发展问题。

第二，全面发展不是人的各方面平均发展、均衡发展，而是人的整体素质的和谐发展。把全面发展看成是平均发展，这种认识是非常机械的。实质上，全面发展是指人的各方面素质的和谐发展。它意味着人的高尚的思想信念、道德品质、审美情趣、智力发展以及物质需要和精神需要的有机结合，使人在工作和生活中体现出力量、能力、热情和需要的完美和谐。

第三，全面发展与个性发展是辩证统一的关系。人的发展是整体性的发展，但每个人都是独立的个体，由于遗传素质、兴趣爱好、社会活动、生活经历等方面的不同，其发展存在个体差异性。因此，全面发展就意味着受教育者个体必须在德、智、体、美诸方面都得到发展，不可或缺，即个性的全面发展；个性发展就意味着德、智、体、美等素质在受教育者个体身上的特殊组合，不可划一，即全面发展的个性。两者本身就是同一过程的两个方面，是辩证统一、有机结合在一起的。

（二）全面发展教育的构成

在古今中外历史上，对全面发展的具体内容的认识不尽相同。如古希腊亚里士多德提倡自由教育，主张把奴隶主贵族子弟培养成自由人，要求身体、道德、智力和美感各个方面平衡、和谐发展。中国古代西周时期提出“六艺”教育，即礼、乐、射、御、书、数，也包含了德、智、体、美等方面的内容。目前，国内学术界关于全面发展教育的构成问题，也存在着一些争论，主要有三育说（即德育、智育、体育）、四育说（即德育、智育、体育、美育）、五育说（即德育、智育、体育、美育、劳动技术教育），乃至六育说（即在五育的基础上增加“心育”，也就是“心理教育”）。其中，获得较多认同的是五育说。目前，我国现行的中小学校实施的全面发展教育包含德育、智育、体育、美育和综合实践活动等组成部分。

德育，即培养人思想道德的教育，是向学生传授一定社会思想准则、行为规范并使其养成相应思想品德的教育，是思想教育、政治教育、道德教育、法制教育等方面的总称。它的基本任务包括：培养学生良好的道德品质，使学生成为具有良好社会公德、文明行为习惯的遵纪守法的好公民；培养学生正确的政治方向，使学生形成正确的政治信念，具有为国家富强和人民富裕而努力奋斗的献身精神；培养学生正确的世界观、人生观，使他们形成科学辩证的思想方法，正确认识世界和人生，在社会生活中追求新知，解放思想，实事求是，勇于创造；培养学生良好、健康的心理品质，使学生能正确认识自己，讲究心理卫生，提高心理素质，形成完善人格；培养和发展学生良好的思想品德能力和行为习惯等。

智育，是指向学生传授系统科学知识和技能，培养和发展学生智力才能的教育。它的基本任务包括：向学生系统传授科学文化基础知识，为学生各方面发展奠定良好的知识基础；培养训练学生，使其形成基本技能；培养和发展学生的智力才能，增强学生各方面能力；培养学生良好学习品质和热爱科学的精神等。

体育，是指向学生传授身体运动与保健知识，增强他们的体质，发展他们身体素质和运动能力的教育。它的基本任务包括：指导学生进行身体锻炼，促进学生身体的正常发育和技能发展，使学生增强体质，提高健康水平；使学生掌握身体运动锻炼的科学知识和基本技能，掌握运动锻炼的方法，增强身体运动能力；使学生掌握身心卫生保健知识，养成良好的身心卫生保健习惯等。

美育，是指培养学生正确的审美观点，发展他们感受美、鉴赏美和创造美的能力的教育。它的基本任务是：培养学生正确的审美观点，使他们具有感受美、理解美以及鉴赏美的知识和能力；培养学生艺术活动的技能，发展他们体现美和创造美的能力；培养学生美好心灵和行为，使他们在生活中体现内在美与外在美的统一。

综合实践活动，是指在教师引导下，密切联系学生自身生活和社会实际，让学生自主进行各种实践性学习活动，提高学生综合运用知识解决实际问题的能力，促进学生的各方面素质在实践活动中得到协调发展和升华的教育活动，包括研究性学习、社区服务与社会实践、劳动与技术教育、信息技术教育等领域。它的基本任务是：使学生获得亲身参与实践的积极体验和丰富经验，形成主动发现生活中的问题并独立解决问题的态度和习惯，发展学生的创新精神与实践能力；使学生形成对自然、社会、自我及其相互关系的正确认识以及对生活的正确理解和态度，培养学生对自然、社会、自我的关爱与责任感，养成积极进取、分享、合作等良好的个性品质。

（三）正确理解和处理五个组成部分之间的关系

实施全面发展教育中，必须要正确认识和处理好五个组成部分之间的关系。否则，人的全面发展目标就无法实现。

首先，五个组成部分各有其相对独立的作用，不可相互替代。五个组成部分都具有特定的内涵，都具有自己特定的任务，它们的社会价值、教育价值、满足人发展需要的价值都是通过各自不同的作用体现出来的。其中，德育关注的是价值观和行为方式问题，即怎么做人处世的问题；智育关心的是提高人认识和改造世界的一般知识与能力水平，即提升人的内在能力；体育以改善身体素质为基本要旨；美育则努力提升人的精神境界和生活情趣，即对美的欣赏能力；综合实践活动则是通过引导学生自主参与社会实践活动，将学生的内在素质转化为实际行动，促使学生的德、智、体、美等各方面素质获得协调发展和整体提升。这五个方面的教育，谁也不能取代谁的功能。因此，在教育实践中，应坚持五育并举的精神，防止教育的片面失衡。

其次，五个组成部分之间是相互联系、相互渗透、相互促进的。各个组成部分都具有制约或促进其他组成部分的因素，每个组成部分的发展又都离不开其他组成部分的配合，都需要其他组成部分与之协调。在理论上，可以将全面发展教育分为五个组成部分，但在实际的教育过程中，这五个方面的教育并不是孤立实施的，而是相辅相成、缺一不可的，是在人的身心全面发展的统一过程中展开的。实际上，很难把一堂课或某项教育活动简单看成是智育或德育，它们总是融为一体的。因此，应树立整体观念，发挥教育的整体功能，综合地设计五育实施的过程，提高教育实效。

最后，五个组成部分之间也不是简单的并列关系。人的素质结构是由德、智、体、美等基本要素构成，与此相对应，就有德育、智育、体育、美育等相对独立而又密切联系的教育成分，人的全面发展就是要使人的这些素质形成合理的整体结构。人的各方面素质及其整体结构的形成都离不开人的实践活动。而综合实践活动恰恰是立足于人的生活世界的综合性和整体性，立足于每一个学生的健全、完整的发展。从这个意义上讲，所有教育活动都带有综合实践活动的性质。所以，综合实践活动与德育、智育、体育、美育之间存在整体与部分、综合与分化的关系。

根据上述五个组成部分之间的关系，要把这五个方面的教育结合起来，使它们在教育过程中相互协调、相互促进，都得到发展。为此，要注意避免两种片面的倾向：一是只注重五育之间的联系性和相互促进性而忽视它们的独特功能；二是只注重五育的区别和不可代替性而忽视它们相互促进的作用，甚至把它们割裂开来、对立起来。这两种片面做法都会破坏五育之间的协调，不利于相互结合。在实际生活中，青少年德、智、体、美诸方面的发展往往是不平衡的，有时需要针对某个带有倾向性的问题着重强调某一方面，以形成学生独特的个性发展，但这种个性发展不能造成学生发展中的重大缺陷以至于影响其终身发展。在学校教育工作中，学校也常会因某一阶段或时期任务的不同，而在某一方面有所侧重以形成独特的办学特色，但也绝不意味着可以忽视和放松其他方面。在任何情况下，都要注意坚持社会主义教育目的，使受教育者在德、智、体、美诸方面得到和谐发展。

【本章小结】

教育目的是社会把握教育活动的根本所在，也是教育活动展开的根本依据，直接决定着教育功能的取舍。不论是广义的教育目的，还是狭义的教育目的，都会对教育“为谁培养人”，“培养什么样的人”作出回答，对教育活动的社会倾向和教育对象的素质要求具有质的规定性。教育目的具有存在类型和层次的多样性。对实际的教育活动而言，教育目的具有重要的定向、调控和评价功能。

由于受到社会客观条件、历史文化背景、受教育者身心发展需要以及哲学观念等因素的影响，历史上关于教育目的形成了多元的理解和表达，如个人本位论、人格本位论、文化本位论、生活本位论、伦理本位论、社会本位论等。当代教育目的的选择和确立应直面当代教育面临的问题，处理好个人本位与社会本位、本土情怀与国际视野、功利主义与人本主义、科学主义与人文主义、全面发展与独立个性、适应现实与超越创新等几方面的关系。

我国的教育目的有自身的文化传统和历史沿革。新中国成立以后的教育目的是在马克思关于人的全面发展的学说基础上结合我国具体国情制定出来的，尽管有所变动但内含的基本精神是一致的，即坚持社会主义性质，坚持德、智、体、美等方面全面发展，强调教育与生产劳动相结合。根据我国教育实践的现状和问题，我们应坚持全面发展的教育目的观，要正确认识和努力实施人的全面发展教育。

【拓展阅读】

[1]　瞿葆奎，丁证霖. 教育学文集·教育目的[M]. 北京：人民教育出版社，1989.

[2]　(英)约翰·怀特. 再论教育目的[M]. 李永宏，等，译. 北京：教育科学出版社，1997.

[3]　扈中平. 教育目的论[M]. 武汉：湖北教育出版社，1997.

[4]　扈中平，刘朝晖. 挑战与应答——20世纪的教育目的观[M]. 济南：山东教育出版社，1995.

【实践与探索】

(1) 美国教育学家杜威说："教育本身并无目的。只是人，即家长和教师等，才有目的。""如果家长或教师提出他们'自己的'目的，作为儿童生长的正式目标，这和农民不顾环境情况提出一个农事理想，同样是荒谬可笑的"。请你对这些言论予以评析。

(2) 结合你自己接受或从事教育的实际，分析当前中小学在实现全面发展的教育目的的实践中存在的问题，并提出你的对策或建议。

【参考文献】

[1]　全国十二所重点师范大学. 教育学基础[M]. 北京：教育科学出版社，2002.

[2]　陈桂生. 教育原理[M]. 2版. 上海：华东师范大学出版社，2000.

[3]　夏正江. 教育理论哲学基础的反思·关于人的问题[M]. 上海：上海人民出版社，2000.

[4]　陈佑清. 教育目的论[M]. 武汉：湖北教育出版社，1993.

[5]　成有信. 现代教育引论[M]. 郑州：河南教育出版社，1992.

[6]　郑金洲. 教育通论[M]. 上海：华东师范大学出版社，2000.

[7]　黄济，王策三. 现代教育论[M]. 北京：人民教育出版社，2001.

[8]　王坤庆. 现代教育哲学[M]. 上海：华东师范大学出版社，2001.

[9]　唐德海. 论教育目的的预设与生成[J]. 高等教育研究，2007(8).

[10]　但武刚. 教育目的：培养现实活动的主体[J]. 华中师范大学学报(人文社会科学版)，2005(2).

[11]　扈中平. "人的全面发展"内涵新析[J]. 教育研究，2005(5).

[12]　沈湘平. 从人的发展看主体教育的目的[J]. 教育研究，2004(6).

[13]　蔡国春. 我国教育目的理论的若干实践范畴探讨[J]. 教育理论与实践，2002(10).

[14]　冯建军. 教育目的：一种视角的转换[J]. 教育发展研究，1999(6).

[15]　易连云. 挑战理性——后现代主义对现代教育目的的诘难[J]. 比较教育研究，1999(1).

第六章 教育制度

【材料研读】

现代教育制度下挣扎的少女:拒绝当一个标准产品①

今年高考刚放榜,我就收到了老陶的短信:"我女儿陶雨晴,已被香港浸会大学录取,应该是写作特长起了作用。"收到短信后,我回了一条,祝贺他们父女俩在激烈的高考大战中获胜。老陶很快回复道:"不能说胜利吧?只是在这个教育制度下挣扎而已,分数只有560,在对付高考方面只能算及格。我觉得有个问题值得探讨:孩子的天赋,到底有多少值得维护和发展的价值,家长如何处理这个问题和体制的矛盾。"

采访是在陶雨晴的房间里,屋里有张单人床、一张长条大书桌和书柜。桌上堆放着《梭罗集》、《史怀泽传》等书,书柜里没有一本关于高考的书,大部分是自然和生物方面的,像《人与虫》、《生命之科学》、《瓦尔登湖》、《昆虫记》、《纽约时报科学版》、《感觉的自然史》等。

"小时候,就爱看书,老是抱本书跟在大人身后,嚷着给她念、念、念。认点字后,就自己看。"

"从小,她就喜欢动物,去农村的奶奶家,什么虫子都敢抓,连蛇也不怕。"

"她读了不少生物方面的书,这方面的好多知识,我是跟她学的。"

"一上学,就完了,她再也没快乐过。"老陶讲。

老陶说自己的女儿就属于这种,不温顺。到了小学,陶雨晴竟然成了"问题少年"。"和别的小孩玩不到一块,属于另类。脾气上来,什么都不怕。我呢,从她上小学开始,就不断地被叫到学校。一听老师来电话,心就'突突突'地跳,反正没啥好事。"

最让老师头疼的,是陶雨晴不交作业、不听课。有一次,老师实在气得不行,又叫老陶:"你来,在窗外看她!"我站在窗外,确实是,别的同学都在听课,她在下边偷偷看课外书。

"陶雨晴喜欢生物,喜欢写作,她在这上头花费太多时间。别的孩子背一个书包,她等于背俩。别的小孩放学后,该玩的玩去了,她把时间用来看课外书、写东西、上网。"

"应该说,老师没做错什么,是按学校规定做的。"老陶始终这么认为。知道陶雨晴有点天分,老师甚至对她还有些照顾。"在小学,到后来,校长也挺无奈地说过:陶雨晴这孩子,只要她不影响别人,不要管她!"

上了初中,闹腾得更厉害,女儿跟老师的矛盾更大,加上家离学校近,老陶被叫到学校的次数更多了。主要是作业问题,还有几次是打架。

说完打架的事,陶雨晴气呼呼地说:"我们学校也分好班和差班,老师让已经毕业的

---

① 现代教育制度下挣扎的少女:拒绝当一个标准产品[EB/OL]. http://news.sina.com.cn/c/sd/2009-07-22/042918269416.shtml.

学生回来讲学习经验，给好班请的，都是考上北大、清华的人，给我们找的，都是上语言学院之类的。这就是把人分了等级，凭什么呀！”

“她老提这事，觉得不公道。”老陶坐在一旁讲：“咱们这个教育制度不公平，大家交的学费是一样的，但学校把最好的老师、最好的资源，都用在好学生身上了。”

【思考与讨论】

(1) 阅读上述案例，谈谈你的看法。

(2) 你觉得自己是当前教育制度下的获益者还是受害者？

(3) 回想你在学校读书的经历，你觉得当前我国学校教育制度存在哪些问题？你有何改革建议？

任何教育目的或目标的实现过程，总是由一定的教育机构或教育实体来组织实施的。教育机构及其管理制度的建立，或者说整个教育系统的构建，是教育功能形成和实现的必要环节。国家要想培养满足社会发展需要的各级各类人才，就必须设立相应的教育机构，并根据需要不断调整教育结构，建立并不断改进能够充分发挥教育系统整体功能的教育制度。

第一节　教育制度概述

一、教育制度的含义

(一) 教育制度的定义

汉语中，“制度”一词有两种意思：一是要求成员共同遵守的、按一定程序办事的规程，如工作制度、学习制度等；二是在一定条件下形成的政治、经济、文化等各方面的体系，如社会主义制度等。英语中，表示“制度”的词有两个：一个是“system”，另一个是“institution”。“system”有“系统”、“体系”、“制度”、“体制”等含义，“institution”有“建立”、“制定”、“设立”、“制度”、“惯例”、“风俗”以及“公共机构”等含义。因此，无论是从汉语还是从英语来看，“制度”一词都包括两个方面的内容：一是机构或组织的系统，二是机构或组织系统运行的规则。这两个方面是不可分割的，一个机构或组织之所以能够成为一个系统，就是因为它具有一套明确的、具有约束力的运行和协调机制。这套规则为系统的每个要素所理解和遵守。反过来说，一定的制度或规则总是以一定的机构或组织系统为对象，起到制约和协调机构或组织之间及其内部的各种关系的作用。不存在没有规则的机构或组织，就像不存在没有实施对象的规则一样。

教育制度是指一个国家各级各类教育机构与组织的体系及其管理规则。它包括相互联系的两个基本方面：一是各级各类教育机构与组织的体系；二是教育机构与组织体系赖以存在和运行的一整套规则，如各种各样的教育法律、规则、条例等。但是，在教育学里，人们通常把教育机构与组织的管理规则当作教育管理问题来专门加以论述，所以教育制度这个主题论述的重点是各级各类教育机构与组织的体系。

（二）教育制度的特征

1. 客观性

教育制度作为一种制度化的东西，不是从来就有的，而是一定时代的人们根据自己的需要制定的。教育制度的制定虽然反映着人们的一些主观愿望和特殊的价值需求，但是，人们并不是也不可能随心所欲地制定或废止教育制度，某种教育制度的制定或废止，有它的客观基础，是有规律可循的。这个客观基础和规律性主要是由社会生产力发展水平所决定的。例如，近代以来普及义务教育的提出，虽然与个别机构或个别人的提倡有关，在不同国家提出的时间和普及的年限也有所不同，但归根结底反映了现代大机器生产对劳动者文化素质的要求，反映了大工业时代初期体力劳动和脑力劳动由分离走向结合的趋势。这些都是客观的，是不以个别人意志为转移的。

2. 规范性

任何教育制度都是其制定者根据自己的需要制定的，是有其一定的规范性的。这种规范性主要表现为入学条件（即受教育权的限定）、各级各类学校培养目标的确定以及教育内容、教育方式方法的选择等方面。在阶级社会中，教育制度的规范性主要表现为其阶级性，即教育制度总是体现着某一阶级的价值取向，总是为某一阶级的利益服务。社会主义的教育制度应该为广大人民的利益服务，应该最大限度地保障和满足广大人民日益增长的文化教育需要，从而体现社会主义教育的性质。

3. 历史性

教育制度既是对客观现实的反映，具有一定的客观性；又要满足其制定者的需要，体现一定的规范性。而客观性和规范性的具体内容又是随着社会的变化而变化的，因此在不同的社会历史时期和不同的文化背景下，就会有不同的教育制度，就需要建立不同的教育制度。教育制度是随着时代和文化背景的变化而不断创新的。教育制度的创新是教育改革的重要内容，也是教育实践得以深化的重要条件。

4. 强制性

教育制度作为教育系统的规范，是针对所有教育主体而言的。在某种意义上说，它独立于个体之外，对个体的行为具有一定的强制作用。只要是制度，在没有被废除之前，都不管个体的好恶，无条件地要求个体遵守，违反制度就要受到不同形式的惩罚。例如，学校的考试制度规定，任何学生和教师在考试过程中不能有舞弊行为。否则，一经查实，就要给予适当的处分。考试制度对于学生和教师都有强制性。

二、教育制度的分类

按照不同的标准，教育制度可以划分为不同的类型。

（一）着眼于教育制度内部关系的区分

在新制度经济学看来，制度提供的一系列规则由社会认可的非正式约束、国家规定的正式约束和实施机制构成。借鉴新制度经济学对制度的分类方法，可以把教育制度分为正式教育制度、非正式教育制度和教育制度实施机制。

（1）正式教育制度。正式教育制度并不是正式教育中的制度因素，而是一些成文的且与教育实践活动直接有关的教育制度。这些教育制度不仅存在于正式教育（又称正规教育，一般指学校教育）或提供正式教育的机构——学校中，还存在于教育管理活动（如教育立法、教育行政等）和机构（如教育管理部门）之中，在现代社会甚至还有可能存在于非正式教育（又称非正规教育）之中（如国家颁布的一些文教政策对社会文化教育机构也具有规约力）。

(2) 非正式教育制度。非正式教育制度也并不是非正式教育中的制度因素，而是一些观念形态、习俗形态、惯例形态且与教育实践活动直接相关的教育制度。这种形态的教育制度不仅存在于非正式教育，而且存在于正式教育活动、机构及部门之中。

(3) 教育制度实施机制。指为推行教育制度而制定的“有关制度的制度”或“元规范”。它与教育实践活动的关系不如前两种制度直接，而主要与前两种制度本身（尤其是正式教育制度）发生关系，或者说只与那些遵守或违背前两种教育制度的行为发生关系，是前两种规范的支撑体系。教育法中有关违法责任的追究制度，教育中的考试制度、评估（如评优、评先等）制度、督导制度、惩戒制度等都可归属于教育制度实施机制的范围。它不仅存在于各类教育活动和提供教育服务的机构之中，还存在于教育管理活动和教育管理部门之中，甚至存在于整个国家机器之中。

（二）按教育制度的实践领域所作的区分

按照教育制度的实践领域的不同，可以把教育制度分为生活惯例习俗、教育教学制度、学校管理体制、学校教育制度、教育行政体制、教育政策法规和教育价值理念。

(1) 生活惯例习俗。生活惯例习俗即生活中的教育制度，这种教育制度基本上是一种非正式的教育制度，主要属于有教益的民间制度文化的范围。这种广义上的教育制度一般存在于非正式教育之中。当然也存在于正式教育中的非正式场合，在那些与村落生活联系密切的乡村学校中就比较常见。在那样一些学校，教师多是当地居民，对于村民来说是自己人，彼此知根知底，而且有感情上的亲近与信任，因而教育教学表现出较多的家庭气氛。不过总的来说，这种教育制度对公共教育生活的规约作用是随着教育制度自身的制度化程度的提升而递减的。

(2) 教育教学制度。教育教学制度包括有关师生关系的约束、教育教学模式、教学仪式与常规等诸多方面。这些有的属于非正式教育制度部分，如教师惯用的教学模式，它们尽管因得到人们的认可而通行，但却没有明确无误的制度文本，甚至教师自己对之也日用而不自知，“一二三，坐端正”，“小小手，在背后”，“小嘴巴，不说话”等组织教学的形式就是如此。但更多的属于正式教育制度，大部分的教育教学常规，如上课之前先喊“起立”“敬礼”和互相问候的制度、教学中举手发言的制度，学校中也常常有明确的要求。而“尊师爱生”或“师道尊严”等有关师生关系的约束，更是某种社会普遍遵循的行为规范。此外，还有一部分属于教育教学制度的实施机制，如有关表扬奖励或批评惩罚等方面的制度。

(3) 学校管理体制。学校管理体制指划分校内管理权限、组织实施学校教育的制度，主要包括学校的领导体制，有关学校管理机构的设置与职责等方面的组织制度，以及学校各项工作的具体管理制度（如招生制度、课程修习制度、学业检查与评定制度、升级制度等）这三个方面。学校组织生活中所存在的仪式也可归入此类，这些仪式主要包括下列三类：第一是学业方面的，如毕业典礼；第二是运动方面的，如运动会中运动员的宣誓；第三是生活方面的，如升旗典礼、周会等。学校管理体制一般属于正式教育制度的范畴，当然其正式程度也各有不同。其中，学校领导体制是学校领导力量的结构框架，是学校管理体制的核心，也是学校管理体制中最为正式的部分。学校组织仪式的正式程度最低，在很多学校带有非正式制度的色彩。还有一部分学校管理体制属于教育制度的实施机制部分，如学校中的各种有关奖惩和检查方面的具体制度。

(4) 学校教育制度。学校教育制度指规定各级各类学校性质任务、入学条件、修业年限以及它们之间相互关系的制度，包括办学体制、升学考试制度、招生制度、学校衔接制度、有关学校性质的制度、学位认定制度等。这与一般我们所理解的作为学校教育系统的学校教育制度(即学校组织系统)概念有所不同。学校教育制度一般属于正式教育制度，但其正式的程度也各有不同。有的国家如英国，其学校组织系统长期处于自发状态，因而其学校教育制度也未受到国家法律的严格规范，基本上是一种受国家法律保护的民间社会契约。而绝大多数国家的学校教育制度由国家或地方政府组织力量制定。这种学校教育制度的正式性就比前者要高。通常，一定的学校教育制度也有一定的实施机制做后盾，如就近入学制度下盛行的赞助或收费择校制度就是如此。

(5) 教育行政体制。教育行政体制主要属于正式教育制度，也有教育制度实施机制的成分，如教育督导与评估制度、教育责任追究制度等。教育行政体制一般包括国家教育行政体制和地方教育行政体制两部分。其中，国家"教育行政体制是国家行政体制的一个组成部分，它主要包括国家各级教育行政机构的组织形式、权力结构和工作制度等。其核心内容是国家教育行政权力结构"[①]。而地方教育行政体制则是地方教育行政部门依法领导和管理地方教育事业(事务)的制度。当然，有的国家或地区没有国家教育行政体制，这就是那些实行地方分权制的国家或地区的情况。而有的国家，其地方教育行政体制形同虚设，只不过是国家教育行政体制的地方延伸，这是那些实行高度中央集权制国家的情况。同时存在这两种相对独立的教育行政体制的国家或地区实行的，是一种中央与地方分权的教育行政体制。

(6) 教育政策法规。教育政策法规指国家或政党管理教育事业的各项方针、政策、法律规范。其中，教育方针(或教育宗旨)是国家根据政治、经济和社会发展的要求提出的指导一定时期的教育工作的总方向，是教育基本政策的总概括。教育政策是国家或政党为实现教育目标而制定的行为准则，一般包括对教育工作的目标、途径和方法的总体规范和具体规定。教育法规是指由立法机关或由立法机关授权制定的有关教育的法律、法令、条例、规程、决议、决定等规范性文件的总称，是现代国家管理教育的基本依据和主要手段。教育政策法规主要是正式教育制度，实施机制在其中也占据重要地位，以确保对那些遵循和违反教育政策法规的行为进行有效甄别，并分别作出奖励和惩罚。

(7) 教育价值理念。教育价值理念指深藏于成文制度或非成文教育规则背后的价值观念、传统偏见、意识形态等因素。这主要是一些非正式教育制度，也包括那些非正式的教育制度实施机制。"对于任何一种教育制度来说，它若想成为有意义的和有成效的教

---

① 萧宗六，贺乐凡. 中国教育行政学[M]. 北京：人民教育出版社，1996：23.

育制度，就必须以一种明确的、深思熟虑的、富于理性的哲学或世界观为基础，还必须依据这样一些方面的有关信条行事：即人性和全人类的本性、个人和社会的价值观念体系、被人们认为最值得掌握的知识体系。"[①]。值得注意的是，我们把教育观念看作教育制度的一个构成要素，而把教育思想排除在外。这牵涉到对教育制度的理解问题。任何教育理论或教育思想都有成为教育制度的潜力。但我们把教育制度理解为实践性、规约性的东西，认为它扎根于教育实践活动之中，不能脱离教育实践而单独存在；而教育思想在没有被人们接受之前，是不具备实践性和规约性的。

（三）根据教育制度主体所进行的区分

根据教育制度的支配主体的不同，可以把教育制度区分为个体性教育制度、学校性教育制度、学区性教育制度、地方性教育制度及国家性教育制度。

(1) 个体性教育制度。个体性教育制度指个人（如教师、班主任或校长、教育行政人员等）在自己的教育教学或教育管理、行政活动中制定或采用的各种带有强烈个人特色的规矩，这些规矩常常是那些更具社会性、受社会制裁支撑的教育制度的前身。"个人的习惯和常规靠便利或惯性来维持，个人道德规则的维系则凭个人的良知。"[②]例如，某教师在课堂上采用一种特殊的仪式——当学生回答正确时，由全体同学用拇指和食指做出一个"√"形以示肯定；而当学生回答错误时，由全体同学用两个手臂交叉做出一个"×"以示否定。这位教师就是在采用一项个体性制度。这种个体性制度的延续与否一般由教师自行决定，只要它没有明显地与其他某项更为正式的教育制度相冲突。此外，非正式的教育制度，除意识形态（它有国家法律和暴力的强制力做后盾）之外，基本上也可以看作是一种个体性规则。尽管学校内外的舆论对这些方面的教育制度具有规约性（是这种教育制度实施机制的一部分），但这种规约只能出于道义而不能对教育中的个人具有真正的约束力，因而有远见、胆识和智慧的个人可以在遵守国家法令的前提下对它们进行取舍。

(2) 学校性教育制度。学校性教育制度指由学校制定或自主采纳和维系的教育制度。它不同于校长的个体性教育制度，而是在学校中为大家所基本接受并已形成传统或惯例的教育制度，一般属于学校管理体制中非领导体制的部分。如统一着装制度、课堂教学常规、师生交往规则与校园礼仪、班级管理的一些基本制度[③]、教师集体备课制度、学校内部组织制度（有关学校管理机构的设置与职责方面的制度）、学校内部激励机制（包括奖惩制度、分配制度、教师进修制度、人员任用制度等）、统一的学业成绩的检查与评定制度（如学校内部的统考制度、评比制度等），此外还有学校其他工作的具体管理制度，等等。这种学校在自己的自主权限范围之内制定或采纳的教育制度常常构成一个学校办学特色的基础，事关学校的办学方向（如是自由还是专制、是平等还是等级森严、是追求

---

① （尼日利亚）杰·阿基比鲁．教育哲学导论[M.]董占顺，等，译．北京：春秋出版社，1989：109.

② （英）马尔科姆·卢瑟福．经济学中的制度：老制度主义和新制度主义[M]．陈建波，郁仲莉，译．北京：中国社会科学出版社，1999：64.

③ 某些班集体的组织管理制度属于个体性制度，由班主任个人掌握，如班干部的任用制度，包括委任制、轮岗制、竞选制等。

个性还是强求一致)和人、财、物、时间、空间、信息资源的利用效率。

(3) 学区性教育制度。学区性教育制度指由学区教育行政当局制定或采纳的在该学区内实行的教育制度。这种学区教育行政当局,目前主要在西方存在。它与地方行政区划分不一定一致。学区的类型不同,大小不一,组织各异。划分标准一般是:每学区有一万名学生;在偏僻的地方,至少有五千名学生;大学区不受此限制。学区设教育委员会,管理学区内的教育事业。委员会一般由学区内居民选举产生,任期3~6年。委员会任命教育局长或学监,执行其职责。学区教育委员会的职能是制定教育计划,编制教育预算,征收教育税,管理教职员,维修管理校舍,购置教材教具,给学生提供交通工具等。在我国现在虽然也有学区存在,但不是一级教育行政机关。因此,我国这一层级的教育制度主要是地方性教育制度,是由地方教育当局(主要是省、县、乡三级)或立法机构制定或采纳并在所辖地区实施的教育制度。我国地方性教育制度如今有日益扩张的趋势,主要是中央教育权限下放所致。加强这一方面的教育制度研究如今已成了一件刻不容缓的事情。

(4) 国家性教育制度。国家性教育制度指由中央教育行政部门乃至国家最高立法或行政机构制定或采纳的各项教育制度。它不同于我们通常所说的国民教育制度和教育集权体制。国民教育制度是指一个国家各类教育机构的总称,既包括学校,也包括儿童校外教育机构、成人文化教育机构和各级教育行政组织机构等。教育集权体制是特指强制性教育制度中以国家崇拜为基础的那一部分。而国家性教育制度的概念是从制度主体的角度提出的,并不关心这种教育制度是否具有强制性质。事实上,由国家制定的这一部分教育制度有的是强制性的,有的则不是。这与国家自身的性质有关。

三、教育制度的功能

旧制度教育学关心教育制度的教育意义,强调它不仅是教育活动的类型,而且是教育活动中的人的类型。新制度教育学认为,恰当的教育制度是一种重要的教育资源。具体体现在以下几个方面。

(一) 教育制度可以降低教育中的交易费用,节约教育成本

"交易费用"概念是新制度经济学的核心概念。教育中的交易费用主要包括以下几个方面。①教育中的人员组织成本,即组织管理学生、教师、教辅人员、校长、教育行政人员、校外教育力量等与教育有密切关系的人的费用,如激励、使用、培训等方面的费用。②教育资源的配置成本,即合理配置教育中的人、财、物等有形资源以造成资源的合理流动的教育费用。③教育信息成本,即获取与教育相关的信息的费用,如获取学业成绩、学校招生、学生就业分配、学校教育质量、学生升学状况、学校或地区间教育差异、教育改革动态等信息产生的费用。④教育活动之间、教育组织之间以及教育组织和其他组织之间的社会协调成本,如教育活动的搭配,学校之间衔接、合作,乃至学校与家庭联系、与社会配合等方面的费用。⑤教育制度的维护成本,即维护一定教育制度的正常运转所需要的费用。

教育制度可以节约教育中的个人交易费用,也可以从总体上节约社会交易费用。首先,教育制度可以节约教育中的人员组织成本。一个好的教育制度可以以较低的组织成本调动学生学的积极性、教师教的积极性、家长参与学校管理的积极性、教育管理与行政

人员管理教育的积极性和企业家投资教育的积极性。其次，好的教育制度可以降低教育资源的配置成本。比如，在市场教育体制条件下，供需见面、双向选择，避免了资源浪费，减少了相关教育行政费用和摩擦成本，也降低了学校对教师进行管理的难度。再次，教育制度可以减少不确定性，提高教育发展的可控性以及个人把握教育机会的能力，节约教育信息成本和协调成本。一般来说，正式教育制度相对于非正式教育制度而言，由于具有更为明确、稳定的特性，更利于节约教育信息成本和协调成本。最后，刚性教育制度有利于降低教育制度的维护成本。以教师课堂维纪行为为例，"说话算话"的教师比那种"说话不算话"的教师能以更少的时间和精力维护课堂教学纪律。

（二）教育制度可以确保教育中的要素发挥作用，创造更多的教育效益

教育制度是教育社会的支撑体系，作为一种框架性结构，为教师、教育管理者等人的各种表演提供舞台和背景支持。美国教育学者菲利普·库姆斯(Philip H. Coombs)曾认为，五种校内因素对教育的质量、适应性和效果有着尤其强有力的影响，即目标、课程、教师、教材和教育技术。该观点有其道理和背景，但却忽视了对教育制度的直接反思。其实，这些教育举措之所以能取得实效，在某种程度上也是因为其中有教育制度所创造的潜在效益之故。例如，教师队伍的建设就明显地受制于教育制度。长期以来，教师之所以成为单方面消耗自己的燃烧的蜡烛、吐丝的春蚕，那是因为我们的教育制度容不下作为独立个体的教师、强调个人利益的教师和有个性的教师。这种制度既造成了教师的短缺，又造成了教师队伍素质的低下。而当下在提倡教师的奉献精神的时候，更多地需要从教育制度而不是个人品德方面加以考虑。也就是说，必须建立起激励教师奉献的可靠机制，否则教师的奉献只是对教师素质单方面的消耗，教师奉献精神的增长也就不可持续了。总之，教育各项制度建设可以使各种教育要素得以规范化和系统化，发挥要素之间的合力和功能，从而创造出更多的教育效益。

（三）教育制度可以规定教育中人员的权利与责任，发挥重要育人功能

教育制度作为对教育中的人员，如教师、学生、校长、教育行政人员等的权利与责任的一种规定和约束，本身具有重要的育人价值。也就是说，某种教育制度一旦形成，它就会要求教育中的人员按照制度本身所赋予和规定的权利和责任来行事，确定教育活动正常进行与高效展开。例如，班级管理中形成"提前半小时早读"的规定，不管是班主任个人制定的，还是全班同学集体商定的，它一旦作为班级规范确定下来，就具有教育价值和育人功能，对学生的言行会产生重要影响。再如，终身教育制度的形成，提高了教育中的人员对教育与学习的认识和态度，增强了学习者的学习责任感和使命感，从而会对学习者一生的学习行为持续起到引领和促进作用。可见，教育制度作为一种对教育中人员的教学行为的规范，具有重要的育人价值，能够发挥制度所具有的育人功能。

第二节　教育制度的形成与发展

一、教育制度的影响因素

教育制度如同整个教育一样，除受人的身心发展规律的制约外，还受整个社会的制约。人的身心发展规律制约着教育制度的纵向分段以及其他许多方面。但是，教育制度

的性质、状况及其发展,则主要是由各种社会因素决定的。

（一）经济

经济的发展为教育制度提供了一定的物质基础和相应的客观需要。例如,在古代社会,教育制度基本上把教育机构与组织的功能规定成为上层建筑服务,而不是为生产力服务。学校教育的内容也绝大多数是一些伦理的、宗教的内容,而不是生产知识与技能。这一方面与统治阶级脱离生产劳动、鄙视生产劳动有关;另一方面,也与当时生产力水平及经济发展水平总体上不高,不需要通过专门的教育机构来传递有关知识和技能有关。只有当社会生产的发展达到这样的地步,即与之相关的知识和技能再也不能依靠经验获得的时候,才逐渐地把生产的知识和技能纳入到教育体系中去,才会出现一些专门性质的工业、农业、商业等的学校。随着现代生产的发展对劳动者的素质要求越来越高,普及义务教育的年限就越来越长,不少国家已经达到了 12 年,普及高中教育已经在一些发达国家成为现实,高等教育大众化的时代也已经到来。当前,人类社会正进入一个知识经济时代,这个时代出现的许多新型高科技产业必将对教育的种类、科类以及人才培养的目标产生深刻的影响,从而影响到教育制度的发展和变革。

（二）政治

教育是人类的一种社会活动,在阶级社会里具有鲜明的阶级性。掌握着政权的统治阶级必然要掌握教育权,决定着谁能享受教育,谁不能享受教育,决定着不同社会背景的学生享受教育的类型、程序和方式。统治阶级的这些要求既体现在他们的教育观念上,又体现在他们的教育制度上,而且必须借助教育制度加以保障和实现。因此,政治制度对教育制度的影响是直接的。例如,在古代社会里,由于社会政治的阶级性和等级性,古代教育制度也具有阶级性和等级性,能够享受学校教育的只能是一部分有特权(出身、军功或宗教信仰)的人,其余的人都被排斥在学校体系之外,接受一些粗浅的生活教育或师徒式的教育。在现代社会里,由于义务教育的普及,再把一部分社会处境不利的人排斥在学校教育系统之外的做法,是行不通的。但是,家庭财产和文化背景对受教育权仍然起着重要作用,远没有实现教育公平。教育公平已成为政治关注的一个重点问题。

（三）文化

教育活动既是在一定的文化背景下进行的,又承担着一定的文化功能,如文化选择、文化传承、文化整合与文化创造等。不同的文化类型必然会影响到教育的类型,影响到教育制度。例如,同为资本主义国家,法国在教育行政上实施集权制,而美国在教育行政上实施分权制;同样是实施分权制,美国的分权制又与英国的分权制不同,各自有自己的传统和特色。这些都是由于文化的不同而引起的。在文化因素中,科学技术对教育制度的影响非常明显,而且其影响力还在逐渐增大。同时,人文精神对教育制度的影响也日益增强,把受教育视为基本人权,要求尽可能地实现教育公平。

二、教育制度的历史演变

众所周知,教育组织形式是伴随着学校的发展而发展的。从最初的无学校状态到最初学校的产生,再到现代学校系统的出现,直至今天学校围墙的打破,教育制度经历了从自在性教育制度到强制性教育制度再到自主性教育制度的发展过程。

（一）自在性教育制度

我们都知道，原始社会生产力低下，没有剩余产品，没有阶级，物质生活条件简陋。与这种状况相适应，整个教育融合在生产劳动和社会生活之中，没有成为独立的社会现象，再加上没有文字、书籍和专门的老师，年长一代只能将生产、生活经验物化在工具上和记忆在头脑中，通过言传身教传授给下一代。这种教育被称为前制度化教育。而前制度化教育并不是一种无制度的教育，恰恰相反，它是以自在性教育制度做支撑的。自在性教育制度是一种广义上的教育制度，实际上就是在长期的亲族生活中逐渐积累和凝结的、体现人际关系的平等性质、具有教育规则意义的自发惯例、习俗、规范、信仰和仪式。它主要包括儿童养育习俗、亲族生活规范和原始宗教仪式。

自在性教育制度具有如下的特点。①具有自发性、自然而然性或日用而不自知性。原始人并没有明确的教育概念，也没有专门、独立的教育实践活动，他们只是在生活。在我们看来属于教育行为或教育活动的东西，在他们那里只是笼而统之的生活的一部分。教育制度对他们而言更是意识之外的东西。②以自然平等的社会关系为基础。原始的社会关系主要是一种自然的人伦关系，这种自然的人伦关系既不是个人自愿选择加入的，也不是外在强迫造成的，而是基于一些自然联系，如婚姻、血缘和亲戚关系等。这种人伦关系只存在于亲族结构之中，而且天生就是平等的，这在很大程度上决定了自在性教育制度的平等性质。③不仅具有自然性，更具社会性。原始社会的教育制度不仅受制于人与人之间的自然联系和差异，而且与人们所处的生存环境及适应内外环境的文化机制相适应。比如，原始人的青春期仪式（或制度）主要不是由生理特征支配的，而是出于一种应社会或巫术要求而产生的文化教育上的需要。

（二）强制性教育制度

由学校产生开始，教育的重心也开始了历史上的第一次大转移，即从社会转向学校，从生活转向文字（文化）了。一般认为，以班级授课制的出现为标志，教育出现了制度化教育和非制度化教育的分化。而教育的制度化，就是人们为了捕捉随生产剩余、社会分层和文化更新而来的新的教育机会利益，而对教育进行重新设计、选择和调整时所产生的教育正式化、规范化、等级化、集权化乃至科层化倾向。强制性教育制度是在教育制度化的过程之中形成的。这里所说的“强制”，不是基于外部物质环境或教育制度实施机制的强制，而是内在于正式、非正式教育制度本身的强制。强制性教育制度主要包括三个方面：学科规训制度[①]、学校等级制度和教育集权体制。

强制性教育制度的生成逻辑主要表现在三个方面。①以自在性教育制度为合法化源泉。强制性教育制度是在特定的社会习俗、礼仪、神话和道德惯例下展开的，以自在性

① 学科规训制度是指在分层社会（可以分为两个或两个以上人群的社会）中，对学科的有效性、合法性、客观性，学科的知识范围、学科之间的地位关系，维系学科地位与范围的实践方式的合理性等，以显性或隐性的方式作出规定的制度，实际上是有关制度化教育中的利益、利益关系、价值观念、意识形态的选择和强化的制度，如关于不同学科地位的正式与非正式的约束，内在于教育内容、维护社会不平等的隐性课程，维护知识、教师和社会权威的考察和评价制度，以及与此相关的各种观念和知识体系等。

教育制度为初始制度条件。②以社会的分化统合和利益冲突为生存根基。强制性教育制度的建立过程实际上是在一个高度垄断的政治市场上进行各种不平等交换的政治过程。其中,大传统与小传统、道统与政统的斗争,以及统治阶级内部各种利益关系的纠葛,是强制性教育制度得以不断推进的关键。但与此同时,强制性的教育制度也使社会中相互冲突的教育利益得以合法化。③以道德理性和工具理性为重要依据。强制性教育制度本身就是一种理性化的制度。在理性化的过程中,首先是道德理性(如道德至上主义、伦理本位主义和泛道德主义),然后是道德理性和工具理性一道,成为强制性教育制度的依靠力量。强制性教育制度中对工具理性的神化主要表现在相信国家的客观公正、相信国家官员的客观公正、相信科层体制的有效性、相信学校的中立性、相信教育专家的智慧和良心等,从而忽视了对制度自身进行审查和批判。

(三) 自主性教育制度

强制性教育制度在其生成和发展的历史进程中,不可避免地面临着教育制度的非理性增长危机。所谓教育制度非理性,就是蕴含在教育制度之中的需要、情感、传统与禁忌、利益背景与局限、意识形态或认识谬误等。没有这些东西,教育制度无以产生;但有了这些东西,教育制度理性本身就有了其限度,教育制度由此也就带上了框架的性质。这种框架一旦受到冲击,其对人的限制作用就会明白地显现出来,而在此之前它只是作为一种潜在的限制性边界而存在。强制性教育制度危机的克服过程,就是教育的后制度化过程,即基于市场经济、民主政治的以个人自由和权利平等为核心的自主性教育制度的建构过程。这一过程不是基于历史发展的客观需要,而是在个人发展的主观欲求的引导下进行的。当前,自主性教育制度已在教育实践中显露出了一些端倪,它是以个人自由以及人与人之间的权利平等为基础,以确保教育中的个人自由和权利平等、以方便个人有效谋取自己的教育利益为特色的教育制度,其核心是确保个体对教育的选择权和在教育过程中的自主权,包括某种程度的"弃权(或退出)的自由"。正是这种自主性教育制度,将为个人最充分地利用他们所遭遇的一切偶发因素,以及新的环境所能赋予他们的那些基本上不可预测的有利条件,提供制度保障。

三、教育制度的变革趋势

20 世纪 60 年代以来,一些社会学家和未来学家常常用"信息社会"、"后工业社会"或"知识社会",来描述当今社会发展的状态与趋势。在此背景下,倡导个性发展,实施终身教育,构建学习化社会,已成为社会的核心主题,同时也是教育变革的主旋律。同样,这些也必然导引着教育制度变革的方向。具体说来,当今教育制度变革逐渐或已经显现出如下特征。

(一) 彰显人文价值

现代教育制度的初衷是为了提高教育效率,其功能指向带有明显的功利性。但在未来社会的发展中,现代教育必须兼具人力资源开发和人的发展功能,使两者相辅相成,且必须在教育的功利和非功利的两种价值之间保持适当的平衡,重视教育树人育人、文化传递、社会整合等非功利价值,防止经济主义、急功近利的短期行为对教育的伤害,防止教育的失衡和异化。人文性的制度设置在未来的社会发展中，是最终的发展目标，它将人看做是目的，而不是工具性手段。要确立以人为中心、以人为本的教育价值观念，反对学科中心、考试中心的价值观念，围绕青少年生长的实际需要而进行民主的教育，培养具有良好素质的现代社会的合格公民。同时，使各级学校发展成为社会和社区的文化中心，使教育成为社会文明和道德的灯塔，成为文化传承和创新的源泉。

（二）贯彻公平理念

当前，“公平”、“正义”的概念越来越多地被专门用作评价社会制度的一种道德标准。罗尔斯指出：“正义是社会制度的首要价值，正像真理是思想体系的首要价值一样。”[①]教育制度改革过程中，出现最多并且牵涉最多的是教育的公平性问题，学者和公众将其归结为教育制度的不合理安排所造成的。在现实中，如何解决众多的由教育机会不均等引起的教育不公平的问题，从而保证社会的稳定发展，这是教育制度必须要思考的问题。可以说，教育活动中的很多问题最终都可以还原为教育制度问题，原因在于：一是许多不公平问题本身就是教育制度缺失或不健全所造成的；二是所有的教育不公平问题最终都可以利用教育制度创新来进行调节。可见，教育制度是增进教育公平的基础性的因素，因此体现教育公平是制定教育制度的基本价值取向。而实现教育制度公平理念，意味着对教育制度本身公平性的要求以及制度主体、规范体系和运行机制的公平与公正，使人们在教育各个方面都享有基本相同的地位和权利。进一步而言，教育制度不应成为复制社会不公平的工具，而应该成为缩小社会差距、矫正社会不公的手段。在未来的教育制度变革和创新的过程中，需要改革不公平的制度性安排，通过有效的公共政策，促进义务教育均衡发展，努力缩小而非人为扩大客观存在的各种教育差距和社会差距。

（三）强调民主决策

制度是保障民主的重要手段，而民主是制度实施的最终目的，两者相得益彰。民主性反映公众的需要，也符合教育的公益目的，如果将民意排除在外，教育的民主就无法得到实现。民主的实施在现实社会中，很大程度上意味着需要重建教育的公共性，意味着要通过制度创新，分散和下放管理权力，促进办学体制的灵活性和多样化，使教育重新成为全社会共同参与的事业。在这种民主性机制的安排下，可以充分调动民众的参与，发挥民众的智慧，满足民众的广泛需求。在未来的教育制度变革中，需要围绕民主性的诉求以革新教育制度安排，确立学术自由、学术自治、师生平等、社会参与等价值观念，确立知识分子的学术权利以及在教育、科研中的中心地位，建立科学化、民主化的教育决策机制，建立学校与家长、社区紧密联系的参与机制。在这样一个过程中，实现民众的主体性和参与性，将真正的民意反映在制度性改革中。

这种教育制度及其决策机制的民主化，必定意味着教育制度变革主体的多元化。在以往的教育制度改革历程中，改革的主体是政府。具体来讲，要不要改、改什么、怎么改、什么时间改等都遵从政府的指示。在这种制度变迁的过程中，会造成丧失民意的问题。

---

① （美）约翰·罗尔斯．正义论［M］．何怀宏，何包钢，廖申白，译．北京：中国社会科学出版社，1988：1．

因此，教育制度变革的主体也应该体现出多元化发展的趋势，充分调动各种媒介的参与，不能只按照行政命令按部就班地实施。在充分发挥政府积极作用的同时，还必须高度重视学校及广大师生在制度变革中的作用。一是促使学校和教师创造性地执行各类规章制度，将这种变革的实施和具体的学校教育实践结合起来，促使制度改革得到创造性的实施；二是发挥学校和教师的制度创新作用，学校和教师处在教育第一线，他们是学生个人成长的参与者、陪伴者和主导者，最清楚当下存在的迫切需要解决的问题；三是利用社会力量的广泛参与，为制度变革提供良好的外部社会环境，使教育制度改革具有广泛的民意基础。

（四）促进教育普及

教育发展的最终目标是让普通民众都能接受教育。现代教育的发展应当不断普及和扩大范围，让不同层级的人都能接受教育，更大程度地实现教育机会均等。终身教育和全民教育可以成为实施这种途径的最好形式，可以提高国民素质，满足经济增长和社会发展的需要，增进和扩大社会民主。对于普及教育的实施，教育制度层面的构建和保障将起到关键作用。教育制度改革可以将普及教育理念付诸实践之中，通过适当的制度性安排，加上相应的监督和反馈，确保普及教育的实施。比如，发展信息时代以通讯技术和网络为主的各种新的教育方式和途径，在终身教育的视野中，构建学习化社会的教育制度，对于普及教育至关重要。

（五）推行终身教育

终身教育是人一生各阶段当中所受各种教育的总和，是人所受不同类型教育的统一综合。前者是从纵向来谈的，说明终身教育不仅仅是青少年的教育，而且涵盖了人的一生；后者是从横向来讲的，说明终身教育既包括正规教育，也包括非正规教育。自20世纪60年代以来，终身教育作为一种最有影响的教育思潮引起世界各国的注意。从东方到西方，从发达国家到发展中国家，它已被不同社会制度的国家普遍接受。不同学派的教育学家都把它作为"现代教育学的重要主题"进行探讨。联合国教科文组织更是把它作为教育领域活动的指导原则，并组织了一系列国际会议和地区会议，发表了一系列重要的研究报告；很多国家已把它作为教育改革的总政策，并在教育结构、教育内容和方法、教育管理、师资培训等方面进行了一系列革新和实验。国际21世纪教育委员会在《教育——财富蕴藏其中》的报告中认为，在迅速变革的时代，终身教育应该处于社会的中心位置上；终身教育是打开21世纪之门的一把钥匙。终身教育对当代世界教育实践的影响正越来越清楚地显示出来，教育制度正在越来越多地向终身教育的方向迈进。

第三节　我国学校教育制度的发展

一、学校教育制度概述

（一）学校教育制度的含义

学校教育制度，简称学制，是指一个国家各级各类学校的系统及其管理规则，它规定着各级各类学校的性质、任务、入学条件、修业年限以及它们之间的关系。学校教育制度是现代教育制度的核心部分。

不同的历史时期和不同的国家有着不同的学校教育制度。如今，世界上现代的学校已经形成一个复杂的系统。按教育程度划分，有幼儿教育、初等教育、中等教育、高等教育等教育机构；按教育类型划分，有普通教育、专业教育等教育机构；按教育的时间划分，有全日制教育、半日制教育、业余教育等教育机构；按主要教育手段和场所划分，有面授、函授、巡回、广播、电视等教育机构；按教育对象的年龄划分，有学龄期教育、成人教育等教育机构；按主办单位划分，有国家办、地方办、企业办和私人办的教育机构等。这些组成了一个纵横交叉的学校教育网。没有这些学校教育机构和相应的规章制度，教育就不能完成培养人才的任务，因此，学校教育制度是整个教育制度的主体。教育系统除包括上述教育机构外，还包括儿童校外教育机构（如少年之家、儿童图书馆、少年科技站等）、成人文化教育机构（如文化宫、俱乐部、影剧院、图书馆等）和各级教育行政组织机构等。

（二）学校教育制度的类型

从当今世界各国的学制来看，有三种典型的学制类型：一是双轨学制，二是单轨学制，三是分支型学制（见图 6-1）。

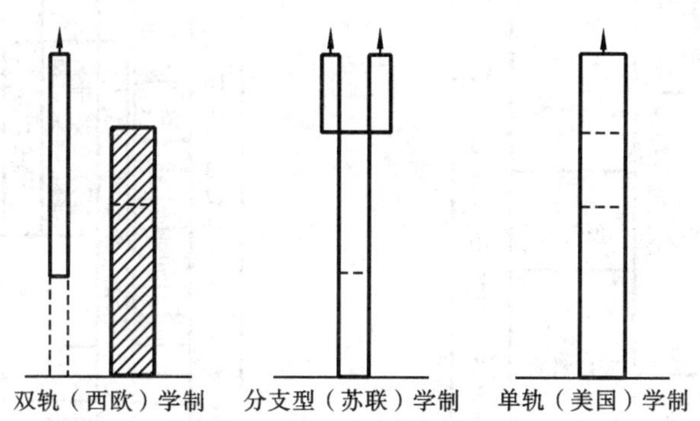

图 6-1　三种学制类型示意图

1. 双轨学制

这种学制以欧洲的学制为典型代表。

从 18 世纪开始，由于生产与经济的发展，加上欧洲国家特定的历史文化条件的影响，古代的等级制学校逐渐演变成带有等级特权痕迹的学术性现代学校。与此同时，为了适应社会对劳动者提出的文化、技术方面的新要求，供劳动人民子女入学的群众性现代学校不断兴起和发展。由此，形成了欧洲现代教育的双轨学制：一轨是为上层社会服务的有着优良师资与设备条件的学术型教育体系，自上而下依次包括大学（后来也包括其他高等学校）、中学（包括中学预备班）；另一轨是为下层劳动阶级服务的条件低劣的群众型教育体系，自下而上依次包括小学（后来是小学和初中）、职业学校（先是与小学相连的初等职业教育，后来发展为与初中相连的中等职业教育）。双轨制的这两个平行系列，既不相通，也不相接，剥夺了在群众性小学上学的劳动人民子女升入中学和大学的权利。后来，群众性学校系列也有了中学阶段，就有了初中这个相对应的部分。与学术型的一轨相应的是文法中学（英国）、国立中学（法国）和文科中学（德国）的第一阶段；与群众型的一轨相应的是现代中学(英国)、市立中等学校(法国)和初级中学(德国)。欧洲国家的学制都曾采用双轨学制。

双轨学制表现出两种截然不同的培养目标和模式,其优点是学术性的一轨具有比较高的水平,特别体现在它的高等教育水准上。但是,受教育者能够进入哪一轨,主要取决于其家庭背景。这既不利于中等教育的普及,更有损于社会公平与教育公平。此外,19世纪末20世纪初在欧洲形成的这种双轨学制,与第二次工业技术革命,特别是第三次工业技术革命时代的大生产性质产生了尖锐的矛盾。工业技术革命对进入工厂企业的劳动者提出了越来越高的文化知识及技术要求,从而推动普及教育由初等教育向初中教育甚至高中教育的发展。正是这些问题和矛盾推动了双轨学制的变革。这种变革在英国学制的变化中有充分体现(见图6-2、图6-3)。

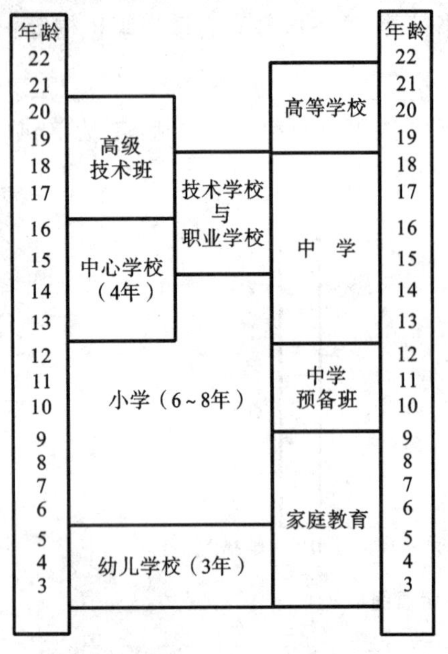

图6-2　20世纪初的英国学制图

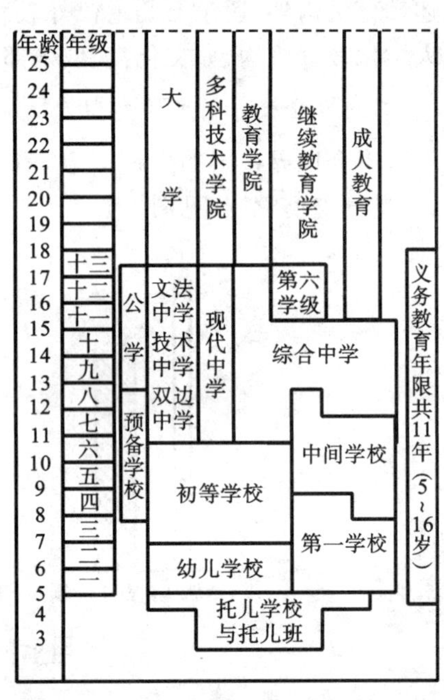

图6-3　英国现行学制图

2. 单轨学制

这种学制以美国的学制为典型代表。

美国是一个新兴的资产阶级国家,不像西欧国家有着深厚的教育等级传统。虽然刚开始,北美多数地区的教育曾沿用欧洲的双轨学制,如哈佛、耶鲁大学只不过是牛津、剑桥大学的缩影,拉丁语学校则是文法学校的翻版,但由于美国工业经济迅猛发展,这种学术性学校并没有获得充分的发育,而是被群众性学校的急剧发展所淹没。

初到北美的欧洲移民首先发展了初等教育。18世纪末,美国北部各州都有了在城镇设立初等学校的法令。1830年后,小学得到了蓬勃的发展。18世纪中叶开始,随着工业革命的迅速发展,推动着美国由农业社会迅速转向工业社会,于是继18世纪早期小学的大发展之后,从1870年起,中学也得到了大发展。这样,美国原来的双轨学制中的学术性一轨还没有得到充分的发育,就被在短期内迅速发展起来的群众性小学和群众性中学所淹没，从而形成了美国的单轨学制（见图 6-4）。美国单轨学制自下而上的结构是：小学、中学、大学。

单轨学制具有一个系列、多种分段的特点，如六三三、五三四、四四四、八四、六六等，有利于教育的逐级普及，体现社会公平和教育机会均等原则。实践证明，它对现代生产和现代科技的发展具有更大的适应能力。因此，单轨学制为世界上许多国家所采用。

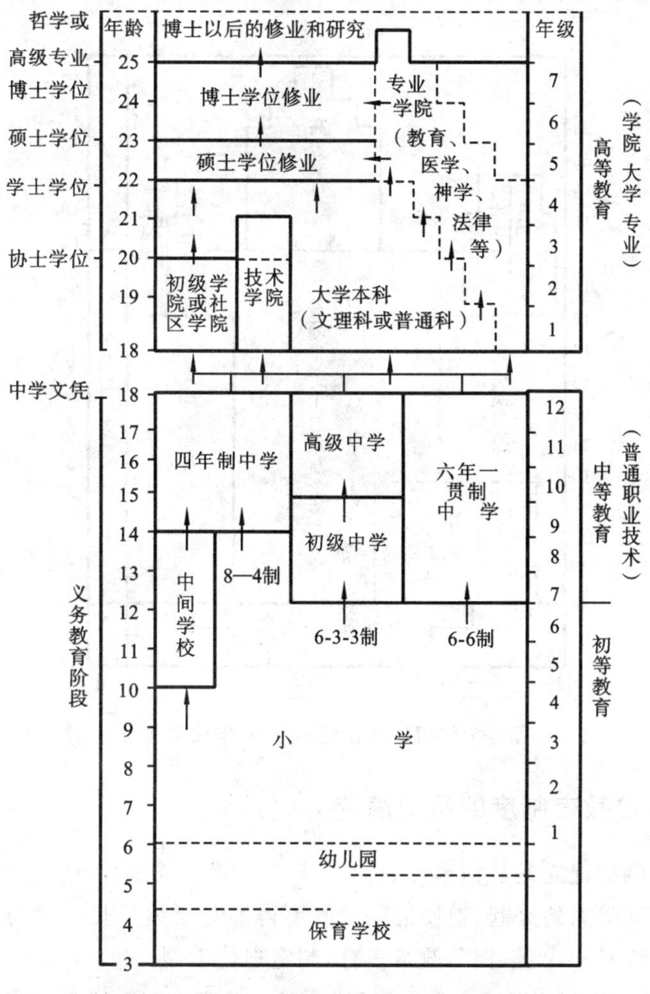

图 6-4　美国现行学制图

3. 分支型学制

这种学制是介于单轨与双轨之间的一种学制，其典型是苏联的学制。

俄国在十月革命前实行双轨学制。十月革命后，苏联制定了单轨的社会主义统一劳动学校系统。后来在发展过程中，又恢复了原文科中学的某些传统和职业学校单设的做法，于是就形成了既有单轨学制特点又有双轨学制某些因素的苏联式分支型学制。

分支型学制不同于欧洲的双轨学制，因为它一开始并不分轨，而实行公共的义务教育，其职业学校的毕业生也有权进入对口的高等学校学习，保留了适当的贯通性。它和美国的单轨学制也有区别，因为它在中等教育阶段实行教育分流，一些学生接受学术性教育，另一些学生接受职业教育，开始分叉。因此，这种分支型学制又被称为"Y 型学制"(见图 6-5①)。

显然，分支型学制同时具有单轨制和双轨制的优点，能够兼顾公平与差异、普及与提高。当然，这也意味着比较多的课程、学时，由此也产生了它的缺点，即学生负担过重、教学计划统得过死。

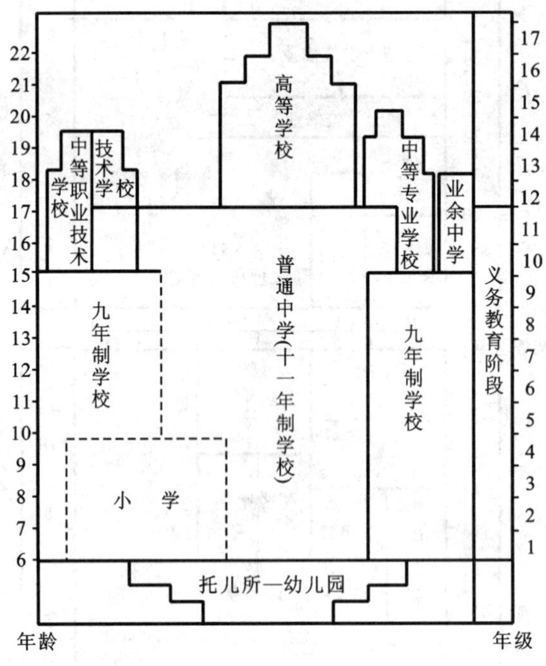

图 6-5　苏联 20 世纪 80—90 年代学制图

二、我国学校教育制度的历史演变

我国现代学制的建立是从清末开始的。1840 年鸦片战争后，帝国主义列强的疯狂侵略和国内资本主义势力的兴起，迫使清朝政府不得不对延续了几千年的封建教育制度进行改革。于是，"废科举，兴学校"，改革教育，制定现代学制。

1902 年，清政府颁布了《钦定学堂章程》，亦称"壬寅学制"，这是我国正式颁布的第一个现代学制，这个学制未及实施。到 1904 年，清政府又颁布了《奏定学堂章程》，亦称"癸卯学制"(见图 6-6)，这是我国正式实施的第一个现代学制。这个学制的指导思想是"中学为体，西学为用"，其宗旨是"忠君、尊孔、尚公、尚武、尚实"。它以当时的日本学制为蓝本，并保留了尊孔读经等封建教育的残余。其突出特点是教育年限长，总共 26 年。如果 6 岁入学，中学毕业为 20 岁，读完通儒院则是 32 岁。

第一次世界大战以后，当时留美派主持的全国教育联合会，以美国的学制为蓝本，又

① 黄济，王策三. 现代教育论[M]. 北京：人民教育出版社，1996：281.

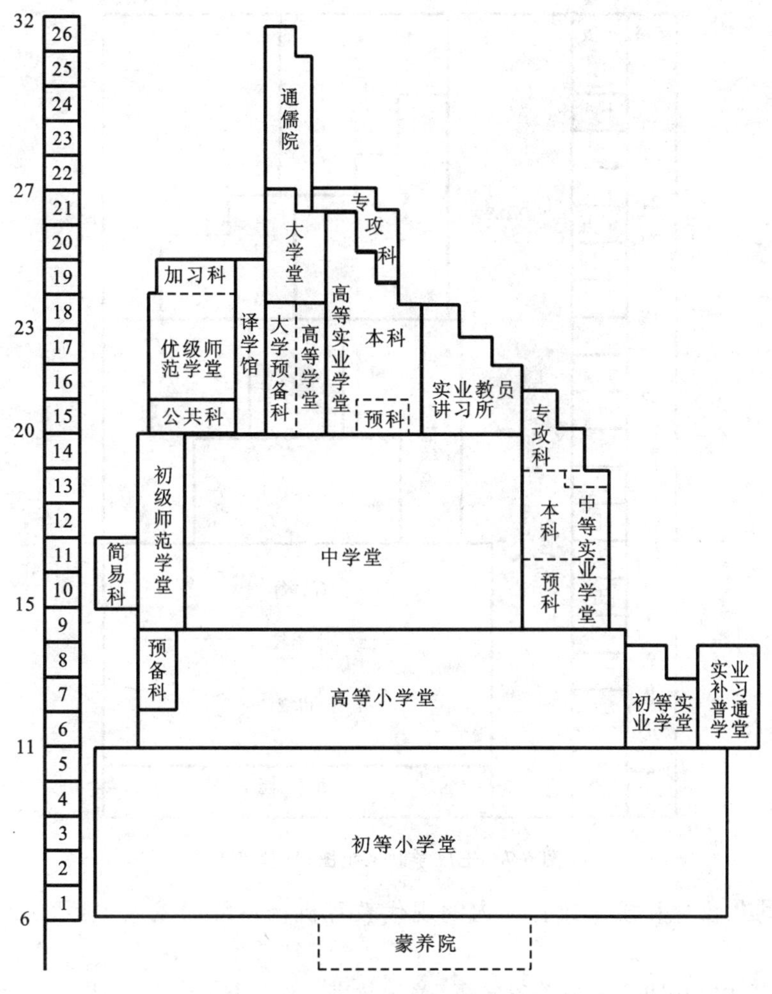

图 6-6　癸卯学制系统图

提出了改革学制的方案，于 1922 年颁布了壬戌学制，即通称的“六三三制”(见图 6-7)。这个学制受美国实用主义教育的影响，强调适应社会进化的需要，发扬平民教育精神，谋求个性的发展，注重生活教育。在学校系统上，将全部学校教育分为 3 段 5 级：初等教育段为 6 年，分初小(4 年)、高小(2 年)2 级；中等教育段 6 年，分初中(3 年)、高中(3 年)2 级；高等教育段为 4～6 年，不分级。在国民党统治时期，这个学制虽几经修改，但基本没有变动，影响深远。

1949 年中华人民共和国成立，中央人民政府政务院于 1951 年颁布了《关于改革学制的决定》，明确规定了中华人民共和国的新学制(见图 6-8)。这是我国学制发展的一个新阶段。首先，这个学制吸收了老解放区的经验、1922 年学制和苏联学制的合理因素，发扬了我国单轨学制的传统，使各级各类学校互相衔接，保证了劳动人民子女受教育的平等权利；其次，职业教育在新学制中占有重要地位，体现了重视培养各种建设人才和为生产建设服务的方针，蕴含向分支型学制发展的走向；再次，重视工农干部的速成教育和工农群众的业余教育，坚持了面向工农的办学方向，初步表现了我国学制由学校教育机构系

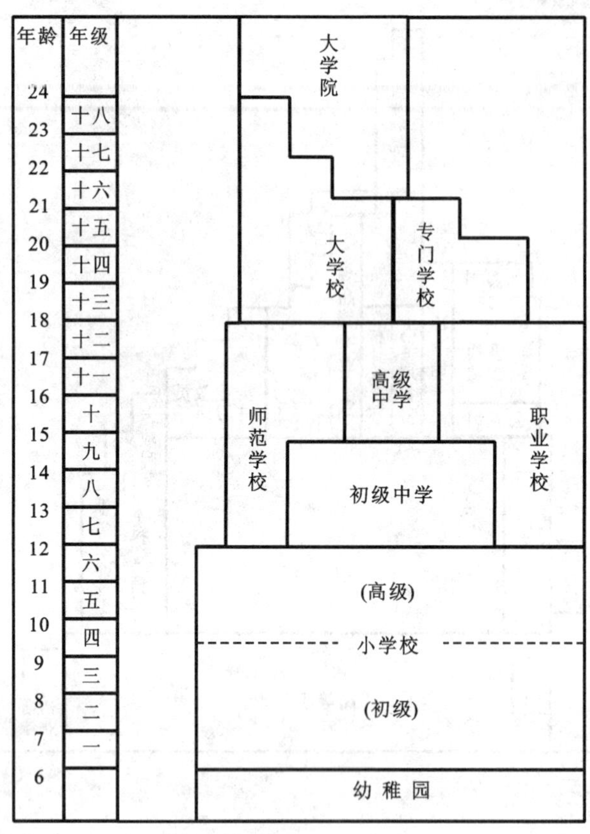

图 6-7　壬戌学制系统图(1922 年)

统,向包括幼儿教育和成人教育在内的现代教育机构系统的发展,显示出终身教育的萌芽。

1958 年,中共中央和国务院发布了《关于教育工作的指示》,明确指出:现行的学制是需要积极地妥当地加以改革的。各省、市、自治区党委和政府有权对新学制积极地进行典型试验,并报告中央教育部。经过典型试验取得充分经验之后,应当规定全国通行的新学制。随后,许多地区开展了学制改革的试验,如提早入学年龄,进行了 6 岁入学的试验;为了缩短年限,进行了中小学十年一贯制的试验;为了贯彻"两条腿走路"的方针,采取多种形式办学,创办了农业中学、半工半读学校,进一步发展了业余学校。但是,由于"左"的影响,急躁冒进和盲目发展,不仅学制改革的试验不可能在正常的教学秩序下进行,而且一大批新创办的各级各类学校,由于师资、设备跟不上,也难以维持。在中央的及时觉察下,1961 年开始贯彻"调整、巩固、充实、提高"的方针,特别是制定了大、中、小学工作条例,在肯定一些积极成果的同时,对当时各种"左"的表现作了纠正。

"文化大革命"提出了"学制要缩短"、"教育要革命"等口号,对我国的学制和教育事业造成了严重破坏。第一,和当代中学学制延长的发展趋势相反,毫无根据地把中学学制大大缩短,把初高中都缩短到两年;第二,和当代中等教育结构多样化的发展趋势相反,对中专和技校大加砍杀,盲目发展普通高中,使普通教育和职业教育比例失调;第三,和当代高等教育多层次和多类型的发展趋势相反,把高等教育缩短为三年,把很多院校、

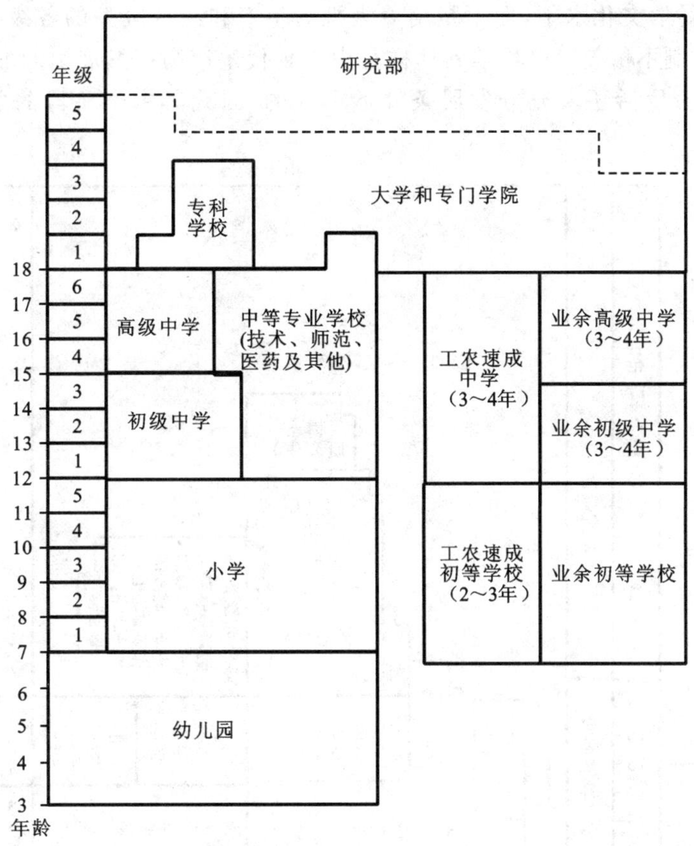

图 6-8 中华人民共和国学校系统图(1951 年)

科系、专业取消,使人才培养比例完全失调;第四,和当代成人教育、业余教育大发展以及发展终身教育的趋势相反,完全取消这些教育形式,扼杀了职工提高文化科学水平和知识更新的机会;等等。这些举措把新建起的符合教育规律的社会主义新学制糟蹋得满目疮痍,破坏得不成样子。这完全是一种历史的倒退。

1976 年结束了这场浩劫,特别是经过十一届三中全会以来的努力,我国迅速结束了教育上的混乱局面,着手重建被破坏的学制系统:延长中学的学习年限;恢复和重建中专和技校,创办职业高中;恢复高等学校专科和本科两个层次;扩大高等专科学校;恢复和重建很多院校、科系和专业;建立学位制度和完善研究生教育制度;恢复和重建各级各类成人教育机构;等等。这使得我国学制逐步向合理和完善的方向发展,使各级各类学校形成了一个完整的系统。

三、我国现行学校教育制度及其改革

(一) 我国现行学校教育制度的类型

从类型来看,我国现行学制是从单轨学制发展而来的分支型学制(见图 6-9)。

我国 20 世纪初从西方引入的现代学制,从总体上看是单轨学制。那时,由于我国的现代生产、现代科技和商品经济不发达,学校的主要任务是培养政治人才、管理人才和提高部分人口的科学文化水平，而不是培养大批为生产和经济服务的各级各类人才。因此，这种单轨学制不像美国单轨学制那样是由于现代生产高速发展引起的，而是在现代生产和现代社会生活还未充分发展条件下引入的，因此其中学阶段的职业教育极其薄弱。

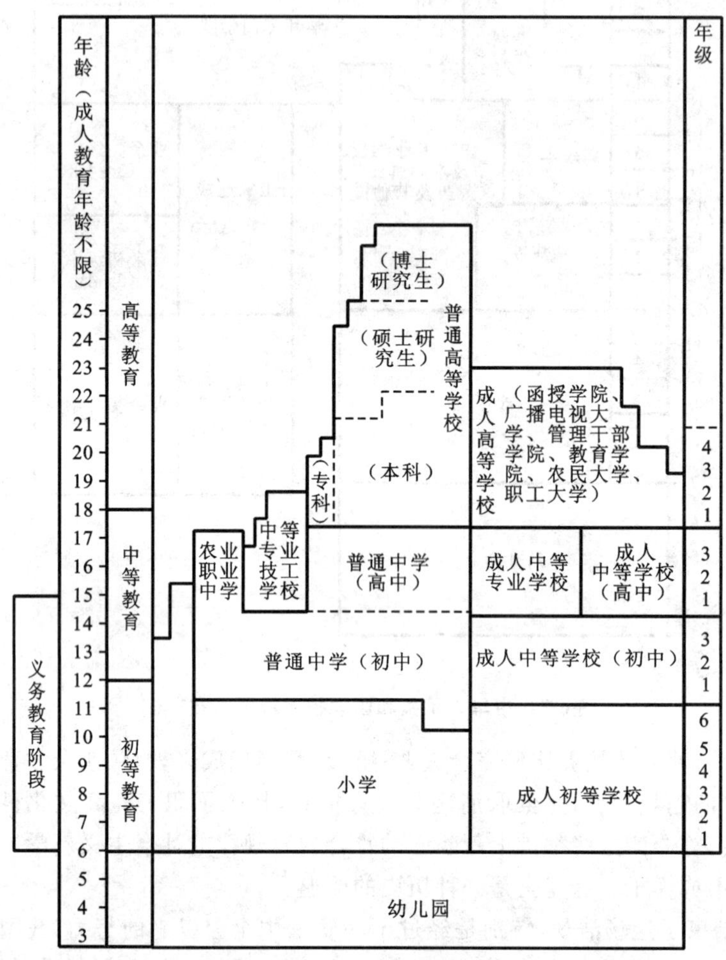

图 6-9　我国现行学校系统示意图

新中国成立后，随着生产的快速发展，社会对劳动者的文化素质要求越来越高，为适应这一变化趋势，我国开始参考苏联的分支型学制，对原有的单轨制进行了改造。改造后的分支型学制促进了新中国教育事业的发展。后来的十年动乱，严重破坏了这个学制。改革开放以来，我国学制改革和发展的基本方向是重建和完善分支型学制。我们现在正通过发展基础教育后的职业教育走向分支型学制，未来我国学制发展的方向将是通过高中综合化走向单轨学制。

1. 我国学校教育系统的层次结构

我国现行学校教育包括幼儿教育、初等教育、中等教育和高等教育四个层次。

幼儿教育是根据一定的培养目标和幼儿的身心发展特点，对学龄前幼儿所实施的有计划、有组织的教育。实施机构主要是托儿所、幼儿园、学前班等，一般招收 3～6 岁的幼儿。

初等教育主要指全日制小学教育，是使儿童打下文化知识基础和作好初步生活准备的教育，通常招收6岁、7岁儿童入学。实施机构包括独立设立的小学和九年一贯制学校，学制为5～6年。在成人教育方面，是成人业余初等教育。

中等教育是在初等教育基础上所实施的中等普通教育和职业教育，分为初级和高级两个阶段。实施机构包括：①全日制普通中学，修业年限5～6年，有三三分段、四二分段、三二分段、二三分段几种，担负着为高一级学校输送合格新生和培养劳动力后备军的任务；②中等专业学校，包括中等技术学校和中等专业学校，招收初中或高中毕业生，修业年限为3～4年，主要培养中级专门技术人才；③职业中学、农业中学或半工半读中学，招收初中毕业生，修业3年，主要是为城市、农村培养各种急需的人才。

高等教育是建立在中等教育基础之上的各种高等专业教育，是正规学校教育的最高层次，其任务主要是培养各种高级专门人才、发展科学技术和促进社会发展。高等教育主要由全日制大学、专门学院、专科学院、研究生院和各种形式的业余大学来进行。高等教育是多层次的教育，包括专科教育、本科教育和研究生教育三个层次。高等学校一般招收高中毕业生和同等学力者。专科学校修业为2～3年，如果招收初中毕业生，其学制通常为5年。大学和专门学院为4～5年，毕业考试合格者，授予学士学位。业余大学修业年限适当延长，学完规定课程经考核达到全日制高等学校同类专业水平者，承认学历，享受同等待遇。条件和设备较好的大学、专门学院和科学研究机构设研究生院。硕士研究生修业年限为2～3年，招收获学士学位和同等学力者，完成学业授予硕士学位。博士研究生修业年限为3年，招收获硕士学位者和同等学力者，完成学业授予博士学位。在职研究生修业年限适当延长，完成学业者也可获相应学位。

2. 我国学校教育系统的类别结构

我国学校教育还可划分为基础教育、职业教育、高等教育、成人教育和特殊教育五个大类。

基础教育是实施普通文化科学知识的教育，是提高民族素质的奠基工程，在教育中处于基础性地位，主要任务是为学生以后的进一步学习、生活和工作打下扎实的基础。当前，中小学教育要由应试教育转向全面素质教育，面向全体学生，全面提高学生的思想道德、文化科学、劳动技能和身体心理素质，促进学生生动活泼地发展。

职业教育是向学生或在职人员传授专业或业务知识技能的教育，是现代教育的重要组成部分，是工业化和生产社会化、现代化的重要支柱。我国是发展中国家，急需大量的各种中高级专门人才，因此，必须根据各地实际，积极发展中等、高等职业技术教育，并切实实行“先培训，后就业”的制度。

高等教育是培养高级专门人才的教育。当前，我国高等教育的发展要坚持走内涵发展为主的道路，重视提高教育的质量和效益。根据社会经济发展的需要，加强和发展专科教育，努力扩大研究生的培养数量并提高质量，稳定基础学科的规模，适当发展新兴和边缘学科，重点发展应用学科。

成人教育是适应终身教育发展的一种新型教育制度，是面向社会中的从业人员，对于不断提高人的素质、促进经济和社会发展具有重要意义。要把开展岗位培训和继续教育作为重点，重视从业人员的知识更新。成人教育的实施机构包括职工大学、干部管理学院、行政干部学院以及普通高校中设立的继续教育学院、成人教育学院等。在农村，要积极办好乡镇成人文化技术学校，扫除青壮年文盲。对于成人学历教育，要努力提高函授等成人院校的教育质量，完善自学考试制度和其他国家组织的文凭考试，大力发展广播电视教育。

特殊教育是指用特殊的方法、设备和措施对特殊的人类群体进行的教育。狭义的特殊教育对象是指身心有缺陷的人；广义的特殊教育则是对智力超常儿童和有缺陷儿童的教育。它一般包括盲、聋、哑教育，工读教育和超常教育。工读教育是指通过工读学校对有违法行为和轻微犯罪行为的青少年进行的教育。超常教育是指对智力超常或具有某些特殊才能的儿童的教育。

（二）我国现行学校教育制度的改革举措

改革开放以来，随着我国社会经济的发展，我国教育在不断变革，我国的学校教育制度经过重建、修改而日趋完善。这在一些重要的有关教育改革的政策文件中，有充分的体现。

1. 1985 年的《关于教育体制改革的决定》

20 世纪 80 年代初期，面对我国经济体制改革的全面展开和世界范围新技术革命的迅猛发展，我国教育体制的弊端显得更加突出。因此，1985 年中共中央颁布了《关于教育体制改革的决定》(以下简称《决定》)，对我国教育体制进行了系统的改革。这个纲领性的文件关于学制改革主要有以下内容。

(1) 加强基础教育，有步骤地实施九年义务教育。根据实际情况，《决定》要求在实施义务教育时把我国划分为三类地区，分步骤进行：在城市、沿海和内地经济发达地区按质按量普及九年义务教育；在中等发达程度的镇和农村，首先按质按量普及小学，同时准备条件普及初中阶段的普通教育或职业技术教育；在经济落后地区进行不同程度的普及基础教育工作。

(2) 调整中等教育结构，大力发展职业技术教育。为了打破中等教育为单一普通中学的状况，《决定》提出要积极发展职业技术性质的学校，在小学、初中、高中后进行三级分流，以中等职业技术教育为重点，发挥中等专业学校的骨干作用，同时积极发展高等职业技术院校，逐步建立起从初级到高级，行业配套，结构合理，又能够与普通教育相互沟通的职业技术教育体系。

(3) 改革高等教育招生与分配制度，扩大高等学校办学自主权。改革高等学校统一招生、毕业生由国家包分配的一贯做法，实行三种办法：一是国家计划招生，其分配实行在国家计划指导下，本人选报志愿、学校推荐、用人单位择优录用的制度；二是用人单位委托招生；三是学校可以在国家计划外招少数自费生。扩大高等学校的自主权，在执行国家的政策、法令、计划的前提下，高等学校有权在计划外接受委托培养学生和招收自费生；有权调整专业的服务方向，制订教学计划和教学大纲，编写教材；有权接受委托或与外单位合作，进行科学研究和技术开发，建立教学、科研、生产联合体；有权任免副校长和其他各级干部；有权具体安排国家拨发的基建投资和经费；有权利用自筹资金，开展国际教育和学术交流等。

(4) 对学校教育实行分级管理。按照基础教育由地方负责,进行分级管理的原则,除大政方针和宏观规划由中央决定外,具体制度、计划的制定和实施,以及对学校的领导管理和检查等权力都交给地方。具体而言就是,基础教育管理权属地方,省、市(地)县、乡分级管理的职责划分由省、自治区、直辖市决定;中等职业技术教育也主要由地方负责,中央各部门办的这类学校,地方也要予以协调和配合;高等教育实行中央、省(自治区、直辖市)、中心城市三级办学的体制。学校逐步实行校长负责制,并逐步建立和健全校务委员会和教职工代表大会制度。

2. 1993 年的《中国教育改革和发展纲要》

为了指导 20 世纪末、21 世纪初我国教育的改革和发展,使教育更好地为社会主义现代化建设服务,中共中央、国务院于 1993 年 2 月 13 日印发了《中国教育改革和发展纲要》(以下简称《纲要》)。《纲要》提出了教育优先发展的重要思想,并对教育制度提出了一些新的规定。

(1) 确定了 20 世纪末我国教育发展的总目标。《纲要》提出,到 20 世纪末,我国基本普及九年义务教育,基本扫除青壮年文盲;要全面贯彻党的教育方针,全面提高教育质量;要建设好一批重点学校和一批重点学科。这被简称为"两基"、"两全"、"两重"。

(2) 调整教育结构。《纲要》强调基础教育是提高民族素质的奠基工程,必须大力加强。职业技术教育是现代化教育的重要组成部分,是工业化和生产社会化、现代化的重要支柱,要积极发展。高等教育担负着培养高级专门人才、发展科学技术和促进现代化建设的重大任务。成人教育是传统学校教育向终身教育发展的一种新型教育制度。另外,还要重视和扶持少数民族教育事业,重视和支持残疾人教育事业,积极发展广播电视教育。

(3) 改革办学体制。《纲要》提出,要打破以往政府包揽办学的格局,逐步建立以政府办学为主体、社会各界共同办学的体制。基础教育应以地方政府办学为主;高等教育要逐步形成以中央、省(自治区、直辖市)两级政府办学为主,社会各界参与办学的新格局;职业教育和民办教育主要依靠行业、企业、事业单位和社会各方面联合办学。

(4) 改革高等学校的招生和毕业生就业制度。改变全部由国家统一计划招生的体制,实行国家任务计划与调节性计划相结合,改革学生上大学学费由国家包下来的做法,逐步实行收费制度;改变高等学校毕业生"统包统分"和"包当干部"的就业制度,实行少数毕业生由国家安排就业,多数毕业生自主择业的制度。

(5) 改革和完善投资体制。增加教育经费,逐步建立以国家财政拨款为主,以征收教育税费、收取学费、校办产业收入、社会捐资集资、设立教育基金等为辅的多渠道筹措教育经费的制度。努力实现"三个增长",即中央和地方政府教育拨款的增长要高于财政经常性收入的增长,并使按在校学生人数平均的教育费用逐步增长,切实保证教师工资和生均公用经费逐年有所增长。

3. 1995 年的《中华人民共和国教育法》

1995 年 3 月 18 日,第八届全国人民代表大会第三次会议审议通过了《中华人民共和国教育法》。这是新中国成立以来的第一部教育大法。该法以法律的形式巩固了学制改革的成果,并在第二章专门规定了我国的教育基本制度。

(1) 国家实行学前教育、初等教育、中等教育、高等教育的学校教育制度。这是关于我国学校教育制度和划分学校层次的根本规定。

(2) 国家实行九年制义务教育制度。各级人民政府采取各种措施保障适龄儿童、少年就学。适龄儿童、少年的父母或者其他监护人以及有关社会组织和个人有义务使适龄儿童、少年接受并完成规定年限的义务教育。

(3) 国家实行职业教育制度和成人教育制度。

(4) 国家实行国家教育考试制度。国家教育考试是指由国家批准的实施教育考试的机构根据一定的考试目的,对受教育者的知识水平和能力按照一定的标准所进行的测定。国家教育考试主要包括:入学考试,如中考、高考、研究生入学考试等;水平考试,如高中会考、汉语水平考试、外语水平考试等;文凭方面的考试,如自学考试等。

(5) 国家实行学业证书制度。学业证书是指经国家批准设立或认可的学校及其他教育机构,对在该校或其他教育机构正式注册并完成了规定学业的受教育者所颁发的证书,主要包括各种毕业证书、结业证书、肄业证书等。学业证书制度对于维护教育活动正常有序地运行、保证教育质量,都有着不可替代的作用。

(6) 国家实行学位制度。学位制度对于促进我国科学技术专门人才的成长,促进各学科学术水平的提高,有着重要的推动作用。目前我国设立学士、硕士、博士三级学位。

4. 1999 年的《面向 21 世纪教育振兴行动计划》

1999 年 1 月 13 日国务院批准了《面向 21 世纪教育振兴行动计划》。该行动计划在贯彻落实《中华人民共和国教育法》和《中国教育改革和发展纲要》的基础上提出了跨世纪的教育改革和发展的蓝图,指明了我国教育发展的方向。

行动计划的主要目标是:到 2000 年,全国基本普及九年义务教育,基本扫除青壮年文盲,大力推进素质教育;完善职业教育培训和继续教育制度;积极稳步发展高等教育,高等教育的入学率达到 11%;深化改革,建立起教育新体制的基本框架,主动适应经济社会的发展。到 2010 年,城市和经济发达地区有步骤地普及高中阶段的教育,全国人口受教育年限达到发展中国家先进水平,高等教育规模有较大的扩展,入学率接近 15%,基本建立起终身学习体系。

(三) 我国现行学校教育制度的改革建议

2010 年,我国研制了《国家中长期教育改革和发展规划纲要(2010—2020 年)》(以下简称《规划纲要》)。这是进入 21 世纪以来我国第一个教育规划纲要,是指导未来 10 年教育改革和发展的纲领性文件,对未来 10 年教育改革和发展作出全面规划和部署。根据这一文件精神和部署安排,结合我国教育的实际情况,我国现行学制还要进行如下几个方面的改革。

1. 积极发展学前教育

《规划纲要》提出:到 2020 年,普及学前一年教育,基本普及学前两年教育,有条件的地区普及学前三年教育。为此,要积极发展学前教育,尤其是要发展农村学前教育,努力提高农村学前教育普及程度,采取多种形式扩大农村学前教育资源,改建、扩建、新建幼儿园,充分利用中小学布局调整富余的校舍和教师举办幼儿园(班),支持贫困地区发展学前教育。从世界范围看,学前教育发展迅速,发达国家学前教育有结束期提前、由高班到低班逐步普及和使学前教育与小学低年级联系与结合起来的趋势。近年来我国学前教育发展较快，也显露出上述趋势。但应注意我国国情，我国学前教育学制不宜急于改动，发展也要量力而行。因为在世界范围内，都是在普及小学、初中甚至高中后，学前教育才由高班至低班分段逐级普及。当然更不宜急于把学前教育都缩短至 6 岁，因为这一切都涉及社会经济文化等一系列复杂的问题。

2. 全面普及义务教育

义务教育是国家统一实施的所有适龄儿童、少年必须接受的教育，是国家必须予以保障的公益事业。我国实行九年义务教育制度，这对于人的发展、教育发展和社会发展都具有重大意义。经过各方面的努力，到 2006 年底，我国实现"两基"(基本普及九年义务教育、基本扫除青壮年文盲)验收的县(市、区)累计达到 2973 个(含其他县级行政区划单位 205 个)，占全国总县数的 96%，"两基"人口覆盖率达到 98%。这是我国教育取得的十分了不起的成绩。在此基础上，《规划纲要》提出：到 2020 年，全面提高普及水平，全面提高教育质量，基本实现区域内均衡发展，确保适龄儿童、少年接受良好义务教育。但是，目前我国普及义务教育的工作也存在不少问题，如有关法规贯彻不力，法规体系不完备；教育投入总量不足，义务教育资金严重短缺；义务教育在不同地区的发展不平衡；义务教育师资队伍质量不高，待遇较低，队伍不稳定；等等。要全面普及义务教育，提高义务及教育质量，就必须认真解决这些问题，尤其是义务教育的均衡发展问题，更是当前义务教育普及和发展的战略性主题。

3. 调整中等教育结构

如果学生 7 岁入学，完成 9 年义务教育后，就已达到就业年龄。为了适应青年的方向选择和满足社会的需要，义务教育后的学制应该多样化，即应有普通高中、职业高中、中等专业学校和技工学校等不同类型的学校，供学生选择，以保证不继续升学的学生可以接受就业前的职业培训，弥补我国过去学制在这个方面的缺陷。高中阶段学校类型的多样化是解决青年选择未来方向的办法之一，即分支型学制的办法。但目前还存在另一种办法，即综合中学的办法。这是单轨学制的办法。特别是当普及教育达到高中阶段时，高中综合化就更成了一个要优先选择的办法。当然，当前我国高中阶段学制的主流还应该是分支型学制结构。但不能不考虑世界中等教育发展的趋势——由双轨而分支型，而后通过综合高中达到单轨。同时，我国大城市和发达地区不久即将普及高中。这样，目前在普通高中里进行综合中学的试验，应该说已提到日程上来了。另外，《规划纲要》提出：到 2020 年，普及高中阶段教育，满足初中毕业生接受高中阶段教育需求；根据经济社会发展需要，合理确定普通高中和中等职业学校招生比例，今后一个时期总体保持普通高中和中等职业学校招生规模大体相当。为此，当前应适度扩大普通高中的招生规模，同时加强中等职业教育的发展，为高中阶段的教育普及作好准备。

4. 优化高等教育结构

不久前的大学大多数是高科学和高文化的金字塔，是只有少数人才能进入的场所。近几十年来，由于高等学校和生产、科学技术、社会生活各方面的联系日益密切，高中的逐步普及使越来越多的人要求接受高等教育，于是大学走出了象牙塔，日益走向开放和大众化。我国高等教育在近年来的发展也出现了这种趋势。据统计，2006 年全国普通高校招生 540 万，是 1998 年的 5 倍；高等学校在学人数 2500 万，毛入学率 22%，高等教育规模已经成为世界第一。经过短短数年的艰苦努力，我国高等教育的发展实现了从精英教育到大众化教育的跨越式发展。今后，高等教育发展的核心任务是优化结构，提高质量。《规划纲要》提出，为适应国家和区域经济社会发展需要，建立动态调整机制，不断优化高等教育结构。一是优化学科专业、类型、层次结构。促进多学科交叉和融合，重点扩大应用型、复合型、技能型人才培养规模，加快发展专业学位研究生教育。二是优化区域布局结构。设立支持地方高等教育专项资金，实施中西部高等教育振兴计划；新增招生计划向中西部高等教育资源短缺地区倾斜，扩大东部高校在中西部地区招生规模，加大东部高校对西部高校对口支援力度；鼓励东部地区高等教育率先发展。三是建立高校分类体系，实行分类管理，发挥政策指导和资源配置的作用，引导高校合理定位，克服同质化倾向，形成各自的办学理念和风格，在不同层次、不同领域办出特色。

5. 大力发展职业教育

发展职业教育是推动经济发展、促进就业、改善民生、解决“三农”问题的重要途径，是缓解劳动力供求结构矛盾的关键环节，必须摆在更加突出的位置。《规划纲要》提出：到 2020 年，形成适应经济发展方式转变和产业结构调整要求、体现终身教育理念、中等和高等职业教育协调发展的现代职业教育体系，满足人民群众接受职业教育的需求，满足经济社会对高素质劳动者和技能型人才的需要。一方面，要形成多元化的办学体制。建立健全政府主导、行业指导、企业参与的办学机制，制定促进校企合作办学法规，推进校企合作制度化；鼓励行业组织、企业举办职业学校，鼓励委托职业学校进行职工培训；制定优惠政策，鼓励企业接收学生实习实训和教师实践，鼓励企业加大对职业教育的投入。另一方面，加快发展面向农村的职业教育。加强基础教育、职业教育和成人教育统筹，促进农科教结合；扩大农村职业教育培训覆盖面，根据需要办好县级职教中心；强化职业教育资源的统筹协调和综合利用，推进城乡、区域合作，增强服务“三农”能力；加强涉农专业建设，加大培养适应农业和农村发展需要的专业人才力度；支持各级各类学校积极参与培养有文化、懂技术、会经营的新型农民，开展进城务工人员、农村劳动力转移培训；逐步实施农村新成长劳动力免费劳动预备制培训。

6. 加快发展继续教育

继续教育是面向学校教育之后所有社会成员的教育活动，特别是成人教育活动，是终身学习体系的重要组成部分。《规划纲要》提出，到 2020 年要基本形成全民学习、终身学习的学习型社会。为此，要构建体系完备的终身教育。具体说来，主要抓好如下几个方面的工作。一是要促进继续教育形式的多样化发展。大力发展非学历继续教育，稳步发展学历继续教育，重视老年教育；改革和完善高等教育自学考试制度；倡导全民阅读，广泛开展城乡社区教育，加快各类学习型组织建设。二是要大力拓展继续教育资源。发展和规范教育培训服务，统筹扩大继续教育资源；鼓励学校、科研院所、企业等相关组织开展继续教育；加强城乡社区教育机构和网络建设，开发社区教育资源；大力发展现代远程教育，建设以卫星、电视和互联网等为载体的远程开放继续教育及公共服务平台，为学习者提供方便、灵活、个性化的学习条件。三是要搭建终身学习的立交桥。促进各级各类教育纵向衔接、横向沟通，提供多次选择机会，满足个人多样化的学习和发展需要；建立继续教育学分积累与转换制度,实现不同类型学习成果的互认和衔接;健全宽进严出的学习制度,高等教育向在职人员开放,通过函授教育、广播电视教育、网络教育和自学考试等形式,使在职人员有机会进修高等学校的课程和学位。

【本章小结】

教育制度是指一个国家各级各类教育机构与组织的体系及其管理规则,具有客观性、规范性、历史性、强制性等特征。按照不同的标准,教育制度可以划分为不同的类型:依据教育制度内部关系,可分为正式教育制度、非正式教育制度、教育制度实施机制;依据教育制度的实践领域,可分为生活惯例习俗、教育教学制度、学校管理体制、学校教育制度、教育行政体制、教育政策法规、教育价值理念;依据教育制度主体,可分为个体性教育制度、学校性教育制度、学区性教育制度、国家性教育制度。恰当的教育制度是一种重要的教育资源,具有重要的教育功能:可以降低教育中的交易费用,节约教育成本;可以规定教育中人员的权利与责任,发挥重要育人功能;可以确保教育中的要素发挥作用,创造更多的教育效益。

教育制度如同整个教育一样,除受人的身心发展规律的制约外,还受整个社会的制约。人的身心发展规律制约着教育制度的纵向分段以及其他许多方面。但是,教育制度的性质、状况及其发展,则主要是由各种社会因素决定的,如政治、经济、文化等。正是由于人类社会的发展,教育制度经历了从自在性教育制度到强制性教育制度再到自主性教育制度的发展过程。当今教育制度变革逐渐或已经显现新的趋势和特征:彰显人文价值;贯彻公平理念;强调民主决策;促进教育普及;推行终身教育。

学校教育制度,简称学制,是指一个国家各级各类学校的系统及其管理规则,它规定着各级各类学校的性质、任务、入学条件、修业年限以及它们之间的关系。学校教育制度是现代教育制度的核心部分。从当今世界各国的学制来看,有三种典型的学制类型,即双轨学制、单轨学制、分支型学制。我国现行学制是从单轨学制发展而来的分支型学制。改革开放以来,随着我国社会经济的发展,我国教育在不断变革,我国的学校教育制度经过重建、修改而日趋完善。结合我国社会发展和教育的实际情况,我国现行学制还要进行如下几个方面的改革:积极发展学前教育、全面普及义务教育、调整中等教育结构、优化高等教育结构、大力发展职业教育、加快发展继续教育。

【拓展阅读】

[1] 康永久.教育制度的生成与变革——新制度教育学论纲[M].北京:教育科学出版社,2003.

[2] 马健生.现代教育制度与思想[M].2版.北京:高等教育出版社,2009.

[3] 顾明远.中国教育大系·历代教育制度考[M].武汉:湖北教育出版社,2004.

[4] 张斌贤.现代国家教育管理体制[M].上海:上海教育出版社,1996.

[5] 王如哲.各国高等教育制度[M].上海:华东师范大学出版社,2010.

【实践与探索】

(1) 在现代教育制度改革中如何渗透和体现教育公平理念?

(2) 为什么说学校教育制度是现代教育制度的核心?在迈向终身教育制度的进程中,学校教育的地位将会发生怎样的变化?

(3) 查阅有关文献,试分析我国现行教育管理体制的特点及其存在的问题,并提出你的改革建议。

(4) 你认为目前我国发展综合中学有无必要?如果有必要,你认为有什么困难?并提出你的建议。

【参考文献】

[1] 王道俊,郭文安.教育学[M].北京:人民教育出版社,2009.

[2] 萧宗六,贺乐凡.中国教育行政学[M].北京:人民教育出版社,1996.

[3] 郭秉文.中国教育制度沿革史[M].福州:福建教育出版社,2007.

[4] 林荣日.制度变迁中的权力博弈——以转型期中国高等教育制度为研究重点[M].上海:复旦大学出版社,2007.

[5] 杨秀芹.教育资源利用效率与教育制度安排——一种新制度经济学分析的视角[M].武汉:华中师范大学出版社,2009.

[6] 叶文梓.教育制度改革的时代命题:让个人站立起来[J].教育发展研究,2005(12).

[7] 叶忠.试论教育制度公平[J].教育与经济,2003(2).

第七章 教育主体

【材料研读】

王静和罗非是某师范大学教育系毕业班的学生，这学期被分到某中学的初一(2)班参与班主任工作和数学教学的实习。第一天班主任杨老师(一位年轻的男老师，教初一英语)，便带王静与罗非和学生见面。一进教室，原先很热闹的场面立刻安静下来。杨老师严肃地扫视一下教室后，便向学生介绍两位实习老师，并嘱咐学生："要听王老师与罗老师的话。"有两位男生引起了王静与罗非的注意，他俩个子不高却坐在最后面，十分好奇地看着两位新来的老师，而且还交头接耳地小声议论着。杨老师似乎十分讨厌他们，大声训斥他们道："有什么好看的！"然后指着他们对王静和罗非冷冷地说："他们是多动症，别管他们！"

虽然王静和罗非有实习班主任工作的任务，但实际上他们只是例行公事：早上陪学生出操，课间监督学生做眼保健操，放学时监督学生做清洁卫生工作。至于班里发生了什么事情，都是由杨老师来处理的。杨老师对"犯错误"(所谓犯错误是指没有完成家庭作业、考试不理想或课堂上多说了几句话)的学生小则责骂，大则打耳光，甚至罚站半天或一天。对此，"犯错误"的学生在杨老师面前不敢多说一句话，只是低头或无声地流泪。而且，在这所学校里，这样的老师有好几位。对于这些，王静与罗非是清楚的，但也没有什么办法，只是暗暗地为学生感到惋惜，更为这些中学老师不高的素质感到遗憾。

当然，王静和罗非也在尽力做好工作，试图与学生接近，试图了解学生，也试图让学生接近他们。他们特别关注那两位被杨老师称为"多动症"的小男生。王静发现这两位同学其实并不笨，也不是有什么多动症，而是想用各种方法引起老师、同学注意。她把这一发现告诉了罗非，经过讨论，他们决定采取措施帮助这两位被遗忘的学生。关键在于发现他们身上的优点，并让他们自己和其他同学知道。他们采取的具体做法是：在每次数学测验成绩出来之后，在班上宣布有进步的同学的名单，特别强调这两位同学的进步，并特别提出他们其实可以有更好的成绩，而且对这两位学生的任何问题都及时地予以反馈。而对他们的不良行为，王静与罗非并不责骂(因为他们受了太多的谴责)，而是用委婉的态度让其认识到自己的不对。一段时间后，这一举措就有了非常好的反应，其他学生从此开始注意他们，而且这两位学生自己似乎也对数学有了兴趣，经常向实习老师提问。期中考试时，他们的数学竟然分别得了85分和96分！[①]

---

① 包小红.谁是教育的主体[J].上海教育科研,2001(2).

【思考与讨论】

(1) 通过王静和罗非的努力,两位被杨老师称为"多动症"的小男生在期中考试取得了优异的成绩。这说明了什么?

(2) 案例中杨老师是怎么看待学生的?扮演着什么样的角色?与学生是一种怎样的关系?你同意杨老师的观点和做法吗?如果不同意,请给杨老师提几点建议。

(3) 给大家推荐你在中小学时期最受欢迎的一位老师,并说说同学们为什么喜欢他(她)。

(4) 你与初二时的班主任老师是怎样的一种关系?你当老师以后会与学生形成怎样的一种关系?

教育是人为和为人的活动,体现为教育者和受教育者的相互作用。如何正确认识教育过程中教育者和受教育者的地位,正确处理和构建两者的相互关系,直接关系着教育目的的实现和教育质量的提高。教育主体问题的实质就是如何认识教育过程中的人及其相互关系,是教育学的基本问题之一。

第一节　教育主体的认识

一、教育主体的界说

要想弄清教育主体的内涵,首先必须解决什么是主体的问题。

关于主体的概念,一般认为,主体可以从语言学、法学、逻辑学、本体论和认识论等不同角度来界定。从语言学考证,所谓主体就是事物的主要部分。法学意义上的主体,是指依法享有权利和承担义务的自然人、法人或国家。逻辑学意义上的主体,是指逻辑判断中的主语、主词(在英语中主体、主观、主语、主词都是同一词:subject)。本体论意义上的主体,近似于哲学中的"实体"或"本体"概念,指的是某些属性、状态、作用和发展变化等的基质、载体或承担者,即属性、状态、作用和发展变化等是从属于基质的。马克思所说的"物质是一切变化的主体",就是这种含义的主体。这种含义的一个引申义是指一组相关联的事物中,相对来说更重要、更具有根本性或本原意义的事物。我们今天常讲建筑物中的主体工程、主体结构就是属于这种引申意义上的运用。很显然,教育主体不属于上述范畴。

从哲学认识论的角度看,主体是与客体相对应的范畴,它们是同一活动中相反相成的两个要素。主体一般是指在对象性活动中,能动地、自主地从事认识或实践活动的人(包括个体、社会集团以至整个人类)。客体是作为满足主体需要的活动指向对象而存在的。客体是存在于主体以外,作为主体——人的活动的一切对象的东西,客体是包括人自身在内的人所生活的世界的总体。这一方面说明,普遍而抽象地说人是主体,没有任何意义,人只有在自我意识支配下的有目的的认识和实践活动中才是主体;人作为主体,还在于从事着改造自我、塑造自我、建构自我、发展自我的实践活动。另一方面也说明,客体可以是人、物或观念形态的东西，认识论含义的主体则只能是人。但人并不就是主体，人要成为主体，必须具备主体的基本素质——主体性，并达到一定的水平。所谓主体性是指人作为主体在对象性活动中相对于客体所处的态势而表现出的功能特性，通常指人在同客体的相互作用中所表现出来的能动性、自主性和创造性。通俗地说，主体只能是具有一定水平的认识和实践能力，并能运用这些能力变革客体的人。

由此可见，从教育的角度探讨主体的含义，必须限定在认识论领域。教育主体即教育过程中的主体，指的是教育认识和实践活动的承担者。那么，到底谁才是教育活动的承担者呢？下面关于教育主体的讨论，主要是针对狭义教育即学校教育而言的。

二、教育主体的论争

教育过程中孰为主体，这在西方教育史上是个长期争论不休的问题。以赫尔巴特为代表的传统教育派主张“教师中心、教材中心、课堂中心”。他认为，学生对教师必须保持一种被动状态，把学生完全视为一种因变量，认为他们在教育过程中完全是一种消极被动接受外来影响的客体。以杜威为代表的进步教育派主张“学生中心、经验中心、活动中心”。他认为，在学校生活中，“儿童是起点，是中心，而且是目的”。他说，传统学校的“重心是在儿童以外。重心在教师，在教科书以及在你所喜欢的任何地方和一切地方，唯独不在儿童自己的直接的本能和活动”。因此，他提出：“我们的教育中正在发生的一种变革是重心的转移。这是一种变革，一场革命，一场和哥白尼把天体的中心从地球转到太阳那样的革命。在这种情况下，儿童变成了太阳，教育的各种措施围绕着这个中心旋转，儿童是中心，教育的各种措施围绕着他们而组织起来。”①

赫尔巴特的教师中心论与杜威的学生中心论的冲突和对峙，揭开教育主体论争的序幕。虽然教师中心论与学生中心论这两种理论都是片面的，都不能正确反映教育教学过程的规律，但是，这两种截然不同的理论又是在一定历史条件下，从不同的角度获得了实证性研究成果，又都具有一定的可借鉴性。20 世纪中期，随着科学技术的进步，教育理论和实践的发展，教育理论工作者与实际工作者已经纷纷认识到教育教学单主体结构理论的片面性，出现了教师中心论与学生中心论的相互借鉴、相互融合的趋势。如以学生中心论著称的美国教育理论界，开始意识到儿童中心论给基础教育带来的严重危害，强调基础教育要回到基础。两派理论有越来越靠拢的趋势，美国心理学家布鲁纳的学科结构理论和发现法教学就反映了这种发展趋势。又如以教师中心论著称的苏联教育理论界，20 世纪 50 年代末以来出现的赞可夫的教学与发展实验、苏霍姆林斯基在帕夫雷什中学的教育实践、巴班斯基的教学过程最优化理论等，都对传统教学理论有所突破。特别是 20 世纪 80 年代末，苏联教育科学院通讯院士阿莫纳什维利开始倡导合作教育学，要求教师和学生在教学过程中团结协作、共同活动，更是反映了教学单主体论向教学双主体论发展的趋势。

我国教育界最早对这一问题的讨论是从教学过程中的主体与客体及其相互关系开

① （美）约翰·杜威．学校与社会·明日之学校［M］．赵祥麟，任钟印，吴志宏，译．北京：人民教育出版社，1994：43-44.

始的。"主体"一词较早出现于1979年刘佛年主编的《教育学》中。该书在阐述教学及其过程时指出:在教学这种活动中,学生却又是认识客观世界的主体。同年,于光远在《关于教育科学体系问题》一文中提出了"三体"的见解。他说:"同一般的认识过程不同,在教育过程中是这样一个三角关系:教育者、被教育者、客观环境在发生相互作用。教育者是第一主体,他在整个过程中完全是主动的因素。受教育者,从认识论上说,他当然是一个主体,但是他又是教育者施加影响的对象"。"而外界环境是教育者和被教育者认识的来源和认识的对象。"[①]"三体"的提法引起了人们对教学过程中究竟谁是主体的讨论。1981年顾明远发表了《学生既是教育的客体,又是教育的主体》。此后教育理论界展开了对"教学过程中孰为主体、孰为客体"的讨论和关于"教师主导,学生主体"的争议,形成了如下几种有代表性的观点。

(一)教师唯一主体论

这种观点认为,教师是教育者,是教育过程的唯一主体;学生是受教育者,是教育过程的客体,是被动地接受教育者的教育的客体。这一观点把教育教学活动与学生的学习活动或自我教育活动严格区分开来,着重探讨教育教学中的主客体。持这种观点的人认为,教育是教育者进行的有目的、有计划、有组织的培养人的活动,学习过程实质上是学习者的自我教育过程,教育是自我教育的基础和前提,自我教育则是教育的延续和发展。在教育过程中,受过专门训练的教育者受社会的委托,以系统的、科学的教育影响作为教育活动的手段,把受教育者作为改造和发展的对象,使受教育者的心身发生符合目的的变化,而受教育者作为被发展、被改造的对象,他从来不是自觉能动地去改造和发展教育者,而是按照教育者的教育展开自己的学习活动。虽然教育者在教育过程中也不断提高自己的身心发展水平,但这不是受教育者有目的的产物,而是教育者在改造客体的过程中也发展了自己的主体性;学生尽管是自我教育的主体,但相对于教师来讲仍然是教育客体,学生只有实际参加了变革自然和社会的实践活动,才成为实践的主体。所以,教师是教育的现实主体,学生是教育的现实客体(潜在的主体),这个关系是相对确定的。

(二)学生唯一主体论

这种观点认为,学生是教育活动的主体,虽然教育活动离不开教师的指导,学生主体的活动及主体自身的发展都是在教师指导和帮助下完成的,但教师不能构成教育活动的主体,教师只是不可缺少的指导者。学生之所以是教育教学过程中的唯一主体,主要有两个原因。第一,学是学生自己的、独立的、主动的活动,是教师教的落脚点和归属。学生的学固然是在教师教的指导下进行的,但教是为学而存在的,否则就毫无意义;教师的主导作用以及教学所追求的目标和结果,一定是由学体现出来的,教师的教应服务于学生的学。第二,按照外因通过内因起作用的原理,只能得出学生主体论即学生是唯一主体论的结论。外因是条件,内因是根据。一切的教育活动和教育工作,对学生主体来说都是外因,内因是主体内部的积极性。尊重学生的主体地位、发挥学生的主体作用,亦即强调发展的内因作用,充分调动学生的积极性和主动性。因此,在教育过程中,学生始终

① 于光远.关于教育科学体系问题[J].教育研究,1979(3).

处于主体——内因的地位，而教师则始终处于客体——外因的地位。

（三）主导主体论

主导主体论是出现较早、流传较广、争论也较多的一种学说。它是针对上述两种观点在理论上的偏颇，借鉴早期的主导主动说和学生主体说的思想，结合我国当时的教育教学现状而提出的。这一观点认为，在教育教学过程中教师是主导，学生是主体。这一命题在语义上表达了四重含义：学生是心理发展的主体，教师属于外部精神力量；学生是认识的能动主体，教师则为认识的客体；教师（教）是矛盾的决定方面，学生（学）便成为矛盾的被决定方面；教作为一种能动引导活动，学则成为一种积极主动的被导认识活动。

支持主导主体说的论者认为，主导主体说的提出体现了历史、现实和逻辑的统一。从教育发展史的角度看，关于教育过程中师生关系的探索可分为三个认识阶段，即教师中心、学生中心、主导主体。这三个阶段分别提供了以下三个命题：教师是中心，可称为正题；学生是中心，这是反题；教师为主导、学生为主体，这是合题，是教育内部逻辑发展的必然结果。从我国教育教学实际的角度来看，长期以来，如何发挥学生的自觉性、积极性和主动性，始终是困扰我国教育教学实践的一个老大难问题，主导主体说的提出是对这一问题的比较好的回答。从主导主体说的理论基础来看，它是以教学认识论而不是一般认识论或不彻底的认识论为理论基础，是运用教学认识论对教学现象进行分析的重要成果，与其他观点相比，更能反映出教学过程中教师和学生的地位和作用，更能反映教与学的辩证统一。

反对主导主体说的论者的批驳也极为激烈，认为主体是实体，主导是属性，在指称上很不对称。在师生关系中，明确一方是主体，符合逻辑的说法是另一方是客体。因为主客体是相提并论的，只能在对方中确立自己的规定性，就像一方是主导，另一方必然是被导一样。否则就成了被导反而是主体，主导反而是客体，教学过程中客体主导着主体。有的反对者的言辞更是直接，认为主导主体论割裂了同一过程的教与学的双方关系，歪曲了教学过程的本质特征，违反了马克思主义认识论关于主客体概念的规定性及二者关系的基本原理，非但不能科学地、准确地揭示教学过程中教与学矛盾运动的客观规律，而且可能导致教学理论的简单化、模式化，使教学工作者困惑不解、无所适从。

（四）复合主客体论

这种观点是鉴于教育教学过程及其主客体关系的复杂性而提出的，认为教育教学中的主体与客体是交织在一起的，具有复合性。这一观点论者认为，教育者与受教育者的活动是密切联系、相互影响、共时交织或前后相干的，应该把教育者与受教育者称为教育活动的复合主体或双主体；在复合主客体内部又呈现出互为主客体、互为条件的复杂关系。教育者与受教育者相对于教育活动的其他基本因素，他们都处于主体地位；就教育者与受教育者的相互关系来说，他们又互为主客体，互为存在的条件；从不同的角度看，两者在教育过程中各自同时既是这一活动的主体，又是另一活动的客体。教育内容是教育活动中教育者与受教育者共同认识、掌握、运用的对象，是教育活动中的纯客体。它被两个处于不同地位而又密切联系的主体共同利用，在教与学的两种活动中，分别与教师、学生组成复合客体。虽然这一观点的论者们在认可教育主客体的复合性这一点上意见一致，但对于教育主客体在具体的教育过程中的形成机制、关系状态、发展变化等问题上有不同的看法，由此就形成主客体转化说、过程主客体说、层次主客体说、轮流主客体说等复合主客体论的变式。

教师唯一主体论与学生唯一主体论没有辩证地看待学生与教师在教育过程中的地位，根本否认教育过程中教师与学生平等的交往关系，把教育视为一种控制过程，不仅扭曲了作为教师的一方，也扭曲了作为学生的一方。无论是在理论上还是在实践中，目前这两种极端观点已不多见。主导主体论试图调和教师中心论与学生中心论，较前两种观点有重大进步，但仍然没有明晰教育过程中的主客体关系，也未真正超越两个中心论。而复合主客体论割裂了教育过程的统一性、双边同时性，而将其视为教与学的简单相加，也就异化成了唯一主体论。不过，可以肯定的是，这些关于教育主体的争论，引起了人们对教育中的人自身的重视。从教师中心到学生中心，从单主体到双主体，教育主体观演化的过程实际上是教育从知识本位、能力本位向人本位回归的过程，也是人类自我发现、自我解放的过程。

三、教育主体的认定

从认识论的角度看，教育活动的主体只能是人。但人能不能充当教育的客体呢？答案是否定的。教育是以人的身心发展为直接目标的活动，而人是自身实践的产物，人的发展是自主性的，站在人之外来发展人是不可能的。作为客体的人的发展是不可想象的，人一旦成为客体，就被剥离了主体的自我创造的能力，人的发展也就无从谈起。所有客观存在都可以是主体认识的对象，却不一定是主体改造的对象。对于个体发展而言，他人可以成为我主观反映的对象，但他人绝不可能是我改造的结果。如果把参与教育活动的一部分人作为主体，另一部分人当作客体，那么这种教育只是一种训练和控制。训练和控制是人对动物的目的合理的行为，这类行为服从技术规则，它追求技术方法的经济有效性以及在相应方法中进行选择的可靠性。在这样的教育中，人本身不再是目的，而是达到某种按照技术规则判断是最优化的结果的手段之一，人因此丧失了主体地位而沦为一种特殊的工具、一种技术过程的中介。把人当作客体的教育，最多只能是对动物的训练。人只有作为主体，才能被教育，即便是初生的婴儿，如果他不作为主体与周围人发生本能交往活动，而是纯粹作为客体被动地接受训练和改造，也不可能发展成为独立的人。康德说过：人只有经过教育才能成为人。这里有一个前提：人是教育的主体。

教育过程是由教与学两个行为构成的，教育者和受教育者都是教育过程中的主体。承认受教育者和教育者同等的教育主体地位，并不意味着教育主体就是两个主体的简单相加。教育过程是教师与学生共同参与的双边性活动，是在两者的交往中展开的。离开了两者的交往活动，教育活动就无法发生。在人与人之间的交往活动中，同样作为主体的人之间的活动是交互性的，双方之间不是主体与客体的关系，而是“我”与“你”之间的互为主体性的关系。当然，教育过程中的主体交往不同于日常的人际交往，它借助经过刻意加工和组织了的教育中介而发生。这一教育中介成为两个主体活动的共同客体，即教育客体。从内容上讲，教育客体就是用来促进人的发展的一切现实和可能的外部资源和条件。教育客体包括两大类：对象性客体和工具性客体。对象性客体是人的发展资源要素，如知识、技能、经验、价值观等；工具性客体是对象性客体的载体或表述形式，如教材、音像资料、校园文化环境等。概括地讲，教育主体始终是以一定的教育客体为中介建立起来的教育交往中的主体，由此就形成了主体—客体—主体的教育过程中的主客体关系结构（见图 7-1）。

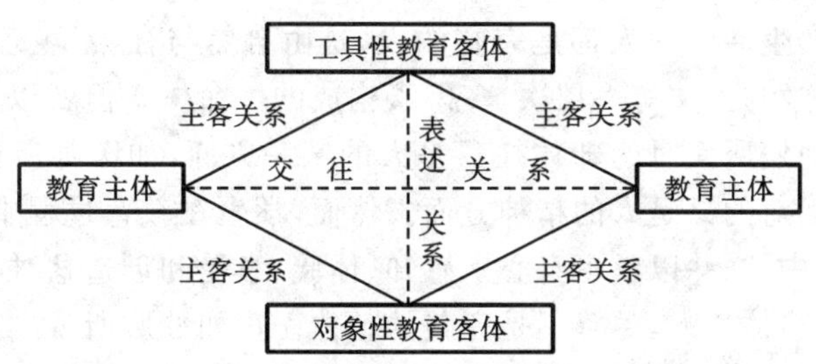

图 7-1　教育过程中的主客体关系结构

在上述的教育主客体关系结构模式中，教育者和受教育者作为教育主体是在教育过程的主体交往实践中形成和发展的，教育主体的关系是一种以共同的教育客体为中介的特殊的交往实践关系。在这种交往关系中，教育主体获得了自己的规定，集中体现在以下几个方面。①实践性。教育主体首先是教育实践活动中的个体，进入这种实践活动的个体都是活动的主体。同样，我们所指的教育主体始终是在教育实践活动之中的主体，离开了这种特定的实践就不是这种特定活动中的主体，而是其他社会交往活动的主体。②相关性。理解教育主体必须从教与学关系中的人出发去理解。教育主体不是一个封闭独立的个体，相反，他从一开始就是与其他教育主体相关的。教育主体总是教育交往关系中的主体，是教育共同体中的主体，他在“主—客—主”相关性模式中被塑造。③发展性。教育主体不是一成不变的，他始终处在发展变化之中。发展的根源在于主体自身的可塑性和实践本身的发展性，教育活动造就着教育主体的自主性内容和源泉（如需要、利益），也造就出构成其自主性决断的意志和能力。教育主体在教育活动中确证并发展自己的主体性，教育主体的主体性品质的提升反过来强化教育主体的主体地位。④差异性。虽然教育主体作为人的主体地位是平等的，没有高低贵贱之别，但由于受双方的年龄、知识、能力及身心发展水平和特点以及教育活动的水平所影响，双方的主体性存在明显差别。这种差异性恰恰是教育主体存在的前提，也是推动主体间相互作用的动力。

第二节　作为教育主体的学生

学生（这里主要是指在校的儿童和青少年）是教育的主体，学生的发展是教育活动的根本目的。了解学生的本质、特性和发展规律是教育工作的前提和起点。

一、学生的本质

学生首先是人，是生活在一定社会关系中，具有特定社会属性的人。同时，学生作为教育主体，是相对教师而言的，指的是在教师的指导下从事学习的人。因此，学生既具有人共同的属性，也具有其独特的属性。

（一）学生是人

学生是人，这是无须证明的、众所周知的命题。但是在实际的教育活动中，乃至在教育理论中，却往往出现忽视甚至否定学生作为人的属性的情况。

1. 学生是完整的生命体

应该看到，现实生活中的人都是完整的人，是由自然与社会、生理与心理、物质与精神、理性与情感、科学与人文等多层次、多因素构成的生命体。但就以人为对象的某些社会实践领域来看，他们所面对的却往往只是人的某一方面，如医师所面对的只是人的生理方面，艺术家所面对的只是人的精神方面。然而，学生在教育过程中，是以完整的生命形态参与和投入其中的，并以整个身心来感知、体验、享受和创造这种教学生活。教师所面对的是活生生的整体的人，尽管不是完美的整体。正如杜威所说："我们所需要的是儿童以整个的身体和整个的心灵来到学校，并从更圆满发展的心灵和甚至更健全的身体离开学校。"[①]由此可见，从教育学意义上看学生必然是完整的人，全面的人。

2. 学生是具有主体性的人

学生作为人，具有人共同的本质属性，即人的主体性。具体包括以下四个特征。

（1）独立性。每个学生都是一个与众不同的个体、一个自组织系统、一个独立的物质实体。每个学生都具有自身的独立人格和个性特征，都有各自的需要、愿望和尊严。承认学生的独立性是发挥学生主体性的前提条件，承认独立性也就承认了学生发展过程的多途性、发展方式的多样性和发展结果的差异性。

（2）能动性。学生不是死的物，而是活的能动体，具有发展自身的动力机能。他不仅与其他生物一样能够通过对外界的摄取活动，使自己的机体得以保存和发展。更为重要的是，这种动力机能还表现为他能够以人所特有的能动性，创造和满足自己的物质需要与精神需要，并用以发展自己的身心。作为一种实践对象，他不是消极被动地接受塑造和改造，而是能够意识到自己是被他人所塑造和改造的，从而有可能自觉地参与到教育过程中去，与教师一起共同完成教育的过程。

（3）自主性。学生作为主体，能够对自己的需要、情感、能力、行为等进行自我认知和判断。并且，学生能够在自我认知和判断的基础上，根据自己的实际情况，确立自己的学习目标，选择合适的学习对象，对学习活动进行自我支配和自我调控。如学习困难时，激励自己；学习目标不恰当时，及时调整修正；对学习过程进行自我监控等。

（4）创造性。人作为主体所从事的自主的、能动的生命活动，本质上是一种创造性的活动。创造性是人的主体性品质的最高表现和最高层次。学生富有好奇心，富于幻想和联想，喜欢标新立异和发表新见解，不愿循规蹈矩。学生在教育活动中可以超越教师的认识，超越时代的认识与实践局限，科学地提出不同的观点、看法，并创造具有成效的学习方法。

3. 学生是社会权利的主体

长期以来，学生被看做是单纯地接受教育的人，处于从属和依赖的地位，他们独立的

① （美）约翰·杜威.杜威教育论著选[M].赵祥麟，王承绪，译.上海：华东师范大学出版社，1981：56-57.

社会地位不被重视。整个社会并没有把青少年儿童看做是有价值的生命存在，忽视儿童的兴趣与需要，侵害儿童身心健康的现象仍屡见不鲜。青少年儿童是社会的未来，人类的希望，有着独立的社会地位，是行使权利的主体。联合国于1959年通过了《儿童权利宣言》，1989年又通过了《儿童权利公约》，明确指出：18岁以下的任何人都是积极和创造性的权利主体，拥有包括生存、发展和充分参与社会、文化、教育、生活，以及他们个人成长与福利所必需的其他活动的权利。为了保护这些权利，提出了儿童利益最佳原则、尊重儿童尊严原则、尊重儿童观念与意见原则、无歧视原则。世界各国都非常重视儿童权益问题，并制定了相应的法规，对青少年所享有的权利都作了具体的规定。

我国作为《儿童权利公约》的缔约国之一，在履行《公约》的同时，在一系列有关法律、法规和政策中也对青少年享有的权利作出了规定，如《宪法》、《婚姻法》、《教育法》、《义务教育法》、《未成年人保护法》等。我国对青少年儿童权利的规定概括起来主要有以下几点：

(1) 生存的权利。《中华人民共和国宪法》第四十九条规定：父母有抚养教育未成年子女的义务。《中华人民共和国未成年人保护法》第十一条也规定：父母或者其他监护人应当创造良好、和睦的家庭环境，依法履行对未成年人的监护职责和抚养义务。禁止对未成年人实施家庭暴力，禁止虐待、遗弃未成年人，禁止溺婴和其他残害婴儿的行为，不得歧视女性未成年人或者有残疾的未成年人。

(2) 受教育的权利。《中华人民共和国宪法》第四十六条规定：国家培养青年、少年、儿童在品德、智力、体质等方面全面发展。《中华人民共和国义务教育法》第四条规定：国家、社会、学校和家庭依法保障适龄儿童、少年接受义务教育的权利。第五条又规定：凡年满六周岁的儿童，不分性别、民族、种族，应当入学接受规定年限的义务教育。《中华人民共和国未成年人保护法》第十三条规定：父母或者其他监护人应当尊重未成年人受教育的权利，必须使适龄未成年人依法入学接受并完成义务教育，不得使接受义务教育的未成年人辍学。第十八条规定：学校应当尊重未成年学生受教育的权利……不得违反法律和国家规定开除未成年学生。

(3) 受尊重的权利。《中华人民共和国未成年人保护法》第二十一条规定：学校、幼儿园、托儿所的教职员工应当尊重未成年人的人格尊严，不得对未成年人实施体罚、变相体罚或者其他侮辱人格尊严的行为。第三十九条规定：任何组织或者个人不得披露未成年人的个人隐私。对未成年人的信件、日记、电子邮件，任何组织或者个人不得隐匿、毁弃；除因追查犯罪的需要，由公安机关或者人民检察院依法进行检查，或者对无行为能力的未成年人的信件、日记、电子邮件由父母或者其他监护人代为开拆、查阅外，任何组织或者个人不得开拆、查阅。第四十六条规定：国家依法保护未成年人的智力成果和荣誉权不受侵犯。

(4) 安全的权利。《中华人民共和国未成年人保护法》第二十二条规定：学校、幼儿园、托儿所不得在危及未成年人人身安全、健康的校舍和其他设施、场所中进行教育教学活动。第三十四条规定：禁止任何组织、个人制作或者向未成年人出售、出租或者以其他方式传播淫秽、暴力、凶杀、恐怖、赌博等毒害未成年人的图书、报刊、音像制品、电子出版物以及网络信息等。第三十七条规定：任何人不得在中小学校、幼儿园、托儿所的教室、寝室、活动室和其他未成年人集中活动的场所吸烟、饮酒。

（二）学生是发展中的人

学生发展，特别是青少年学生的发展是人生发展最明显的时期，不仅表现在身体的发展，更表现在心理的发展上；不仅表现在发展的速度，而且表现在发展的广度、深度上。从入学到中学毕业这一时期，是一个人的生理心理发育和形成的时期，是一个人从不成熟到成熟、从不定型到定型的成长发育时期，也是一个人生长发育特别旺盛的时期。

1. 学生具有极大的发展潜能

对于学生来说，在他们身心发展过程中所展现的各种特征都还处在变化之中，趋向于逐渐成熟的过程中，并不是已经到达发展的顶峰和终极。正如毛泽东同志所说的他们是“早晨八九点钟的太阳”，他们身心各个方面都潜藏着极大的发展可能性，具有极大的可塑性，教育得法就可以使他们的身心获得最佳的发展，为社会造就人才。即使是青少年、儿童身上已经出现某种身心发展的不足之处，思想行为上的缺点错误，较之成人来说，一般也有较大的矫正的可能性。学生身心发展的可能性及发展过程中的可塑性是由学生的遗传素质提供的。

2. 学生具有多方面的发展需要

遗传素质为学生的发展提供可能性，这种可能性要转变为现实性还取决于学生发展的需要。最初的个体更多体现了人的自然属性，还是一个自然人，它只有完成了由自然人向社会人的转变，才能成为一个真正意义上的人。推动个体由自然人向社会人转变的动力，是社会环境对个体的客观要求所引起的需要与个体发展水平之间的矛盾。这一矛盾的解决是通过个体的社会实践活动实现的。在活动中，个体不断作用于客观现实，日益深入地反映客观事物的特性和关系，形成一定的发展水平。客观现实也不断地作用于个体，对个体提出新的要求，这些要求反映在个体的头脑中，就转变为个体的需要。个体通过自身的活动与客观现实发生相互作用，使需要得到满足，在这个过程实现了个体的发展。作为主体的人，学生的发展需要是多方面的，包括生理的和心理的、认知的和情感的、道德的和审美的，等等。教育正是基于学生发展需要的多面性，才确定全面发展的目标。

3. 学生的发展需要成人的教育关怀

青少年儿童不是成人的雏形，而具有其自身的身心发展的特点。当生理和心理等科学尚未充分发展起来时，在一个很长时期内，人们都只是把儿童看作是一种“小大人”，并不认为他们与成人有什么质的差别，不认识他们所特具的需要和发展的特点，因此，在教育工作中往往抹杀他们的特殊性，向他们提出与成人同等的要求和行为标准。同时，也由于以往生产力水平的低下，大多数少年儿童很早就参加到生产劳动中去，他们的生活准备期十分短暂，他们与成人承担了同样的社会义务，构成成人社会的一部分，而没有他们独自的生活领域，得不到社会给予他们的特殊照顾、教育和对待。由于青少年儿童各方面发展不够成熟，取得成人的教育和关怀就成为他们发展中的必然需要。这就决定了学生具有依赖性和向师性的特点。学生对父母和教师的依赖性，是一种自然的现象，而且年龄愈小，依赖性愈大。只有充分认识这一点，才能以一种关怀的眼光去看待学生，积极发挥教育的作用。认为儿童的任何要求都是合理的，无须成人的帮助和教育，听任他们自由发展，这种观点显然是错误的。

（三）学生是以学习为主要任务的人

学习是人类生活的普遍现象，凡是个体掌握人类社会历史经验的过程都是学习。以学习为主要任务是学生的一个特点，也是学生区别于社会上其他人的特点，无视这一特点，就会从根本上取消学生这一社会角色，学校也必然随之消亡。以学习为主，这是学生质的规定性。学生的主要职能是学习，这就决定了学生在社会结构中所占据的地位，决定了他们参加社会生活的方式。具体地说，也就是赋予了他们接受教育的社会权利，同时也就使得他们的学习蕴含着一定的社会责任和义务。但学生的学习是学习的一种特殊形式，它有别于日常生活和工作中的学习。

1. 学生以系统学习间接经验为主

在教育教学过程中，学生学习的对象主要是前人的认识成果和实践智慧，主要以书本知识的形式体现出来。学生学习的内容是经过严格挑选的，个体发展和社会发展所必需的人类文化遗产或知识体系。学生之所以以间接经验的掌握为主，首先是由教学活动的任务决定的，教学要解决学生的认识问题，使学生从不知到知，从知之不多到知之较多，尽可能缩小与人类认识的差距，就必须先掌握人类文明的精华；其次，学生学习的时间是相当有限的，不可能凡事都要经过实践而获得直接经验；再次，学生以系统学习知识经验为主，可以缩短学生个体的不成熟期，加快学生的发展速度，并为今后的发展奠定坚实的基础。

2. 学生在教师的指导下学习

学生的学习是在教师指导下进行的，这是学生与从事学习活动的其他社会成员的区别之一。教师的指导不仅使学习更具成效，而且也是在特定情况下（如特定的年龄阶段中，特定的学习内容等），学习活动得以产生的前提条件。由于教育内容是经过了精心选择和加工改造的，是专门为学生设计的一种便于学生认识的客体，具有严格的规范性、明确的目的性以及预定性、系统性等特点，所以它能大大缩短学生认识的进程，加快学生学习的速度。尤其在当代，科学技术日趋复杂化，离开了教师的专业指导，有很多的学习几乎无法进行。因此，教师的指导对学生学习的质和量都能发生作用。

3. 学生的学习是一种规范化的学习

学生的学习是有目的、有计划、有组织地进行的，它是由一定的教育制度以及学校的各项规章制度所规定了的。因此，作为学生的一系列行为模式和规范不仅要受到社会传统观念、文化习俗等的影响，而且还要为确定的制度所规定。师生之间存在着制度化的关系，各自都负有制度所规定的权利和义务，甚至负有法律上的责任。

二、学生的发展

学生个体的形成无疑是一个发展的过程。一般说来，学生的发展是学生个体通过各种活动，将遗传、环境等影响个体发展的可能因素，转化为个体发展现实力量的过程，体现为个体在生理、心理、社会性等方面所发生的量、质和结构的变化过程与结果。学生的发展既有基本的规律，又呈现出年龄特征。在不同年龄阶段，学生的发展既有量的变化，又有质的差异。

（一）学生发展的一般规律

从总体上看，学生发展的规律性表现为整体性、顺序性、阶段性、不平衡性、个别差异性。这些规律性具有重要的教育学意义，是教育工作必须遵循的基本依据。

1. 整体性

如第四章所述，从不同的角度和层次分析，学生的发展大体上可以分为生理发展、心理发展、社会性发展等相对独立的三个方面。但事实上，这个三个方面在人的发展过程中是有机联系在一起的，它们相互制约、相互促进，使人的发展表现出明显的整体性。虽然学生的生理、心理、社会性等方面的发展都有各自的规律和特点，但这些规律和特点不能代替人的发展的整体性，学生的发展往往是一种人的整体的结构性变化。教育是一种培养人的专门活动，不仅要变化人的认识、情感、行为习惯等精神因素，也要变化人的生理、身体等因素；教育不仅要使学生在将来能承受社会现有的生产力，与自然作斗争，还必须使他们能够承受现有的社会关系，以适应社会生活。总之，教育所要实现的是人的德、智、体、美等的全面发展，要着力的是学生的知、情、意、行等的整体性变化。

2. 顺序性

学生个体的身心发展具有一定的顺序，即由低级到高级、由量变到质变的过程，按照某种固定的顺序展开。如身体的发展是从头部、躯干向四肢，从中心部分向全身的边缘发展的；行为的发展是先爬后行再跑；记忆的发展是从机械记忆到意义记忆；思维的发展是从具体思维到抽象思维；情感的发展是先有喜、怒、惧等一般感情，而后出现道德感、理智感等高级情感等。学生发展的顺序性，要求教育要循序渐进地促进学生的发展。

3. 阶段性

学生的发展是一个从量变到质变的过程，一个阶段量的积累必然导致质的飞跃，发展就进入一个新的阶段。在不同的发展阶段，学生表现出不同的发展特征，这些特征是某一年龄段学生所普遍具有的一般的、典型的、本质的特征，即学生发展的年龄特征。在不同的发展阶段，学生的发展会表现出不同的主要矛盾，面临着不同的发展任务。当然，不同的发展阶段之间是相互关联的，每一阶段影响着下一阶段的发展，不仅具有本阶段的意义，而且具有人生全程的意义。这就要求教育要从学生的实际出发，尊重不同年龄阶段学生的特点，进行有针对性的教育，同时还要注意各阶段教育的有机衔接。

4. 不平衡性

学生发展的不平衡性主要指生理成熟与心理成熟的不平衡和发展速度的不平衡。学生的生理成熟以各种机能的成熟为标志，心理成熟以独立思考的能力、较稳定的自我意识与个性的形成为标志。这两方面的成熟不是同步的，一般来说生理的成熟要早于心理的成熟。学生的发展速度在整个发展进程中也不是匀速前进的，而是呈现出加速与平缓交替发展的状态。如个体的身高、体重有两个发展的高峰：第一个高峰出现在出生的第一年；第二个高峰在青春发育期。这两个高峰期，个体身高和体重的发展较之其他年龄阶段更迅速。有人对人的智力发展进行研究，发现人的感知、思维、记忆、想象等都存在不同的关键期。个体身心发展的不均衡性要求教师要把握其发展的关键期，不失时机地采取教育措施，使其获得最佳发展。

5. 个别差异性

由于人的发展的主客观条件不一样，学生的发展存在着个别差异。一般学生的发展需经历共同的发展阶段，但每个学生发展的速度、水平及发展的优势领域则千差万别。如同龄学生有不同的兴趣、爱好和性格；有的学生语言能力较强，有的学生数学能力突出；有的学生才华早露，有的学生大器晚成。这就要求教师深入了解每个学生个体的身心发展状况和水平，有的放矢，因材施教。

（二）学生发展的基本任务

中小学生是分别处于人生发展的童年期、少年期和青年早期。教育工作者为了实现教育目的，有效地进行工作，就必须了解学生发展的年龄特征和基本任务。

1. 小学生的发展任务

小学阶段的学生处于个体发展的童年期（6～12 岁）。这是人生发展的奠基时期。童年期儿童的发展相对平稳，身体缓缓生长，心理上一般也没有十分尖锐的自我冲突。从发展性质看，儿童开始借助书面语言与学校教育，有计划、有步骤、系统地学习人类文化知识，较有目的地认识外部世界。学习已成为儿童生活中的主要活动，并要接受他人的评价和选拔。此外，儿童的交往范围扩大，同时参与或隶属不同的群体并担任不同的角色。总体说来，童年期是儿童超越家庭范围的社会化的起始阶段，也是儿童因角色、活动、他人评价的多样化而引起的对自我形象反思的开始时期，或称为整体性的自我意识的萌生时期。

根据童年期的年龄特征，小学生主要的发展任务有以下几点：

（1）发展基本的阅读、书写及计算能力；

（2）发展有意注意的能力；

（3）发展借助具体事务进行推理的能力；

（4）发展社会性的情感；

（5）发展意志的主动性和独立性；

（6）建立起对自己的完整态度；

（7）学习与同辈相处；

（8）学习分辨是非，发展良知、德性；

（9）发展对社会、集体的态度；

（10）培养创造意识。

2. 初中生的发展任务

初中阶段的学生处于个体发展的少年期（12～15 岁）。这是一个身心变化剧烈的时期。少年常常因为缺乏认识和准备，被突如其来的身心变化搞得惊慌失措。有些心理学家称其为“危机期”或“心理断乳期”。这也意味着少年开始从心理上摆脱对成人的依赖，表现出追求独立的倾向。这一时期的主要特征表现在身心状态的剧变，内心世界的发现，自我意识的觉醒，独立精神的加强。这些变化改变了少年与外部世界的关系，包括与成人的关系。他们不再愿意做被动的适应者、服从者、模仿者、执行者，而是力求成为生活主动的探索者、发现者与选择者。这是人生过程中由单纯对生动形象的外部世界的探究，到关注内部精神世界变化的转折时期。

根据少年期的年龄特征，初中生主要的发展任务有以下几点：

(1) 发展有意记忆的能力；

(2) 发展借助表象进行逻辑思维的能力；

(3) 发展创造性能力及探索精神；

(4) 建立一定的兴趣和爱好；

(5) 获得情绪的独立性；

(6) 学习处理与同辈的关系，建立与同辈的友谊；

(7) 形成一定的理想和价值观系统作为行为的指引；

(8) 发展自我教育的能力；

(9) 适应自身生理变化带来的压力。

3. 高中生的发展任务

高初中阶段的学生处于个体发展的青年早期(15～18 岁)。青年期可分为早期、中期和晚期，各时期在特征上有较大程度的差别，但就趋势而言有一致性，面临的基本问题也是一贯的。从整体上看，青年期是个体身心两方面逐步走向成熟的时期。人的社会化在青年期也基本完成，青年将取得公民的资格，成为社会的正式成员。青年期结束时，大多数青年对世界、事业、人生和自己都可能有较清晰和深入的思考，形成相对系统和稳定的见解，对自己的未来作出明确和相对稳定的抉择。因而，“未来”是青年期最重要的概念。在青年的理想中，最诱人的是事业、友谊、爱情和人生价值的实现，这使青年期成为人生最浪漫、最有锐气的时期。随着心理能力的成熟，青年将逐步形成对外部世界和自己内部世界的较清晰和较深入的认识，并在两种世界之间建立具有个人发展意义的联系。总体说来，青年期是人生的定向时期，个性的定型时期，也是个体从准备投入社会生活向正式投入社会生活转变的时期。

根据青少年期的年龄特征，高中生主要的发展任务有以下几点：

(1) 发展辩证思维的能力；

(2) 为职业生活作准备；

(3) 学习选择人生道路；

(4) 认识自我、认识社会，形成积极的人生观和世界观；

(5) 获得一定的社会角色定向；

(6) 学会正确对待友谊和爱情；

(7) 提高自我调节生活与心理状态的能力；

(8) 培养创造性学习能力。

第三节　作为教育主体的教师

作为教育者，教师劳动的本质是教书育人，即通过教育教学活动，在传授知识的过程中指导学生主动地、有效地学习，营造良好的氛围来促进学生健康、快速地成长。作为一种职业，教师是一种专门性职业，承担着培养合格的社会成员、传递和传播人类文明、延续和推动人类社会发展等重要职责。要想成为一名合格称职的教师，就必须正确认识自己应该扮演的角色，不断提高自身的专业素养。

一、教师劳动的特点

教师劳动的特点是在长期的教书育人实践中形成和发展起来的，是由教育对象的主体性、教育活动的情境性以及教育目的的特殊性所决定的。正确认识教师劳动的特点，有助于深刻地理解教师的角色扮演和素质要求。

（一）教师劳动的复杂性

教师劳动的对象是具有主观能动性、可塑性强、模仿性强的儿童和青少年，他们正处在身心迅速成长发展的阶段。在教育过程中，他们又是认识和发展的主体。每个学生都有各自独特的兴趣、爱好、性格特长、思想和行为，他们在接受教师影响的同时，还要受到来自家庭的，社会政治、经济、文化、大众传媒以及同龄人所提供的直接的、复杂的影响。同时，学生对于教师的教诲，会不同程度地采取认同或排斥的态度。这就决定了教育教学活动不是凭教师的主观愿望和机械的办法所能控制的，教师要把千差万别的学生培养成为国家需要的各种各样的人才，就必须熟谙青少年身心发展的规律，了解每一个学生，准确地掌握他们思想、学习、生活各方面的情况，才能"一把钥匙开一把锁"，从不同的学生的特点出发，因材施教。同时，还要能及时发现工作中出现的问题，总结经验教训，不断调整和改进教学工作。教师劳动对象的主体性和差异性，决定了教师劳动具有特殊的复杂性和艰苦性。

（二）教师劳动的全面性

学校的教育目标是把具有不同身心发展水平的受教育者培养成为有个性特长的、社会发展所需要的人才。这就要求教师的劳动应是全面性的。首先，要使学生在德、智、体、美诸方面全面发展。教师要通过教育教学活动去帮助学生掌握知识、发展智力，培养学习兴趣和学习能力，增强学生的体质和提高健康水平，从而形成学生良好的行为方式和科学的人生观与世界观，促进学生的全面发展，最终实现教育目标。其次，要坚持面向全体学生。教师劳动的产品是一种特殊产品，与一般的人类劳动产品有本质上的区别。工业生产可以抛掉不合格产品，农业生产可以铲除病苗，而学生即使毛病再多，教师也不能抛弃，更不能简单地将他们划分为三六九等。第三，要全面发展学生的个性特长。教师要树立不拘一格的人才标准，承认每个学生都有多样化的发展潜能。一方面，要重视学生个性的培养，为学生个性的发展创造良好的氛围和条件；另一方面，要改变用一个模式去要求所有学生的做法，积极鼓励学生面对学习对象勇于质疑，大胆猜想。特别是在活动课和课余时间，要注意发现学生的特长。

（三）教师劳动的示范性

自古以来，人们就认识到了教师劳动的示范性，"师者，人之模范"，"身正为范，学高为师"，"为人师表"，等等，强调的是教师的榜样、示范作用，强调的是教师要以自己的思想、学识、言行和人格，通过示范的方式去直接影响学生。教师劳动具有强烈的示范性，是由"教育是培养人的活动"这一本质规定决定的。教师劳动与其他劳动最大的区别就在于，教师劳动的作用对象是学生，是未成熟而又相对独立的人。模仿性是青少年学生学习的基本特征之一。青少年学生，尤其是小学生会对教师产生一种特殊的信任和依赖之情，教师在他们的心目中有崇高的威信。教师的言行举止、道德风貌、思维习惯、个性特征等，都会通过言传身教潜移默化地影响学生。因此，教师必须严于律己，以身作则，用自己的积极行为去影响学生的行为，用自己的良好个性去影响学生的个性，用自己的正确态度去影响学生的态度，以便取得最佳教育效果。

（四）教师劳动的创造性

教师劳动的创造性，主要在于这一角色活动无确定的规范或方法可以任意套用。教师要在有限的时间里，将浩如烟海的人类文化、科学知识转化成为学生的基础知识和基本技能，就必须对知识进行系统地加工和整理，这本身就是一个创造性的劳动过程。教师要根据不同的对象、不同的问题，运用不同的教学方法，以帮助学生掌握知识和发展能力，这需要有很高的教育艺术，而绝非机械性、重复性劳动所能办得到的。例如，一堂初一的数学课，讲解的是一道古老的题目：鸡兔同笼，有头 45 个、足 116 只，问鸡兔各有多少？学生议论纷纷，有的笔算，有的心算……算不出来。问题在哪里呢？鸡的两只脚和兔子的四只脚在捣乱，如果让鸡和兔的足数一样，那题目就容易了。于是，教师下令："全体兔子立正！提起前足。"全班学生哄堂大笑，个个睁大了惊奇的眼睛。"现在，兔子和鸡的足数是一样了，上面有 45 个头，下面该有多少脚呢？""90(只)！"同学们齐声回答。"和先前相比，少了多少只脚呢？"反应快的马上叫了起来："少了 26 只。""这 26 只脚哪里去了呢？""被兔子们提起来了""那么，现在你们该知道笼子里有几只兔子？""有 13 只兔子！"同学们欢叫着。烦人的数学题目，在这位教师幽默的、形象的讲解中，变得那么有趣、明白。在教师创造性的劳动下，课堂教学是高效率的。

（五）教师劳动的专业性

社会学者根据职业的性质、内容、形式等标准，把职业划分为专门职业与普通职业。判断一个职业为专门职业，有三个基本条件或标准：一是需要专门技术和特殊智力，从业者在职前必须接受专门的教育；二是提供专门的社会服务，具有较高职业道德和社会责任感；三是拥有专业自主权或控制权，如对从业人员聘用或解职的专业权利不受专业外因素控制，表现为专业工作者应获得本专业资格证书，专业内部有不同的职称来标志专业水平差异等。根据上述标准衡量，教师职业是专门性职业，它需要经过专门的教育训练、掌握专门知识和技能、通过培养人才为社会服务。1966 年，联合国教科文组织在《关于教师地位的建议》中就明确提出，应该把教师工作视为专门职业，认为它是一种要求教师具备经过严格训练而持续不断的学习研究，才能获得并保持专业知识及专门技能的公共业务。1966 年由国际劳工组织制订的《国际标准职业分类》，在日内瓦 11 届国际劳工统计专家会议中获得通过，其中各级各类教师被列入了"专家、技术人员和有关工作者"这一大类。由此可见，教师劳动是一种专业性劳动。这种专业性突出表现在教师自觉承担教书育人职责的职业精神上，对教育教学专业知识和技能的掌握上，以及从事教育活动的独立性和自主权上。

二、教师的角色扮演

角色是个人在一定的规范性活动中履行一定职责的行为模式。教师作为专职人员，其教育主体地位最终是通过其角色扮演来表征和实现的。教师在教育教学中的角色是教师的多种社会属性和关系及其职业责任和专业特性在教育教学活动中的反映，是教师在教育教学中的一整套行为规范和人们对教师的角色期待。美国学者雷道和华顿保研究认为，一个教师兼有以下 10 种不同的角色：社会的代表；知识的源泉；裁判员或法官；辅导者；学生行为优劣的观察者；认同的对象；父母的替身；团体的领导者；朋友；情感发泄对象。有的学者认为，教师的角色主要表现为“人类文化的传递者”、“新生一代灵魂的塑造者”、“学生心理的保健医生”、“学习者和学者”、“人际关系的艺术家”、“教学的领导和管理者”等。还有学者根据教师的行为特征和功能性质，将教师角色分为三个方面：教学与行政角色，如教员、榜样、课堂管理员、办事员、青年团体工作者等；心理定向角色，如人际关系艺术家、社会心理学家、临床医师等；自我表现角色，如学习者与学者、父母形象、寻求权力者、助人的需要等。

通常情况下，人们对教师角色的认识都是建立在期望的基础上，即教师应该是什么角色。与此同时，对教师角色的定位，还应考虑角色扮演的可能性和可行性。因此，教师角色作为完整的认识对象，应根据教师劳动的特点、现代教育教学的性质以及教育的价值追求及其发展趋势来加以认识。当今社会的人们越来越倾向于这一种看法，教育教学活动不仅是师生的文化授受活动，而且是师生的相互交往活动、情感交流活动、共同生活的创造活动等。为此，教师作为教育主体，一般来说应同时扮演如下几种角色。

（一）传道者

教师具有传递社会传统道德、正统价值观念的使命，“道之所存，师之所存也”。进入现代社会后，虽然道德观、价值观呈现出多元化的特点，但教育、教师的道德观、价值观总是代表着居社会主导地位的道德观、价值观，并且用这种观念引导年青一代。除了社会一般道德外，教师对学生的“做人之道”、“为业之道”、“治学之道”等也有引导和示范的责任。

（二）授业、解惑者

我国唐代的韩愈在《师说》里说：“师者，所以传道授业解惑也”。教师是各行各业建设人才的培养者，他们在掌握了人类经过长期的社会实践所获得的知识经验、技能的基础上，对其精心加工整理，然后以便利于年青一代学习掌握的方式传授给学生，帮助他们在很短的时间内，掌握人类几百年、几千年积累的知识，在他们遇到困惑时，启发他们的智慧，帮助他们解除困惑，使他们形成自己的知识结构和技能技巧。

（三）学生心灵的培育者

教育的目的是使学生变得更聪明、更高尚、更成熟。好的教师不但教学生学习知识，而且教学生学会学习；善于激发学生的学习热情，培养学生自主学习的能力和习惯，调整学生的不良情绪和心态；经常提醒学生仔细认真、勤奋刻苦，培养良好的学习心理品质；善于发现学生的学习差距，特别关注学习成绩不佳的学生，并善于使学生相互帮助，形成良好的学习风气。

（四）教学活动的设计者和实施者

现代教学活动是一种集体活动，要全面实现教学的整体功能，就必须精心设计、周密组织。首先,教师是教学活动的设计者。好的教学设计可以使教学有序进行,给教学提供良好的环境,使学生养成循序渐进的学习习惯,全面地完成教学任务。要精心地进行教学设计,就要求教师全面把握教学的任务、教材的特点、学生的特点等要素。其次,教师是教学活动的实施者,即教师在教学资源分配(包括时间分配、内容安排、学生分组)和教学活动展开等方面是具体的实施者。教师科学地分配活动时间,采取合理的活动方式,可以启发学生的思维,协调学生的关系,激发集体学习的动力。

(五)管理者

教师还是教育教学活动的管理者。教师对教育教学活动的管理,具体体现在两个方面。一是对学生集体的管理,包括确定目标、建立班级集体,制定和贯彻规章制度,维持班级纪律,组织班级活动,协调人际关系等。二是对教育教学过程的管理,如对教学环节的调控,对学习态度、学习活动、学习习惯、学习质量的调节,对教学偶发事件的处理等。传统教育观将管理这一概念理解为管制约束,常通过纪律的维持来实现,教师扮演的是"警察"、"保姆"的角色。好的教师在教育教学管理活动中的角色行为应该是:建立各种教学常规,特别是课堂教学常规;倡导学生参与管理,树立集体观念,充分发挥集体的凝聚力;通过建立自己的威信,充分发挥情感在管理中的作用,教师扮演的是"向导"、"建议者"等角色。

(六)学生的"父母"与"朋友"

教师往往被学生视为自己的父母,看做是父母的化身,低年级学生对教师的态度有点像对父母的态度,高年级学生愿意把教师当作他们的朋友,希望得到教师在学习、生活、人生等多方面的指导,同时希望教师成为分担他们的痛苦与忧伤、分享他们的幸福与欢乐的朋友。事实上,教师把学生当作朋友,可以使学生更亲近教师,教师也可以更全面了解学生。作为朋友,教师就应成为学生的交心对象,关心学生的生活和全面成长,以平等的身份与学生交往,帮助学生解决困难。苏霍姆林斯基曾强调,最好的教师是在与学生的精神交往中,忘记自己是教师,把学生视为志同道合的朋友的那种教师。

(七)学生学习的榜样

教师不仅是教学的主体,又是学生的学习材料和发展资源。教师和教师群体作为成人世界的代表,其言行举止、态度、个性等,无不对学生发生潜移默化的影响。教师的榜样作用具有双重性质。好的教师榜样,给学生留下公平、正义、理智、热情、坚强、果断的印象;而差的"榜样"会给许多学生留下心理上的阴影,甚至导致行为上的缺陷。

(八)学习者和研究者

教师被认为是智者的化身。作为教师,首先必须是一个学习者,并努力成为一个学者。教师要不断地学习,更新自己的知识结构,以便使所教知识建立在更宽广的知识背景之上,适应学生的整体发展需要。同时,还要学习教材,了解与教材相关的信息,研究教材、处理教材,把外在的知识转化为自身的认知结构。其次,教师要成为研究者。教师工作的对象是充满生命力的、千差万别的个体,传授的内容是不断发展变化的科学知识和人文知识,这就决定了教师不能以一成不变的态度对待自己的工作,而是要以一种变化发展的眼光研究自己的工作对象、工作内容和进行各种教育活动,不断学习新知识、新理论,不断反思自己的实践和经验,不断发现新的特点和问题,以便自己的工作适应不断变化着的形势，并且有所创新。

教师的角色是多方面的，既有显性的，也有隐性的；既有认知方面的，还有情感方面的。这些角色统一于教育教学活动中，构成了教师职业特有的角色特点，决定了教师职业的重要意义和重大责任，决定了对教师的高素质要求。

三、教师的专业发展

教师是履行教育教学职责的专业人员。20 世纪 80 年代以来，教师专业发展问题日趋成为人们关注的焦点。从历史发展的总趋势来看，教师专业发展及其研究经历了由被忽视到逐渐获得关注、从关注教师群体专业化转到关注教师个体专业发展、从关注专业地位的认可和专业发展的外部环境转到关注内部专业素质提高的过程。教师专业发展的核心及最终体现就在于教师个体的专业发展，因此，我们在这里主要从个体的角度探讨教师专业发展。

（一）教师专业发展的内涵

教师专业发展是指教师作为专业人员的成长过程，由一个专业新手发展成为专家型教师或教育家型教师的过程，其实质是教师内在专业结构不断更新、演进和丰富的过程。这个过程不仅仅是一个时间的自然延续，它更是教师自身素质不断提高和专业自我不断形成的过程。具体说来，教师专业发展的内容主要体现在如下几个方面。

1. 专业信念的确立

教师的专业信念就是教师的教育信念，是教师自己选择、认可并确信的教育观念或教育理念。有没有自己的职业信念，是区分专业人员与非专业人员的重要方面。教师作为专业人员，应具有与时代精神相通的教育理念，并以此作为自己专业行为的理性支点和专业自我的精神内核。教师的教育信念反映的是教师对教育、学生以及学习等的基本看法，在教师专业结构中位于较高层次，统摄着教师专业结构的其他方面。

2. 专业知识的拓展

教师的专业知识是教师从事教育教学工作所必须掌握的理论体系与经验系统。教师专业知识的拓展可以从三个方面来理解。一是教师要不断更新知识，补充知识，扩大自己的知识范围。过去常用一句俗话形容教师应有的知识含量："要给学生一杯水，教师要有一桶水。"然而，当今世界科学技术迅猛发展，知识更新速度加快，"一桶水"在现在已经不够用了。教师要给学生一杯水，自己就要是一条潺潺流动的小溪。二是教师要深化对知识的掌握和理解，进而能够进行知识的批判和创新。只有这样，教师才能将知识内化为自己的认知结构；只有当教师自己真正实现了知识内化，才能去引导学生转知成识，进而转识成智。三是教师要优化自己的知识结构。面对课程设置的综合化、教育内容的社会化和教育技术的现代化的要求，教师应当具有全面性、多层次、复合型的知识结构。教师多层复合的专业知识主要由三个层面构成：一是有关当代科学和人文两方面的基本知识，以及工具性学科的扎实基础和熟练运用的技能技巧；二是具备 1～2 门学科的专门性知识与技能，包括对学科基础知识的准确理解和相关技能的熟练运用，对与学科相关的知识（尤其是相关性质和逻辑关系）的基本了解，对学科发展历史和趋势、价值及其实践形态的掌握，对学科的思维方式及其认识世界的独特性的领悟等；三是掌握必要的教育科学类知识，帮助教师认识教育对象、教育教学活动和开展教育研究。

3．专业能力的提高

教师的专业能力是教师在教育教学活动中形成的顺利完成教育教学任务所必需的能力和本领。教师专业能力应包括一般能力（即智力）和教师专业特殊能力两个方面。教师在智力上应达到一定水平，这是教师正常开展教育教学活动的前提和基本保障。教师的专业特殊能力是教师胜任教育教学工作所需的独特的本领，一般说来应包括如下几个方面：(1)教育教学设计能力，即教师在综合考虑教育目标、学生、教育内容、教育条件等因素的基础上，对教育教学活动进行整体构思的能力；(2)表达能力，包括言语表达、板书、演示等方面的能力；(3)组织管理能力，如班级管理能力、课堂管理能力、课外活动组织能力等；(4)教育教学机智，即教师合理且艺术地处理教育教学过程中突发事件的能力；(5)交往能力，如理解他人的能力、沟通能力、人际关系协调能力等；(6)反思能力，即教师对自己的教育教学状况正确评价并分析其不足的能力；(7)教育研究能力，即教师对教育教学实践和理论进行探索，发现问题并试图解决问题的能力。

4．专业自我的形成

教师的专业自我就是教师个体在职业生活中创造并体现符合自己志趣、能力与个性的独特的教育教学生活方式以及形成的教育教学知识、体验、价值体系与教学风格的总和。简单地说，就是在教育教学过程中表现出来的独特个性。教师专业自我的形成过程是教师在教育教学活动中通过不断的自我发展、自我创造和自我超越，提高教育教学素养，形成良好教师形象，促进职业生活个性化的过程。这也是教师走向成熟和成功的重要标志和最终体现。

（二）教师专业发展的过程

刚上岗的新教师虽然经过了专门的职业训练并取得了教师资格证书，但不意味着他就是一个成熟的教育教学专业人员，他还要随着教育教学工作经历的延续、经验的积累、知识的更新以及不断的反思才能逐渐达到专业的成熟。有关教师个体专业化发展过程的研究表明，虽然师范教育对教师专业化发展的作用不可忽视，但许多中小学优秀教师的良好品质与才能主要是在实践中逐步积累和发展起来的。由表 7-1 可知，中学优秀教师的特殊能力，除了语言文字表达能力与职前教育有关，其他能力更多的是通过职后教育和自我学习形成的。

表 7-1　中学优秀教师各种特殊能力形成时间的分布表

各种特殊能力	大学前(%)	大学期间(%)	职后(%)
对教学内容的处理能力	18.95	12.63	68.42
运用教学方法和手段的能力	21.65	12.37	65.98
教学组织和管理能力	19.59	11.34	69.07
语言表达能力	34.69	20.41	44.90
教学科研能力	18.18	11.11	70.71
教育机智	19.19	11.11	69.70
与学生交往能力	21.43	10.21	68.36
平均	21.95	12.74	65.31

教师专业发展是一个持续不断的成长过程，其间会表现出一定的阶段性特征。教师

专业发展的阶段特征，也就是教师专业发展的内在结构要素在每一阶段成长状态的特殊组合和表现方式。每一个发展阶段都有特定的发展核心、主题和问题，前一阶段核心问题的解决与否、解决程度如何对后一阶段有很大影响。国内外学者对此做了大量而深入的研究。

国内学者叶澜等人从“自我更新”取向角度对教师专业发展阶段及其特征进行了深入的研究，把它分为“非关注”阶段、“虚拟关注”阶段、“生存关注”阶段、“任务关注”阶段、“自我更新关注”阶段(见表 7-2)。

表 7-2　“自我更新”取向教师专业发展阶段及其特征

阶段名称	时　　限	主要特征
1.“非关注”阶段	正式教师教育之前	无意识中以非教师职业定向的形式形成了较稳固的教育信念，具备了一些直觉式的前科学知识和与教师专业能力密切相关的一般能力
2.“虚拟关注”阶段	师范专业学习阶段（包括实习期）	对合格教师的要求开始思考，在虚拟的教学环境中获得某些经验，对教育理论及教师技能进行学习和训练，有了对自我专业发展反思的萌芽
3.“生存关注”阶段	新任教师阶段	在现实的冲击下，产生了强烈的自我专业发展的忧患意识，特别关注专业活动中生存技能，专业发展集中在专业态度和动机方面
4.“任务关注”阶段		随着教学基本生存知识、技能的掌握，自信心日益增强，由关注自我的生存转到更多地关注教学，由关注“我能行吗”转到关注“我怎样才能行”
5.“自我更新关注”阶段		不再受外部评价或职业升迁的牵制，自觉依照教师发展的一般路线和自己目前的发展条件，有意识地自我规划，以谋求最大限度的自我发展，关注学生的整体发展，积累了比较科学的个人实践知识

国外学者凯兹根据前人的研究，概括并提出了教师职后专业发展的 4 个阶段。

阶段一：求生期。在工作的第一年，努力适应以求得生存。

阶段二：巩固期。一年后，对一般学生的情况有了基本的了解，开始把注意力放在有问题的学生身上。

阶段三：更新期。在第三和第四年时，教师开始寻求新的教育教学方法。

阶段四：成熟期。教师花费三年、五年或更多的时间，成为一个专业工作人员，能够对教育问题作出反省性思考。

上述有关研究，主要是根据教师专业发展过程的基本趋势，从总体的角度对教师专业发展过程进行阶段划分和描述。从教师实际的职业生涯来看，教师专业发展并非一帆风顺、直线上升的，既有成熟期，也有保守期和衰退期。另外，教师专业发展存在个体差异性，不同教师达到专业成熟的时间长短不一，少则 3～5 年，多则 10～20 年。并且，教师专业结构要素之间的发展也是不平衡的。从目前多数学者的研究成果和学校领导的实践经验来看，一般情况下，教师具备分析、理解和清楚明确地讲解教材的能力需 3～5

年，而掌握领导、组织、启发以及因势利导、因材施教等能力，则需 6～10 年，甚至更长时间。

（三）教师专业发展的实现

为了有效地促进教师的专业发展，必须了解教师专业发展的动力、路径以及实现机制。教师专业发展的动力主要来源于三个方面：一是教师在日常专业生活中所遇到的必须解决的问题；二是外界的各种教师教育的支持和推动；三是在自我发展意识引导下教师自身对专业发展的主观追求。与此相对应，教师专业发展的路径有三条：一是自发的路径，即教师在解决实际问题中不自觉地获得专业发展；二是外控的路径，即教师在外界教育力量的控制和推动下获得专业发展；三是内控的路径，即教师在自我发展意识调控下获得专业发展。这三个方面的动力和路径有机结合在一起，共同作用于教师的专业发展，这就是教师专业发展的实现机制（见图 7-2）。但任何形式的发展动力和机会，是否真正导致教师专业发展，外在促进因素是否对教师专业发展产生影响及其影响程度如何，最终取决于教师的自我专业发展意识。

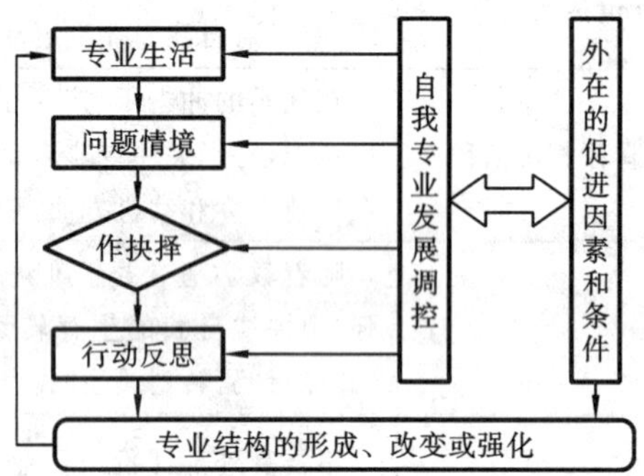

图 7-2　教师专业发展的实现机制

从教师专业发展的实现机制来看，教师专业发展是在教师自我专业发展意识调控下各种动力因素和外界条件综合作用的产物。概括地说，推动和促进教师专业发展的现实途径和实施策略主要有以下几种。

1. 完善教师资格证书制度

资格证书制度是职业专业化的必然措施和必经途径，也是职业专业化的一个重要特征。最早实施教师资格制度的是法国。1830 年法兰西第一帝国决定建立初等教育教师考核和证书制度，1833 年《基佐法案》颁布并生效，这项制度正式实施。在美国，1903 年所有的州均实施了这项制度。目前，教师资格证书制度也日益呈现出越来越高的标准与要求。教师资格证书制度能够提高教师的入职要求，加强教育工作的专业性，无疑也会导致教师的社会地位得到相应提高。此外，教师资格证书制度也有利于教师教育体制的改革和发展。世界各国的教师教育大致可以分为“定向型”和“开放型”两类。定向型教师教育目的明确，但封闭不灵活，选择面窄，学生的学科知识不够深厚，专业性不强。因此，定向型教师教育必然要向开放型教师教育转型。要实行开放型教师教育，教师资格证书制度必不可少。

在我国，1993 年颁布的《教师法》明确规定了“国家实行教师资格制度”，并授权国务院制定《教师资格条例》，授权教育部制定《教师资格认定过渡办法》等与《教师法》配套实施的法规与规章，明确提出对教师专业化的要求。1995 年 12 月国务院颁布的《教师资格条例》，从加强教师专业化的角度进一步细化了《教师法》规定的教师资格条件。2000 年 9 月 23 日，国务院正式签发《〈教师资格条例〉实施办法》，教师资格制度在全国开始全面实施。国家以立法的形式来颁布教师资格制度，确立了教师职业在社会生活中所应有的特殊地位，肯定了教师职业的专业性。值得注意的是，在教师资格证制度实施的过程中，许多地方也存在着走形式的问题，没有达到实施教师资格证制度的真正目的。因此，应该进一步提高从业标准，逐渐使教师资格证像律师资格证等专业证书一样让人信服。此外，国家还应制定出适用于不同地区、不同类型学校、不同学科教师的资格考核标准以及实施办法，完善教师资格证书制度，从而逐步提高我国教师的专业化水平。

2. 建立发展性教师评价机制

有效的教师评价机制是教师专业发展的保障。直到 20 世纪 80 年代末，以奖惩为根本目的的教师评价，在世界范围内一直处于垄断地位。这种奖惩性教师评价通过对教师工作表现的评价，作出解聘、晋升、降级、加薪、减薪、增加奖金等决定。在教育实践中，这种评价由于漠视教师在评价中的主体地位和专业成长并由此引发了许多问题而广受批评。目前我国的教师评价制度仍是奖惩性的，重结果而轻过程；教师评价指标单一，无法与教师劳动的复杂性、艰巨性相匹配；教师评价手段陈旧，仍采用听课、查教案等传统做法；多数评价人员还做不到深入教师工作实际，表面化、形式化严重等。这一切都会在不同程度上降低教师评价的科学性、客观性，影响教师评价的合理与公正。20 世纪 90 年代以来，以英国为首的一些发达国家开始摒弃奖惩性教师评价，并转而推行发展性教师评价。发展性教师评价是指以促进教师专业发展和未来发展为目标的一种教师评价制度，是一系列促进教师成长和发展的评价理念和评价方式的总称。发展性教师评价倡导以下五个基本理念：着眼于教师的未来，促进教师整体素质的提高；鼓励教师积极参与评价；注重动态、纵向的形成性评价；把交流、协商、研讨贯穿于评价的全过程；重视评价的基础性。

国外有两种发展性教师评价模式。一是英国的表现管理。表现管理是英国政府于 2001 年提出的教师评价制度。其核心是，通过建立教师评价的法律化、制度化和规范化的架构，为教师提供各种必要的支持和帮助，改进教师的能力和水平，以提高学校的办学效率和水平，最终达到提高学生的学业成绩的目的。二是美国的教学档案袋评价。教学档案袋评价，在最近 20 年里，已从学生评价领域步入教师评价领域。教学档案袋是在某一时期不同情境中产生的有关师生工作信息的系统收集，最终目的是促进教师专业发展和学生学习进步。它含有四个要素：目的、读者、证据、反思。其中，反思是关键要素，它贯穿于档案袋创建过程的始终。它有三种类型：学习档案袋、评价档案袋、就职档案袋。每种档案袋都有自己的特定的内容和功用。

3. 加强教师的在职培训

学校在教师专业发展过程中处于极其重要的地位，它不仅是培养学生的场所，而且也是教师专业发展的基地。教师任职的学校应是其专业发展的主要环境。传统的教师教育是一种以工具理性为主导的“技能熟练”培训模式，它十分强调一套科学、系统、确定的知识技能体系的传授。但是，由于教师专业是实践性很强的专业，这种教师培训模式往往偏重于教育理论知识的传授，而很少与教育实践相联系，容易造成理论与实践的分离。因此，教师专业发展非常需要一种能结合理论与实践的培训模式。目前，以教师需要为出发点又以教师的任教学校为中心的教师培训主要有两种：一种是校本培训，另一种是教师发展学校培训。

校本培训，作为教师在职培训的新概念与新策略，于20世纪70年代中期最先在英、美等国产生。所谓校本培训，是指源于学校课程和整体规划的需要，由学校发起、组织，旨在满足个体教师的工作需求的校内培训活动。它是以教师个人发展需要为出发点，以学校为培训场所的培训模式。其培训形式多样，可以通过教学研讨、案例分析、专题讲座、经验交流等形式来进行，还可以与大学、教育科研机构合作，通过定期研讨、课题指导、合作研究等形式实现理论研究者与学校教师的合作。这种模式实现学校与教师的同时发展，帮助教师排除了专业发展的障碍，缩小了理想与现实教学的距离。因此，这种以学校为中心的教师培训模式由于适应了教师专业化的需要而受到普遍的欢迎与关注。

教师专业发展学校，最早是由美国的霍姆斯协会在《明天的教师》一文中提出的。在此之后，美国的教师专业发展学校如雨后春笋般迅速崛起，成为改革教师教育的一种新的尝试。它并不单纯是作为大学研究基地的实验学校，也不同于我国师范院校所设立的附属学校，更不是在现有的大学和中小学校之外重新设立的新的学校形式，而是在原有中小学校的基础上与大学的教育系或学院合作形成的，融合教师职前培训、在职进修和学校改革为一体的学校形式，其开展的主要活动有课程理论培训、短期研讨班、专题研究等。在教师发展学校里，教师与专家的地位是平等的，教师不再是教育理论的消费者，而是与专家平等的合作者。教师要主动发现问题、解决问题并在教学实践中接受检验，并与大学教师一起针对中小学教育中的实际问题，通过合作研究共同谋求解决的办法。这种新的教师教育模式有可能真正培养出“在研究中不断反思，在反思中不断发展”的“反思型实践者”。

4. 开展教学反思与行动研究

教师专业发展的最普遍、最直接、最重要的途径是教师的自我教育。其中，教学反思与行动研究是教师进行自我教育最有效的形式。

国外很多研究者在研究了专家型教师与新入职的教师之间的差距后，认为仅靠短时间的教学方法和教学策略的培训是无法完全缩小二者之间的差距的。研究证明，成功的教师倾向于主动地创造性地反思他们教育中的重要事情，诸如他们的教学目的、教学措施、教学环境以及教学能力。反思可以说是新教师成长成熟并最终成为专家型教师的一座重要的桥梁。反思帮助教师把经验和理论联结起来，从而更加有效地运用自己的专业技能。没有反思的经验是狭隘的经验，至多只能形成肤浅的知识。如果教师仅仅满足于获得经验而不对经验进行深入思考，那么他的发展将大受限制。反思性教学过程，是教师对教学诸要素环节再认识、再研究、再整合的过程，是教师思维再活化、再碰撞的过程，是教师对自己的教学实践活动的审视与研究过程。自我反思能帮助教师及时捕捉、分析和思考各种教学现象、得失和灵感，恰如其分地对自己的教学行为加以总结和研究，提出更贴切更合理的改进方案，能加深教师对各种教学要素的再认识，从而全面提高自己的素养和能力,促进自我成长和进步。教师在教学实践中的反思,不仅能提高教师的理论水平,反过来又提高了教师的实践水平。

进行教育研究也是教师专业发展最基本和最有效的途径之一。这里,教师的研究并非指专业化、理论性的学术研究,而主要是指教育教学实践研究,即教育行动研究。简言之,教育行动研究是一种以参与和合作为特征、以教师为研究者、以实践情境为研究场所的研究形式。教育行动研究的问题必须来自教师自己的教育教学实践,它是教师自己的亲身经历和感受,讲求解决教育中的实际问题。当然并不意味着行动研究仅满足于问题的解决,而不对已取得的成功进行理论探讨。行动研究既然是一种研究形式,必然要对行动的过程和效果进行理论思考,并在实践的基础上作出自己的理论贡献。教师在开展行动研究方面有着明显的优势,教师不仅处于最佳研究位置,而且还拥有最佳的研究机会。教师置身于现实动态的教育情景中,能深刻体验到教学活动情景,不断及时地解决新问题,并根据自己的经验对方案的可行性、有效性作出判断。由于行动研究强调从经验中学习,强调实践者就是研究者,注重研究与实践效果的有机结合,因而它不仅能在较短时间内促进教师教学效果的提高,而且也有利于教师的专业成长。

第四节　师 生 关 系

师生关系是教育过程中最基本、最重要、最复杂的人际关系。教育活动是在师生关系中展开并完成的,师生关系的性质和水平对教育活动及效果具有重要作用,对学生身心发展会产生深刻的影响。在当今的时代背景下,传统的师生关系应作出相应的调适,以便适应新时代的要求。

一、师生关系的内涵

师生关系是指教师和学生在教育教学活动中结成的相互关系,包括彼此所处的地位、作用和相互对待的态度等。从根本上讲,它是一种特殊的人与人之间的关系,是教师与学生在教育过程中以学生发展为直接目标,以一定的教育内容为中介,以教与学的相互作用为纽带,而建立起来的一种特定的人际关系。教育过程是教师与学生共同参与、推动、创造的社会过程。教师和学生都是教育过程中的主体,以各自的全部经验、情感、个性投入教育生活,一切教育教学活动的组织、安排、进行和效果都取决于师生的交往情况。因此,交往是阐释师生关系的基本前提,师生关系的本质是师生主体间的交往关系。

师生关系在现实生活中是不断变化、丰富多样的。由于主体需要的不同,联系的内容、方式和环节的不同以及环境的差异,师生关系会呈现不同的特点,有着不同的表现形式,表征着不同的人际含义。从这个角度看,师生关系往往体现为教师和学生为实现教育目标,以各自独特的身份和地位通过教与学的直接交流活动而形成的多性质、多层次的关系体系。一般说来,师生关系在教育过程中大致表现为如下几个方面。

(一)以年青一代成长为目的的社会关系

师生关系总是在一定的时代背景下产生的,其性质总是由社会的整体性质来规约,师生的交往行为必须遵从一定的社会规范。师生间的社会关系是人与人的各种社会关系在教育教学中的反映，是指教师作为成人社会的代表与学生作为未成年的社会成员在教育教学过程中结成的代际关系、政治关系、文化关系、道德关系、法律关系等。

第一，师生之间存在代际关系。这是成年人与未成年人之间人伦关系的反映。教师代表上一代，肩负着关心、爱护下一代的责任和义务；而学生需要依靠教师才能缩短不成熟期，更好地实现社会化和个性化，成为未来人类社会发展的现实力量。

第二，师生之间存在政治关系。这是国家、集体与个人的关系在教育中的反映。具体来说，教师的教育和学生的发展不能离开一定社会的政治需要，师生关系要反映一定社会的政治要求，即培养公民素质或政治人才。

第三，师生之间存在文化关系。这是人类文化的传承关系的直接反映。教师闻道在先，术业有专攻，是人类已有文化的掌握者，而学生拥有的文化资源相对不足，这种文化差异客观上使教师和学生构成了人类文化的传承关系。

第四，师生之间存在道德关系。这是人类现实利益关系在教育教学中的反映。教育教学过程中师生的活动必然受到社会道德规范的约束，如公平、正义、秩序等，教师和学生都必须共同遵守。同时，师生之间的交往也必须合乎教育内部的道德规范，如教师职业道德、学生守则等。教师作为教育者还必须把自己的道德作为一种有效的教育资源，发挥其示范、陶冶作用。

第五，师生之间存在法律关系。这是现代社会人们之间的权责关系的具体体现。教师和学生作为公民具有法律保护的权利、义务、责任，作为未成年人的学生还拥有《未成年人保护法》等法规赋予的权利。教师要尊重和维护学生的权益，学生也要尊重教师的合法权利。

（二）以促进学生发展为目的的教育关系

教育关系是师生关系的核心。虽然没有教育关系，师生的社会关系同样存在，但没有教育关系，教育活动就难以发生。师生间的教育关系是指教师和学生在教育教学活动中为促进学生的整体发展和自主发展，而结成的指导与被指导、组织与被组织、平等对话等主体间关系。

第一，从教育过程的主体作用来看，教师和学生是指导与被指导的关系。虽然教师和学生都是教育主体，但他们的地位是有差别的，主体作用也不同。教师作为专业人员是整个教育活动的设计者、管理者、组织者。虽然学生作为教育主体，有一定的选择权、自我决策权，但总体上是教师领导学生的学习，指导学生的主动发展。

第二，从教育生活的组织形式来看，教师和学生是组织和被组织的关系。教师和学生共同生活在学校、班级、教室等社群中。教师是这些社群中的领袖，保持必要的权威，维护一定的秩序，对于集体凝聚力、团队精神的形成起着至关重要的作用。由此可见，是教师组织学生，而不是学生主导集体。

第三，从教育活动的展开方式来看，教师和学生是一种平等的对话关系。教师和学生主要通过言语交流、精神对话来传递信息、表达思想，以完成教育教学目标。在这个过程中，教师和学生作为独立的整体性的人发生交互作用，在人格上是平等的，有着平等的参与权、话语权。通过对话，双方都获得了理解和沟通，获得了精神的交流和意义的分享，最终实现各自心灵的丰富和发展。

（三）以发展教育关系为目的的心理关系

师生之间的心理交往关系贯穿于教育全过程，渗透于一切师生关系之中。师生间的心理关系是指教师和学生在教育教学过程中建立起来的人际认知关系、情感关系等。具体表现为师生个体之间彼此是否相互了解和理解，情感上是否相互接纳和融洽，个性上是否对立冲突等。

理想的师生关系是一种彼此都感到愉悦、相互吸引的和睦关系。这种关系使双方缩短心理距离，获得心理安全感、自由感，从而尽快投入到教育教学活动中，提高教育教学效率和质量。现实中，师生人际偏见、情感冲突、个性对立干扰了正常的教育教学秩序，引发了学生厌学、教师厌教的现象。因此，师生间心理关系的好坏直接影响着教育关系的形成和发展的程度，优秀的教师不仅是会教知识的教师，而且是吸引学生的教师。

概言之，师生关系是由社会关系、教育关系和心理关系构成的关系体系。其中，教育关系是基本关系，其他师生关系皆为这一关系服务；社会关系是一种背景关系，常以比较强硬的方式投射到其他师生关系之中，具有规范性、稳定性等特点；心理关系是教育关系的基础和深化，常以内隐、感性的方式反映社会关系并直接影响教育关系，具有情景性、弥散性等特点。

二、师生关系的构建

建立良好的师生关系是教育工作者的共同追求，又是教育规律的必然要求。然而，良好师生关系的构建是社会、学校、家长、教师、学生等各种相关力量共同努力、协调配合的结果。其中，教师在师生关系的建立和发展中起着主导作用。

（一）良好师生关系的基本特征

良好的师生关系应是时代精神的反映，是先进教育价值观和教育主体观的体现。民主、平等、合作是现代社会倡导的基本理念，关注人的价值、回归人的生命是当今教育的核心价值观。为此，当今应努力构建一种民主平等的“我-你”型师生关系。具体说来，这种新型师生关系的基本特征表现在如下几个方面。

1. 相互尊重，彼此理解

尊重原本就是传统师生关系的核心，我国自古以来就有尊师重道的传统。然而，传统师生关系下的尊重已经不能满足时代发展的要求。我国古代把教师提到了非常重要的地位。在古代专制制度下，学生理应尊重教师，教师却不需要尊重学生。在现代社会，人与人之间的关系实现了民主化和平等化，学生的主体意识增强，学生也有被尊重的需要。“尊师爱生”只强调学生对教师的尊重，教师对学生的爱，但对学生只有爱而缺少尊重是不够的。在一定意义上而言，尊重是爱的前提，没有尊重的爱是不完善的爱。因此，现代师生关系应该是相互尊重，学生要尊重教师，教师也要尊重学生。

理解是师生交往的基础。人与人交往过程中的理解，是指彼此能使自己的意向为对方所了解、认可和接纳。渴望被他人理解也是人的基本需要，所以常常有人高呼“理解万岁”。师生之间的相互理解是构成双方共同行动的基础。通过理解，他们才能相互承认、相互接纳和相互沟通，才能形成真正的交往。师生交往是以理解为目的、以理解为导向的。教师理解学生，是把学生作为独立人格的精神整体进行交往，是站在平等的地位引导和帮助学生。学生理解教师，同样要把教师作为一个与他一样有血有肉、有个性、有情感的真实的人而接纳并尊重他，把教师作为一个生活中的先行者、一个有生活经验的人而接受他的支持、帮助和引导。

师生之间相互尊重、彼此理解，摒弃了传统的封建等级关系、政治连带关系、伦理依附关系，是师生交往的道德基础、情感基础和认识基础。

2. 民主平等，共同参与

民主平等的师生关系，是师生交往中所必需的。教师和学生是完整意义上的生命个体，都具有各自独立的人格特质，师生之间的交往首先是完整意义上个体的交往，因此教师和学生要把对方完全当作一个独立自主、自由发展的人来看待，而不是简单地把对方当成物，将自己的意志强加给对方。民主平等不仅是现代社会民主化趋势的需要，而且是教育教学生活的人文性的直接要求和现代人格的具体体现。

所谓民主平等，意味着师生之间没有上下、高低、尊卑之分，双方拥有同样的交往自由和权利，双方都有表达自己思想和意志的权利和机会，在教育过程中双方谁也不能控制或操纵谁，也不能把意志、意见强加于另一方，而应建立一种平等、自由、宽容、关心、鼓励、帮助的关系。它要求教师充分发挥非权力性影响力，一视同仁地与所有学生交往，能主动接近学生，向学生学习，善于倾听不同意见，与学生共享知识、共同决策；也要求学生主动向教师请教，正确地表达自己的思想和行为，学会合作和共同学习。民主平等是学生在共同参与的过程中形成的。共同参与，意味着教师和学生以不同的主体地位和作用进入实际的教育生活，形成需要、智能、个性等方面的互补，发挥各自的积极性、主动性、创造性。

师生之间的民主平等体现了现代社会人际关系的基本准则，是受我国《宪法》、《教育法》、《义务教育法》、《教师法》、《未成年人保护法》等法律法规保护的。当然，师生平等是指人格和精神上的平等，而不是现实的等同，更不是教师的知识修养要与学生持平。倡导师生关系的民主平等，不但不会破除教师的权威和损害教师的主导作用，反而会强化教师的感召力和人格魅力。

3. 对话合作，共享共创

对话合作是指教师和学生以言语表达为主要形式，通过彼此的言说与倾听、表达与接受，实现师生之间的心灵交流与沟通，让他们在合作中共同成长。如果说相互尊重、理解是新型师生关系的前提和基础，民主平等是新型师生关系的基本特征，那么对话合作则是新型师生关系得以实现的最有效途径。只有通过对话合作，师生之间才能真正建立起相互尊重、彼此理解、民主平等的交往关系。学生通过与教师的对话可以敞开心扉，让教师了解自己的现实情况和内心的想法，同时也从中了解教师的内心世界，双方达到心与心的交流，增进彼此的了解，进而互相理解对方、尊重对方。对话合作本身就是师生关系中的民主平等的直接体现。

共享共创是师生对话合作的直接目的和理想结果。所谓共享，就是教师和学生共同体验和分享教育中的欢乐、成功、失望与不安，它是师生情感交流深化的表现。所谓共创，就是教师和学生在相互适应的基础上相互启发，使师生的认识不断深化，共同生活的质量不断跃进。共享共创体现了师生关系的动态性和创造性，是师生关系的最高层次。

师生之间对话合作、共享共创，是现代教育的本质要求，是新型师生关系在教育教学过程中的实践形态，也是新型师生关系构建最有效的途径和方式。

4. 教学相长，共同发展

"教学相长"深刻揭示了教师与学生、教与学之间的辩证关系。"教学相长"的原意就是教师要把教和学结合起来，即"先学后教，教中有学"，"非学无以裕教，非教无以验学"。这里所说的"教学相长"，是它的引申意义："教"是指教师的教，"学"是指学生的学，"教学相长"是说教师和学生在教育教学过程中互教互学、相互促进、共同发展。

如前所述，新型师生关系是一种民主平等的对话合作关系。教师与学生在相互的沟通和交流中，彰显各自生命的活力，提高各自生命的质量，实现各自生命的超越，创造各自生命的价值。对学生来说，学生通过与教师和同学的充分对话和理解，凸显主体意识，张扬个性并展现创造力，充分体验到学习的快乐，在教师的引导下促使自己的道德、思想、智慧、兴趣、人格等全面生成。对教师而言，教师在与学生的交流碰撞中，重新认识和理解学生，激发着自己重新思考一些问题，不断反思和重构自己的教育理念和教育行为，从而不断促进自己的专业发展；在学生成长和进步中，体验到工作的幸福，获得最大的精神欢乐，认识和确证自我的能力和价值。就是在这种师生关系的构建过程中，师生双方相互依存、共同生活，相互促进、共同发展。

由此可见，教学相长、共同发展，既是新型师生关系建立的过程，又是新型师生关系建立的结果；既是新型师生关系构建的根本目的，也是上述新型师生关系特征的集中体现。

（二）良好师生关系的构建策略

良好师生关系的建立也受诸多因素的影响，需要各方力量的共同参与和努力，如社会支持、家长配合、学校组织、师生共建等。毫无疑问，在这些影响因素中教师是良好师生关系的直接建立者，是良好师生关系建立的主导因素，他的教育观念与态度、学识水平与道德修养、教育方式方法，对建立良好的师生关系起着决定性作用。然而，从现实的实践路径来看，良好师生关系的构建是在教育教学过程实现的，更直接地依赖于师生之间的相互交往和影响。这是一个比较艰巨的、复杂的潜移默化过程。在这个过程中包含着师生之间认知、态度、情感、技能等诸多作用因素，包含着师生相互影响的诸多方式。下面主要就在教师主导下师生如何携手共建良好的师生关系，作些分析和探讨。

1. 增进了解

教育中的许多偏见和失败，都源于教师对学生的了解不够。"了解"一词虽然很平常，很普通，但要真正达到了解的程度是非常困难的，因为了解并不是对人的表面言行的认识，而是对人的内心精神世界和独特性的把握，是对言行表现的内在根据的把握。在师生关系建立过程中，教师必须要从深层次上了解每个学生，准确全面地掌握学生的个人信息，这既有利于调节学生的态度和行为，又会使学生从教师对自己的准确把握中体会到教师的爱心与责任心，感受到教师的重视和关怀，增强向师意识。尤其是对学习差、行为落后的学生，教师更要透过遮掩耳目的表象，从深处了解他们，寻求原因，把握特性。教师对差生的了解不仅可以客观公正地对待他们，采用正确恰当的教育方法，而且可以滋生对差生的爱心。教师对学生的了解，不是为了对付或利用学生，而是为了更好地把握学生的独特性，更好地与学生沟通。因而，需要有相应的艺术和能力。尤其是人际感受能力、反应能力等。

教师对学生要了解，学生对教师也要了解。一般说来，学生由于其年龄、经验、社会成熟度、人际意识等方面的限制，总是以教师的言行了解教师，因而常会产生误解。这就需要教师要善于向学生敞开自己的心扉，展示自己真实的内心世界。如果教师总是掩盖自己、封闭自己，竭力和学生保持距离，把自己装扮成绝对正确的人，甚至力求每句话、每个动作、每个声调的准确和完美，学生永远不会了解教师，只能把教师视为外人而不期盼从教师那里得到什么。同时，教师也要及时充分地向学生说明自己的动机和行为，使学生了解和接受。只有彼此不断增进了解，师生之间才能真正相互理解和接纳。

2. 调整角色

美国心理学家戈顿曾设计了一个改进师生关系的训练计划，即教师有效性训练(teacher effectiveness training，简称 TET)。要求教师在改进师生关系时，首先要区分影响师生关系的三类问题状态：教师自身问题、学生自身问题和师生共有问题，然后根据各类问题对师生关系影响程度，采取相应的改善策略。奥琵也提出了师生关系建立的双向度基础，即教师对学生有所期望，学生对教师有所期望；教师对适当的教师行为有积极的看法，学生对良好的学生行为有积极的认同。这些研究说明师生在共建良好关系过程中，不断调整角色是非常重要的。在教育实践中，教师要树立正确的自我角色观念，遵守角色规范，提高角色素质，全面发挥角色功能，并依学生心理需要和发展特点表现角色行为。同时，学生也要明晰自己的学生角色地位，形成自我接受教育的认知心理，表现恰当的角色行为。这一方面需要学生自己的努力调节，另一方面也需要教师加强对学生的角色意识教育，如通过讲座、座谈会、辩论会、主题班会等形式，让学生明确把握自我角色的特征，形成自我角色规范的意识，扮演合格的学生角色形象，防止角色偏离和角色错位。

同时，师生之间可以通过移情性的角色换位思考，来增进对彼此角色的认同和理解。对教师而言，要经常反省自己，设身处地地从学生的年龄、处境、身份等方面来体验学生的心态，全身心地接纳学生。在面对和处理学生问题时，要能够扪心自问："假如我是学生，我希望教师怎样处理这件事?"再以此心态客观地判断学生的言行、思想和需要。这样，教师可以避免因自我中心或主观臆断而造成的"好心无好报"的结果，使自己的言行和教育能真正为学生认可和接受，引导和帮助学生进入人际关系之中。对学生而言，也要能够体谅教师，通过"假如我是老师"的自省方式，或者相应的角色扮演活动，体验教师的思想情感。尤其是当教师面临某种困惑和困难时，学生更应以关怀的行动帮助教师，这对良好师生关系的建立会产生巨大的推动作用和精神力量。师生之间通过角色互换式的思考，相互进入对方的精神领域，相互适应、彼此协调，产生强烈的心理共鸣和归属情感。这样一来，必然会促进师生角色互动的协调。

3. 化解冲突

良好师生关系的建立较为艰难，但破坏却容易。这种破坏力量既来自学生，也来自教师。尤其是当学生出现各种问题行为，教师不能理智对待和采取恰当方式应对，且又表现出失体失格的言行(如怒斥、尖刻讥讽、体罚、对骂对打等)时，就必然导致师生发生冲突，对师生关系的破坏就特别严重。这种破坏不仅影响教师和某个具体学生的关系，也影响教师与学生集体的关系。因为教师的言行表面上作用于一个学生，而此时又作用于其他学生。所以,当教师遇到来自学生的各种问题时,一定要表现出高度的自制和冷静,并且根据不同情况及时予以化解。这不仅表现了教师作为教育者的一种风范,而且表现了教师成熟的专业素养和智慧,以及对学生的爱护。而这一切又会增强学生对教师的信任。正是由于这样,师生冲突可以视为是对教师的最大考验,也是师生关系建立的一个宝贵的契机,冲突的顺利化解可以把学生拉到自己的身边,冲突的恶变却会把学生推向千里之外。

至于如何化解师生冲突,美国教育家季洛特提出的"1号信息传递法"(1-message),很有启发和借鉴价值。这种方法告诉教师,当学生的行为引起教师的消极情绪时,理智是必要的,但不要压抑这种气恼情绪,也不要迁移这种情绪,而是要善于把自己此时的情绪感受直接向学生表达出来。也就是说,教师在表达自己的情绪时,要强调事情本身对自己情绪的影响,而不是强调某个学生对自己的影响。比如,一个学生在课堂上的小动作引起了教师的不满,教师不应对学生以训斥或高压的口气和态度来表现自己当时的情绪,而应该说:"看到纸团在课堂上扔来扔去,我心里感到不高兴,能不能现在就停止扔了呢?"根据季洛特的解释,当学生知道教师为什么生气后,会产生内疚的体验,从而改正自己的不当行为,学生也会对教师产生尊重感。

4. 密切交往

交往是师生关系得以形成的基本条件和途径。师生交往的有效性,既取决于师生交往的时间和空间,又取决于师生交往的次数或频度,还与师生交往的主动性有关。

从时空上讲,师生交往的时间越多、空间越广、范围越大,越有利于师生相互的交流、沟通和了解,也就越有利于师生关系的建立。在学校环境中,师生有正式时空的交往和非正式时空的交往。正式时空的交往,是指师生在课堂或课外组织活动中所进行的交往。非正式时空的交往,是指师生在私人时空中所进行的交往。这种交往是大量的、直接的和具体的,它受限制较少,师生可以自然随便,表现真实的自我,便于心理上的深入交流和沟通。正式时空交往和非正式时空交往,对建立良好师生关系都是不可缺少的;忽视甚至无视任何一方面,都会对师生关系产生消极影响。

从数量上讲,师生交往次数多,熟识度高,就容易建立良好关系。相反,如果交往次数少,相互陌生感强,就不利于良好师生关系的建立。因此,师生要时刻注意提高交往的频度。比如,在正式时空的交往中,师生的交往有单向、双向和多向三种类型。单向交往是教师单方面向学生传递信息;双向交往是师生之间既有信息传递又有信息反馈;多向交往是既有师生之间的相互交往,又有学生之间的交往联系,使师生交往具有多层次性。比较而言,双向交往和多向交往中,师生交往频度较高,有利于密切师生关系。又如,由于传统座位编排是横排式或秧田式的,在这种座位编排方式下,前排和从前排到教室中间地带的学生,与教师交往的次数明显比坐在后排的学生多。这是因为处在前排到中间地带的学生与教师人际距离近,教师可以经常注意学生,学生也表现出积极的交往行为;而后排学生与教师人际距离大,受到教师的关注少,与教师交往的机会和次数比较少。尤其是目前中小学班级规模较大,更是如此。这就需要教师采取一些必要的措施,如课堂内走动巡视、定期交换座位等,缓解因座位的空间模式造成的教师与学生交往频度低的负效应。

除了要拓展师生交往的空间,提高师生交往的频度,更为重要的是要提高师生交往的主动性。但在实际中,常常会有这种情况,教师因担心与学生过多的交往会影响自己的工作和研究,有意限制与学生的交往,或由于各种原因,只要求学生与自己交往,而自己没有与学生交往的主动性;学生或由于与教师交往中的某些冲突、误解未及时消除,或缺乏必要的交往技能与技巧,造成师生交往障碍。这些方面都会限制师生交往的有效性,需要师生及时调节改善。

5. 多元沟通

良好师生关系的建立需要师生的有效交往,这个过程中又需要师生利用多样化的沟通手段,即言语沟通、非言语沟通和书面沟通。

言语沟通主要是指师生通过口头语言所进行的沟通,亦可称话语沟通。这是师生沟通最基本的手段。由于言语不仅有教化作用也有反教化作用,不但能治疗也能伤害,所以教师需要学生讲同情的语言、充满爱的语言,能激发善意的陈述,能导致洞察的应答,以及散发尊重意味的回复。这样,教师才能与学生进行心灵的沟通。同时,教师也需要善于倾听学生的表达,这也是师生言语沟通的重要方面。

非言语沟通是指借助动作、表情、语调、神态、姿势等非言语因素所构成的符号系统实现的沟通。在师生交往中,时刻都在用非言语符号进行沟通,表达自己的思想、情感、态度和意向。与言语沟通相比较,非言语沟通更能显示出其独特的隐喻性和暗示性,以及强烈的人际感染与吸引。比如,教师对学生诚恳的目光注视、肯定的点头示意、同情的亲手安抚等,都会传递出积极的情感信息,营造出良好的交际气氛,促使师生交往的密切与融洽。

书面沟通是指借助书面语言进行的沟通。这种沟通常常被忽视,但它却非常重要。一是书面沟通可以表达言语沟通和非言语沟通中许多难以准确表达的信息(即"当面不好说"或"说不清"的信息);二是可以克服因时间、空间、精力等给师生沟通所带来的限制;三是书面沟通通常具有个人意义,因而有很强的认同力和感染力。尤其是对那些不善交际、性格内向的学生,书面沟通更有意义。在实际中,师生书面沟通可以有多种方式,如书信、周记、悄悄话本、作业评语等。通过这些方式,教师或鼓励、或帮助、或建议等,使师生沟通更深刻、更有教育价值,对良好师生关系的形成也更有效。

【本章小结】

教育主体即教育过程中的主体,指的是教育认识和实践活动的承担者。教育者和受教育者都是教育过程中的主体。教育者和受教育者作为教育主体是在教育过程的主体交往实践中形成和发展的,体现出实践性、相关性、发展性、差异性等特征。

学生作为教育主体,既具有人共同的属性,也具有其独特的属性。学生首先是人,是一个具有主体性的完整的生命体,是社会权利的主体;其次,学生是发展中的人,具有极大的发展潜能和多方面的发展需求,需要成人的教育关怀;最后,学生是以学习为主要任务的人,学生以系统学习间接经验为主,学生的学习是在教师指导下的规范化学习。学生的发展体现为个体在生理、心理、社会性等方面所发生的量、质和结构的变化过程与结果,呈现出整体性、顺序性、阶段性、不平衡性、个别差异性等特征。在不同的年龄阶段,学生发展的主要任务也有所不同。

作为教育者,教师劳动的本质是教书育人,具有复杂性、全面性、示范性、创造性、专业性、个体性等特征。教师在教育教学中扮演着传道者、授业和解惑者、学生心灵的培育者、教学活动的设计者和实施者、管理者、学生的“父母”与“朋友”、学生学习的榜样、学习者和研究者等角色。教师专业发展的实质是教师内在专业结构不断更新、演进和丰富的过程，具体表现为专业信念的确立、专业知识的拓展、专业能力的发展、专业自我的形成等。教师专业发展是一个持续不断的成长过程，是在教师自我专业发展意识调控下各种动力因素和外界条件综合作用的产物。

师生关系是教师与学生在教育过程中建立起来的一种特定的人际交往关系，具体表现为以年青一代成长为目的的社会关系、以促进学生发展为目的的教育关系、以发展教育关系为目的的心理关系。当今应努力构建一种民主平等的“我-你”型师生关系，这种新型师生关系的基本特征表现在如下几个方面：相互尊重，彼此理解；民主平等，共同参与；对话合作，共享共创；教学相长，共同发展。良好师生关系的构建是在教育教学过程实现的，直接依赖于师生之间的相互交往和影响。为此，师生之间应在教师主导下增进了解、调整角色、化解冲突、密切交往、多元沟通。

【拓展阅读】

[1]　王道俊，郭文安. 主体教育论[M]. 北京：人民教育出版社，2005.

[2]　(美)约翰·D. 布兰思福特，等. 人是如何学习的——大脑、心理、经验及学校[M]. 上海：华东师范大学出版社，2002.

[3]　林崇德. 发展心理学[M]. 北京：人民教育出版社，2009.

[4]　(美)麦金太尔，奥黑尔. 教师角色[M]. 丁怡，等，译. 北京：中国轻工业出版社，2002.

[5]　袁振国. 师生沟通的艺术[M]. 北京：教育科学出版社，2001.

[6]　(苏)B. A. 苏霍姆林斯基. 给教师的建议[M]. 杜殿坤，译. 北京：教育科学出版社，2000.

[7]　(苏)列·符·赞科夫. 和教师的谈话[M]. 杜殿坤，译. 北京：教育科学出版社，1980.

【实践与探索】

(1) 有人认为：强调师生关系的民主平等，必定会损害教师的权威及其主导作用。你同意这种看法吗?

(2) 阅读下面的材料，请分析该教师的言行，并为他设计处理办法。

一位青年教师讲秦牧的《土地》一文时，对其中精彩段落动情地高声朗诵。教师：“骑着思想的野马，奔驰到很远的地方，收起缰绳，回到眼前灿烂的现实。”话音刚落，一位学生站起来说：“老师，野马怎么会有缰绳?”教师毫无准备，不耐烦地说：“你总钻牛角尖，学习成绩会好吗?”学生脸涨得通红，自尊心受到打击，欲言又止。

(3) 下面的材料是一位学生向教师提出的一些期望，试逐条分析其中的含义。它们反映了怎样的师生关系？被期待的教师可能有过哪些言行或态度？如果其中某一条期望是提给你的，你将如何改进自己的教育行为?

* 老师，我希望您是一个有感情的人，而不仅仅是一架教书的机器。
* 老师，请您不仅要教书，更要教我们做人。
* 老师，请您也把我当人看待，而不仅仅是记分簿上的一个号码。

＊老师，请您不要单看我的成绩，更要看我所做的努力。

＊老师，请您经常给我一点鼓励，不要让您的要求超过了我的能力。

＊老师，不要期待我只喜欢您教的课；至少对我，别的课可能更加有趣。

＊老师，请辅助我学习，让我自己思考自己判断，而不仅仅是背诵答案。

＊老师，请您耐心地听听我所提出的问题。在您听来也许可笑，但只有您肯听我，我才能学会听别人。

＊老师，只要您保持公正，您对我尽可以严格。表面上我不喜欢严格，但我知道我需要您的严格。

＊老师，请别在同学面前笑我，这样会伤害到我，也会让我恨您。私下一句温柔的劝告，对我更有效。

＊老师，假如我有所失败，尤其在大众面前，不要可怜我，可怜使我难堪。

＊老师，在教室内，不要把另一个同学当作我的表率，我可能因此恨他也恨您。

＊老师，请您也记着，不久之前您也是学生。您是否有时也会忘带东西，在班上您是否样样第一？

……

(4) 采访一位优秀教师，并写出一篇有说服力的教师成长分析报告。

(5) 走进中小学课堂，观察教师和学生在课堂行为中表现出来的关系状态与性质，撰写一篇高质量的观察报告。

(6) 你对目前师范教育的现状如何评价？并从教师专业发展的角度提出你的改革建议。

【参考文献】

[1] 王道俊，郭文安.教育学[M].北京：人民教育出版社，2009.

[2] 南京师范大学教育系.教育学[M].北京：人民教育出版社，1984.

[3] 袁振国.当代教育学[M].北京：教育科学出版社，2004.

[4] 李定仁，徐继存.教学论研究二十年(1979—1999)[M].北京：人民教育出版社，2001.

[5] 项贤明.泛教育论——广义教育学的初步探索[M].西安：山西教育出版社，2002.

[6] 叶澜，白益民，王枬，陶志琼.教师角色与教师发展新探[M].北京：教育科学出版社，2001.

[7] 胡靖.马克思主义视野中的教育主体论[J].教育探索，2009(9).

[8] 潘洪建.师生关系：发展性主体际交往关系[J].西北师范大学学报(社会科学版)，2000(2).

[9] 丛立新.平等与主导：师生关系的两个视角[J].教育学报，2005(1).

[10] 张素玲，郑宇红.解读师生关系中的民主平等——兼与孙迎光先生商榷[J].江苏高教，2010(5).

[11] 李镇西.共享：课堂师生关系新境界[J].课程·教材·教法，2002(11).

[12] 李瑾瑜.论良好师生关系建构的实践策略[J].西北师范大学学报(社会科学版)，2000(6).

第八章 教育内容

【材料研读】

材料一　刘翔进入小学语文教材①

一篇有关刘翔的新闻特写被收入上海市的小学语文教材。"红色的刘翔,黄色的面孔,高喊着撞向胜利之线……"课文以饱含感情的文字向学生们介绍了体育明星刘翔。这篇课文取名《跨越新纪录》,讲述了刘翔创造世界纪录的故事,还附上了刘翔"精彩一跨"的大幅照片。刘翔进入教科书也引来了各方讨论。上海市教研室主任王厥轩表示,这不失为一种积极的探索,当然教材选文的确需要稳定性,他们会密切地给予关注和指导。

陈开认为,刘翔夺冠,值得赞美,入选感动中国十大人物,也名副其实,但对他被印在课本上总觉得有些蹊跷。他还指出一处硬伤,课文中"高喊着撞向胜利之线",既不符合记者的现场观察,也不符合运行学原理。喊着撞线,一般只在小学生校运动会上才能见到。

教材与一般图书不同,后者有读与不读、读了喜不喜欢的选择权,而课文是每个学生非学不可的,甚至要全篇背诵。入选教材的刘翔,不可避免将被小孩当成楷模与偶像。社会一边呼吁为"明星运动员"减压,一边加给刘翔"小学生榜样"的形象,这两者之间有矛盾。陈开指出,将刘翔列入小学教材,不仅缺乏对教育的严谨态度,也并不意味着对刘翔的尊重。中小学教材中涉及个人的篇目,绝大多数主人翁是盖棺论定了的。作为尚未完全定型的年轻人,万一刘翔将来有个变化呢?教材当然可以再改,但是当初给小孩子树一个偶像,现在又将它砸碎,孩子心灵的创伤谁来抚平?

材料二　上什么课学生做主②

今天下午第二节课刚下课,北京二中的学生边标就往操场跑,他要去上选修课——跆拳道。"现在,在学习内容的选择上,我也可以做自己的主人了!"北京二中的一个学生兴奋地告诉笔者,这个学期他选择了网页设计作为选修课。而在过去,学生选修课的内容都是由校方安排,学生没有主动选择的权利。

这个学期一开学,二中的学生们就接到一张民意调查表,调查的内容是:你想上什么选修课?根据学生的回答,学校开设了网页设计、广告策划、跆拳道、多媒体制作、趣味物理学、摄影、篮球、服装设计等31门选修课。结果,全校有1721名学生选了课,平均每人选了一门以上。其中,网页设计、广告策划、跆拳道这些课程都有100多人选报,学校只好分班上课。

北京二中副校长钮小林说:"选修课内容设置的变化只是一种形式,它反映的是教育

---

①② 但武刚.教育学案例教程[M].武汉:华中师范大学出版社,2007:31,40-41.

观念的变化。教育应该以人的发展为重点。”据了解，该校自实施新的选修课以来，学生们的学习热情高涨。

钮校长还介绍说，在这次选修课改革的基础上，他们还将扩充选修课的内容。

【思考与讨论】

(1) 你对材料一中的“刘翔进入小学语文教材”，有何看法？

(2) 材料二中，北京二中开设名目繁多的选修课，“上什么课学生做主”，好不好？请你谈谈理由。

(3) 你认为，教育内容的选择应考虑哪些因素？如何处理这些因素的关系？

(4) 回忆你读中小学时的课程设置，并对其予以评析。

教育内容是构成教育过程的一个基本要素。它是由教育目的决定的，体现着人才培养的素质结构要求，反映着文化科学技术发展的状况。它是选择教育方法、手段和形式的重要依据，是进行教育活动，实现教育目的、任务的基本保证。本章节所涉及的教育内容主要是指学校教育内容。

第一节　教育内容概述

一、教育内容的内涵

教育内容是根据教育目的，经过挑选和加工而纳入教育活动过程的、最有教育价值和适合受教育者身心发展水平的人类科学文化成果的结晶。它既是教育者用以促进受教育者发展的资源和材料，也是受教育者学习活动的对象，被两个处于不同地位而又密切联系的主体共同利用。在学校教育活动中，教师虽然对教育内容是已知的，但他还必须从教的角度，即从如何使学生掌握、运用，并转化为学生个体认识的角度，重新研究、掌握和运用教育内容，以实现教育目的。学生对教育内容是未知的或知之不多、知之不系统的，他们对教育内容的掌握是为了认识世界，促进自己的成长。因此，教育内容的组成与结构必须考虑教与学两方面的可能与需要。

教育内容有广义和狭义之分。广义的教育内容包括学校教育内容和非学校教育内容。本章主要讨论的是狭义的教育内容，即学校教育内容。与非学校教育内容相比，学校教育内容更注重全面性与系统性，更强调目的与内容之间的吻合。一般说来，学校教育内容具有如下几个特征。

第一，学校教育内容具有明确的目的性和预定性。

学校教育内容直接反映着不同时代、不同阶级、不同社会、不同国家、不同学校层次和类别的人才培养目标。不同类别的学校之所以在教育内容上各有特色，是因为其培养目标和人才培养类型的不同。至于不同时代、不同国家之间的教育内容之别，除其文化传统不同外，主要还是社会对人才的具体需要、具体规格不同所致。学校教育内容不仅有明确的目的性，还有较强的预先设定性。学校教育内容通常是在教育活动开始之前就已准备就绪的，良好的教学秩序需要充分准备、精心设计的教育内容。

第二，学校教育内容具有高度的科学性和纯洁性。

学校教育内容不仅是经过严格筛选的科学知识、科学定理、科学成果、科学真理，而且其内容构成、例证说明及其所贯穿的教学思想都必须符合科学的要求。任何违背科学理性的封建迷信等内容都不能进入教学过程，但这与小说、戏剧、电影等作品里创造的艺术形象有着重大区别。学校选择教育内容遵循的宗旨是，必须有利于学生身心的健康发展。凡有悖于学生健康发展的言语、例证、练习等都是教育活动所不允许的，这也是任何教育管理、教育理论对教师的基本要求。

第三，学校教育内容具有高度的信息含量。

人类社会发展至今创造积累的各类知识和经验浩如烟海，任何人即使穷其一生也只能了解其中的极少部分。为此，学校根据教育目的、社会需要、学生在校时间有限等诸多条件，从人类大量经验中筛选出经典的、有限的、基本的材料构成教育内容。由于教育内容是人类经验的高度浓缩，具有举一反三、闻一知十、触类旁通之效，学生学了以后便可在有限的时间内，使他们的认识达到当代人类认识的高度。因此，学校教育内容具有高度的信息含量。也就是说，它是以反复筛选的理性知识为主，是各门学科知识中的基本概念、定义、原理、规则、规律、公理、公式等，而不是事无巨细的具体经验。

第四，学校教育内容具有多种形式的载体。

学校教育内容具有多种形式的载体或多样类型的表现形态，其主要载体是课程，包括课程方案、课程标准、教科书、教学参考书等。除此之外，各种报纸杂志、声像资料、激光视盘、微缩胶卷等也承载着与教科书、教学目标相关的教育内容。教师自身也是一个重要的载体，他自身所拥有的知识、经验、言谈举止、思想品质和工作作风也影响着受教育者的发展，因而也是教育内容的组成部分。并且，学校教育内容还体现在经过选择和布置的具有教育作用的环境（如教室、阅览室、校园等）中。因此，学校教育内容是显性课程与隐性课程的统一体。

第五，学校教育内容具有连续性和自身的逻辑性。

与科学知识的发展过程相比，教育内容呈现出螺旋递进、持续不断的特征。学校教育过程中的教育内容不同于科学知识、科研成果的汇集，它主要是以课程的形式进入教育过程的。课程内容是人类认识精华的汇聚，但绝不是它们简单的、机械的堆积。这是因为任何一门课程内容的编排，都必须根据受教育者的心理发展顺序和认知特点，去考虑知识在教材中的先后逻辑顺序。根据这样的规则，整个教育内容的排列，要体现由易到难、由简到繁、由浅入深的螺旋式递进的指导思想，使其既能为各年龄阶段的学生所接受，同时又能促进学生心理的发展。就一本教材的知识排列来看，也要体现层级递进和由易到难的总特征。

所以，学校教育内容与科学知识发展的自然进程及其排列方式根本不同。教育内容遵循的是学生接受知识的心理顺序、认知顺序和科学知识构成的逻辑顺序的有机结合，前面内容是后面内容的基础，后面内容是前面内容的逻辑展开和继续。科学知识发展遵循的是社会发展需要的顺序。科学研究中虽然也要借助历史研究的成果，但并不完全依靠它们，而主要是靠直觉思维形成突破性的成果和认识。教育内容的螺旋式上升表明了知识的层级递进、难度渐增的总特点，而不是像科学研究成果产生那样带有很大的跳跃性。连续性则表明了教育内容的前后相继和各知识间的有机联系，而不像科学研究成果那样时断时续地出现；自身的逻辑性则是指学校教育内容根据人的思维发展特点、接受知识的先后次序和科学知识本身的逻辑顺序进行的排列组合，而不是按照知识本身发展的自然历史顺序进行编排，从而使学生能够循着由表及里、由具体到抽象、由现象到本质的逻辑轨道，高效率地去获得人类积累的大量经验，并创造出新的科学文明，推动社会向前发展。

二、教育内容选择的制约因素

每一个时代，人类的生存和发展都不是从头开始，而是在前人积累和创造的物质和精神文明基础上展开，由此生生不息、进步不止。而这种基础主要是靠教育获得的，具体说就是靠教育内容获得的。凭借教育内容，人类的各种文化成果从一代人传递到另一代人，使年青一代继承既有的文化，使人类历史得以延续，既古老久远，又永恒长存。但是，从古至今，教育内容从来没有穷尽过人类历史经验的总体。夸美纽斯的著名口号"把一切知识教给一切人"的重大历史意义，在于表明了一种追求和一种信念，却不可能成为教育的现实。教育内容只能而且必须对人类文化进行选择，这是教育内容生成、建构乃至变化发展的根本机制。教育内容对文化的选择使人类文化得到筛选和过滤，通过它的选择，精华得以保留和继承，糟粕被摈弃和淘汰，人类文化得到提炼和升华，再传递给下一代。

选择教育内容的主体总是历史地具体地由某个人或某个组织来承担的，这些人或组织对于人类、集团和阶级意愿的反映几乎不可能是完全吻合的，选择就总是难以避免地会带有主观随意性的色彩，甚至可能完全背离正确的方向。在历史上，教育内容在选择文化的过程中出现的扭曲、畸形、荒诞的结果在中外都不少见。此外，文化和教育内容本身是不断发展变化的，选择所依据的标准也就会不断发展变化，没有哪一次的选择可以是永恒的，即使在当时是革命的和进步的，一旦停顿就会沦为保守的和落后的，曾经的文化精粹可能成为陈腐，曾经是尖端的可能变得落伍。教育内容本身的发展史中，可以找到这种情况的大量证明。教育内容对于文化的选择，从根本上是趋向进步与合理，然而每一次具体的选择，总是由于选择者的个人局限及社会文化和教育内容本身的现实局限而必定是不够完美的，教育内容对于文化的选择，必须不间断地进行。

概括地说，教育内容的选择和确定要考虑如下几个方面的影响因素。

（一）教育目标

教育的根本目标是使受教育者获得高效率的社会生产与生活的能力，提高受教育者物质资料生产和家庭、社会生活质量，最终实现受教育者生存质量效果的最大化。也就是说，使受教育者获得幸福人生的认知、方法和能力，最终使受教育者能动地获得自身最幸福的人生。而教育内容，就是根据教育目标的要求，确定受教育者应该学习、认知的知识要素和相应具备的能力。所以，首先确定受教育者在不同年龄段所应该具备何种能力，这样就容易确定能力所依存的教育内容。教育目标的明确，为教育内容指明了选择依据和作用方向。

（二）个体发展规律和水平

在选定教育内容时，首先要考虑教育对象的年龄待征。其次，教育对象的认知水平影响教育内容的选择。人在发展的不同阶段，其认识能力和接受能力表现出不同的水平。就小学生和中学生而言，其教育内容有认知水平高低之分，由于小学生注意力还不稳定，观察事物比较笼统，学习中形象思维的内容较多。随着中学生认识能力和接受能力的提高，在教育内容中就加大了有意记忆和理解记忆的成分。这些教育内容的深浅程度以及广度、量度的不同正是由教育对象的身心发展规律和水平差异决定的。为了使受教育者在有限的教育时间里接受人类浩如烟海的文化知识的精华，教育内容的选择必须考虑教育对象的身心发展规律和水平。如果教育内容的选择放弃了这一依据，教育内容被受教育者接受或获得的程度就会受到影响，教育效果必将大大降低。

（三）生产力和科学技术

在科学技术不发达的时代，教育内容主要是生产和生活经验的汇聚，如原始社会，口耳相传的教育活动主要以狩猎、捕鱼、采集等生产经验和基本的生活准则为主。奴隶社会和封建社会则主要以维系和处理人与人之间关系的社会生活经验即社会典章制度为主。到了现代社会以后，人类社会从蒸汽时代进入电力时代，又从电力时代进入电子时代，这一切都是科学技术不断发展的结果。科学技术的发展不仅推动了生产力的进步，同时也为学校教育内容的丰富提供了多方面的资料，从此，反映科学技术发展成果的数学、物理、化学、生物等内容开始逐渐进入教育内容之中，形成自然科学与社会科学两大类内容平分秋色的局面。当代社会，科学技术的飞速发展和科研成果的急剧增加，促使学校课程不断改革，教育内容不断更新。

（四）社会政治、经济的需求

生产力和科学技术为教育内容的丰富和更新提供可能，但这种可能变成现实的一个重要因素是统治阶级的需要。古往今来，生产力和科学技术发展水平大致相似的国家，其教育内容不尽相同，其原因之一便是社会政治经济需要不同所致。中世纪欧洲，之所以把神学视为一切教育内容的王冠，是因为当时统治西方社会最强有力的力量是教会。因此，学校教育内容也都集中在宗教和道德的学习上。中国封建社会的教育目的是造就封建帝王阶级的继承人，于是，在教育内容上便把“四书五经”奉为至宝。国民党统治区的学校，为了驯化适合其需要的下一代效忠者，他们在中小学开设了“党义”、“童子军”、“军训”等反动课程，向青少年灌输那些封建的、买办的、法西斯的反动思想，也都是出于政治经济的需要。

（五）文化传统

不同的文化传统下也会有不同的教育内容。教育内容具有历史继承性，各个时代的教育内容都是那个时代人类文化的缩影，体现了人类世代积累起来的成果；同时，各国学校的教育内容中，又都有着本民族的历史传统和特色，如中国古代的蒙养教材《三字经》，今天的中小学语文教材、历史教材等。

（六）未来社会发展趋势

未来社会发展趋势是影响教育内容组织与选定的又一个依据，这是因为教育事业是具有鲜明的超前性的事业，而且教育事业的周期性长的特点，使教育的社会效益具有滞后性。21世纪，以信息技术为主要特征的高新技术革命正在到来，我们将面对的是一个知识社会，我们能够推测的知识越来越快地陈旧过时。今天人们认为正确的东西，明天将成为错误的东西。知识在我们每个人的一生中不断地修正与完善，因此我们不可能通过知识的积累来改造世界。伴随着信息社会和知识经济时代的来临，社会对人才素质的要求将会发生变化，知识基础深厚、宽广，创新能力强，素质优良的人才将成为未来社会所需求的主要趋势。教育作为培养人的事业，将会在教育目标、内容、方法、手段上作出新的调整，以适应未来社会发展的需求。教育要适合并促进社会的发展，在教育内容的选择上必须要考虑未来社会的发展趋势。

第二节　教育内容的构成

教育内容具有社会历史性，随着社会的变化发展而变化发展，到现代社会已变得十分丰富多彩。可以从不同角度对教育内容的构成进行分析，比如，从素质结构看，教育内容包括发展人的品德、智慧、体力、审美等各方面素质的内容；从构成成分看，包含知识与技能、方法与能力、情感态度与价值观等元素；从涉及范围看，包括人类社会各个领域活动的知识、经验和技能；从社会结构看，包括政治、经济、文化、科技、军事等方面；从表现形态看，有物质的、符号的、精神的、行为的；等等。

如果从全面发展教育的角度看，基于造就全面发展的年青一代的需要，教育内容一般说来主要由德、智、体、美、综合实践活动五个方面构成。各级各类的学校，由于其具体教育任务和培养目标的不同，教育内容在深度、广度及具体门类上有所差异，但从总体上看，都是各部分构成的不可分割的有机整体。需要说明的是，这里将学校教育内容区分为德育内容、智育内容、体育内容、美育内容和综合实践活动，只是理论分析的需要，在实际的教育过程中各方面的教育内容总是交织融合在一起的，不能将教育活动简单理解为针对某个方面内容的教育，也不能认为围绕某个方面教育内容开展的教育活动就只具有这个方面教育的价值。比如说，学科知识被列入智育内容，但是不能将智育简单理解为学科知识教育，学科知识教育不仅有智育价值，而且有德育价值、体育价值、美育价值。

普通中小学教育的性质是基础教育。它的任务是培养全体学生的基本素质，为他们学习做人和进一步接受专业（职业）教育打好基础，为提高民族素质打好基础。根据这一目标任务，我国现行中小学校教育内容主要由如下几个方面构成。

一、德育内容

学校德育，一般来说，是指学生在教师的教导下，以学习活动、社会实践、日常生活、人际交往为基础，同经过选择的人类文化，特别是一定的道德观念、政治意识、处世准则、行为规范相互作用，经过自己的感受、判断、体验，从而生成道德品质、人生观和社会理想的教育。德育内容是德育目标和任务的体现，是为实现德育目标而用以影响学生的思想、政治、道德等方面的知识、观点、准则、规范的总和。

我国对中小学的德育内容有统一的规定，目前主要体现在1993年颁布的《小学德育大纲》和1995年颁布的《中学德育大纲》上。另外，1995年修订的《中华人民共和国教育法》的第六条也明确指出：国家在受教育者中进行爱国主义、集体主义、社会主义的教育，进行理想、道德、纪律、法制、国防和民族团结的教育。2006年，中共中央十六届六中全会通过《中共中央关于建构社会主义和谐社会若干重大问题的决定》，要求坚持把社会主义核心价值体系融入国民教育和精神文明建设全过程、贯穿现代化建设各方面。这些文件规定为中小学德育内容设计指明了方向。概括地说，我国中小学相对稳定、基本的德育内容包括以下几方面。

（一）道德教育

道德是调整人与自然、他人、自我之间关系的行为规范的总和。它是通过善恶评价、社会舆论、人们内心信念和传统习俗来维持的。道德由社会生活条件决定并为社会生活服务，具有社会历史性、阶级性、民族性和继承性。我国现阶段用社会主义道德教育人们，同时倡导共产主义道德。

道德教育的基本内容有：对学生进行基本文明习惯和行为规范的教育；对学生进行社会公德、国民公德、社会主义人道主义教育；教育学生学会做人，培养学生公平、正直、诚实、勤劳、勇敢、仁爱等优良品质；教育学生尊敬父母，尊长爱幼，懂得家庭伦常；对青春发育期学生进行性道德教育。

（二）爱国主义教育

爱国主义是指人们对自己祖国的深切热爱和为祖国的独立富强贡献力量的崇高精神。爱国主义教育是其他一切教育的基础和起点。这里的爱国主义不是狭隘的民族主义，而是包含着尊重、理解其他民族，维护世界和平等国际主义精神。

爱国主义教育的基本内容有：紧密联系学生的思想实际和社会实际，把爱国主义教育同国情教育，同热爱社会主义和热爱中国共产党的教育结合起来；通过了解祖国的河山、矿藏、人民及悠久的历史和灿烂的文化，教育学生树立民族自尊心、自信心和自豪感，树立鲜明的国家观念，高度的公民责任感和自力更生、艰苦奋斗、建设祖国、为国争光的献身精神；对学生进行国防教育，树立保卫祖国人人有责的观念；教育学生尊重兄弟民族，维护民族团结；对学生进行国际主义教育，反对霸权主义，支持各国人民的正义斗争，同世界人民友好交往、平等相处、互相支持，热爱和维护世界和平。

（三）集体主义教育

集体主义是人们对待集体、国家的基本行为准则。要求一切从人民的利益出发，既坚持集体主义，又考虑个人需要；既鼓励人们发扬社会主义、集体主义精神，维护集体和国家的利益，也充分注意调动个人的积极性与创造性。通过集体主义教育使学生养成在集体中生活的习惯，具备集体主义情感和大公无私的思想，树立人民的利益高于一切、全心全意为人民服务的信念。

集体主义教育的基本内容有：尊重、关心、理解他人，集体成员间团结协作的教育；为集体服务、维护集体荣誉的教育；关心社会，为家乡、社区的公益事业贡献力量的教育；正确处理个人与集体、国家利益关系的教育；以集体主义为导向的人生价值的教育。

（四）劳动教育

劳动创造了世界，创造了人类自身，创造了一切物质财富与精神财富，促进了社会的发展和完善。热爱劳动是中华民族的传统美德。劳动教育，就是使学生认识到劳动的价值和意义，认清社会主义社会劳动的平等性质，培养学生热爱劳动和劳动人民的思想感情，养成珍惜劳动成果的优良品质，反对鄙视劳动、好逸恶劳、贪图享受。

劳动教育的基本内容有：马克思主义关于劳动基本观点的教育，如劳动的意义、价值和作用，社会主义劳动的性质，劳动的分类等；教育学生热爱劳动，热爱劳动人民；教育学生努力学习，端正学习态度，养成良好的学习习惯；教育学生勤劳俭朴，尊重他人劳动，爱惜劳动成果，爱护公共财物；教育学生正确对待升学和就业。

（五）民主与法制教育

民主是一个历史和阶级的概念。在人类历史上，民主和自由、平等、博爱的观念，是新兴资产阶级和劳动人民在反对封建专制制度的斗争中形成的，是人类精神的一次大解放。社会主义的目的是消灭剥削和压迫，为实现人民当家作主，把民主推向新的高度开辟了道路。法制通常被理解为法律和制度，是统治阶级实行专政的工具之一。我国的法制是无产阶级和广大人民根本利益的体现，它是由人民来决定并由人民实行以保护人民利益的法律和制度。民主和法制是不可分的，民主是法制的基础，法制是民主的保证。所以，民主教育必须与自觉纪律和法制教育结合起来。

民主与法制教育的基本内容有：教育学生遵守学校制定的各项规章制度，遵守国家发布的《学生守则》和《中小学生日常行为规范》，培养学生自觉遵守这些纪律的习惯；进行初步的法制教育，使学生知法、守法，帮助学生了解我国的基本法律；教育学生运用法律的武器维护自己的合法权利；引导学生养成奉公守法的良好品质和习惯，勇于同违反纪律和法制的思想和行为作斗争；教育学生了解公民的基本权利和义务，提高对纪律与自由的认识，正确处理人与人之间的关系；教育学生懂得民主和集中的关系，养成少数服从多数的习惯；教育学生尊重和维护他人的民主权利；建立学生组织，让学生参与学校管理，培养学生的民主意识和能力。

（六）科学世界观和人生观教育

人生观是人们对人生问题的根本看法和态度。世界观则是人们对整个世界的根本看法和态度，包括对事物所持的基本观点与方法。正确的人生观和科学的世界观对人的思想与行为起着最高层次的调节作用。

科学世界观和人生观教育的基本内容有：对学生进行马克思主义基本理论常识教育，使他们初步懂得并学会运用辩证唯物思想和唯物史观，分析事物的发展变化和社会历史现象；教育学生尊重事实，相信科学，实事求是；教育学生懂得实践是认识的源泉，是检验真理的唯一标准，注意将理论学习和实践活动结合起来；教育学生正确认识人生的崇高目的和意义，帮助学生树立乐观向上的人生态度，正确对待和处理学习、工作、事业、友谊、爱情、荣辱、幸福等人生课题。

（七）理想教育

理想是人们对未来美好事物的向往或追求，也是人们的奋斗目标。进行理想教育的根本目的就是促使受教育者在社会、事业、人生等方面树立远大的奋斗目标，引导他们懂得人生的价值在于奉献，能够自觉地把个人理想同国家的前途命运紧密地结合起来。理想教育，基于科学发展观，应与世界观、人生观教育结合，与科学信仰相联系。

理想教育的基本内容有：使学生树立社会主义共同理想并以其指导生活理想、职业理想和道德理想；培养学生分辨正确理想和错误理想的能力；教育学生努力在德智体美等方面都得到发展，成为有崇高理想和才干的人。

二、智育内容

智育是授予学生系统的科学文化知识、技能和发展他们智力的教育。对于社会发展而言，智育是社会文明进化的必不可少的条件。没有智育，即没有科学和智力的再生产，人类创造的一切物质财富和精神财富，都不可能延续、发展，人类自身的发展也就会停滞不前。对于个体发展而言，智育使得个体身上再现人类已有的发展成果，并在此基础上创造和生产出新的科学、新智力，为人的全面发展的实现提供科学知识的基础和智力的基础。

掌握知识、形成技能与发展智力之间是辩证统一的关系。知识是人类认识客观世界过程中积累起来的认识成果；技能是经过反复练习而形成的顺利完成某种任务的活动方式；技能经过进一步的练习，达到定型化、自动化的程度便成了技巧。知识、技能是人类智力活动的成果和结晶，智力的发展必须借助一定的知识、技能的学习才能达到一定的高度。从这个意义上讲，知识掌握、技能形成与智力发展应是内在统一于智育过程之中的。然而，两者又是相互区别的，也并非完全同步的。智力的发展不是在知识掌握、技能形成过程中自然地实现的，而是与知识、技能的学习过程与方法及其本身蕴含的智力价值密切相关。因此，智育内容的设计和选择，既要考虑知识、技能的直接实用价值，更要考虑它们的智力发展价值。

对于普通中小学教育来说，智育内容的确定既要考虑学生智力发展的需要，也要考虑知识、技能的全面性、基础性，以系统的科学文化基础知识和基本技能去武装学生。

（一）语文知识和技能技巧

语文在中小学课程中占有重要的位置，各国都把它作为中小学的最基本的必修课。语言和文字是人们交流思想、进行交往的最基本的工具，语文教学的质量的好坏直接关系着学生听、说、读、写的基本能力的好坏，也关系到学生能否学好其他普通文化课和能否形成相应的基本技能，所以说语文课是中小学课程中基础的基础。中小学语文知识包括汉语知识、初步的逻辑知识、听说读写知识、文学知识、标点符号知识和使用工具书的知识等。通过语文教学可以使学生能够正确理解和运用祖国的语言文字，具有初步的阅读能力、写作能力和口语交际能力，具有初步的文学鉴赏能力，掌握语文学习的基本方法，养成自学语文的习惯，培养发现、探索、解决问题的能力。

（二）数学知识和技能技巧

数学是研究空间形式和数量关系的科学。数学知识主要包括数学中的概念、性质、法则、公式、定理、公理以及由其内容反映出来的数学思想和方法。通过这门学科的教学，使学生掌握代数、几何的基础知识和概率统计、微积分的初步知识，形成按照一定的程序与步骤进行运算、处理数据、简单的推理、画图以及绘制图表等技能，并进一步培养学生的逻辑思维能力、运算能力、空间想象力、解决实际问题的能力，培养学生的科学态度和创新意识。

（三）外语知识和技能技巧

当今世界，社会生活信息化和经济活动的全球化，使外语（特别是英语）成为学习文化科学知识，获取各方面信息与进行国际交往的重要工具。学习和掌握一门外语成为当代社会公民的基本要求之一。外语知识主要包括日常交际用语、语音、词汇、语法、话题以及外国文化等。小学高年级和中学阶段开设英语或俄语、日语等，分二级水平：一级水平学习两年，掌握适量的基础知识，通过初步的言语训练，能进行简单的听、说、读、写活动；二级水平是在一级水平的基础之上，继续学习，掌握必要的基础知识，经过进一步的言语训练，具有初步的听、说、读、写能力，为继续学习外语打好基础。

（四）历史知识和技能技巧

历史学是认识和阐释人类社会发展进程及其规律的一门学科，与人类社会的政治、经济、文化等方面的活动密切相关，是人文社会科学中的一门基础学科。通过历史教学，可以使学生掌握中国历史和世界历史的基本线索、重大历史事件和历史人物、突出的典章制度和历史现象以及历史发展的规律性认识；引导学生掌握和运用认识历史的基本方法，培养学生解读、判断和运用历史资料的能力，发展学生的历史思维能力；着重学习中国近现代史的重要事件和主要人物，使学生受到爱国主义、社会主义和国际主义的教育，培养学生初步运用历史唯物主义基本观点分析问题和解决问题的能力。

（五）地理知识和技能技巧

地理学是研究人类生存和发展的地理环境以及人类与地理环境关系的一门科学。这门学科阐明了地理事物的分布规律，世界和中国的区域特征和区域差异，以及人类活动与地理环境之间的相互关系。通过这门学科的学习，可以使学生获得有关地球、地图的初步知识，掌握世界地理、中国地理的基础知识；初步具有阅读和运用地图、地理图表的技能，初步理解人类活动与地理活动的关系；认识我国地理方面的基本国情，懂得有关人口、资源、环境等方面的基本国策，从而使学生形成科学的人口观、资源观、环境观，以及可持续发展的观念，积极参与协调人类与环境关系的活动。

（六）物理知识和技能技巧

物理学知识是揭示各种物理现象及其变化规律的知识，是整个自然科学和现代技术发展的基础，在知识经济中具有不可替代的作用。中学物理知识包括物理概念、公式、物理规律、物理量、物理实验、物理学史等。通过这门学科的学习，可以使学生在观察实验的基础上，学习力学、热学、电学、光学等方面的初步知识，了解它们在实际中的应用，掌握物理实验和计算的基本技能；了解物理学与其他学科以及物理学与技术进步、社会发展的关系；培养学生初步的观察力、实验能力，运用所学物理学知识解决简单实际问题的能力，以及实事求是的科学态度。

（七）化学知识和技能技巧

化学是一门基础自然科学，它研究物质的组成、结构、性质以及变化规律。中学化学知识包括化学基本概念和原理、元素化合物知识、化学基本计算、化学实验。通过化学教学，使学生掌握上述的化学基础知识及其在实际中的应用；让学生掌握化学实验基本技能和化学计算基本技能；培养学生初步的观察力、实验能力，运用所学化学知识解决简单实际问题的能力，以及实事求是的科学态度。其中，化学实验基本技能分为使用仪器的技能、实验操作的技能、写实验报告的技能和设计实验的技能等；化学计算基本技能分为基本化学量的计算技能、化学式的计算技能等。

（八）生物知识和技能技巧

生物学是研究生命现象和生命活动规律的科学。中学生物学知识包括生物的生活习性、形成结构、生理功能、遗传、进化、生命活动的基本规律，以及生态学等基础知识。通过生物课的教学，使学生在观察、实验的基础上掌握系统的生物学基础知识，了解现代生物科学技术的成果及其发展趋势以及在实际中的应用；初步懂得人体形态结构、生理功能与卫生保健的基础知识；使学生掌握医用显微镜、制作临时装片、徒手切片，做简单生理实验和解剖动植物等基本技能，学会画简单的生物图、采集动植物标本和制作简单的标本；培养学生初步的观察力、实验能力，运用所学生物学知识解决简单实际问题的能力，以及实事求是的科学态度。

（九）社会生活知识和技能

社会生活知识和技能与上述学科知识和技能相比，是更具有综合性、实践性的教育内容，除了在上述学科中都有所体现之外，主要集中体现在“品德与生活”、“品德与社会”、“思想品德”、“思想政治”等课程中。通过学习，使学生初步了解常见的社会事物和现象，初步认识和理解社会生活的复杂性；掌握社会生活的基本常识、规范和技能，培养学生适应社会生活的能力；学会从不同的角度观察、认识、分析社会事物和现象，尝试合理地、有创意地探究和解决生活中的问题，发展感受、体验、参与、选择社会生活的能力；引导学生逐步形成科学的世界观、人生观和价值观。

三、体育内容

体育，从广义上讲，它是文化教育的重要组成部分，是增强人民体质，提高人们运动水平和健康水平，丰富社会文化生活和提高社会生产力的重要手段。从狭义上讲，体育即指学校体育，它是促进学生身体全面发展，增强体质，提高运动技能，增长体育知识，并借以培养优良道德品质的教育活动。对于造就全面发展的人来说，对他们施以体育知识和技能、技巧的教育，有着十分重要的意义。

学校体育的内容是根据体育的任务和学生的年龄特点确定的，它包括两个方面：体育运动和卫生保健。

（一）体育运动

田径运动。包括走、跑、跳跃、投掷等运动项目，是各项运动的基础，是学校体育的重要内容。长期参加田径运动能促进人体的新陈代谢，改善和提高内脏器官的机能，发展速度、灵敏、力量和耐力，还有助于培养学生勇敢顽强、坚忍不拔、不怕困难等优良品质。

体操运动。包括队列队形的操练、徒手操、轻器械操、跳绳、攀爬、负重、角力、支撑跳跃、单杠、双杠、平衡木等项目。学生经常从事体操运动，既能增强肩臂、腰腹肌肉力量，发展灵敏、柔韧和训练平衡器官，提高身体的控制能力，还能逐渐养成勇敢、果断、机智、灵活和遵守纪律、服从指挥、团结互助等优良品质。

球类运动。有篮球、排球、足球、羽毛球、乒乓球等。球类运动是青少年普遍喜爱的体育活动，它综合运用各项基本技能，促进身体协调发展，同时，对培养集体主义、自觉纪律、团结协作、机智果断等品质也有很好的作用。

游戏。游戏有活动性和竞赛性两类。游戏的特点是趣味性强，生动活泼，可以吸收所有学生参加，颇受学生欢迎。游戏既能发展学生身体素质，又能对学生进行道德教育，提高参加体育活动的兴趣。

军事体育活动。包括无线电、航空模型、航海模型、射击、划船、跳伞、驾驶摩托车以及投弹、障碍跑、匍匐前进等。学生参加军事体育活动，不仅可以增强体质，培养坚强的意志和勇敢作战的精神，还可从中获得军事科技知识，树立加强战略、保卫祖国的观念。

游泳。游泳对人体肌肉、骨骼、内脏器官等的生长发育及各种身体素质的发展都有重要作用。游泳技能对于国防和生产有直接的现实意义。充分利用江河湖海开展群众性游泳活动，可以培养学生不畏艰险、勇敢顽强的意志。

武术。是我国传统的体育运动项目，外国人将其称为“中国功夫”。武术的内容丰富多彩，一般分为拳术、器械、对阵，包括各种腿法、手法、身法、气功等。练习武术可强身健体，增强内脏器官功能，培养勇敢顽强，坚韧不拔的意志，弘扬中华民族传统文化。

学校体育内容除上述各项外，还包括利用日光、空气、水等自然条件的锻炼，如日光浴、冷水浴等，并可因地制宜地开展爬山、滑冰、滑雪等多样性活动。

（二）卫生保健

卫生保健是通过对学生进行卫生知识教育，培养他们良好的卫生习惯，同时对学校工作全过程实行卫生监督，防治疾病，提高学生的健康水平。

一是对学生进行卫生知识教育，养成良好的卫生习惯。首先，要上好生理卫生课，使学生掌握生理卫生的基本知识，提高讲卫生的自觉性。其次，要根据学生的年龄特点，适时进行青春期卫生知识教育，对女生进行妇女卫生常识教育。再次，要利用多种方式，如讲座、专刊、图片展览等，经常向学生进行有关阅读卫生、写字卫生、饮食卫生等教育。最后，要搞好环境卫生，养成良好的卫生习惯。

二是做好学校工作的卫生保健监督和指导。学校必须按照教学计划的规定，科学地规定教学、生产劳动、社会活动、文体活动等方面的时间、活动总量及其活动方式，建立合理的生活作息制度，养成按时作息的良好习惯。要加强饮食、水源卫生和环境卫生的管理，注意校舍和教学设备的修缮，定期对学生进行体格检查，预防和治疗传染病与多发病，做好卫生保健工作。

四、美育内容

美育是培养学生正确的审美观点和感受美、鉴赏美、创造美的能力的教育，也叫审美教育。审美观点和审美能力的教育，对年青一代的成长具有重要意义。它可以培养学生高尚的情趣，丰富他们的精神生活，提高他们的道德水平；可以丰富学生的知识，发展学生的智力，帮助他们认识世界；还可以增进学生的身心健康，提高他们的体育运动水平。美的向往是人类的天性，社会文明程度越高，人类对美的追求也就越高，美育在培养全面发展的人和促进社会发展中的作用也就更加重大。

（一）艺术美的教育

艺术美是以艺术形象反映自然美和社会美。它是自然美、社会美的更典型、更集中、更概括的反映，因而更带普遍性。艺术美的教育是以经过加工处理的艺术形象来激发欣赏者的情感和想象，使之产生美的感受，增强对美的感受能力和鉴赏能力，发展创造美的才能。艺术教育的形式多种多样，在普通中小学里主要是通过音乐、美术、舞蹈、文学、戏剧、电影和电视等形式对学生进行艺术美的教育。

音乐是一种声音的艺术。它运用音响、节奏和旋律来塑造艺术形象，以和谐优雅的声音表达人们的思想情感，反映现实生活。利用音乐对学生进行美育，可以使学生掌握音乐的基本知识，养成对音乐的爱好，发展音乐的表达才能和创造才能，陶冶其思想情感，激发他们奋发向上的精神，从而使他们活泼、欢乐、健康地成长。

美术是一种造型艺术。它运用线条、颜色（光线）和一定的比例关系来塑造艺术形象。它包括绘画、雕塑、工艺美术、建筑艺术等。美术作品可以从它的形态、色彩、结构、比例、立体感、空间感和质感等方面使人产生美的感受，激发人们对美的热爱和向往。通过美术对学生进行美育，还可以使学生掌握美术的基本知识和基本技能，培养他们的观察力、想象力和创造力。

舞蹈也是一种造型艺术。它是由一定体系的人体姿态有节奏、有组织地交换来构成艺术形象。舞蹈是将人体动作的形式和节奏变换、丰富的情感表现和造型美结合起来，把活的人体造型提高到艺术完美的程度。通过舞蹈对学生进行美育，可以提高他们的审美能力，培养他们活泼开朗的性格和乐观主义精神，促进身体健康匀称地发展。

文学是一种语言艺术。它以语言文字为工具形象地反映自然、社会现实和人们的心理状态，创造典型的艺术形象。利用文学作品对学生进行美育，不仅可以使学生获得丰富的文学知识，提高他们的思想意识，在情感上产生愉悦的美感体验，发展艺术鉴赏的能力，而且还可以培养学生的文学兴趣，发展他们的文学创作能力。

影视欣赏。电影、电视和戏剧，都是综合性艺术，是各种艺术手法的综合运用，不仅艺术性强，知识性也强，很受青少年学生的欢迎，容易对青少年产生影响和感染作用。如果影视欣赏的指导工作及时得当，这种影响和感染会在学生生活和学习过程中发挥长久的作用。

（二）自然美的教育

自然美的教育是以千姿百态、丰富多彩的美景激发学生的情感，使之产生美的感受。大自然是实施美育取之不尽的源泉。辽阔的原野、巍峨的山岳、葱郁的森林、碧绿的湖水、奔腾的江河、浩瀚的海洋、蔚蓝的天空、灿烂的阳光、皎洁的月色等各有其美的特色，都是美育的好教材。学校教师要有计划地指导学生欣赏祖国和家乡的自然美景，开阔他们的视野，增长他们的知识，发展他们认识自然美和欣赏自然美的能力，丰富和陶冶他们的精神生活，激发他们对伟大祖国无比热爱的深厚感情。

（三）社会美的教育

社会美的教育是以社会现实生活中美好事物激发学生的情感，使之产生美的感受。在社会主义建设的各行各业中，到处体现了人们创造性的劳动美、社会生活美，这些都可以给学生以美的感受，启迪他们去思考社会、体验人生，为创造美好的社会主义生活贡献自己的汗水和才智。社会的现实生活，有取之不尽，用之不竭的美育内容。学校要充分利用现实社会生活中美的因素，如不断涌现的先进人物、新人新事等，去感染、感化学生；组织学生参加一定的社会生活和生产劳动，让他们亲身投入社会主义的建设实践，亲自感受和鉴别社会生活中的美与丑，提高他们感受美、理解美和创造美的能力；同时，在学校要开展各种健康的活动，为学生创造一个良好的学习、生活的环境，创造一个和谐向上的文化氛围，使学生从中得到美的陶冶。

五、综合实践活动

综合实践活动是我国新一轮基础教育课程改革启动以后，新的课程方案中规定的九年义务教育和普通高中阶段开设的一门必修课程。它是对我国几十年来开设的活动课程以及课外活动与社会实践活动等课程的继承和发展，是应对时代发展对国民素质的挑战的基本策略，是实施全面发展教育，培养学生的创新精神与实践能力、强烈的社会责任感和良好个性品质的根本要求。

人的全面发展就是要使人的德、智、体、美等素质形成合理的整体结构，但人的各方面素质及其整体结构的形成都离不开人的实践活动。要获得个体的自由和解放，学校课程绝对不能局限于系统化的书本知识，而要关照个体作为具体的活生生的存在的生活经验。综合实践活动的实质就是立足于人的生活世界的综合性和整体性，立足于每一个学生的健全、完整的发展，通过引导学生自主参与社会实践活动，丰富学生的经验，完善学生的生活方式，促使学生的德、智、体、美等各方面素质获得协调发展和整体提升。

我国中小学设置的综合实践活动，主要包括研究性学习、社区服务与社会实践、劳动与技术教育、信息技术教育等四个彼此紧密联系的方面。

（一）研究性学习

研究性学习是指学生基于自身兴趣，在教师指导下，从自然、社会和学生自身生活中选择和确定研究主题，主动地获取知识、应用知识、解决问题的学习活动。研究性学习强调学生通过探索实践，增强探究和创新意识，学习科学研究的方法，发展综合运用知识的能力。学生通过研究性学习活动，形成一种积极的、生动的、自主合作探究的学习方式。各种富有时代感的主题（如环境教育、国际理解教育、价值观教育等）都可以渗透到研究性学习活动中。

研究性学习本身没有体系化的内容，具有开放性特点，主要从生活中发现问题、提出问题。它涉及的领域十分广阔，涵盖学生的整个生活世界。概括地说，研究性学习的内容范围大致涉及如下四个方面。

一是人与自然关系的问题。该领域主要关注与人的现实生活相关的自然事物或现象的问题的研究，主要包括：水资源及其状况研究、土壤资源及其状况研究、空气状况的调查研究、植被与绿化问题研究、各种环境污染与处理问题研究、动物及其保护问题研究、资源或能源问题研究、水土流失与水灾问题研究等。

二是人与社会关系的问题。该领域是围绕现实社会生活来展开的，与具有社会责任感、有见识的公民的形成直接相关，主要包括：社区或故乡的变迁与发展考察研究、社区或地方产业状况与发展研究、社区或地方人口状况的调查研究、民族历史与发展问题研究、农村或城市交通问题研究、农村产业问题研究、城市产业与经济问题研究、汽车问题研究、老龄人口与养老问题研究、下岗与就业问题研究、城镇住房问题研究、旅游资源与旅游业发展问题研究、毒品问题研究、选举与政治生活问题研究、社会生活中的法律现象与问题研究等。

三是人与自我关系的问题。该领域主要是引导学生从自我生活中提出研究主题或课题，使学生提高对自我的认识、反思和发展，主要包括：中小学生学习习惯的调查与研究、中小学生的饮食与营养问题研究、校园环境与学校周边环境研究、中小学生成长环境与安全问题研究、中小学生的服饰与审美问题研究、音乐与中小学生追星现象研究、中小学生心目中的教师、中小学生心目中的家长、中小学生的理想调查研究、中小学生的休闲生活调查研究、中小学生的消费观念与行为研究等。

四是人与文化关系的问题。该领域主要是围绕学生各门学术性课程的学习，开展有关文化现象或文化问题的探究。关于文化问题的研究，一定要超越某一门学科课程领域知识的局限，尽可能把学生引向自然、引向社会、引向生活，通过实践来探究，不能仅仅局限在从书本到书本、从资料到资料的研究。

（二）社区服务与社会实践

社区服务与社会实践是学生在教师指导下，走出教室，进入社会，参与社区生活和社会实践活动，开展各种力所能及的社区服务性、公益性和体验性的学习活动，以获取直接经验、发展实践能力、增强社会责任感为主旨的学习领域。通过该领域学习，可以增进学校与社会的密切联系，不断提升学生的精神境界、道德意识和实践能力，使学生人格臻于完善。

社区服务与社会实践的根本特点体现在活动的社会性上，是在实际的社区或社会情景中开展的实践性学习活动。因而，社区服务与社会实践的活动形式是社会调查、社会考察、社区公益性服务活动；其基本内容是在特定的社区背景和条件下，以主题的形式开展的各种服务性、实践性活动。尽管社区差异突出，但中小学生的社区服务与社会实践依然有相似的活动主题：一是了解社区或社会的活动，包括社会参观活动、社会考察活动、社会调查活动；二是社区服务活动，包括为他人进行的生活服务和家政服务、学校或社区管理服务等；三是社会实践活动，包括公益活动、经济活动、政治活动等。

（三）劳动与技术教育

劳动与技术教育是以学生获得积极劳动体验、形成良好的技术素养为主的，以多方面发展为目标，且以操作性学习为特征的学习领域。它强调学生通过人与物的作用、人与人的互动来从事操作性学习，强调学生动手与动脑相结合。通过该领域学习，学生可以了解必要的通用技术和职业分工，形成初步的技术意识和实践能力。

劳动与技术教育的内容以项目活动的方式来组织。一般来讲，大致包括如下两个方面的内容。一是劳动实践，即围绕学生感兴趣的工农业生产领域，组织学生参与有关的具体劳动实践，从中体验劳动的过程、劳动的意义和价值，获得基本的劳动技能，养成良好的劳动态度。二是技术实践，即运用一定的技术工具或其他手段进行劳动技术实践，提高中小学生劳动实践的技术要求，适应现代科技发展对人的劳动技术素质的要求。

(四) 信息技术教育

信息技术教育的目的在于帮助学生发展适应信息时代需要的信息素养，既包括发展学生利用信息技术的意识和能力，还包括发展学生对浩如烟海的信息的反思和辨别能力，形成健康向上的信息伦理。

信息技术教育以计算机和网络技术为主，让学生了解和掌握信息技术的基本知识和技能，激发学生学习信息技术的兴趣；培养学生搜集、处理和应用信息的能力以及利用计算机进行自主学习、探讨的能力；引导学生正确认识与信息技术相关的伦理、文化和社会问题，负责任地使用信息技术。总而言之，信息技术教育的目的就是要在最短的时间内全面提高中小学生的信息技术素养，使他们能够有效地将信息技术作为自己学习和生活的工具。

第三节　中小学课程

学校教育内容在教育活动中主要表现为课程。课程，通俗地说，就是学校教育内容的安排或组织。它依照一定的教育目标把观念形态的学校教育内容规范化、程序化和具体化。课程在学校教育活动中居于主导地位，发挥着重要的作用。不同类型和层次的学校教育，其课程也存在着差异，这里主要讨论普通中小学课程。

一、课程概述

(一) 课程的概念

在西方，“课程”(Curriculum)一词，最早源于拉丁语“currere”，意指像跑马道一样的东西，有“跑道”“履历”之义。根据这个辞源，最常见的意义是指“学习的进程”。在我国，唐代孔颖达最早使用了“课程”一词。他在为《诗经》“奕奕寝庙，君子作之”一句作疏时提到：“维护课程，必君子监之，乃依法制。”这里的“课程”意指“秩序”。宋代朱熹在《朱子全书·论学》中多次提到课程，如“宽着期限，紧着课程”“小立课程，大作工夫”等。这里的“课程”是指功课及其进程。

现代以来，随着教育理论的不断深化和教育实践的不断丰富，“课程”也逐步演变成为具有多重意义的一个基本范畴。关于课程概念表述以及对课程内涵的界定，学界争论不休，莫衷一是。归纳起来，大致有如下几种关于课程内涵的理解。

1. 课程即学科

把课程作为学科，这是对课程最普遍的理解。《中国大百科全书·教育》中的课程是就这样定义的:课程是指所有学科(教学科目)的总和,或学生在教师指导下各种活动的总和。有人把课程分为广义与狭义两种。广义的课程通常是指全部学科(教学科目)的总和;狭义的课程则是指一门学科或一类活动。这样,狭义的课程就与教学科目(学科)成为同义语了。然而,只关注教学科目势必忽视学生的心智发展、情感陶冶和创造性表现等对学生成长有重大影响的维度。其实,学校为学生提供的学习,远远超出正式列入课程的学科范围。并且,这种课程定义把课程视为外在于学习者的静态的东西,对学习者的经验重视不够。

2. 课程即目标或计划

这一观点把课程视为教学过程要达到的目标、教学的预期结果或教学的预先计划。如课程论专家塔巴认为课程是学习的计划,奥利沃认为课程是一组行为目标,约翰逊认为课程是一系列有组织的、有意识的学习结果,等等。这种课程定义把课程视为教学过程之前或教育情境之外的东西,把课程目标、计划与课程过程、手段割裂开来,并片面强调前者,其缺陷也是忽略了学习者的现实经验。

3. 课程即学习者的经验或体验

把课程视为学生在教师指导下所获得的经验或体验,以及学生自发获得的经验或体验,这种说法比较新。美国著名的教育学家杜威就持这一观点。这种课程定义的突出特点是把学生的直接经验置于课程的中心位置,从而消除了课程中"见物不见人"的倾向,消解了内容与过程、目标与手段的二元对立。应当指出,有些持这种课程定义的学者有忽略系统知识在儿童发展中的意义的倾向。此外,这一课程定义把学生的个人经验都包含进来,显得过于宽泛。

4. 课程即文化再生产

美国的鲍尔斯和金蒂斯被认为是这一主张的重要代表人物。在他们看来,任何社会文化中的课程,事实上都是该种社会文化的反映,学校教育的职责是要再生产对下一代有用的知识和价值。政府有关部门根据国家需要来规定所教的知识、技能等,专业教育者的任务是要考虑如何把它们转换成可以传递给学生的课程。换言之,课程就是从一定社会的文化里选择出来的材料。然而,认为课程应该不加批判地再生产社会文化的想法是幼稚的,现实的社会文化远非人们想象的那样合理。倘若教育者以为课程无须关注社会文化的变革,就会使现存的偏见永久化。

5. 课程即社会改造的过程

一些激进的教育学家认为,课程不是要使学生适应或顺从于社会文化,而是要帮助学生摆脱社会制度的束缚。他们建议课程把重点放在当代社会的主要问题和主要弊端、学生关心的社会现象,以及改造社会和社会活动规划等方面。课程应该有助于学生在社会方面得到发展,帮助学生学会如何参与制定社会规划,这些都需要使学生具有批判意识。在这方面,当今最有影响的代表人物是巴西的保罗·弗莱雷,他批评资本主义社会的学校课程已经成了一种维护社会现状的工具,使人民大众甘心处于从属的地位,或归咎于自己天性无能。所以,他主张课程应该使学生摆脱盲目依从的状态,即要使学生在规划和实施课程的过程中起主要作用。然而,在社会上,学校组织并未在政治上强大到足以促使社会发生重大变革的地步。因此,认为学校课程能够起到指导社会变革的作用就未免过于天真。

尽管课程定义形形色色，但从中可以看出一些明显的共同之处，即大多数的课程定义总是围绕着教育的内容、教育的功能而展开。无论教育者的资格和身份如何变化，无论受教育者的年龄和范围如何不同，教育活动总是凭借特定的教育内容而进行。无论怎么称呼、怎样定义，课程是学校教育内容或教育影响中最重要的成分，是学校教育内容的主要承担者，通过课程将教育者和受教育者联结起来，使教育活动得以发生。

根据以上分析，可以对课程作出如下界定：作为实现教育目标的手段和媒介，课程是在学校教育环境中，经过精心选择和设计的，旨在使学生在教师引导下借助一定的学习活动方式，以获得促使其身心全面发展的教育性经验体系。具体说来，可以从如下几个角度去理解：相对于教育主体来说，课程是教师和学生共同作用的对象或客体，可以通过认识和实践而转化为个体经验；从育人目标上看，课程具有预期的目标指向性，即促进学生身心的全面发展；从教育影响上看，课程的教育价值只有借助教师引导下的学生的学习活动才能实现；从内容性质上看，课程应对学生具有教育意义和作用，缺乏教育性的经验不属于课程范围；从存在形态上看，具有预期目标的课程总脱离不了一定的结构系统，包括纵向的序列与横向的组织。

（二）课程的纵向结构

分析课程的纵向结构，也就是要研究课程是如何展开的，即怎样从课程目标和课程理念具体转化为学生在课程中的学习活动。具体表现为，一定阶段内某种制度化教育的目标，如何体现在某种课程结构上，如何进一步落实在课程结构各类各门课程之中，又如何以某种形式为学习者掌握。随着课程理论的发展，尤其在有了相对独立的专门的课程理论之后，在教学实践中渐渐形成了课程的一般结构，即课程方案（课程计划或教学计划）、课程标准（教学大纲）、教科书，尽管名称往往不同，但这样三个层次及相应的内容大致是相同的。新中国成立之后，我国就一直是采用这样一种结构来规范课程，目前世界各个国家仍然广泛采用这种课程结构。

1. 课程方案

课程方案也称课程计划或教学计划，是指教育机构或学校为了实现教育目的而制定的有关课程设置的文件。由于不同的历史时期、不同的国家有着不同的教育目的，所以，它们各自的课程设置也有所不同；即使在同一历史时期，尤其在现代学校系统中，由于不同层级（小学、中学、大学）、不同类型（如普通教育与职业教育）的学校教育有着不同的教育目标，它们各自的课程方案也必然有其特色与区别。新中国成立以来，我国政府也多次颁布课程方案，以往我们曾称之为教学计划，2001 年我国课程改革后，改称课程方案。需要指出的是，教育学研究的课程方案主要是普通中小学的课程方案，它是指在国家的教育目的与方针的指导下，为实现各级基础教育的目标，由国家教育主管部门制定的有关课程设置、顺序、学时分配以及课程管理等方面的政策性文件。认真贯彻和落实义务教育和普通高中的课程方案，开足、开齐所规定的课程，是实施素质教育、提高基础教育质量的基本保证。

课程方案主要由学校的培养目标、课程设置、学年编制等部分所构成。在课程方案中，首先，必须对学校的培养目标作出明确的规定，因为课程方案不仅要反映国家的教育目的，而且要体现普通中小学教育（小学、初中、高中）在学生的培养与发展上的特点与要求，这是课程设置的依据。其次，它要对课程设置作出规定：确定课程设置的原则，规定设置的每门课程的名称，它们开设的顺序与所在的学期，课程（学科或活动）在各年级（或学期）教学的周学时与总学时或学分，并提出课程实施、课程管理与课程评价的建议、要求或说明。这是课程方案的主要部分。此外，课程方案还要对学年编制作出科学而合理的安排：规定每学年（含学期）的上课时间的周数；复习考试时间的周数；寒暑假、法定节假日和农忙假的周数；由学校机动组织与安排学生参与的其他活动，包括社会实践、社区服务、运动会、远足等活动的时间周数等。这些规定对学校工作的正常进行也是不可缺少的，需要结合课程的设置与实施一起作出明确的规定或说明。

2. 课程标准

课程标准也称教学大纲，是指在一定课程理论指导下，依据培养目标和课程方案以纲要形式编制的关于教学科目内容、教学实施建议以及课程资源开发等方面的指导性文件。课程标准是按教学科目编制的，它反映某一门学科的性质、特点、任务、内容及其实施的特殊方法论要求。2001 年以前我国曾称之为教学大纲，2001 年课程改革后改称课程标准。课程标准在贯彻与落实课程方案中具有重要的意义，一方面，它不仅是教材编制的基本依据，而且是编好教材的前提和不可或缺的一个环节；另一方面，它也是教师领悟与掌握一门课程的精神实质与学科体系，深入理解教材，正确进行教学设计（即备课）的有效工具。

课程标准一般由说明（或前言）、课程目标、课程内容标准和课程实施等部分组成。说明部分，扼要阐释课程的性质与意义、课程的基本理念与价值诉求、课程的设计思路与总体框架（或结构），这是统率课程标准的指导思想。课程目标部分，首先要明确规定本门课程的总目标，即课程对学生的身心发展、素质提高，以及满足社会发展需要上应达到的目标，然后，结合课程的特点规定其不同领域、方面或层次、级别上要达到的具体目标。内容标准部分，则将课程目标进一步具体化，对课程的各个领域或单元、模块的内容与活动应达到的质量水准作出具体的规定，比较复杂的课程还应当分类提出要求，如有的课程要按选修与必修分别提出要求，综合性质的课程如初中的科学课程、高中的技术课程还需区分不同性质的内容分别提出要求。实施建议部分，针对课程标准的实际运用，包括对教材编写、对课程资源的开发与利用、对教学评价的方法及其改进等方面提出建议、要求与范例，以便能有效地指导实践。课程目标、内容标准和实施建议是课程标准的主体。此外，对无法概括到课程标准中去，但又有必要提出的建议（如语文课外读物的建议）、术语的解释（历史与社会课程中的社会学名词）和各种表（如英语词汇表）等，可以作为相关课程标准的附件列出，以便参考、阅读。

3. 教科书

教科书亦称课本，它是依据课程标准编制的教学规范用书。它以准确的语言和鲜明的图表，明晰而系统地按教学科目分别编写的教学规范知识。课程方案中规定的每一门课程，一般都有相应的教科书。教科书一般由目录、课文、习题、实验、图表、注释、附录等部分构成。课文是教材的主要部分，可以分类别、模块、纲目来编排与陈述；教科书中的习题、实验、插图、注释与附录都是教材的有机组成部分，是学习、领悟、练习、应用、掌握课文知识不可缺少的组成部分,教学中要充分加以利用。

教科书是学生在学校获得系统的基础知识,循序渐进地进行学习的主要资源和工具。它便于学生预习,便于学生理解和掌握教师讲授的内容,也便于学生复习、作业、深化和运用知识,形成相应的基本技能。而且,学生学会阅读和运用教材,不仅能有效地配合教学,提高教学质量,也能为他们阅读课外读物,进一步掌握学习方法、学会学习奠定良好的基础。要注意教育学生认识并重视教科书的重要作用,结合教学来组织与指导他们认真学习和充分利用教科书,培养和提高他们阅读教科书的能力。

教科书也是教师进行教学的主要依据,它不仅为教师的备课、上课、布置作业、检查评定学生的知识等工作提供了基本材料,而且为教师创造性地开发课程资源、在教学中联系社会生活实际提供了基础、依据和参照。深透理解与熟练掌握和运用教科书是教师顺利完成教学任务的重要条件,也是提高教师教学水平的一个重要而切实的途径。

教科书在课程资源开发和利用中虽有其重要的地位与作用,但是,它毕竟只是课程资源的一种。我们在编好和用好教材的基础上,当然还应开发和利用其他丰富多彩、生动具体的课程资源,以充实课程的内容和提高教学的质量。在这个问题上,我们必须反对传统教学常见的一种偏向,即把课程内容与教学局限于教材的范围内和书本知识上,不重视、不懂得、也懒于开发与利用生活中可资利用的课程资源,其结果必然导致学校课程与社会生活的脱节,使教学趋于封闭、狭窄、被动、抽象与死板。然而,在锐意进取与改革的新形势下,也要防止出现另一种偏颇,即一味追求超越教科书,广泛开发与利用其他各种课程资源,却忽视了教科书这个重要的课程资源的充分利用,忽视了教科书在开发与利用其他课程资源过程中的基础与指导作用,以致课程资源的开发与利用失去了正确的方向与核心,趋向分散与自发,甚至将教科书与其他课程资源并列,削弱了教科书在课程与教学中的重要地位与作用,影响了教学与育人的质量。

(三)课程的横向结构

分析课程的横向结构,主要是讨论课程的不同类别及其比例关系以及它们之间的相互关系。按照我国学者施良方的观点,课程类型是指课程组织的方式或指设计课程的类型。在课程理论与实践中,依据不同的划分标准或思路,可以区分出不同的课程类型。探究各种课程类型的特点、价值及其内在联系,是确立理想的课程结构的基本前提。

1. 学科课程与活动课程

1)学科课程

学科课程,亦称分科课程,就是以文化知识为基础,按照一定的价值标准,从不同的知识领域或学术领域选择一定的内容,根据知识的逻辑体系,将所选出的内容组织为学科。迄今为止,已出现了三种典型的学科课程:科目本位课程(如中国古代的“六艺”、古希腊的“七艺”等)、学术中心课程、综合学科课程(如相关课程、广域课程等)。学科课程是最古老、使用范围最广的课程类型,具有两个显著特征:第一,以学科知识或文化的发展作为课程目标的基本来源;第二,遵循学科知识的逻辑体系进行课程组织。

学科课程具有如下优点:一是有助于系统传承人类文化遗产;二是有助于学习者获得系统的文化知识;三是有助于组织教学与评价,便于提高教学效率。但学科课程有其自身不可克服的局限:学科课程是以知识的逻辑体系组织起来的,容易导致轻视学生的需要和经验，导致对学生完整生活的肢解；学科课程都有悠久的学术传统，都有相对独立和稳定的逻辑系统，容易导致忽略当代社会生活的现实需要；学科课程也容易导致单调的教学组织和划一的讲解式教学方法。

2）活动课程

活动课程，也称经验课程或儿童中心课程，是从儿童的兴趣和需要出发，以儿童的活动为中心，立足儿童的经验并为改造儿童的经验而设计的课程。活动课程由一系列活动组成，引导学生从做中学，侧重于学生直接经验的获得；重视儿童的兴趣、需要、能力和阅历，以及儿童在学习中的自我指导作用与内在动力；注重通过探究、交往、合作等活动使学生的经验得到改组与改造，智能与品德得到养成与提高；并强调解决问题的动态活动的过程，注重教学活动过程的灵活性、综合性、形成性，因人而异的弹性，以及把课程资源作为解决问题的工具，反对预先确定目标的观念。

活动课程的优点是显而易见的。第一，活动课程强调学习者当下的直接经验的价值，充分满足学习者的兴趣、需要、动机，使学习者真正成为主体，扭转了把课程视为学习者的控制工具的局面；第二，毫无疑问，活动课程能够有效调动学生的积极性、自主性，发挥他们的个人潜力、个性和创造性，提高学生处理各种实际问题、适应社会生活的能力与品德修养；第三，活动课程克服了强迫命令、被动静听、机械死板的传统教学的弊病，为课程改革提供和开启了新思路，为学校教育注入了活力。但不容否认的是，活动课程的特性使其在教育实践中推行起来受到种种限制。首先，活动课程在实践中容易导致实施者沉醉于儿童当前的各种偶发性冲动，走向儿童中心主义，容易忽略系统的科学文化知识的学习，忽略学科知识的教育价值；其次，活动课程在实践中容易被误解为让儿童随意地从事一些肤浅的、缺少智力价值的操作活动，从而忽略了儿童思维能力和其他智力品质的发展；再次，活动课程的组织要求教师具有相当高的教育艺术，对于习惯了班级授课制和讲解教学法的教师而言，这点很难适应。

活动课程与学科课程之间的关系问题是课程论的基本问题，因为它所反映的是人的直接经验与间接经验、个人知识与学科知识、心理经验与逻辑经验之间的关系，更进一步说，是人与文化、生活世界与科学世界之间的关系。这一关系本质上是儿童当下的心理经验与凝结在学科中的逻辑经验之间的关系。活动课程与学科课程是两种不同的课程：活动课程以儿童当前活生生的心理经验为基点，学科课程则以学科中的逻辑经验为基点。儿童的心理经验与学科所包含的逻辑经验是一个过程的起点和终点，两者具有内在的统一性。活动课程并不排斥逻辑经验的教育价值，所排斥的是逻辑经验脱离儿童的心理经验，从而阻碍儿童的发展；学科课程也不排斥儿童的心理经验，所排斥的是盲目沉醉于儿童当前的经验发展水平，从而抑制儿童经验的进一步发展。活动课程和学科课程各有特点与不足，既相互对立又相互补充、相辅相成。所以，不能持一种非此即彼的态度。在课程设置上，应根据具体情况，分别发挥两种课程的优势，以补各自之短，使其相辅相成、相得益彰，以发挥课程的最佳的整体功能。

2. 分科课程与综合课程

这是按照课程内容的综合程度来区分的两类课程。从分科课程一端到综合课程中最高综合程度的一端，其间还存在多种综合程度不同的类型。

1) 分科课程

分科课程是教育者精选有价值的学科科目，分门别类地设置和传授的课程。其历史源远流长，西方源于古希腊成形于中世纪早期的“七艺”，以及中世纪居“七艺”之首的神学，中国源于孔子时代的传统“六艺”，都是古代分科课程的初型。直到19世纪，伴随德国的初等教育改革，分科课程开始正式把分门别类的学科群按照难易程度、采用循环方法配置于各教育阶段，并此后在各国广泛采用。

直到现在，分科课程的设置仍然是学校课程设置的主要形式。20世纪中叶的学科课程改革，更增强了学科课程在学校中的主流文化价值。同时，现行教育制度通过分科的终结性考核标准，也大大强化了对学校课程的分科设置。但是，分科课程因其分门别类设置，纯粹的学科课程学习必然会阻碍学生整体经验的获得，不利于学生综合地解决现实生活中的复杂问题，因而受到大量的批评。从20世纪前期开始，人们就试图在分门别类的学科群中寻找综合课程的发展空间。

2) 综合课程

综合课程，即试图把分割开的学习科目紧密联结在一起。换言之，综合课程需要满足的最低条件是，一定要涉及两门或两门以上的学科。至于学科之间联结的程度，则满足以下不同联系方式的任何一种即可。

(1) 相关设计或不同程度的科际渗透。

(2) 按儿童的兴趣和遇到的问题综合成单元，其单元涉及两门或两门以上学科内容。

(3) 围绕复杂的社会问题而设计，需要应用两门或两门以上的学科知识。

(4) 科学概念和原理的陈述显示出两门或两门学科中科学思想在根本上的一致性。

(5) 提取两门或两门以上学科间的内容、方法、原则、原理中的一致性设计课程。

(6) 在学科高度分化的基础上综合两门或两门以上学科。

关于综合课程的不同类型，有学者以课程设计组织中不同学科内容之间所产生联结的程度来衡量，区分出相关课程、广域课程、科际课程、超学科课程等类型。因此，从分科课程到最高程度的综合课程可以呈现为一个连续的系列：

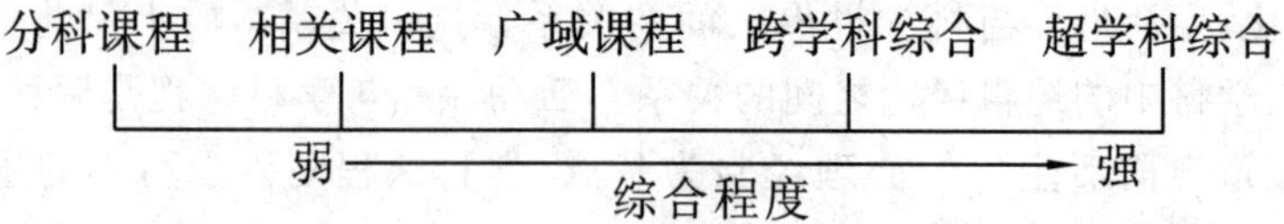

这种以课程设计组织中不同学科内容之间所产生联结的程度来衡量的综合课程，在实施中面对的困境是，不同学科之间内容的综合程度越高，实际操作和专业挑战的难度就越大。2001年我国颁行的《基础教育课程改革纲要(试行)》在吸纳国际课程理念的基础上，要求在基础教育阶段构建起综合课程与分科课程相结合的课程结构。然而，在现实中的综合课程实践探索初见成效的同时，也面对强大的学科课程对时间精力竞争的压力。

分科课程是单学科的课程组织模式，强调不同学科的相对独立性和一门学科的逻辑体系的完整性；综合课程是多学科的课程组织模式，强调学科间的内在联系。首先，两者都有各自存在的依据和独立价值。人类的认识与儿童的认识一样，是一个从整体到分化再到整体的过程，并且不断按照这样的过程螺旋上升，分科课程和综合课程分别是这种过程中不同阶段的反映。并且，两类课程也反映了人类认识的两种基本方式，即分化与综合。对于人类个体的认识能力来说，两种方式缺一不可。其次，两者之间又存在内在联系。分科课程与综合课程的区分是相对的，分科课程总包含着知识之间某种程度上的综合，综合课程总是呈现出某种分科的形式。再次，两者又是相互依赖、相互作用的。不同的分科课程之间的区别是明显的，但总是存在一定的内在联系；综合课程并不是全然不顾学科逻辑，并不是以牺牲科学体系为代价，而是从某种观点、以某种方式对分门别类的学科逻辑的超越。

3. 必修课程与选修课程

必修课程与选修课程的划分标准并不涉及课程本身的特征，任何按照其他标准划分的课程类型，都可以分为必修与选修。尽管如此，这两类课程对于课程结构的意义依然十分重要；有无选修课以及必修课与选修课的比例是否适当，关系着课程结构的合理程度。

必修课程是由国家、地方或学校规定，同一学年的所有学生必须修习的公共课程。为了保证学校教育质量，保证所有学生的基本学力，必须设置一定数量的必修课。目前世界各国的学校没有不规定必修课的。但必修课应该在全部课程中占多大比重，各国对此的处理大不一样。如美国有不少州规定，学生选修课比重可达50%，有的甚至超过一半。有人认为这是学生质量降低的重要原因之一，因此建议加重必修课的比例。而日本高中从1982年起开始减少必修课的学分，增加选修课的学分。这两种做法正好相反，但都是从两国的实际情况出发的。美国由于选修课太多，不能保证普通教育的共同基础，因而加强必修课；而日本由于要培养学生的创造力，适应学生的不同爱好和特长，所以减少必修课的学分。我国长期坚持单一的必修课类型，造成培养出来的学生规格单一，缺少个性特长。改革单一的必修课制度（尤其是高中阶段）是当前教育改革的一个重要方面。

选修课程是指那些为了适应学生兴趣爱好和劳动就业的需要而开设的，可供学生在一定程度上自由选择修习的课程。一般来说，选修课的内容既可以是关于知识的，也可以是关于技艺的，或关于职业技术的。选修的方式可以分为两种：一种是指定选修课，即把有关选修课分成几组，规定学生必须选修其中一组或在各组中选修1～2门课；另一种是任意选修课（或称自由性选修课），即可以让学生自由选择，甚至允许学生跨年级选修。选修课程是为适应学生的个性差异而开设的课程。选修制度无疑是个性化教育的有机构成，是支撑学生个性发展的必要条件。选修制度的最初确立是在大学，到20世纪初开始席卷欧美大中学校。目前，充实或完善选修制度是世界各国课程政策的基石。我国于2001年启动的新一轮基础教育课程改革就特别强调课程的选择性，开始在中学阶段设置选修课程。当然，选修课的比重要控制在一定范围内，以防止本末倒置。

从课程价值观看，必修课程与选修课程之间的关系可以归结到公平发展与个性发展之间关系的层面。公平发展的理念要求对一切人施以实质上公平的教育，这是必修课程的直接价值支撑。个性发展的理念要求对每个人施以适合个体能力倾向和个性特点的教育，这是选修课程的直接价值支撑。两者是对立统一的关系。必修课程与选修课程具有等价性，相互渗透、相互作用、有机统一，成为个性化课程体系的有机构成。两者不存在主次关系，在教育价值上不存在高低优劣之分；选修课程不是必修课程的附庸或陪衬，而是具有相对独立性的课程领域。必修课程并不排斥选择，从长远看，是为了学生更好地发展选择能力；并且，在学习过程中同样必须尊重学生的个性差异，鼓励学生发挥个性特长，合理选择学习内容和方法。选修课程也不是随意的、散漫的、浅尝辄止的学习，而是经由共同标准评估保证的有效的学习。两者相辅相成，构成有机的整体。

4. 工具类、知识类和技艺类课程

为了更合理地安排课程的总体结构，课程组织中会把性质上相似的几门学科划分为某一类课程类型，一般划分为工具类、知识类和技艺类课程。

工具类课程一般包括语文、外语和数学学科，是学习其他学科所必需的基本符号系统，是引导年青一代进入人类文明宝库的必要工具，以其无可置疑的基础性而受到高度重视。工具类课程除了学习人类文明符号及其内含的知识内容以外，还要求学习者在自动化反应程度上掌握运用符号系统的基本技能技巧。

知识类课程主要指自然学科和社会学科两大类，一般包括物理、化学、生物、历史、地理等学科课程。它试图抽取人类文化遗产中的精华，以其人文精神和自然、社会科学知识涵养人性，促进个人发展和推动社会进步，引导年青一代进入人类文化遗产宝库，使新生代纳入人类文明的轨道，延续人类社会生活，把这些重任视为教育的神圣职责。

技艺类课程包括体育保健、艺术修养及社会生活和生存技能等方面的课程，一般包括体育与健康、音乐、美术、艺术、计算机以及为就业服务的各种选修课程等。技艺类课程对学生身心健康、发展特长才艺、掌握生活和生存基本技能、促进个性丰富全面发展、奠定学生可持续发展基础等，具有不可替代的重要价值。但是，由于学校占主流地位的学术性课程文化价值的冲击，准备升学的标准化考试对师生时间精力的争夺，以及牵涉权力分配和社会控制等复杂背景因素的制约，技艺类课程往往容易被认为是闲科而被排挤萎缩。

二、课程设计

课程设计是以一定的课程观为指导，确定课程目标、选择和组织课程内容、预设学习活动方式，并在课程目标、课程内容和学习活动方式三者之间构建一个科学合理的结构的活动过程。

（一）课程设计的层次

根据课程设计所承担的任务和产生的结果，大致可以分出宏观、中观、微观三个层次。

1. 宏观的课程设计

宏观的课程设计主要解决课程设计的基本理念问题，如课程设计的价值取向以及课程的根本目的、主要任务、基本结构等。从国内外的理论研究及实践模式来看，在课程设计的价值取向上，主要有以学科为中心、以社会为中心和以学生为中心的三种课程设计取向。不同的设计取向影响甚至决定着课程内部的很多因素，如课程内容选择的标准，课程目标与功能，课程内容的组织，以及传授内容时的指导理念等；其最大的区别体现在课程设计的结果以及课程实施的结果上，不同的设计理念产生不同的课程类型，而实施不同类型的课程，教育结果也就不同。另外，宏观层次的课程设计还需确定学校课程的宏观结构，如以文件形式表现的义务教育课程方案、普通高中课程方案等，它们具体规定在各级各类学校中开设什么课程、开设的顺序、课时的比例分配等。

2. 中观的课程设计

中观的课程设计的主要任务是对前一阶段课程设计的结果进一步具体化，即在学校宏观课程结构的基础上，针对具体的课程门类进行设计，目标在于制定各门课程的课程标准或大纲、教科书以及其他形式的文字资料等。相比较而言，该层次的课程设计会涉及许多具体要素，如课程目标、内容、学习活动、评价程序，甚至学习材料，教学的时间、空间和环境，教学中的分组情况以及教学策略等。在进行具体的课程设计时，需要依据不同的设计理念、价值取向对这些要素进行安排、处理，它直接影响到不同要素之间的搭配以及重要性的排序，自然，设计的结果就是不同的课程功能和编制风格。

3. 微观的课程设计

微观的课程设计主要是指教师在实施已有的课程（课程标准、教科书）时，根据教学目标，学生的现有水平、特征，以及课程资源等实际情况，对已确定的课程材料进行重新组织设计，以服务于现实的教学。它类似于在理论与实践中日益受到重视的教学设计。从设计的结果看，表现为教师的教学计划、教学方案及发生在教室中的各类教学活动等，基本等同于一般意义上所谈及的备课。从设计所涵盖的因素看，包括教师自身在课程实施上的特征及素养，学生的知识准备、现有水平，课程实施的有利、不利因素，以及课程资源的准备等。在设计过程中，需对这些因素综合考虑、协调搭配，以发挥整体功效。其设计的主体主要为课程实施者，是根据实施的现实情况对课程进行再加工、再设计的人员。

（二）课程目标的设计

课程目标是课程实施应达到的学生身心素质发展的预期结果，是对培养目标的具体化，可以具体到量的层次和质的层次。

1. 课程目标设计的基本问题

课程目标设计的直接依据应来自教育目的和培养目标，但不是教育目的和培养目标的简单分解或推演。课程目标的基本来源或确定的现实依据是学习者的需要、当代社会生活的需要、学科发展的需要。在设计课程目标时，应充分考虑和研究这三个方面的实际情况。并在此基础上，处理好如下两个问题。

一是课程目标的具体化和抽象化问题。课程目标的设计过于具体、表述太细致，往往会限制过死，不利于教学目标的研制；而课程目标过于抽象和概括，又不利于课程内容的选择和组织，不利于课程评价。因此，课程目标设计应概括地指明上述的知识与技能、过程与方法、情感态度与价值观等大的方面的目标，同时要将这些方面的目标所要求达到的程度清晰地表述出来，使具体化和抽象化保持适当的平衡。

二是课程目标的层次与结构问题。课程目标并非对学生的身心发展确定一个绝对的标准，而是要设定一个相对的、有弹性的、包含不同层次要求的发展区间。因此，课程目标的设计需要有最高标准和最低标准、终极目标和过程目标等不同层次的目标，这样才能对课程实施起导向、调控和评价作用。从结构上看，课程应有一定的逻辑结构，即课程目标是由具有逻辑联系的项目组成的，无论从哪个方面来设计课程目标，务必保证目标的体系化和结构性。只有这样，才能保证学生身心发展的整体性和有效性。

2. 课程目标构成的基本维度

课程目标构成的维度指的是课程目标（或课程的教育目标）可以分解为哪些项目或领域。关于教育目标的构成或分解，美国心理学家布鲁姆等人创立的“教育目标分类学”影响较大，他们将教育目标分为认知、情感和动作技能三个领域，每个领域的目标又由低到高分成若干层次。目前，我国新一轮基础教育课程改革，确立了课程目标构成的三维模型或框架。

一是知识与技能。知识主要包括学生要学习和掌握的学科知识（教材中的间接知识）、意会知识（生活经验和社会经验等）、信息知识（通过多种信息渠道而获得的知识）；技能可分为四种，即基本技能（如读、写、算的技能）、智力技能（如感知、记忆、想象和思维、推理等技能）、动作技能（如绘画、做操、打球等）、自我认知技能（即认知活动的自我调节和监控技能）。这一维度类似于传统的双基教育，重视基础知识的掌握和基本能力的形成。

二是过程与方法。过程是指引导学生经历知识与技能的形成过程，亲历一系列质疑、判断、比较、选择、分析、综合等思维和认识活动，从而发展能力、获得经验；方法是指掌握各类知识与技能的学习方式与策略，让学生学会学习、学会反思、学会创造，能对自己的学习过程及其结果进行有效监控。这一维度着眼于学生的可持续发展，尊重学生的学习经历、体验和方式，使学生形成学习的能力和终身学习的意识。

三是情感态度与价值观。情感包括学习动机、学习兴趣、学习情绪和内心丰富的情感体验等；态度，既指学习态度、学习责任，更指科学态度、生活态度和人生态度；价值观，强调个人价值和社会价值、科学价值和人文价值、人类价值与自然价值的统一，从而使学生从内心确立起对真、善、美的价值追求及人与自然和谐可持续发展的理念。这一维度的达成有赖于前两个维度的实施，也是对前两个维度的意义价值的提升。

课程的三维目标着眼于作为完整的人的学生的发展，具有相互关联性和内在一致性。知识和技能，过程和方法，情感、态度和价值观是新课程目标的三个维度，而不是三种目标，就像一个立方体的长、宽、高一样；相对于人的发展这一总体目标，任一目标都不能脱离整体而单独优先发展，缺失任一维度都无法筑成完整的人的发展的金字塔。各个维度的目标都有自己相对完备的内涵，都有自己的本体价值、表现水平和实现方式，它们并不相互雷同或等值，而是根据各学科的特殊性、学生原有基础及其发展需要而各有侧重，并且互为目的、相机为用、相互促进。具体的课程目标设计就是这三个维度在不同内涵、比重、方式、水平上的有机组合。

3. 课程目标陈述的基本方式

不管哪一门课程，课程目标的陈述方式应该是一致的。一般说来，完整的课程目标体系包括三类：结果性目标、体验性目标与表现性目标。因此，课程目标的陈述也有相应的三种基本的方式。

所谓结果性目标，即明确告诉人们学生的学习结果是什么。它在设计中所采用的行为动词要求具体明确、可观测、可量化，如“说出”、“解释”、“应用”、“模拟”、“完成”、“联系”等。这种直接指向学习结果的课程目标，主要应用于知识领域。

所谓体验性目标，即描述学生自己的心理感受、情绪体验应达成的标准。它在设计中所采用的行为动词往往是历时性的、过程性的，如“经历”、“感受”、“遵守”、“拒绝”、“形成”、“养成”等。这种不能直接指向学习结果的课程目标，主要应用于各种过程领域。

所谓表现性目标，即明确安排各种各样的具体教育情境或个性化发展机会，如将要处理的问题、将要从事的活动等，学生在其间所产生的个性化表现或发展程度。它在设计中所采用的行为动词通常是与学生表现什么有关，或者所要表达的结果是开放性的，如“从事”、“做”、“设计”、“创作”等。这种指向个性化表现的课程目标，主要适用于各种制作领域。

（三）课程内容的设计

课程内容是课程的核心要素。从总体上讲，课程内容是根据课程目标，从人类的经验体系中选择出来，并按照一定的逻辑序列组织编排而成的知识和经验体系。课程内容的基本性质是知识，它具有直接经验和间接经验两种形态。直接经验是指与学生现实生活及其需要直接相关的个人知识、经验与技能的总和，如社会生活经验、人际交往活动等。间接经验即理论化、系统化的书本知识，它是人类认识的基本成果，具体包括在各种形式的科学中。

课程内容的设计是课程设计的核心。对课程专家所设计的课程内容，教师需要进行二度设计。一般来说，课程内容是以课程目标为根据的，但在课程内容的选择和组织方面，则有其内在要求。

1. 课程内容的选择

间接经验选择的依据是科学理论知识内在的逻辑结构。学科课程的内容就是由各门科学中的理论知识组成的。但科学的理论知识是相当广泛的，因而，学科课程的内容就需要对科学理论知识加以选择，并保持其本身的逻辑结构。因此，间接经验的选择需要注重科学的基本事实、科学的基本概念以及科学的基本原理和方法，从中选择出最基本的部分，以充实学生的心智，满足学生知识结构、智能结构和技能技巧发展的需要。当然，由于各门科学的性质不同，基础理论知识的选择，需要处理好理论性与应用性、艺术性与工具性，以及基础知识与知识更新之间的关系。

直接经验选择的依据则是学生的现实社会生活需要和学生社会性发展的要求，也即是生活的逻辑、关照学生现实生活的逻辑。杜威及其夫人在杜威学校为学生设计了四大类直接经验的课程内容，即手工制作类、语言社交类、研究与探索类、艺术类。在杜威看来，选择这些直接经验形态的课程内容的目的，不是让儿童消遣，也不是为了获得职业技能，而是儿童生活的需要。当然，作为课程内容中的直接经验不应是零散的活动技巧或生活体验，也不应是学生琐碎的日常事物，而应是关照学生现实生活世界的、具有较高精神价值的结构化与体系化的东西。从来源上讲，课程中的直接经验根本上来源于科学知识。只不过它不是以概念、原理的形式呈现给学生，而是以学生的体验、操作、探究等方式与学生结合，从而体现经验的认知意义、情感意义和价值观念意义，直接经验的终极意义不是其技术意义，而是其精神意义。从这些意义上说，作为课程内容的直接经验的选择，需要以学生生活的逻辑为起点，设计出一定的结构和体系。一般来说，课程内容中的直接经验至少涉及学生生活三个方面的内容：一是学生处理与自然事物关系的直接经验；二是学生认识和处理与自我关系的直接经验；三是学生处理与他人、与社会关系的直接经验。

2. 课程内容的组织

课程内容采取何种逻辑形式编排和组织，直接影响课程内容结构的性质和形式，制约着课程实施中的学习活动方式。如前所述，早在20世纪40年代，泰勒就明确提出了课程内容编排和组织的三条逻辑规则，即连续性、顺序性、整合性，对课程设计产生了重要影响。课程内容组织除这些逻辑规定外，还应处理好以下组织形式上的逻辑关系。

1）纵向组织与横向组织

纵向组织，是指按照知识的逻辑序列和复杂程度，从已知到未知、从具体到抽象等先后顺序组织编排课程内容。纵向组织方式是从学习理论的角度提出的一种组织形式。加涅就认为学习是由简单到复杂依次推进的，倾向于按照学生学习的八个层次来设计课程内容的顺序。这八个学习层次为：信号学习；刺激—反应学习；动作连锁学习；言语联想学习；辨别学习；概念学习；规则学习；问题学习。

横向组织，是指打破学科的知识界限和传统的知识体系，按照学生发展的阶段，以社会和个人最关心的问题为依据，形成一个个相对独立的专题，构建课程内容体系。横向组织是一些发展心理学家从人的成长过程的角度提出的。他们认为，学生生理的、社会的、理智的以及情感的发展，都是按一定顺序由内部加以调节的。因此，课程内容应考虑学生发展的阶段性要求，从综合的角度，以知识之间横向联系的方式来加以组织。

比较地看，纵向组织注重课程内容的独立体系和知识的深度，而横向组织强调课程内容的综合性和知识的广度。它们是适应于不同性质的知识经验的课程内容组织形式，都不可偏废。

2）逻辑顺序与心理顺序

逻辑顺序，是指根据学科本身的体系和知识的内在联系来组织课程内容。这是传统教育派的主张，认为课程内容的组织要遵循科学知识内在的、固有的逻辑序列，便于为学生分门别类地认识客观事物作好科学知识的准备。

心理顺序，是指按照学生心理发展的特点来组织课程内容。这是现代教育派的主张，强调要根据学生身心发展的规律，特别是学生思维发展、兴趣、需要和经验背景来组织课程内容。

传统教育派与现代教育派各执一端，将两者对立起来，有失偏颇。其实，课程内容的组织要把逻辑顺序和心理顺序结合起来。其实质就是，在课程观上把学生与课程统一起来，在学生观上把学生的未来生活世界与现实生活世界统一起来。以此为基础，根据学生认识发展的特征和科学知识本身的逻辑特征，编排成既区别于原有科学结构，又有别于学生的完全经验复制的课程内容体系。

3）直线式与螺旋式

直线式是指把课程内容组织成一条在逻辑上前后联系的直线，前后内容基本不重复。其逻辑依据是，课程知识本身内在的逻辑是直线式前进的。它被认为是效率较高的一种内容组织形式。

螺旋式是指在不同单元乃至阶段或不同课程门类中，使课程内容重复出现，逐渐扩大知识面，加深知识难度，层层递进。其逻辑依据是，人的认识遵循着由简单到复杂、由低级到高级逐步深化的发展规律，因而知识内容在编写过程中要前后反复出现、逐步加深。

直线式和螺旋式都各有利弊，分别适用于不同性质的学科、不同年级的学生。直线式可以避免不必要的重复；螺旋式则容易照顾到学生的认知特点，加深对知识的理解。对理论性较强，学生不易理解和掌握的内容，螺旋式较适合；对一些理论性相对较低、操作性较强的内容，则直线式较适合。其实，即使在同一课程的内容体系中，直线式和螺旋式都是必不可少的，不能一概而论哪种方式是绝对合理的内容组织的逻辑形式。

概言之，纵向组织与横向组织、逻辑顺序与心理顺序、直线式与螺旋式的相互吸收、相互匹配，是课程内容组织的最基本的辩证逻辑。即使是在同一门课程中，对不同性质和层次的内容来说，这些逻辑形式也是可以并存的。

三、课程改革

课程改革既是教育改革的核心，又是课程发展变化的动力机制。它不是单一的教材改革或教学方法改革，而是涉及课程理念乃至整个教育观念更新的系统变革。从文艺复兴以后，人们开始自觉地组织课程改革。进入 20 世纪 80 年代以来，世界各国的学校课程改革十分活跃。自新中国成立以来，我国先后组织了八次基础教育课程改革，最近的是 2001 年全面启动的新一轮基础教育课程改革。这是新中国成立以后改革力度最大、投入最多的一次大规模基础教育课程改革，其影响力也将是前所未有的。

（一）现代课程发展的基本理念

随着知识经济的到来和科学技术的迅猛发展，世界教育的基本理念正在发生深刻的变化。随着对教育民主化、国际理解教育、回归生活教育、教育的可持续发展、个性化教育、创新教育等的强调，现代课程发展的基本理念也呈现出许多新的特点和趋势。

1. 全人发展的课程价值取向

全人发展的课程价值取向的一个显著特征就是以学生为本，着眼于学生的全人发展，反对权威主义和精英主义，要求所有学生都得到全面发展。它使学校的课程目标发生了深刻的变革，表现出一些新的特点：①注重课程目标的完整性，强调学生的全面发展；②重视基础知识的学习，提高学生的基本素质；③注重发展学生的个性；④着眼于未来，注重能力培养；⑤强调培养学生良好的道德品质；⑥强调国际意识的培养。

2. 科学与人文整合的课程文化观

伴随着科学主义教育与人本主义教育逐步走向融合，科学人文性课程文化观便确立了。科学人文性，就是以建立在科学理性之上的，并用人文精神来规范、统领科学，从而实现科学与人文彼此关照、相互包容，最终达到二者协调统一，形成你中有我、我中有你的浑然一体的关系。科学人文性课程是科学主义课程与人本主义课程整合建构的课程，它以科学为基础，以人自身的完善和解放为最高目的，强调人的科学素质与人文修养的辩证统一，致力于科学知识、科学精神和人文精神的沟通与融合，倡导科学的人道主义，力求把学会生存，学会关心，学会尊重，理解与宽容，学会共同生活，学会创造等当代教育理念贯穿到课程发展的各个方面。

3. 回归生活的课程生态观

学校课程重返生活世界，找回失落的主体意识，确立一种新的课程生态观，是当代课程发展的一个重要理念。回归生活世界的课程生态观，从本质意义上说，就是强调自然、社会和人在课程体系中的有机统一，使自然、社会和人成为课程的基本来源。因此，自然即课程、生活即课程、自我即课程，便成为现代课程生态观的基本命题。它意味着学校课程突破学科疆域的束缚，向自然回归、向生活回归、向社会回归、向人自身回归，意味着理性与人性的完美结合，意味着科学、道德和艺术现实地、具体地统一。

4. 综合取向的课程设计观

不同课程设计者的课程立场是不同的，因而课程设计的价值取向也是千差万别的。与人们对课程来源的不同认识相对应，中小学的课程设计大致形成了五种主要的取向：学术取向、认知过程取向、社会取向、人文取向和科技取向。这也恰恰代表了课程设计者的矛盾和困境，最好的办法是将学科、学生、社会和科技整合起来考虑课程的设计。如前所述，现代课程发展的一个基本理念就是强调全人发展的课程价值取向。因此，学生以及学生的全面发展应当成为整合各种课程设计取向的中心，学科与社会应该为这个中心服务。如今，课程设计的理论取向正在发生根本性的转变，主张以学生的全面发展为核心，把学生本位取向、学科本位取向和社会本位取向辩证地整合起来，张扬学生个性发展的课程设计理念。

5. 缔造取向的课程实施观

从已有的课程实践来看，课程实施有以下几种取向：得过且过、忠实、相互调适和缔造。缔造取向关注的是师生的课程建构问题，认为师生是课程的创造者，发挥他们的自主性、能动性和创造性，致力于课堂中自然发生的课程问题。因此，应特别注重课程实施过程中的意义诠释、文化背景、价值认同等。这种取向是建立在课程实施者个人的教育观念之上的，把教师看作教育研究者和课程设计者，强调批判性对话和主体意识的觉醒，因而，其成败的关键与课程实施者的课程设计能力关系很大。这种取向是目前课程实施的主要发展方向。

6. 民主化的课程政策观

课程政策的民主化，意味着课程权力的分享，意味着课程由统一走向多样化。在课程政策的改革实践中，各国都致力于在国家课程、地方课程和学校课程之间寻找适合本国情况的立足点。一方面，过去强调地方和学校分权的国家，现在开始注重确立国家课程标准。另一方面，过去强调中央集权的国家，现在开始注重地方和学校的课程决策权力。我国随着《面向21世纪教育振兴行动计划》中《跨世纪素质教育工程》的实施，新一轮基础教育课程改革正式启动。这次课程改革的一个重要目标就是“为了保障和促进课程对不同地区、学校、学生的适应性，实行有指导的逐步放权，建立国家、地方和学校的课程三级管理模式”。

（二）我国基础教育的课程改革

新中国成立后，我国基础教育课程经历八次改革。

1. 1949—1952 年

1950 年 8 月，中央人民政府教育部颁发了《中学暂行教学计划（草案）》，明确规定正式取消国民党反动的党义、公民和军事训练课，取而代之以专门设立的政治课，加强学生的思想品德和革命人生观教育；并设置了门类更为齐全的学科课程，共设置政治、语文、数学、自然、生物、化学、物理、历史、地理、外语、体育、音乐、美术等课程，重视德育。1952 年 3 月，教育部颁布了《中学教学计划（草案）》，严格规定了政治课的具体学科课程；削减了中学阶段的学习总时数，对工具科目和文化科目的教学时数的比例也作了相应调整。同年 10 月，教育部还颁发了五年一贯制小学的《小学教学计划》，初次规定了小学教学计划的基础课程科目；12 月又颁布了《中学数学教学大纲（草案）》、《中学物理教学大纲（草案）》、《中学化学教学大纲（草案）》、《中学生物教学大纲（草案）》，制定了比较系统的课程体系，明确了教学的目标和基本任务，强化了教学方法与手段的选择。在短短的三年间，一系列的改革举措基本上完成了对旧课程的改造。

2. 1953—1957 年

从 1953 年到 1957 年间，国家共颁布了五个教学计划，其中在 1953 年至 1955 年颁布的三个计划中，大幅削减了教学时数，首次在教学计划中设置劳动技术教育课。1955 年 9 月，教育部颁布的《小学（四二制）教学计划（草案）》中，首次要求在一至六年级开设手工劳动课。并在五六年级每周增加一节体育课。根据新教学计划的思路，国家于 1956 年颁布了新中国成立后第一套比较齐全的中学各科教学大纲，相比新中国成立前的一些学科概要，这套大纲的内容体系的科学性明显提高，更加注意了理论与实际的联系。在数学、物理、化学、生物、地理五科教学大纲中体现实施基本生产技术教育的内容。1956 年国家正式发行新中国成立以来的第二套中小学教科书，这套教材理论性有所加强，特别注意了学生的动手能力的培养，系统性、思想性、科学性都有不同程度的凸现。

3. 1958—1965 年

这一时期是我国经济发展的重要历史时期，但同时也是“左”倾思想萌芽的时期。1958 年，全国掀起“大跃进”的高潮，这一高潮毫无疑问地波及教育领域，引发了“教育大革命”。从 1958 年到 1960 年间，各地响应“教育大革命”的口号，开始大量缩短学制，精简课程，增加劳动，注重思想教育。1959 年，中共中央国务院联合发布了《关于试验改革学制的决定》，各地开始了较大规模的多种学制的改革试验。1963 年中共中央批转下达了《全日制中学暂行工作条例》和《全日制小学暂行工作条例》，全面规范了全日制教育课程体系、结构，确定了相对完整的教学管理体制，制止当时混乱局面。

4. 1966—1976 年

“文化大革命”期间，教育事业遭到严重破坏，中小学课程的建设和教学研究停滞不前。1966 年，学校逐渐取消正规的分科教学体系，开始停课“闹革命”，全国统编教材全面停止使用，只用毛泽东著作和报刊社论，许多教材、课本被作为批判的对象。1967 年中共中央号召“全面复课闹革命”。1968 年各地复课后，一般由学校或教师自订教学方案，自设课程，甚至自编教材，其主题主要是：强调工农业生产知识，搞“工农兵教育”，极力突出“阶级斗争为纲”的政治指导思想，以空洞的口号代替科学。各校以生产为主线安排教学内容，基本上抛弃了科学的指导。可以说，学校课程与教学在十年动乱期间经历了一场灾难。

5. 1977—1985 年

“文化大革命”结束，拨乱反正，要求全面提高中小学教育质量，这就促进了课程的改革与发展。1977 年 7 月，邓小平提出编写全国统一通用的中小学教材的建议，教育部于 1978 年颁发《全日制十年制中小学教学计划试行草案》，统一规定全日制中小学学制十年，小学五年，中学五年。小学设置政治、语文、数学、外语、自然、体育、音乐、美术八门课程；中学设置政治、语文、数学、外语、物理、化学、地理、历史、生物、农基、生理卫生、体育、音乐、美术十四门课程。并开始着手编写相关教材，于 1980 年出版了新中国成立以来全国统一编定的第五套中小学教材。1981 年 3 月，教育部颁发了《全日制五年制小学教学计划（修订草案）》，同年 4 月，又发布了《全日制六年制重点中学教学计划试行草案》和《全日制五年制中学教学计划试行草案的修订意见》，增加了历史、地理等学科的课时，加强美术、音乐课的教学，并逐渐在高中开设选修课，以劳动技能课代替农业基础课。

6. 1986—1991 年

随着《中华人民共和国义务教育法》的出台，1986 年 10 月，国家教委公布了《义务教育全日制小学初级中学教学计划（初稿）》，这份草案突出了新型教育方针的具体要求，设置了门类齐全的学科课程，适当增加了基础学科的教学时数，首次在初中开设选修课，规定选修课时数占全部课时的 4.1%，并在教学计划中给课外活动留出固定的足够的空间。在教材的建设上，提醒留出更大的余地给予乡土教材和选修教材，以适应不同学生、不同地域的需求。

7. 1992—2000 年

国家教委 1992 年颁布的《义务教育全日制小学、初级中学课程计划（试行）》中，第一次将以往的教学计划改为课程计划，并且第一次安排地方课程。1993 年秋，国家教委正式执行《义务教育全日制小学、初级中学教学计划》，突出了以德育为首，德、智、体、美、劳五育并举的全面发展的教育方针。新的计划将劳动技能课和课外活动纳入课程表，科学调整了各类学科的比例，逐步增加课程的弹性。第一次将活动与学科并列为两类课程，1994 年又将活动调整为活动类课程，活动课程的地位和作用得到了充分的肯定。同时，该计划相应提出了分科课与活动课、必修课与选修课等配置措施。1996 年国家教委颁布了《全日制普通高级中学课程计划（试验）》，新的普通高中课程由学科类课程和活动类课程组成，比例分别为 90.1%和 9.9%，并且第一次将课程管理作为课程计划中的一部分独立出来，规定普通高中课程由中央、地方、学校三级管理。1999 年教育部的《面向 21 世纪教育振兴行动计划》有专门关于课程管理的规定，明确了课程的三级管理制度，进一步扩大了地方和学校的管理权限，允许地方和学校开发符合本地实际需要的课程。这次课程改革，使我国教育界掀起了国家课程、地方课程、校本课程以及活动课程、研究性学习课程研究的热潮。

8. 2001 年至今

2001 年 6 月，我国政府颁布了《基础教育课程改革纲要（试行）》和新的课程计划，启动了新一轮基础教育课程改革。《基础教育课程改革纲要（试行）》指出：基础教育课程改革要以“教育要面向现代化，面向世界，面向未来”和“三个代表”的重要思想为指导，全面贯彻党的教育方针，全面推进素质教育。我国基础教育课程改革是基础教育适应 21 世纪人类新的生存背景，优化人才培养模式的必然选择。每个教师都应理解新课程，积极适应课程改革的要求。

新一轮基础教育课程改革的具体目标如下所述。

第一，改变课程过于注重知识传授的倾向，强调形成积极主动的学习态度，使获得基础知识与基本技能的过程同时成为学会学习和形成正确价值观的过程。

第二，改变课程结构过于强调学科本位、科目过多和缺乏整合的现状，整体设置九年一贯的课程门类和课时比例，体现课程结构的均衡性、综合性和选择性。

第三，改变课程内容“繁、难、偏、旧”和过于注重书本知识的现状，加强课程内容与学生生活以及现代社会和科技发展的联系，关注学生的学习兴趣和经验，精选终身学习必备的基础知识和技能。

第四，改变课程实施过于强调接受学习、死记硬背、机械训练的现状，倡导学生主动参与、乐于探究、勤于动手，培养学生收集处理信息的能力、获取新知识的能力、分析和解决问题的能力以及交流与合作的能力。

第五，改变课程评价过分强调甄别与选拔的功能，发挥评价促进学生发展、教师提高和改进教学实践的功能。

第六，改变课程管理过于集中的状况，实行国家、地方、学校三级课程管理，增强课程对地方、学校及学生的适应性。

上述六个方面涉及课程功能转变、课程结构优化、课程内容更新、学习方式转变、考试评价改革、课程管理体系改革等方面。从根本上说，是基础教育人才培养模式的系统变革。它既是基础教育课程改革的基本目标，也是课程改革的核心内容。

（三）我国现行的中小学课程设置

我国新一轮基础教育课程改革整体设置九年义务教育课程（见表 8-1）。

表 8-1 义务教育课程设置及比例(教育部颁布,2001 年)①

<table>
<tr><td rowspan="2"></td><td colspan="9">年级</td><td rowspan="2">九年课时总计（比例）</td></tr>
<tr><td>一</td><td>二</td><td>三</td><td>四</td><td>五</td><td>六</td><td>七</td><td>八</td><td>九</td></tr>
<tr><td rowspan="10">课程门类</td><td>品德与生活</td><td>品德与生活</td><td>品德与社会</td><td>品德与社会</td><td>品德与社会</td><td>品德与社会</td><td>思想品德</td><td>思想品德</td><td>思想品德</td><td>7%～9%</td></tr>
<tr><td></td><td></td><td></td><td></td><td></td><td></td><td colspan="3">历史与社会（或选用历史、地理）</td><td>3%～4%</td></tr>
<tr><td></td><td></td><td>科学</td><td>科学</td><td>科学</td><td>科学</td><td colspan="3">科学（或选用生物、物理、化学）</td><td>7%～9%</td></tr>
<tr><td>语文</td><td>语文</td><td>语文</td><td>语文</td><td>语文</td><td>语文</td><td>语文</td><td>语文</td><td>语文</td><td>20%～22%</td></tr>
<tr><td>数学</td><td>数学</td><td>数学</td><td>数学</td><td>数学</td><td>数学</td><td>数学</td><td>数学</td><td>数学</td><td>13%～15%</td></tr>
<tr><td></td><td></td><td>外语</td><td>外语</td><td>外语</td><td>外语</td><td>外语</td><td>外语</td><td>外语</td><td>6%～8%</td></tr>
<tr><td>体育</td><td>体育</td><td>体育</td><td>体育</td><td>体育</td><td>体育</td><td>体育与健康</td><td>体育与健康</td><td>体育与健康</td><td>10%～11%</td></tr>
<tr><td colspan="9">艺术（或选择音乐、美术）</td><td>9%～11%</td></tr>
<tr><td colspan="9">综合实践活动</td><td rowspan="2">16%～20%</td></tr>
<tr><td colspan="9">地方与学校课程</td></tr>
<tr><td>周总课时（节）</td><td>26</td><td>26</td><td>30</td><td>30</td><td>30</td><td>30</td><td>34</td><td>34</td><td>34</td><td>274</td></tr>
<tr><td>学年总课时（节）</td><td>910</td><td>910</td><td>1050</td><td>1050</td><td>1050</td><td>1050</td><td>1190</td><td>1190</td><td>1122</td><td>9522</td></tr>
</table>

注:1. 表格内为各门课的周课时数,九年总课时按每学年 35 周上课时间计算。

2. 综合实践活动主要包括信息技术教育、研究性学习、社区服务与社会实践以及劳动与技术教育。

小学教育,以综合课程为主。小学低年级开设品德与生活、语文、数学、体育、艺术(或音乐、美术)等课程;小学中高年级开设品德与社会、语文、数学、科学、外语、综合实践活动、体育、艺术(或音乐、美术)等课程。

初中教育,设置分科与综合相结合的课程,主要包括思想品德、语文、数学、外语、科学(或物理、化学、生物)、历史与社会(或历史、地理)、体育与健康、艺术(或音乐、美术)以及综合实践活动,鼓励学校创造条件开设选修课程。

普通高中教育,是在九年义务教育基础上进一步提高国民素质、面向大众的基础教育。普通高中学制为三年。课程由必修和选修两部分构成。课程设置注重时代性、基础性和选择性。具体课程设置以分科课程为主,开设语文、数学、外语、物理、化学、历史、地理、通用技术、综合实践活动、艺术(或音乐、美术)、体育与健康等课程。所有课程均包括若干必修和选修模块(见表 8-2)。

① 教育部关于印发《义务教育课程设置实验方案》的通知[EB/OL]. http://www.moe.edu.cn/publicfiles/business/htmlfiles/moe/moe_711/201006/88602.html. 2011-08-20.

表 8-2 普通高中课程设置表(教育部颁布,2003 年)①

<table>
<tr><th>学习领域</th><th>科目</th><th>必修学分
(共计 116 学分)</th><th>选修学分Ⅰ</th><th>选修学分Ⅱ</th></tr>
<tr><td rowspan="2">语言与文学</td><td>语文</td><td>10</td><td rowspan="15">根据社会对人才多样化的需求,适应学生不同潜能和发展的需要,在共同必修的基础上,各科课程标准分类别、分层次设置若干选修模块,供学生选择</td><td rowspan="15">学校根据当地社会、经济、科技、文化发展的需要和学生的兴趣,开设若干选修模块,供学生选择</td></tr>
<tr><td>外语</td><td>10</td></tr>
<tr><td>数学</td><td>数学</td><td>10</td></tr>
<tr><td rowspan="3">人文与社会</td><td>思想政治</td><td>8</td></tr>
<tr><td>历史</td><td>6</td></tr>
<tr><td>地理</td><td>6</td></tr>
<tr><td rowspan="3">科学</td><td>物理</td><td>6</td></tr>
<tr><td>化学</td><td>6</td></tr>
<tr><td>生物</td><td>6</td></tr>
<tr><td>技术</td><td>技术(含信息技术和通用技术)</td><td>8</td></tr>
<tr><td>艺术</td><td>艺术或音乐、美术</td><td>6</td></tr>
<tr><td>体育与健康</td><td>体育与健康</td><td>11</td></tr>
<tr><td rowspan="3">综合实践活动</td><td>研究性学习活动</td><td>15</td></tr>
<tr><td>社区服务</td><td>2</td></tr>
<tr><td>社会实践</td><td>6</td></tr>
</table>

说明:

(1) 每学年 52 周,其中教学时间 40 周,社会实践 1 周,假期(包括寒暑假、节假日和农忙假)11 周。

(2) 每学期分两段安排课程,每段 10 周,其中 9 周授课,1 周复习考试。每个模块通常为 36 学时,一般按 1 周 4 学时安排,可在一个学段内完成。

(3) 学生学习一个模块并通过考核,可获得 2 学分(其中体育与健康、艺术、音乐、美术每个模块原则上为 18 学时,相当于 1 学分),学分由学校认定。技术的 8 个必修学分中,信息技术和通用技术各 4 学分。

(4) 研究性学习活动是每个学生的必修课程,三年共计 15 学分。设置研究性学习活动旨在引导学生关注社会、经济、科技和生活中的问题,通过自主探究、亲身实践的过程综合地运用已有知识和经验解决问题,学会学习,培养学生的人文精神和科学素养。

此外,学生每学年必须参加 1 周的社会实践,获得 2 学分。三年中学生必须参加不少于 10 个工作日的社区服务,获得 2 学分。

(5) 学生毕业的学分要求:学生每学年在每个学习领域都必须获得一定学分,三年中获得 116 个必修学分(包括研究性学习活动 15 学分,社区服务 2 学分,社会实践 6 学分),在选修Ⅱ中至少获得 6 学分,总学分达到 144 方可毕业。

【本章小结】

教育内容是教育者用来作用于受教育者的影响物,它是根据教育目的,经过挑选和

① 教育部关于印发《普通高中课程方案(实验)》和语文等十五个学科课程标准(实验)的通知[EB/OL]. http://www.moe.gov.cn/publicfiles/business/htmlfiles/moe/moe_711/201001/xxgk_78378.html. 2011-08-20.

加工而纳入教育活动过程的、最有教育价值和适合受教育者身心发展水平的人类科学文化成果的结晶。教育内容是构成教育过程的一个基本要素，具有培养人、传递和选择文化等功能。教育内容的选择受制于教育目标、个体发展规律和水平、生产力和科学技术、社会政治和经济的需求、文化传统、未来社会发展趋势等因素。从全面发展教育的角度看，基于造就全面发展的年青一代的需要，教育内容由德、智、体、美、综合实践活动五个方面构成。各级各类学校，由于其具体教育任务和培养目标的不同，教育内容在深度、广度及具体门类上有所差异，但从总体上看，其各部分构成是不可分割的有机整体。

学校教育内容在教育活动中就表现为课程。课程，通俗地说，就是学校教育内容的安排或组织。它依照一定的教育目标把观念形态的学校教育内容规范化、程序化和具体化。总而言之，作为实现教育目标的手段和媒介，课程是在学校教育环境中，经过精心选择和设计的，旨在使学生在教师引导下借助一定的学习活动方式，以获得促使其身心全面发展的教育性经验体系。

从纵向结构看，课程由课程方案、课程标准、教科书构成；从横向结构看，课程可分为学科课程与活动课程，分科课程与综合课程，必修课程与选修课程，工具类、知识类和技能类课程等不同类型。同时，课程是经过课程人员的设计而构成的，课程内部固有的课程目标、课程内容与学习活动方式的组合以及在此基础上形成的多种课程类型的组合，都要符合受教育者身心和谐发展的要求。这是课程设计的基本规律。

【拓展阅读】

[1] 石中英.知识转型与教育改革[M].教育科学出版社，2001.

[2] (伊朗)S.拉塞克，(罗马尼亚)G.维迪努.从现在到2000年教育内容发展的全球展望[M].马胜利，等，译.北京：教育科学出版社，1996.

[3] 李定仁，徐继存.课程论研究二十年(1979—1999).北京：人民教育出版社，2004.

[4] (美)艾伦·C.奥恩斯坦，等.课程：基础、原理和问题(第三版)[M].柯森，译.南京：江苏教育出版社，2004.

[5] (美)小威廉姆.E.多尔.后现代课程观[M].王红宇，译.北京：教育科学出版社，2000.

[6] (美)威廉 .F.派纳，等.理解课程[M].张华，等，译.北京：教育科学出版社，2003.

[7] 钟启泉，等.为了中华民族的复兴 为了每位学生的发展——《基础教育课程改革纲要(试行)》解读[M].上海：华东师范大学出版社，2001.

【实践与探索】

(1) 你认为，教育内容(或课程)自身内部的基本关系(矛盾)有哪些？

(2) 结合某门具体的课程，分析说明如何认识和处理作为教育内容的直接经验与间接经验的关系？

(3) 选取或自制一份中小学课程教案，或者选一套中小学教材(某个年级或某门课程的)，运用课程设计原理对其进行评析。

(4) 你赞同高中阶段进行文理分科吗？请说明理由。

(5) 根据你所获得的信息或你的感受，谈谈我国新一轮基础教育课程改革带来了哪些教育观念的变化？对教师提出了哪些新的要求？

【参考文献】

[1] 柳海民.教育原理[M].2版.长春：东北师范大学出版社，2000.

[2] 江山野.简明国际教育百科全书·课程[M].北京：教育科学出版社，1991.

[3] 廖哲勋，田慧生.课程新论[M].北京：教育科学出版社，2003.

[4] 丛立新.课程论问题[M].北京：教育科学出版社，2000.

[5] 靳玉乐.新课程改革的理念与创新[M].北京：人民教育出版社，2003.

[6] 张华.课程与教学论[M].上海：上海教育出版社，2000.

[7] 李方.课程与教学基本理论[M].广州：广东高等教育出版社，2002.

[8] 何齐宗.全球视野的教育内容理念[J].江西师范大学学报（哲学社会科学版），2009(5).

[9] 王民，仲小敏.高中课程标准中可持续发展教育内容探讨[J].学科教育，2004(3).

第九章 教育过程

【材料研读】

"怎样加快溶解"一课的三次教学①

"怎样加快溶解"是苏教版小学《科学》教材《食盐哪里去了》一课的内容。教学目的是通过实验使学生知道搅拌、用热水或把要溶解的物质捻碎等办法可以加快溶解的道理，初步学会用对比实验探究溶解快慢的方法，培养学生观察、比较、概括的能力。

◆教学过程一

小学三年级学生的实验能力、比较能力和概括能力比较差，用差异法进行对比实验又是第一次，但这种方法是小学科学教学中常用的方法之一，是培养学生逻辑思维能力和实验能力的重要内容。因此，我认为在教学中要强调比什么、怎么比、结果与条件的变化存在哪些因果关系等。依据教科书，我设计了如下流程：先引入讨论，让学生说说怎样可以加快食盐在水中的溶解，再根据学生的猜测，指导学生用对比实验的方法依次比较搅拌、磨碎颗粒、加热水等加快食盐溶解的方法。

具体实施下来，课堂秩序有条不紊，学生学会了在对比实验中推断实验结果与变量的关系。但学生情绪始终处于不温不火的状态，主动性不强。我在课后思考：怎样发挥学生的主动性呢？激发学生兴趣，给学生自由活动的空间，让学生自行探究，经历一个实践过程，不是可以调动学生的主动性吗？

◆教学过程二

我用竞赛游戏的方式导入："每组一块方糖，看哪组先把它溶解了？"这样，一下子就激起了学生的兴趣。我让学生动手实践并交流自己的做法，然后引出课题——猜猜怎样可以加快溶解食盐？接下来放手让学生自行设计实验去验证自己的猜测……

这一堂课，学生有了自由活动的空间，满足了好奇好动的本性，纷纷拿起实验器材操作。但我发现，能够较好地控制实验中的相同条件与不同条件的小组不多。大部分学生往往只是走了一个过场，或重复以前儿时的游戏，有些学生甚至只是在嬉戏或搞恶作剧，更不用说去思考实验条件与结果之间的因果关系了。反思这一节课，我觉得注意了学生主动性的发挥，但教学目的没有很好地落实。怎样既发挥学生的主动性，又保证达到教学目标呢？

◆教学过程三

我仍用第二种教学方式导入，激起学生的兴趣，在学生交流自己溶化方糖的做法后引出课题，鼓励学生猜测如何加快溶解（搅拌、用热水、碾细……），然后选择"利用搅拌可以加快食盐溶解"这一猜测，要求学生设计一个实验来验证。下面是在教师引导下学生

① 俞诚忠.《怎样加快溶解》一课的三次教学[J].科学课（小学版），2003(1).

设计实验的一个片段。

“怎样用食盐来验证搅拌可以加快溶解呢?”有学生说:“往杯子中倒入食盐,再加水,用筷子搅拌看溶解快慢。”话音刚落,一个学生立即质疑:“你和谁比较?怎么知道是快是慢?”接着几个同学相继站起来。“应该一个搅拌一个不搅拌来比较。”“这不科学,如果一个杯子中盐很多,另一个仅有一点,不也会很快吗?”“对,应该同时往两个杯子中加入同样多的食盐,一个用筷子搅拌,一个不搅拌。”“而且溶解用的水也应该一样多。”“对,对,水的温度也得一样。”

一个对比实验的方案就这样被学生周密地设计出来了。接着,让学生动手实验验证,自然而然地得出了“搅拌可以加快溶解”这个实验结论。

【思考与讨论】

(1) 教学过程一有何特点?“我”设计教学过程的思路是什么?

(2) 你觉得教学过程二与当前的教育教学观念有何关系?这能看作是教学过程吗?

(3) 你最认同上述哪一种教学过程?为什么?

(4) 结合案例思考:教学过程是如何形成的?教师和学生在教学过程中如何发挥作用?

教育过程是教育理论的基本范畴,对教育理论的建构和理解具有基础性地位。不同的教育过程观,在很大程度上决定了教育理论的性质。就实践层面来说,教育过程是教育活动的延续与展开,所有的教育因素及其相互关系,所有的教育规律、教育效果,最终都要通过教育过程体现和达成。

第一节　教育过程概述

一、教育过程的界定

(一)“过程”的理解

留心一下周围的事物,我们就会发现,运动和变化是无处不在的,事物的存在常常表现为或短暂或长久的过程。短暂的事物如划着的火柴,夏夜鸣叫的昆虫;长久的事物如家养的爱犬,商海沉浮的老字号企业。无论是动物还是非生物,无论是人造物还是自然物,都不能永远保持不变。当然,有些东西存续的时间长,变化缓慢,我们在有限的人生中感觉它们好像是不变的,如天上的太阳、脚下的地球。但是,科学研究已经让我们知道,太阳和地球都是有生成、有灭亡的,它们也有自己的寿命。于是,可以初步得到一个普适性的观点,运动是事物普遍的、固有的属性,变化是任何事物存在的方式。所以,存在就是在起变化,存在就是经历一个过程;事件的序列便构成实体的过程。由事件组成的实体过程是有始有终的,即实体经历一个产生、发展和灭亡的过程。

如何理解和把握过程概念?首先要解决的是存在与过程的关系问题。怀特海的过程哲学把过程等同于实在,认为世界上除了过程并没有其他更根本的东西存在,这是一种不承认事物客观性的过程观。马克思主义哲学则把事物的客观性作为前提，把过程看作事物普遍的固有的属性。其次要解决的是过程的生成性问题。这一点上，怀特海的过程哲学与马克思主义哲学是一致的，都坚持生成论过程观，即过程不是事先确定好了的，事物的运动变化存在不可预知的一面，偶然性、生成性与必然性一样，都是过程的特性。如果我们把过程看成是固定的、事先存在的，那就像一部小说的情节展开一样，尽管有时间有过程，但这种过程是作者已经安排好了的，一旦成书，就不会有什么变化。我们反对这种预成论的过程观，它正是当前教育僵化、机械性、目中无人的理论根源。

就某一事物和个体来说，过程就是前后相继的状态连续序列，就是在时空环境中事物或活动产生、发展、变化的事件序列，是事物的连续性在时间和空间上的表现。空间环境是过程展开的依托，既提供资源和条件，又对过程施加约束和限制，有时甚至是危害；时间环境是指过程的连续性以及各种过程相互之间的吸收、排斥、穿插、缠绕关系等。

（二）教育过程的内涵

从生成论过程观的视角，综合上述有关教育过程的分析，可以把教育过程界定为：以教育目的为中心建构生成的教育事件的变迁序列及其关系性群集。理解教育过程的内涵，要把握以下几个方面：

1. 教育目的是教育过程的组织中心

教育过程是围绕教育目的展开的。可以说，教育过程就是达成教育目的的过程。当然，教育目的作为一种教育理想，作为人们对受过教育的人的期望，其实是没有最终的标准的。教育目的落实到实践领域，必须转化为具体的教育目标才能发挥作用。应该说，现实的教育过程是实现教育目标的过程。教育目的（目标）对教育过程的展开发挥两重作用：就过程而言，是明确教育活动的方向；就结果而言，是在分析教育环境的基础上，以教育目的为价值取向，制定一系列的教育目标，即教育过程中追求的阶段性结果。所以说，教育目的是内在于教育过程的，是教育过程的组织中心。从横向关系来看，教育过程的展开需要从环境中获取教育资源，教育目的（目标）就是获取资源的内在动力和价值标准；从纵向序列来看，教育过程是通过采取教育手段达成一系列教育目标的过程，教育过程目标是一个体系，一个完整的教育过程就是在一定序列下实现各阶段分目标的集合。

2. 教育事件是教育过程的现实表现

教育过程是一个整体概念，本身是抽象的、无形的，并不能为人们的感官所把握，必须经过思维的抽象才能理解。那么，作为现实的教育过程是如何表现的呢？教育事件是我们把握教育过程的入口，是教育过程的现实形态。教育事件是教育主体经验到的故事，是可感知可表述的。如果把教育过程理解为一个整体事物，教育事件就是教育过程状态的变化。人们感知事物，首先是对事物状态的感知，而后才会分析事物的个别属性。一个教育过程可以说是一个完整的教育事件，其中包含更小的教育事件，复杂的尤其是长时段的教育过程，往往包括不同层次的诸多教育事件。从这个意义上说，教育过程就是教育事件的集合。

3. 教育目标与手段相互转化是教育过程的根本属性

从过程的视角来看，目标与手段的性质及其关系，从根本上决定了人为事物的差异。教育不是自然生成的，教育也是人为事物，因此，教育目标与手段的性质与关系同样是教育过程的根本属性。作为人为的事物,教育必然会涉及人的意识、人的主观能动性问题。教育的样态不是自己长成的或自然形成的,而是人们在一定的环境中主动构建的结果。从总体上说,教育目标是教育过程追求的结局,是人们期望的教育结果。因此,对教育目标而言,教育过程就是手段。但是,不能因此把教育目标与教育手段割裂了,把教育目标外在于教育过程,从而认为教育过程只具有手段价值,比如"学海无涯苦作舟"就是这种手段观。其实,教育过程本身就是具有价值的,正是过程价值的实现才最后达成了教育目标。作为最后的教育结果,教育目标是通过一系列阶段性的教育结果的实现而实现的。一个阶段性结果在获得之前就是预设的目标,获得之后就是实现的目标。对下一个阶段而言,前一个阶段实现的目标就变成了下一个预定目标的手段,下一个阶段目标的实现一定要充分利用前一个阶段的结果,这样,阶段目标又变成了手段。整个教育过程就是教育目标与手段相互转化的过程,直至达成最后的教育结果。必须注意的是,最后的教育结果与设计的教育目标是不完全一致的,因此,教育过程中教育目标本身需要不断修正,教育目标与手段的相互转化具有动态生成的特征。

4. 教育过程是一种复杂性系统

教育过程作为一个整体,不仅是事件的序列,而且是复杂变化的关系群集。从过程来说,教育过程是教育事件变迁的序列;从关系来说,教育过程是教育要素之间、教育要素与教育环境之间相互影响、相互作用形成的各种复杂关系的群集。教育过程中的关系,既有横向关系,也有纵向关系;既有内部关系,又有外部关系;既有确定性的关系,又有不确定性的关系。作为复杂系统的教育过程,是有序性与无序性、自持性与适应性、规范性与生成性、确定性与不确定性、连续性与阶段性的辩证统一。教育过程充满了矛盾,充满了变化,总是在各种复杂的关系中走向教育目标。作为范畴的教育过程概念,是运用复杂思维从过程视角把握教育现象的结果。

二、教育过程的特性

作为复杂系统的教育过程,循环生成是其根本特性。循环生成既是教育过程的形成机制,又是教育过程的运行机制。具体表现在以下几个方面。

(一)生命性与境遇性

教育过程的生命性,是指教育过程的生命价值取向,要把形成受教育者主动健康发展的意识和能力作为核心价值,并在教育的一切活动中体现。用"主动"一词来界定发展,既体现了人在活动中的基本状态,又内含了主体自觉;用"健康"来限定,意味着个体的主动行为应具有促进和有利于个体身心与人类社会发展的积极向上的指向。教育过程的生命性可以从状态和过程两个方面理解。

一是积极的生命状态贯穿教育过程始终。拥有积极生命状态的人,对未来充满希望,对现实全身心投入,对过去宽容接纳。他们也会遇到困难和挫折,也会面临未来的不确定性,也有现实中的不如意,但是,他们不抱怨、不颓废,积极主动、脚踏实地做好自己的事情,不断超越过去和现在,用实际行动开创未来。积极的生命状态是教育过程中教育者和受教育者应有的状态,也是教育过程所追求的目标。对教育者而言,积极的生命状态既是重要的教育资源,也是自我的生命追求,体现在不倦探索、教书育人的工作中,体现在对教育充满爱、对生命成长充满敬畏和神圣的情感中，体现在用自己的生命智慧和热情来激发出受教育者积极生命状态的教育追求中。对受教育者而言，好学乐学，积极参与和推进教育过程，在学习中感知、体验和感悟生命的活力和价值，不断提升自己的知识、能力和人生境界，就是积极向上的生命状态。

二是主体生命的创造渗透教育过程内外。“对有意识的存在者来说，存在就是变易；变易就是成熟；成熟就是无限的自我创造。”[①]可以说，教育过程本身就蕴含了教育主体生命的自我创造。对教育者而言，不断对教育目标、过程与结果合理性进行自觉分析和反思，提高自我意识和对象意识水平，在教育过程中不断提高自己的教育素养和智慧，就是其生命价值的不断涌现和彰显；对受教育者而言，在教育者的引导下积极自主地进行学习活动，不断实现自我发展、自我超越、自我完善，就是其主体生命的生长和创造。因此，教育过程的构建必须符合生命成长的特征，满足生命成长的需要。僵化、机械、按部就班的教育过程不可能培养和造就具有创造性的生命主体。为此，教育过程本身就应是一种创生性的动态过程，具有生命特征。

教育过程的境遇性，是指教育过程因时空环境的不同而具有各自的特殊性。时空环境是教育过程的生成源泉，教育过程从对时空环境的依存关系中突现自我，产生自我维持和自我发展的能力。任何自主性都是在对环境的依赖中和通过这种依赖而建立起来的。对不同的教育过程而言，时空环境的范围和内涵是不一样的，无法针对每个具体的教育过程阐述时空环境的特殊性，只能给出一个基本原则，即全息性，因为时空环境本来是不可分割的。但对某个教育过程进行环境分析时，又必须分割，即在整体与部分的交互考察中适当划界。当然，时空环境虽然有范围和性质的动态变化，但是有些因素特别是宏观因素是相对稳定的，在分析具体的教育过程时，可以作为稳定的影响源。

分析教育过程的境遇性，要特别重视科学技术与民族文化的影响。科学技术能够有力地改变教育者的教育观念，提高他们的教育能力。教育内容和教育方法的选择、教育工具的使用，都会受到科学发展水平的影响。科学技术为教育资料的更新和发展提供思想要素和技术条件。必须注意的是，科学技术对教育的可能影响，只有在适宜的社会体制和文化环境中才能变为现实。因此，文化与教育的关系是教育过程环境分析的重要主题。教育与文化具有双重关系，既是内在于文化整体的，又是文化存续的生命机制。教育内在于文化，文化造就了教育的特殊性。尤其从民族文化这个层次来看可以发现，不同的教育方式与内容都是各民族在对一定的文化生态环境的适应与调适中发展起来的，是一定文化生态系统在动态平衡中的产物，不同的文化生态会产生不同的教育。就微观的教育过程而言，不同层次的文化都在不同的侧面或层次上对教育发生影响。比如，民族文化和社区文化会影响学校教育过程，学校文化、班级文化或者学生文化会影响到课堂中的教育过程。

（二）计划性与生成性

计划性是人类实践的基本特征。不同类型的实践，由于时间长短、复杂程度、价值高低不同，计划性的完善程度不一样，但是，有计划、有意识是其共同特性。教育过程属于

---

① （法）柏格森. 创造进化论[M]. 王珍丽，余习广，译. 长沙：湖南人民出版社，1989：10.

实践范畴，同样具有计划性。这一点并不难得到认同。关键的问题是，教育过程中计划性与生成性能否共存？答案是肯定的。计划是教育过程确定性的体现，生成是教育过程不确定性的体现，而教育过程是确定性与不确定性的统一。教育过程的计划性与生成性不仅能够共存，而且两者的结合为教育过程增添了活力、提升了价值。

教育过程的确定性是教育科学研究的前提。所谓科学的教育研究，主要就是寻找和发现教育过程中不同程度的确定性，建构描述和解释教育现象的理论体系，为教育实践提供理论基础。教育科学研究已经揭示了教育过程的很多确定性关系和属性。比如，在长时段、大时间尺度下，教育发展的方向具有确定性；政治、经济、文化与教育之间的相关性是确定的；自主活动是生命发展的机制是确定的；身心发展具有整体性、顺序性、阶段性、不平衡性、个体差异性等是确定的；教育过程是教育与自我教育的统一是确定的；等等。在教育的宏观和微观领域，都存在大量的确定性。正因为教育过程具有确定性的一面，所以，人们可以在教育过程实际开展以前进行计划，为顺利实施教育过程和主动追求教育成效做好准备。

但是，不能够对教育过程的确定性作过高的估计，教育过程的计划性也不是完全基于确定性做出来的。任何计划都含有主观想象的成分，教育过程的计划性更多地体现了生命成长的价值追求。因为，人类对生命成长规律、对教育的过程机制还掌握得很不充分，生命与教育中还有很多不能理解、没有揭示的奥秘。甚至可以在某种意义上说，生命永远是一个奥秘和奇迹，人类更重要的是保持对生命的敬畏和神圣感。而对于生命的尊重，本应作为教育内涵的生命成长，长期以来却在教育中失落了。由于过分追求规范和秩序，过分强调教育的操作流程，教育的过程僵化被动，教育者和受教育者在教育生活中失去了生命的活力和自由。

教育过程的生成性是教育过程不确定性的体现。教育过程的人还是具体的人，无论是教育者还是受教育者，都是作为具体的人参与教育过程的。具体的人是有差异的人，“他有他自己的历史，这个历史是不能和任何别人的历史混淆的。他有他自己的个性，这种个性随着年龄的增长而越来越被一个由许多因素组成的复合体所决定。这个复合体是由生物的、生理的、地理的、社会的、经济的、文化的和职业的因素所组成的，而这些方面对于每一个人来说，都是各不相同的”。[①] 正因如此，在教育过程中，无法预料会发生哪些偶发事件，更无法确定这些事件对人的发展会产生什么影响。教育过程的偶然性、不确定性、不可预知性使教育活动可能成为一种艺术，为教育过程的生成性提供了前提。在这个意义上，教育过程就是生成的过程，生成性是教育过程的内在特性。

所谓生成是教育过程由单一、确定到杂多、混乱的状态，是分岔事件的发生。如果把教育过程看做沿着大道通向目的地的话，分岔事件就是出现了事先不知道的岔路或非预期事故。教育过程中有平稳运行、规范有序的时候，但在过程中的某个节点，由于偶然因素和非预期事件的出现，可能打破原有的稳定有序状态，陷入某种程度的混乱。有人认为这种混乱和不确定性是纯粹的消极因素，但是生成论过程观认为，正是这种不确定性

① 联合国教科文组织国际教育发展委员会.学会生存——教育世界的今天和明天[M].华东师范大学比较教育研究所，译.北京：教育科学出版社，1996：195-196.

显示了教育的生命魅力。如何处理生成与预设的关系，要根据人的状态和具体情境而定。这个时候，教育过程可能改变方向、调整节奏；或者驻足停留，吸收生命发展的新资源；或者灵活处理事件，更加坚定地沿着既定方向前进。

教育过程是计划性与生成性的统一。预设和计划是教育过程的文本化，提升教育过程的自觉性；是用时间投入换取教育过程的优化，把未来反映在当下，体现教育过程的整体性。“人无远虑，必有近忧”说明了预设的必要。生成性是对教育不确定性、分岔或偶发事件的积极认同。可是，“这并不意味着把教育交给盲目的偶发事件。凡教育中能加以计划的，则必须仔细地进行计划。但人们必须认识可计划性的界限，认识教育中可计划和不可计划的正确关系。”①计划性与生成性并存，是教育过程复杂性的体现。生成性增强了计划的活力，计划性为自觉把握生成提供了基础，两者相反相成，提升了教育过程的生命价值。

（三）转化性与节律性

教育过程是一个具有循环性的组织系统。“一个回归的过程是这样一个过程：它的产物或后果对于它本身的再生，亦即对于它本身的存在是必不可少的。旋涡的形象很能说明这个问题。旋涡是一个呈现不变形状的稳定的组织。但是它是由不断的流动构成的。旋涡的尾端同时就是它的开始。循环的运动同时构成旋涡的存在、产生和再生。”②如此，教育过程具有转化性与节律性。教育过程的转化性是教育过程在循环运动中体现的内容特性，是循环性的实质内容；教育过程的节律性则是指教育过程在循环运动中体现的形式特性，是教育事件发展变化的节奏与旋律。

教育过程的转化性可以从不同的维度分析。

首先，教育过程的转化性是指教育手段与目标的转换生成以及各个阶段的转换生成（这一内容将在本章第二节作具体分析）。转识成智，化知识为能力，化知识为德性，将公共知识转化为个体知识，将客体知识转化为主体知识，将社会道德规范转化为个体品德等，都是教育手段与目标的转换生成。教育过程中知识的转化不是受教育者知识量的增加，而是认知结构、情感品德和价值观念的质变，是生命状态的优化和人生境界的提升。

其次，教育过程的转化性是社会要求与自我发展、教育控制与自我控制、他人教育与自我教育的相互转化。每一个人来到这个世界，必须面对一个对于自己而言早已存在的社会，个体首先要成为合格的社会人，才能成为具有个性的自己。教育作为人类社会的遗传机制，当然要主动满足社会的要求，教育所追求的目的取决于一个社会及其子群体认可的人格理想。教育控制、他人教育就是社会对个体社会化提出的教育要求和教育条件。但是，不能因此把教育作为社会的工具，教育是作为主体的人的教育，其直接目的是培养主动健康发展的个人。教育过程作为实现个体社会化的过程，社会要求、教育控制、他人教育是作为个体主体性发展的条件而存在的，个人的生成和发展最终靠自我控制、自我教育实现。

再次，教育过程的转化性是指人的发展潜能与现实发展的相互转化。人是未特定化

① （德）O. F. 博尔诺夫. 教育人类学[M]. 李其龙，等，译. 上海：华东师范大学出版社，1999：123.

② （法）埃德加·莫兰. 复杂思想：自觉的科学[M]. 陈一壮，译. 北京：北京大学出版社，2001：228.

的存在，具有无限发展的潜能。随着人的生理成熟性的提高，个体在与环境互动的过程中产生了自我意识和对象意识，从后天性上为个体的自主发展提供了前提。个体的自我意识和对象意识不是静止不变的，而是在个体能动性的活动中不断丰富内容、提升层次。自我意识和对象意识使个体的发展成为自觉的过程，当个体发现自我发展的潜能时，就会根据一定的价值观主动开发潜能，不断提高自我的发展水平。教育过程是促进人的发展潜能与现实发展的相互转化的过程。教育可以对人的潜能发现、自我意识和对象意识的形成与提升、能动活动的开展等各个方面全面施加影响，促进受教育者的个体发展水平的不断提升。这个过程是动态循环的，可以用公式表述为：发展潜能→发展现实→形成新的潜能→新的发展水平。

最后，教育过程的转化性就是指知识内化与外化交错递进、循环上升的过程。知识的内化是指受教育者对教育内容或客体知识的理解、接收，转化为自己的认知结构和个性品质；知识外化则是把接收的知识、形成的个性品质在知识学习、实践活动或者社会交往中进行检验和运用。内化与外化不是一次完成的，常常会经过多次的反复，才能较好地实现认知的提升和个体的发展。

教育过程的节律性是指教育过程在循环运动中体现的阶段特性，是教育事件发展变化的节奏与旋律。怀特海认为，人的生命具有周期性和阶段性，人的智力的发展也是如此，人们必须根据这种周期性来安排教育过程，“不同的科目和不同的学习方式应该在学生的智力发育达到适当的阶段时采用”①。他把一个人受教育的过程划分为浪漫阶段、精确阶段和综合运用阶段，这就是教育的节奏。这三个阶段形成一个循环周期，体现智力发展的三重节奏，教育过程就是受这三重节奏支配的，就是这些循环周期的不断重复。教育的节奏也适用于一个具体的教育过程单元，每个学期、每个星期、每一天乃至“每一节课应该以其自身的方式构成一种涡式的循环，引导出它的下一个过程”②。无视这种节奏是现代教育失败的一个主要原因。当儿童在最有浪漫激情的阶段，被动接受过多的知识灌输，穷于应付各种考试，这就过早进入了精确阶段。怀特海认为这是墨守成规、胆怯守旧、死板无效的教育。

怀特海的教育节奏思想，特别强调了因时施教原则，这是理解教育过程节律性的基本维度。教育过程的节律性还可以从学习的进度与速率、情绪气氛的张弛变化以及活动方式的动静结合等方面理解。而且，教育过程是连续性与非连续性的统一，过程中可能出现中断、转换与偶然事件，这些都会改变教育过程的节律。从一个时段来看，教育过程节律的变化应有完整的结构，否则就会破坏教育过程的整体性。就像一首乐曲，通过节律的完整结构才能表达某种情感或思想。当然，教育过程的节律性不要僵化套用某种模式，在有计划的基础上如行云流水般自然生成是最好的。

（四）分立性与整合性

作为复杂系统的教育过程，教育要素与各个阶段具有相对的自主性，在系统运行机制中存在着整体与部分的相互决定作用。教育过程整体的性质与状态是由各部分相互

---

①② （英）怀特海．教育的目的[M]．徐汝舟，译．北京：生活·读书·新知三联书店，2002：28，35．

协调形成的，同时各部分的活动不能破坏教育过程的整体性。从这个意义上，可以把教育过程理解为和合的过程，教育过程就是由教育要素、运行阶段等组成单元多元和合形成的整体。教育过程中必须同时发挥整体与部分的积极性，才能共同实现教育目标。“唯有当部分扮演了部分的角色时整体才能作为整体运转。”①从这个角度看，教育过程具有分立性与整合性的动态特征。教育过程各组成单元的相对自主性即是教育过程的分立性；各部分相互协调形成整体效应就是教育过程的整合性。

教育过程为什么同时具有分立性与整合性呢？总的来说，是因为作为复杂系统的教育过程是有序性与无序性的结合。教育过程各组成单元各自的自主活动，从整体上看是一定程度的无序，但这种无序性必须处于一定的阈值内，不能破坏教育过程的整体性。不过，法国思想家莫兰认为，系统的整体性具有双重作用，“从积极的角度看它产生‘涌现’，从消极的角度看它产生约束”②。“所有系统，甚至包括那些引起涌现的系统，都会对部分加以约束，约束就是对部分进行限制和束缚。这些约束、限制和束缚或者剥夺或者压抑各个部分的优点或属性。从这个意义上讲，整体小于部分之和。”③所以，复杂系统既需要有序性以保证组成单元之间的协作，产生放大效应形成系统整体上的优异新质，又需要无序性以保证它们各自发挥创造性的自由度，防止整体约束压抑了部分优良性能的发挥。莫兰说：“当整体观变得复杂起来时，当它不再强调整体集权、不再对自己进行封闭时，整体观就是一个相当丰满漂亮的观点了。它在由相对独立的部分所形成的多中心体系中要比在集中统一的体系中更加风光。”④

第二节　教育过程结构的理论分析

作为系统的教育过程是一种人工系统。所有人工系统都具有时空混合结构，定格在某一时刻看，它是空间结构系统；从它的研制和运行过程看，则是时间结构系统。教育过程的空间结构系统，称之为横向整体结构；教育过程的时间结构系统，称之为纵向序列结构。

一、教育过程的横向整体结构

教育过程的横向整体结构是指作为系统的教育过程由哪些部分构成，各部分如何相互影响、相互作用。教育过程的各组成部分相互影响、相互作用，产生了不同于任何部分的整体性质。这里对教育过程的横向整体结构进行分析主要是一种形式分析，是教育过程在空间构成上的共同性，具体教育过程横向整体结构的状况，则因教育时空环境、教育主体、教育目的与手段的不同而各有差异。

承认横向整体结构的存在，是识别教育过程的基础，因为教育过程就是横向整体结

---

①③④　(法)埃德加·莫兰.方法：天然之天性[M].吴泓缈，冯学俊，译.北京：北京大学出版社，2002：106，122，125-126.

②　陈一壮.埃德加·莫兰复杂性思想述评[M].长沙：中南大学出版社，2007：238.

构状态的变迁。也就是说,横向整体结构前一阶段的状态是生成后一阶段状态的基础,某一阶段教育过程的性质是整合前一阶段的状态和环境因素而构建起来的。能够区分不同的教育过程,发现教育过程的相对独立性和差异性,就是因为教育横向整体结构具有自我维持、自我构建的能力。它一方面以接受自身内因的作用为主,吸收过去的结果作为资源构建当前的状态;另一方面,它在环境中面对发展的多种可能性可以作出选择,摄取符合自身发展需要的环境资源。

我国学者比较重视研究教育过程的横向结构,有总体性的研究,也有从教学、德育等维度进行的研究,以局部研究居多。概括起来,已有的研究形成了两种典型的理论模型或思维模式。

(一)横向整体结构的关系分析模式

这种理论分析模式认为,教育过程(教育活动)是由三个环节——同客体世界的"对象化"活动、同另一主体的交往活动、同自身的对象化活动——所构成的实践活动,教育过程的结构是一种复杂的双重结构。

一是在总体上表现为主体-客体的关系结构。教育者是教育活动的启动者、调控者,是教育活动的主体,受教育者是教育活动作用的对象,是教育活动的客体。这种主客体关系存在于教育实践的观念建构环节,体现了主客二分的对象性思维,是教育者和受教育者之间的认识关系。当然,教育过程中师生间的认识关系是一种双向的、直接的、互为主客体的关系。所谓双向的,是指教师不仅要了解和认识学生,学生也要了解和认识教师;所谓直接的,就是教师和学生之间的认识关系,不需要经过中介,是一种"对象化"的认识活动。所谓互为主客体,是指双向认识关系中主客体之间是相互转换的。

二是在具体的操作过程中,存在着这样一个次级结构:教育主体—教育客体—教育主体。在次级结构中,教育者和受教育者都是教育活动的主体,同时又是教育活动的客体,他们在教育活动中都扮演着双重角色,而且自身内在关系也是主体我与客体我的对立统一。就教育者而言,既是教育活动——教育者与教育中介客体之间的对象化活动——的主体,又是受教育者认识的客体和作为受教育者学习资源的客体;就其自身而言,他还存在内部的主客体关系,是主体我(I)和客体我(Me)的统一。在教育过程中,教育者通过认识和改造教育资料和受教育者,同时也认识和改造了自身,所谓"教然后知不足","知不足而能自反也",就是对教育者自我发展的描述。就受教育者而言,首先是教育者认识的客体,同时又是学习活动——受教育者与教育中介客体之间的对象化活动——的主体;就其自身而言,他是自我发展的主体,通过学习活动,受教育者不断超越已有发展水平,达到应然的发展要求,从而实现主体我与客体我的对立统一。

下面用一个图形来表示这种教育过程横向整体结构的关系分析模式(见图 9-1)。

在这种教育过程的横向整体结构模型中,主要包括以下几种内部关系。

1. 教育者与受教育者、教育资料之间对象性的关系

在这类关系中,教育者是主体,教育资料和受教育者首先是作为认识对象的客体。教育资料作为认识客体很好理解。为什么要强调认识教育对象呢?因为教育是一种以

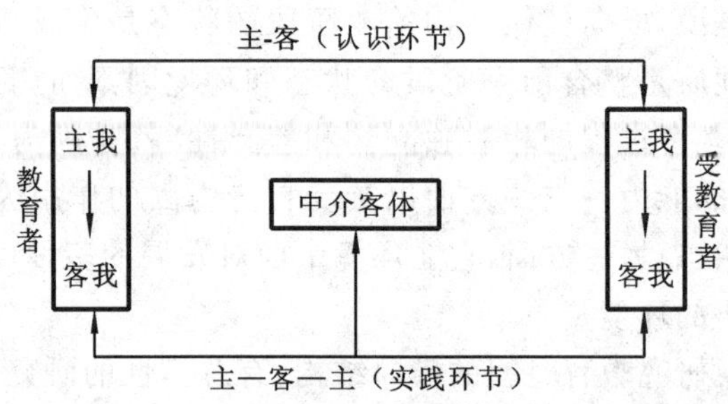

图 9-1 教育过程横向整体结构的关系分析模式

变革和提升受教育者的身心素质为目标的实践活动，教育者必须认识和理解教育对象，并根据受教育者身心发展的规律指导自己的教育活动，才能更好地实现教育目标。其次，教育者要运用自己的智慧和技能对教育资料进行改造加工，生产一种易于为受教育者所接受的文本，从而对受教育者产生影响。

2．受教育者与教育者、教育资料之间的对象性关系

在这一关系中，受教育者是主体，教育者、教育资料是认识和学习的客体。这一过程对受教育者的发展至关重要。因为受教育者作为主体参与教育过程是为了自身的发展，而实现主体发展的基本途径就是受教育者与教育客体之间双向对象化的实践活动，即实际教育过程的展开。实践的改造功能，不仅表现于对外部环境的改造，而且内在地包含着人作为主体的自我形成、自我改造、自我批判、自我超越和自我实现。如果说人类实践活动有某种终极目的，那么后一方面，即人作为主体的自我创造和自我实现就是实践的归宿和终极目的。

3．面对共同的客体时，教育者和受教育者结成的主体间关系

这种关系是以教育手段为中介建立的主体与主体之间的交往关系。教育者运用语言符号、动作表情、教育设备与工具等方式将教育内容表现出来，建构受教育者易于理解和接受的文本，受教育者作为主体根据自己的目的、愿望，运用自己具备的知识、经验和方法等对文本进行解读和吸收，按照自己的方式把教育内容转化为认知结构和道德品质等素养。在这里，经过表征编码的教育内容作为中介通道，联结了教育者和受教育者之间的关系。这是从沟通的角度理解的教育主体间关系。另一种情况是，教育者与受教育者以对象性活动为中介，即通过对共同的教育客体进行认识、改造和加工的过程，也可以建构生成主体间关系。比如，通过开展实验研究活动、手工操作活动、社会实践活动等，教育者和受教育者之间结成与活动性质相适应的指导、支持关系等。从教育目的的角度来看，教育内容的编码、表征以及对象性活动都是作为教育手段存在的，也是教育者和受教育者共同面对的客体中介。因此，教育主体间关系不是自然形成的，而是以达成教育目的为内在动力构建的。

4．教育者和受教育者内在的主我与客我之间的关系

在教育过程中，教育者和受教育者都是既作为主体，又作为客体，发生着内在的主客体之间的对立统一关系。主体我代表应然状态，客体我代表实然状态，人的发展就是不断超越实然状态走向应然状态的过程。不论是教育者还是受教育者，自身内部都存在实然和应然的张力，没有这种张力，也就失去了发展的动力，张力的缓解和生成是不断转

化、永无止境的过程。当然，对教育者和受教育者而言，实然和应然的性质和内容是不一样的。比如，掌握某种教育内容的过程，对受教育者而言是应然的要求，对教育者而言则是实然的状态，在这个过程中教育者的应然是促进受教育者掌握教育内容，而不是自己掌握教育内容本身。

（二）横向整体结构的要素分析模式

这种理论分析模式强调教育过程的整体是有部分的整体，各部分则是整体中的部分，要求把各局部教育过程放到整体的教育过程中去考虑各自的技术和策略，形成统一的教育机制。但是，该模型对作为教育过程横向结构的构成要素之间的关系没有具体解释和说明，而是重点对各局部整体进行描述。根据这个突出特点，就把它称之为教育过程横向整体结构的要素分析模式。这一模式将教育过程的横向整体结构分解为以下八个主要的组成部分。

1. 教育目标整体

现代学校教育目标是多种内容和多种层次构成的整体。在目标内容上，有德智体美劳的全面发展；在目标层次上，有国家的宏观目标，有各级各类学校的培养目标，有各门课程的教育目标等；在目标实现上，强调以整体式思想方法统率教育行为，使各项教育活动都有实现整体教育目标的功能。教育目标的独立作用决定了它必须是教育过程的构成要素。这些作用包括：作为师生活动的方向，是使教育活动真正成为有计划、有组织的活动的前提；为教育内容的价值选择提供依据；提高教育过程的可控性；统整整个教育过程的运行。总之，教育目标是使教育过程达到更理想结果的保证。

2. 教育内容整体

教育目标整体只有通过教育内容整体才能转化为受教育者的整体素质。国家课程计划规定的各类科目是内容整体的集中体现，是经过课程专家精心构想和研究以及历史的检验而确定的。实现学生身心全面发展，必须树立整体教育观，不能人为突出某些学科，削弱某些科目，要把某一门或某一类课程的改革放到课程的整体结构中权衡考虑，放到学生的整体素质发展需要中去决定取舍。

3. 教育方法整体

学校教育内容的传授要借助各种具体的教育方法和手段去完成。这些方法包括语言的方法、直观的方法、实践的方法等。任何一种方法都有自身独特的教育功能，要根据教育任务、教育内容和学生身心发展特点等不同选择利用教育方法和手段，实现多种教育方法的综合运用。

4. 教育途径整体

教育途径是教育者进行教育活动时选择的基本渠道。学校实施教育活动的基本途径有：课堂教学活动；课外活动；劳动活动、社会活动；学生群体组织的活动等。这些途径之间既有区别，又相互联系。只有把各种教育途径结成一个有机的科学的系列，实现功能互补，发挥整体合力，才能有助于全面提高教育质量。

5. 教师和学生整体

教师和学生是学校教育活动的主要组成单元，他们虽然各有不同的任务和活动，但在活动空间、活动内容、活动方式，特别是活动目标上有着很大的共同性。教师和学生双方只有具备共同的愿望，具有共同完成任务的积极性和主动性，具有情感上的相融和共鸣，才会取得良好的教育效果。把教师和学生作为教育过程的局部整体，其中也包括教师与教师、学生和学生之间的整体结构。

6. 学校、家庭和社会影响的整体

学生是在家庭、社会、学校三种基本教育形态的综合影响下成长的。学校主导作用的发挥，必须得到家庭和社会的积极配合。三者协调的良好配合可以强化学校教育的主导作用，否则就会降低或抵消学校教育的效果。

7. 德、智、体、美、劳各教育过程的整体

德育过程、智育过程、体育过程、美育过程、劳动技术教育过程等都是单项的局部的教育过程，在实践中进行相对的划分是有意义的。但是，我们必须承认，这种划分更多的是一种理论上、观念上的划分，其各自的功能、任务可能在教育实践中有所侧重，但绝没有孤立的、单纯的某一个方面的教育过程。任何一方面教育的进行都包含着其他各方面教育因素的存在。企图通过一个个孤立的教育过程一一对应地实现德、智、体、美、劳各方面的发展，事实上是办不到的。因此，我们应站在教育过程整体的高度，看到各方面教育过程之间的紧密联系，通过各育齐施并举完成学生身心的全面塑造。

8. 上下年级和学校的衔接整体

学校教育整体不仅表现为教育活动的横向联系，也表现为上下年级和上下级学校之间的衔接关系。学生发展和教育活动的系统性，要求学校教育要把上下年级和上下级学校之间的教育衔接起来，成为一个相互作用的整体。

以上八个方面的局部整体，既相对独立，又相互联系，共同构成了教育过程的横向整体结构。这个模式所指的教育过程，显然不是某一具体的教育过程单元，而是长时段观察的整体的教育过程，在时间上覆盖了学校教育的全程，在空间上涵括校内外的教育影响。这里要特别强调的是：要素分析模式与关系分析模式所指向的教育过程是不同的，后者所指向的主要是具体的单项的教育过程，所分析的关系主要是教育过程的内部关系，而前者所指向的是整体的学校教育过程，所涉及的关系包括内部关系和外部关系两个方面。

（三）横向整体结构的生成分析模式

上述两种模式，分别强调从关系和要素对教育过程横向结构进行分析，有各自的理论特点和贡献，但是它们在思维方式上存在一个共同的局限，就是把教育过程看成相对静止的事物，没有充分注意要素本身是变化的，以及要素之间的独特的相互关系。更为根本的问题是，没有从动态生成的角度分析教育过程。教育过程的横向整体结构是在某一个时间点上截断流变的教育过程呈现出来的横截面，这个截面的构成要素不是静止的，而是处在不断的变化过程之中。从生成论视角分析教育过程横向结构，除了坚持动态性观点以外，还要强调关系性和开放性，也就是说既要看到内部关系结构，又要把教育过程放在更大的关系网络之中，看到教育过程的横向整体结构所在的具体情境，把握它不断与外界进行物质、信息、能量交换的状况。教育过程横向结构的生成分析模式可以用如下模型表示（见图 9-2）。

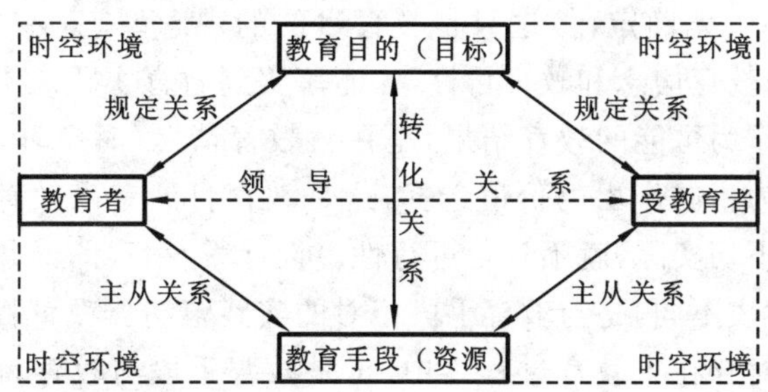

图 9-2　教育过程横向整体结构的生成分析模式

1. 教育过程的构成要素

从构成要素看，教育过程横向整体结构是由教育者、受教育者、教育目的、教育手段或资源等要素在一定时空环境下构成的整体。教育者、受教育者以及教育手段或资源作为教育过程的内在要素不会有什么异议，但时空环境和教育目的也是教育过程不可或缺的基本成分。

1）时空环境

时空环境是教育横向结构的内在构成要素，是其具体存在不可或缺的背景和生成源头。时空环境的不同，决定了教育手段与教育目标的不同，从而决定了教育过程的性质与具体型态的不同。对某一个具体教育过程单元而言，时空环境的界限是模糊的，在模型中用虚线标示边界。虽然教育过程是在总体的自然与社会文化环境中生成的，从发生、演化的无限性来说，时空环境是没有具体的限定的，但是，作为理论分析的概念和教育实践的依托，环境分析必须有一定的范围边界。在讨论教育过程的动态特性时，就要考虑环境是作为教育过程的境域而存在的，是根据一定的边界和影响的层次性确定的具体环境。

与其他要素相比，时空环境作为教育过程的构成要素具有很大的特殊性和灵活性。一是不同的教育过程时空环境是不一样的，要根据教育目标和受教育者的需要确定适当的范围；二是同一教育过程的时空环境边界也是动态变化的，时空环境范围的大小及参与的要素在教育过程的不同阶段也不一样，教育者和受教育者（主要是教育者）要适时调整、灵活处理主体与时空环境的互动关系。当然，在一个短时段的教育过程中，时空环境具有相对的稳定性，在教育过程中主要作为教育境域（或教育环境）而存在，为教育过程的展开提供生成资源。

2）教育目的

长期以来，人们都是把教育目的外在于教育过程的，认为教育过程是为实现教育目的服务的，教育目的是在教育过程展开之前就确定好了的，并且在教育过程中不再发生改变。教育过程对教育目的只具有手段（或工具性）价值，教育过程是作为具体操作程序和流程而存在的，是确定性的，并不因为教育目的的不同而不同。这是一种机械论的教育过程观。在这种观点指导下，教育过程发生了异化，不再属于人的成长过程，而是奴役人、限制人、训练技能的工具，教育过程变成了令人厌恶的、可怕的事情。

生成论教育过程观认为，教育目的对教育过程而言不是外在强加的，目的不仅作为一个要素而且作为组织中心参与了教育过程的建构。教育目的确实具有相对的独立性，可以在教育过程之外事先确定，但这只是教育目的的观念型态，还不能发挥实践功能。教育目的只有转化为教育信念和教育目标，才能落实到教育实践之中。在教育过程实际展开之前，教育目标作为可能的教育结果，是在对教育情境（时空环境）综合分析预见的基础上，以教育目的为指向作出的价值选择，这是教育目的走入教育过程的基础。教育目标如果凭空设想，不切实际，就不具备可行性。设计教育目标，必须考虑教育手段。教育目标与教育目的性质不同，是与教育手段相对的实践范畴。教育目标不能脱离教育手段存在，二者总是同时存在于教育过程之中，正是教育手段与教育目标的相互转化序列构成了实际教育过程。因此，从教育过程的发生来看，教育目标好像引力中心，从时空环境中吸收教育资源，才能在现实中构建创生具体的教育过程。

3）教育者与受教育者

教育者和受教育者在教育过程中是作为角色要素存在的，他们不是通过主体素质确定的，而是通过行为模式即做事情而生成的。教育者和受教育者如果没有行为、没有做事，就不能进入教育过程之中。所以，在学校教育中，可能有教师和学生的身份，但不一定是教育过程中的教育者和受教育者。教育者和受教育者可以是群体，也可以是个体，其角色是根据做事的性质决定的，不一定与教师或学生的身份一致。也就是说，教育者是教育过程中的领导者，做领导之事，受教育者是教育过程中的追随者，做追随领导、自我发展之事，这种关系在下文再作具体分析。只要在教育过程中做了领导之事，不管原有身份是学生还是教师，都有可能成为教育者。当然，一般情况下，教师身份与教育者角色是相符的。这里的受教育者没有被动接受的意思，但体现了在教育过程中主动追随领导（即教育者）的角色特征。

4）教育手段

教育手段作为教育过程的要素比较容易被接受，但对教育手段的内涵理解在不同的理论中有很大的差异。教育者与受教育者在教育过程中的行为都是有意识的行为，即以实现教育目的（目标）为中心的行为。相对于教育目标而言，教育者与受教育者为实现教育目的而发生的一切行为及其结果都是教育手段。所以，作为教育过程内在要素的教育手段，是通过开发、改造和利用环境因素而形成的，既可以表现为教育资源，也可以表现为活动方式。教育条件、教育媒体、教育内容、教育方法、教育组织、教育制度、教育活动、学校文化等，都是教育手段。总之，教育手段是实现教育目标所采取的一切措施和办法、是可利用的一切资源和条件，教育手段与教育目标的性质及其关系从根本上决定了教育过程的性质。

2. 教育过程构成要素间的关系性质

要素是形成结构的基础。但是，不能因此认为教育要素决定了教育过程的结构，尤其在生成论教育过程观看来，要素并不能孤立存在，要素总是关系中的要素，既是关系网络中的结点，本身又是在关系网络中生成的。因此，理解教育过程的横向整体结构，就必须分析要素的关系性质。

1）教育者和受教育者之间的领导关系

有学者对教学过程中师生之间特殊的“人-人”关系进行了分析，认为是师生为实现教学任务和目的，围绕教学内容，通过共同参与、对话、沟通和合作等一系列活动，产生交互影响，以动态生成的方式推进教学活动的过程。换言之，教学过程中师生的内在关系是教学过程中主体之间的交往（对话、合作、沟通）关系，这种关系在教学过程的动态生成中得以展开和实现。这在一定程度上表述了交往的具体含义，是值得借鉴的，但没有说明教育者和受教育者在交往中的不同角色。有学者对“交往教育过程观”进行了批判，认为教育者和受教育者之间的交往关系没有真正走向“实践生成说”，用“交往”来解释教育过程，掩盖了教育的本质，不能在实际上确立受教育者自我发展的主体地位。这种批判突出了教育者和受教育者在教育过程中的地位差异问题，强调教育者的影响最终要靠受教育者的主动接受和自觉内化才能实现。结合上述两种观点，用领导关系描述教育者和受教育者之间的关系是一个较好的选择。从这个意义上说，教育过程就是教育者领导受教育者在一定时空环境采取教育手段实现教育目标的过程。

教育者和受教育者是教育过程中的角色要素，是通过角色行为参与教育过程的。同样地，教育过程中教育者和受教育者的领导关系也是通过领导行为展开和实现的。领导行为从总体上可以分为两种：关心事的行为和关心人的行为。关系事的行为是指导行为，强调如何做事和做成事；关心人的行为是支持行为，强调理解人、激励人和帮助人，促进人的自我提升和发展。当代领导理论研究表明，指导和支持行为在领导过程中不是固定不变的，其运用方式会根据具体情境尤其是领导对象的状态适时进行调整。在教育过程中，随着受教育者的学习动机和能力的增强，教育者的领导行为逐步由指导为主转变为支持为主，直至完全放手，促进受教育者成为自我教育者。当然，指导和支持在教育过程中是不能割裂的，教育者以指导为主时，支持就会作为辅助行为同时存在，或者说指导是主教行为，支持就是辅教行为。从具体内容来看，教育者的指导行为主要是传播文化知识、解答疑难问题、指导学习探究、检查评估与反馈学业状况等，支持行为以激发动机、解决冲突、沟通对话、增强合作、价值引领、开启智慧等为主。

教育过程中的领导关系，突出了教育者和受教育者所处的地位和发挥作用的差异。从教育过程的发起和展开来说，教育者发挥主导作用，负责教育过程的计划、组织、调控和一个过程单元终止后的接续与新生；受教育者积极参与和推进教育过程，在与教育者的合作互动中共同实现教育目标。这并不是说受教育者一定处于被动地位，相反，受教育者在教育过程中是自我发展的主体，教育者的角色行为只是作为受教育者发展的条件而存在的。教育过程中的领导关系是双方互动生成的，是通过领导行为和教育活动而实现的。也就是说，领导关系不是必然存在的，需要教育者和受教育者努力去实现。这就是在模型图中用双向虚线表示的原因。这里的领导关系是制度化与非制度化的统一。就学校教育而言，制度为教师作为领导者赋予了角色潜能即担当领导者的职业权力，但教师成为领导者更重要的是依靠非正式的权力，也就是由个人学识、智慧品格、业务能力、人格魅力等形成的影响力。当学生愿意主动追随教师的时候，师生之间的领导关系才真正实现。教育过程中的领导关系总是处在从形式到实质的动态转换过程之中的。由此可见，教育者与受教育者之间的领导关系并不是一种权力运用的强制性关系，而是一种人性化的、双方共同成长的关系。受教育者的成长成人是教育过程的直接目的；教育者的自我发展则是通过促进受教育者成长实现的，可以理解为教育过程的间接目的。就时间来看，两者并没有先后之分，都是在同一个教育过程中展开和实现的。

2）教育者、受教育者与教育目的（目标）之间的规定关系

教育目的（目标）是人为规定的，这不用质疑，但需要说明的是教育目的（目标）对教育者和受教育者的反向关系以及教育者和受教育者对规定教育目的（目标）的不同作用。在教育过程中，教育者和受教育者是作为角色要素参加的，而角色就是行为模式的集合，因此行为的性质和行为的方式的变化，就意味着教育者和受教育者的角色性质的变化。教育者和受教育者的行为都是有目的、有意识的行为，教育目的（目标）的变化，当然就意味着行为的变化。可见，教育目的（目标）是能够反向影响教育者和受教育者的，教育目的（目标）在性质上也规定了教育者和受教育者的行为。关于教育者和受教育者对规定教育目的（目标）的不同作用，可以用主导和参与来说明。教育目的（目标）是教育者主持制定的，受教育者在不同的层次或阶段上可能有某种程度的参与，至少要有对目标一定程度的认同。如果受教育者既没有参与教育目标的制定，又没有对教育目标的认同，教育过程将流于形式或者是低效的。教育者和受教育者对规定教育目的（目标）的不同作用是由两者之间的领导关系决定的。

3）教育者、受教育者与教育手段之间的主从关系

教育手段是教育者和受教育者角色行为的过程及其结果，既可以表现为教育活动方式，也可以表现为物质性、精神性的教育资源。教育手段总是从属于教育者和受教育者的，同时教育手段又反过来影响教育者和受教育者在教育过程中的进一步表现。教育者领导受教育者采取教育手段，不断完成教育任务，获得教育结果。在这个过程中，教育者和受教育者要不断评估和反馈教育手段的有效性，根据变化了的实际情况调整教育过程。因此，教育者、受教育者与教育手段之间虽然是主从关系，但并不只是单向的决定关系，我们要重视教育手段的反向影响，从而更好地开展教育过程。

4）教育手段（资源）与教育目的（目标）之间的转化关系

教育过程中的教育手段与教育目的是连续的关系，教育手段决定了教育目标的达成程度，教育目标又规定了教育手段的选择与创生。教育目标并不外在于教育手段，而是教育手段的运用结果，教育目标不是僵化静止的，常常会随着教育手段的使用而生成新的内容。生成论教育过程观把教育目标和教育手段理解为相互转换、互动生成的关系，教育过程是过程价值（或手段价值、工具价值）与目的价值的统一。

5）教育者、受教育者、教育目标、教育手段与时空环境之间的依存关系

教育者、受教育者、教育目标、教育手段是教育过程的核心要素，相对于时空环境来说，是更为内在的要素；时空环境则是相对外在的，是教育过程的依存要素。没有教育者、受教育者、教育目标、教育手段便肯定没有教育过程的出现，同时，任何教育过程都是在一定的时空环境中存在的。前四者依存于时空环境之中，时空环境具体参与了教育过程的构成。生成论过程观是在关系和变化中理解教育过程的，既重视相对内在的核心要素（或者说不可或缺的基本要素），又不把依存要素完全外在化。教育过程总是在内外关系中生成的过程，它不是封闭的实体，而是开放的过程系统。教育者、受教育者、教育目标、教育手段与时空环境之间的依存关系具有相互性，前四者从时空环境中摄取资源，它们运行的过程和结果又反作用于环境之中。利用时空环境可以构建教育手段，教育手段中的物质与精神要素又可能成为下一阶段或其他教育过程的时空环境。比如，学校教育

制度是微观教育过程的时空环境要素，教育过程中执行制度的调整和反馈，又反过来影响教育制度的变迁；学校文化是教学过程的时空环境，教学过程中形成的教学风气、行为方式、文化产品又会充实或改善学校文化。在教育过程中，教育手段与时空环境之间的转化关系有更为频繁和充分的体现，尤其在时段参照发生变化时，长时段的教育手段可能就是短时段教育的时空环境。

总之，教育过程横向整体结构的生成分析模式中，要素与关系都是动态的，各自的实质内涵在时空流变中不断发生变化，从整体上呈现为教育过程状态的变迁。作为要素的教育目的(目标)具有系统性和层次性，既有预设的内容，又处在不断的转换和生成之中。在教育过程中，教育手段与教育目标之间联结成互动转化关系，它不仅会因适应和实现教育目标而调整，而且会因为教育时空环境的变化而变化。教育手段本身又是自我生成和变化的，并不完全是人为调控的结果。也就是说，在教育过程中由于内外部偶然因素、非预期因素的出现和参与，常常会生成新的教育资源和活动方式，这些都是教育手段的非预设性变化。至于教育者和受教育者及其关系内涵的变化则是更为主动和明显的，无论是从内部视角还是外部视角都很容易被感知。这一模型中的规定关系和主从关系都是以教育者和受教育者为主导形成的，但我们不能忽视反向的影响力。教育者和受教育者群体有各自的结构，这里没有讨论。同样的，也没有讨论教育手段和教育目的的构成。因为这个模型是一个教育过程单元的抽象模型，是一个最简单的或者说是作为基本单位的教育过程模型，而一个复杂的教育过程是由各层次、各类型的教育子过程组成的整体。

二、教育过程的纵向序列结构

“如果我们掌握了这种阶段演变的顺序特征，就可以按照过程演变的客观规律，一个阶段一个阶段地按部就班，顺序推进，可望取得顺水行舟、势如破竹的良好效果。”①教育过程同样是有阶段演变的顺序特性的，因此，研究教育过程的纵向序列结构具有重要的理论意义和实践价值。如果说教育过程的横向整体结构关注的是教育过程的稳定性的话，纵向序列结构关注的就是教育过程的动态性。“最简单的过程是由起点、过渡点(或点集合)和终点三个环节组成的。较大的过程都包含不同的阶段或子过程，显示出阶段性。复杂过程具有不同层次的阶段性，一级子过程又划分为若干二级子过程，二级子过程还可能存在三级子过程，等等。等级划分应当适可而止，过程系统的最小组成单元称为活动，活动不是子过程，不再作进一步的划分，过程划分到活动为止。”②这里，划分教育过程的纵向序列结构以活动为基础，划分为不同的阶段，对二级子过程及阶段不细分。

所谓教育过程的纵向序列结构，是教育者和受教育者在实现教育目标的过程中经历的阶段，是由教育活动或教育事件组成的时序结构。教育过程的纵向序列结构总是通过一定的阶段性表现出来的，各阶段按照一定的时序共同构成教育过程的整体。不同的阶段有机关联构成整体之后，不但生成了原来不具有的属性，而且本身的存在方式和性质也会发生变化。也就是说在作为全过程中的阶段要遵守整体性原则，其运动变化受到整

---

① 钱学森，等.论系统工程(新世纪版)[M].上海：上海交通大学出版社，2007：69.

② 苗东升.把系统作为过程来对待[N].湖南科技大学学报(社会科学版)，2004(9).

体的约束。教育过程并没有统一不变的阶段顺序，而且，教育过程本身是多样化的，呈现出千变万化的具体型态。因此，教育过程的纵向序列结构一定是多样化的。研究教育过程的纵向序列结构，是力求把握复杂动态教育过程中的不变性和相对确定性，为调控教育过程提供思维框架。但是，无论如何也不能低估发挥教育者的创造作用，因为教育过程最终是在实践中创生的，教育者和受教育者的互动合作必然使教育过程体现出具体的个性。

（一）主体活动型教育过程的纵向序列结构

主体活动型教育过程是以培养活动主体作为教育目的，以活动主体发展的基本机制作为理论依据构建起来的教育过程模型。以受教育者学习主体性是否形成作为标准，把教育过程划分为两个基本阶段：激发学习主体性阶段和指导自主学习阶段。该模型不包括教育过程的准备阶段。

1. 教师激发学生学习主体性的阶段

这是教育过程的第一阶段。激发学生学习的主体性，是教师在教育活动中最重要的前提性工作。其主要活动是：教师通过与学生的对话沟通，激发、诱导学生学习的主体性，包括激发和培养学生的学习愿望、兴趣，唤起和培养学生对学习过程的意识和自我意识；学生通过与教师的交往，认识、理解和接受教师对自己的激发、诱导，形成学习动机和对学习过程的自我意识。这一阶段的活动可以图示如下（见图9-3）。

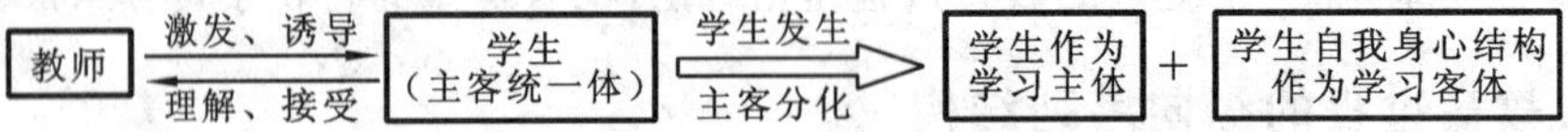

教师 ⇄（激发、诱导 / 理解、接受）学生（主客统一体）⇒（学生发生 / 主客分化）学生作为学习主体 + 学生自我身心结构作为学习客体

图 9-3　教师激发学生学习主体性的过程

激发学生学习主体性的过程就是使作为主客统一体的学生发生主客分化，在学生的自我意识中构成现实我与理想我之间的矛盾的过程。现实我是学生对身心发展现状的认知，理想我是学生对身心发展理想状态的期望。教师的作用就是激发学生形成对自身身心发展的需要，促进学生构建自我的内部矛盾。学生自我内部发生主客分化是学生原本具有的能力，教师的作用是促进和激发这种能力的运用，为学生构建自我发展的理想目标提供外部动力。

激发学生学习主体性的活动虽然发生在教育过程的开始阶段，但它可能延伸至整个教育过程。一是因为学生的学习主体性在教育过程中可能出现起伏，二是在不同的教育活动中对主体性的要求是不一样的，存在水平和强度的差异。在学生学习动机强度不足，自我调控能力不够时，教师可能要反复激励和提供监控帮助。激发学生学习主体性是教育过程中最重要、最基础的关键阶段。在学生具有学习主体性之前，教师的教发挥主导作用，学生具有学习主体性的那个“时点”，是“教学关系的转折点”，教育活动从主要以教为主的阶段转向以学的活动为主的阶段。一个教育过程有无明显的转折点出现，转折点出现的早晚，直接决定该教育过程的质量和最后的效果。

2. 教师指导下学生自主学习的阶段

当学生具有学习主体性之后，教育过程转化为以学生的自主学习为主要活动，教师通过指导、帮助、评价等方法为学生提供服务，促进、维持学生自主学习活动的顺利进行直至实现教育目标。

在这个阶段，学生的学习主要是一个自主、自觉的过程，教师只是学生学习的辅助条件。学生在自身学习需要的推动下，自主参与和开展学习活动，能动地根据学习目的、客体对象以及学习活动的特点，调整和改造自身现有的身心结构，使之发展到理想我的水平。在这个阶段，学生自主学习的出现和存在，学生自主学习的水平和质量，直接取决于前一阶段教师对学生学习主体性激发的功效。学生在自主学习阶段是理想我与现实我不断转换生成、螺旋上升的过程，教师及其活动作为学习的条件服务于学生自主学习的活动需要。

主体活动型教育过程的纵向序列结构，是一种模糊型教育过程，阶段划分具有相对性，时序上也不是单向的，可能出现重复和回还。该模型以培养活动主体为特点，结构简单，特别适用于自主学习和以活动为主的教育过程。

（二）反省思维型教育过程的纵向序列结构

反省思维是美国教育学家杜威力倡的一种思维方法，意指对某个问题进行反复的、严肃的、持续不断的深思。这种思维把我们经验中智慧的要素明显地表现出来，是一种使人明智地经验与行动的方法。杜威认为，思维方法是革除社会弊端、实现社会理想的最重要的手段，教育最重要的目的之一就是培养全体社会成员反省思维的习惯。杜威批评传统教育以知识为目的，并以知识扼杀智慧，提出要以智慧为目的，并以知识来增进智慧。他说："知识仅仅是已经获得并储存起来的学问；而智慧则是运用学问去指导改善生活的各种能力。"[①]反省思维型教育过程是以培养思维能力、提升智慧水平为教育目的，以反省思维的五阶段为根据确立的教育过程模型。该模型把教育过程划分为五个主要阶段。

1. 准备一个真实的经验的情境

杜威认为，思维的开始阶段就是经验，在教育实践中，不能错误地把思维视为与经验隔绝的东西，假定学生的经验是可以想当然的。教育过程必须以实际的经验情境作为思维的开始阶段。这种情境应该能够引发思维，它是全新的、不确定的或者有问题的，但是又和现有的习惯有足够的联系，足以引起有效的反应。一个有效的反应就是能完成一个可以看到结果的反应。也就是说这个情境与学生现在生活的经验相联系，其中有疑难、困惑、混乱不解的地方，学生可以提出与自己相关的问题，同时在情境中能够获得暗示，从而有兴趣了解某个问题，以便获得生活所要求的新的经验。在这个阶段，重要的是给学生一些事情去做，而不是给他们一些东西去学。学生对这些事情、这些活动本身感兴趣，能够提出自己的问题，并想出多种多样的有创新性的解决办法。因此，如果要有能产生引起富有思想的探究的问题的情境，就需要有利用材料达到各种目的的主动的作业。

2. 在这个情境内部产生一个真实的问题作为思维的刺激物

杜威认为，学生必须掌握资料，具有一定的对相关情境的经验，能够给他提供对付所遇到的困难的办法。"困难是引起思维的不可缺少的刺激物，但并不是所有困难都能引

---

① (美)约翰·杜威. 我们怎样思维·经验与教育[M]. 姜文闵，译. 北京：人民教育出版社，2004：60.

起思维。……教学的艺术，一大部分在于使新问题的困难程度，大到足以激发思想，小到加上新奇因素自然地带来的疑难，足以使学生得到一些富于启发性的立足点，从此产生有助于解决问题的建议。"[①]在这个阶段，学生要能够运用资料对情境提出问题。记忆、观察、阅读和听讲都是获得思维资料的途径，学生既要利用自己的经验，又要学会利用别人的经验，以弥补个人直接经验的狭隘性。要防止静止的、书橱式的知识储藏思想，要把知识作为进一步探究的资料，在经验过程中发挥作用。过分依靠别人来获得资料是不足取的，特别要反对直接给学生提供现成的答案。

3. 从占有的资料和必要的观察中产生对解决疑难问题的思考和假设

在这个阶段，通过资料和观察的激发，学生进行了思考、设计、发明、创造和筹划，以便找到解决问题的答案。杜威认为，推论预示着将来可能的结果，是从已知的材料进入未知的东西。在这个意义上，思维已含有某种发明的性质，是具有创造性的。因为只有当他亲身考虑问题的种种条件，寻求解决问题的方法时，才算真正在思维。学生在思维中能考虑到从前没有认识的事物，即使世界上其他人都知道这个事物，他也是个发现者，他的经验有了真正的增长而不是机械地增加了另一个项目。教师不要把现成的教材提供给学生，而是要共同参与学生的活动，让学生在活动中形成自己的观念，找到解决问题的办法。

4. 学生自己负责有条不紊地展开所设想的解决疑难问题的方法

在这个阶段，学生应该把自己提出的假设，即解决问题的办法加以整理和排列，使其秩序有条不紊。因为离开这种整理和排列，思维也就无法存在。但是，学生必须自己去做，否则就学不到什么东西，也体验不到思维活动的创造性所带来的快乐。

5. 学生通过应用检验他的观点是否有效

杜威认为，观念要通过行动来检验。思想在实际的情境中运用之前，缺乏充分的意义和现实性。只有应用才能检验思想，只有通过检验才能使思想具有充分的意义和现实性。在这个阶段，学校要创造条件，扩大学生与环境的接触，使学生有机会在代表社会重要情境的主动作业中，亲自动手去做并在做的过程中自己作出判断，检验假设的意义与有效性。

以上五个阶段，是根据杜威的思维教学思想进行阐述的。杜威所说的教学五步是教学过程的一般程式。正像杜威没有把思维过程五阶段顺序固定化一样，教学过程的五个阶段也不是固定的。因此，这里概述的五个阶段，是反省思维型教育过程纵向序列结构的大概轮廓，是不可缺少的几个特质。在教育实践中，这些阶段有的相互之间有反复，有的可能匆匆通过，有的阶段可能用时很多。总之，这里没有固定的规则，运用之妙主要凭借个人的理智和机敏。

（三）文化传承型教育过程的纵向序列结构

人类的生存和繁衍既要依靠生物遗传机制，更不可离开文化遗传机制。人类通过生物遗传获得人的生理特性，文化遗传则使人获得超越自然存在物的力量。相对生物天性而言，文化是人的第二天性。没有文化，人什么都不是；每个人类个体要想成为人类个

---

① (美)约翰·杜威. 民主主义与教育[M]. 王承绪，译. 北京：人民教育出版社，1990：167.

体，就必须成为超个体的文化中介的参与者；每个人首先是文化塑造成的，并只有这时，他也才成为文化的塑造者。文化塑造人主要是通过教育实现的，文化传承是教育过程的基本任务。从文化传承分析教育过程的纵向序列结构，可以建构主要包括以下六个阶段的理论模型。

1. 基础准备阶段

基础准备阶段是教育过程中设计方案和准备条件的阶段，是体现教育过程有意识、有组织的基础阶段。这个阶段，主要是由教育者负责完成的，受教育者在教育者的领导下参与。对一个单元教育过程来说，本阶段的任务包括。

(1) 明确目标和设计内容。目标是教育活动的方向和预期的结果。确立目标，可以避免行动的盲目性，增加活动的有效性。设计内容是教师的任务，要求教师在理解课程标准的基础上，仔细研读教材内容，达到融会贯通后对内容进行重组、补充和完善。适应探究教学和知识发现的要求，教师要善于设计问题情境，再现知识发现的过程和方法。

(2) 条件准备和心理准备。教育过程的进行需要各种物质条件和设施，需要获得家庭、社会和学校的支持。在教育过程实际展开之前，对物质条件、制度条件、人员条件、环境条件等要作充分的准备。教师和学生都要进行教育过程的心理准备。对教师而言，要形成良好的情绪状态和教育积极性；对学生而言，要形成强烈的学习动机，提前熟悉和理解教育内容，形成良好的学习状态。

2. 信息传递阶段

教育过程可以理解为信息运动过程。信息传递是教师的信息输出和学生的信息接受两个方面的活动同时进行的过程。在这个过程中，教师不仅要考虑怎样进行信息传递，而且要识别把信息传递给谁，弄清传递的对象特点。不同的对象理解和接受信息的方式是不一样的。对学生来说，接受信息的关键是积极唤起已有的经验，集中注意和思考，跟随教师的思路一道前进。师生之间不能保持思维同步就不能实现信息的传递。当然，思维同步不是被动跟随，而是积极主动地配合教师的节奏理解、接受、反应和思考。

信息传递的主要艺术体现在教师如何根据学生身心发展特点和认识规律，对信息进行科学组织和表述。美国学者巴特勒认为，如果在教学过程中按照下列经验规则组织信息的话，通常能起到促进学习的作用：从具体到抽象再回到具体；从简单到复杂再回到简单；从熟悉到不熟悉再回到熟悉；从现在到过去再回到现在；从一般到特殊再回到一般；从整体到部分再回到整体；从如何到为何再回到如何；从要旨到细节再回到要旨；从归纳到演绎再回到归纳；从概览到内容再回到概览。

3. 信息内化阶段

每一个人在后天成长中，在社会和教育多方面因素的作用下，会形成一定的认知结构，按照皮亚杰的学说即形成一定的图式。认知结构是由众多知识存储单元构成的体系。信息内化是通过理解，把刚刚得来的信息纳入到相应的认知结构中去。当外部信息传入头脑，认知图式会发挥过滤作用，对信息进行处理。外来信息如果与已有结构同质，便顺利被同化，进入已有的网络体系，丰富原有认知结构的内容。如果进入的信息为异质，或不被理解，新的信息就会被已有图式拒绝，成为游离状态。这时，只有经过信息加工，改变原有图式，使新信息进入已有网络，即通过顺应形成图式的质变，完成新信息的内化。比如,一个人接受的新的科学世界观与原有世界观矛盾时,如果没有打破旧有的世界观体系,没有发生世界观的改组,那么,新的世界观便处于游离状态。即使这个人在口头上能对新世界观说得头头是道,但实际上对其行动不起指导作用。这就是信息内化的失败。

信息内化的关键在于理解,在于理解的程度、方式和态度。积极的态度有助于思维的调动,提高理解的质量。理解的方式与教师的引导有很大关系。教师引导的思维路线是否科学,能否最大程度利用学生已有的知识背景和经验,都会影响到学生的理解和接受。内化不是简单的机械的信息接纳,必须通过深入理解的过程,才能转化为学生的知识结构和精神素养。

4. 存储转化阶段

经过信息内化阶段,个体将知识初步纳入个人的知识结构,但知识尚未实现主体转化。因此,在完成信息内化以后,教育过程进入存储转化阶段。存储转化是酿造的过程,是巩固知识并把它转变成解决问题的能力和思想品德以及相应的审美能力和操作技术的过程。

知识的巩固以理解为基础,理解是巩固和存储的前提。为了巩固知识,必须进行复习和练习,采用各种方式使其重现,促进记忆痕迹的强化。一些优秀教师采用精讲多练的方式,发现能有效达到巩固知识的目的。

信息的转化尤为重要的是知识向信念、情感和意志的转化。没有信念、情感、意志力支持的知识,仍不过是外在的知识。知识只有在巩固的基础上完成转化,变为信念和信仰,并同情感和意志融合,才能产生自觉的行动力。转化的实质是把外来的信息变成人的内在品质。不能完成转化的教育不是成功的教育。

5. 外化应用阶段

外化应用是文化习得的行为表现,是检验文化习得效果、信息传递质量的重要阶段。学生是否实现文化的存储转化,可以通过外化应用的方式进行观察、检测和分析。信息外化和应用时伴随着思考,可以强化理解。应用的过程是学生对知识进行分类、整理、归纳、编序的过程,是获得的知识条理化、系统化过程,可以提高知识内化为认知结构的质量和水平。外化应用的过程也是检验学习效果的过程,可以诊断学生掌握知识的程度和水平。如果学生外化困难,或根本不能应用知识,这就为教师调整教学提供了反馈,提醒教师和学生进行检查和分析,发现问题并分析问题产生的原因。信息外化的方式多种多样,口答、练习、讨论、实验、实际操作和实践等都是外化的方式,教师可根据需要灵活设计和采用。

6. 综合调控阶段

综合调控是通过对教育过程实施状况进行检查、评定和分析判断,采取措施对教育过程进行调整控制的过程。综合调控的范围包括以下三个方面:一是对整个过程的调控,从整个过程优化的高度,发现问题,解决问题;二是局部阶段的调控,指对过程中某一个局部阶段的效果和状态进行检验,以提供局部调整的依据;三是对教育过程构成要素的调控,如教育者、受教育者、教育内容、教育手段、教育途径等,综合分析各要素的运行状况,综合考虑各要素之间的联系和制约条件,从而对薄弱环节进行调整。

在实践中，文化传承型教育过程各阶段之间并没有如此清晰的界限，总是相互交叉、彼此渗透的，各阶段的顺序也不是固定不变的。教育过程从基础准备阶段开始，经由信息传递、信息内化、存储转化、外化应用到综合调控，结束一个教育过程周期，经过调整后，继而开始一个新的历程。

（四）循环生成型教育过程的纵向序列结构

循环生成型教育过程是运用过程-关系思维方式建构的教育手段-目标一体化的教育过程模型。作为复杂系统的教育过程，各阶段是循环运动的，循环运动构成了教育过程存在和发展的内因，并形成了根据实现教育目标的要求从环境互动中创造发展可能的自主性。循环生成体现了教育过程的复杂性，是本模型的根本标志。

运用过程—关系思维分析教育过程的纵向序列结构，既要揭示教育过程的阶段性，又要强调教育过程是在关系中生成的。从过程-关系思维的视角看，事物不是僵化静止的，不是孤立存在的，尤其是人为事物和工程，必须看做过程—关系的集合。所谓过程的集合，是指存在的过程性和整体性，是由不同的阶段在时序中构成的整体。阶段和全过程是相互作用、相互决定的，阶段的相互作用形成了超越每个阶段自身的整体的性质；整体又制约阶段、影响阶段的地位和特性变化。所谓关系的集合，强调人为事物是在关系中生成的，各要素相互关系的性质及其结构形成了作为整体的事物。事物的边界具有相对性，事物是开放的、动态的，与时空环境不断进行沟通与交流。教育过程的关系包括各阶段的衔接、过渡和转换，各阶段的相互影响，以及教育过程与环境的依存关系。

所谓教育手段-目标一体化是指教育目标和手段统一于教育过程之中。教育目标不是外在于教育过程的，教育目标指示了教育过程的方向，为教育过程的展开提供了价值标准，是决定教育过程性质和状态的内部要素。教育目标不是僵化不变的，而是在教育过程中与教育手段相互转化、相互生成，是动态变化的体系。教育目标的动态性不仅表现在教育过程之中，而且也表现在教育目标是否达成的最终认定上。教育目标的达成是以教育结果体现的，但无论如何努力，教育结果都不可能等同于教育目标，总会存在各种程度或性质的差异，因此，教育目标的达成作为一种价值判断，在生成论教育过程观看来，是具有一定的灵活性和主观性的。这就是教育目标的相对性和动态性，是内在于教育过程的前提。

循环生成型教育过程是包容以上三种模型的教育过程模型，其纵向序列结构可以图示如下（见图 9-4）。

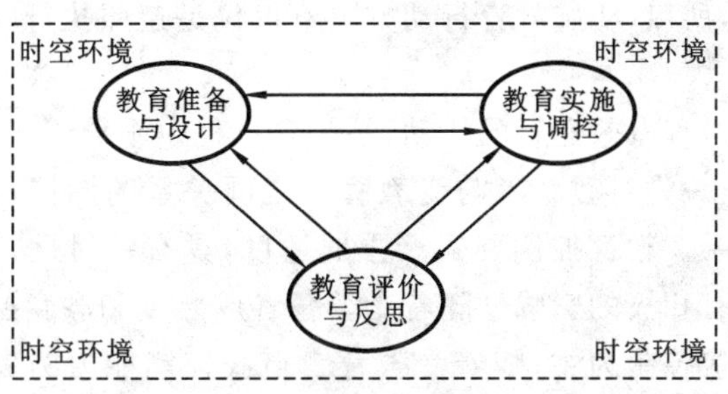

图 9-4　循环生成型教育过程的纵向序列结构

循环生成型教育过程的纵向序列结构主要由三个基本阶段构成。

1. 教育准备与设计阶段

这个阶段是教育过程的起始阶段，主要活动包括搜集和辨识信息、确定目标与任务、设计教育行动方案等。虽然这一阶段主要由教育者负责完成，从形式上看教育者与受教育者之间是间接性关系，但实质上，这个阶段确立的目标和方案与受教育者之间具有直接的关系，因为教育目标和方案都是服务于受教育者的成长的。教育目标是对受教育者预期发展水平的设定；教育方案则是教育过程的意向性安排，体现了教育过程的主动性和目的导向性。

搜集和辨识信息是确定教育目标与任务、设计教育行动方案的基础，这是一个在教育实践中经常被忽略的环节。搜集信息要力求充分、准确、及时。所谓充分就是不要遗漏教育过程所需要的信息资料，特别是关于受教育者、教育内容、教育理论与方法等方面的信息；所谓准确、及时是对信息质量和时效性的要求。辨识和分析信息就是利用搜集到的信息进行教育诊断，对教育情境、教育过程初始状态作出正确的判断。

对一个教育过程单元而言，教育目的是事先确立的，但教育目标与任务则要作为教育过程的内在要素来处理。确立教育目标与任务、设计教育行动方案，是科学性与人文性的结合，既要考虑到时空环境的可能性，以环境复杂性和个体发展性的科学预测为基础，又要发挥想象力，对教育过程和受教育者的发展状态进行价值选择。这个阶段要进行的工作须以长时段的教育过程为依据，注意时空环境的界定及其对教育过程提供的条件性和约束性影响，需要对教育条件、受教育者的状况进行具体分析，作出特殊诊断，从而使目标任务具体化，提高教育行动方案的针对性和有效性。

2. 教育实施与调控阶段

这个阶段是对教育行动方案的执行阶段，可以包括若干子阶段，主体活动型、反省思维型、文化传承型教育过程模型均可以作为本阶段的具体展开。也就是说，在具体的教育过程中，由于教育目标和时空环境的不同，这个阶段的教育过程表现形态是不一样的。

这一阶段承接教育准备与设计阶段，作为教育过程的第二阶段，是对意向性教育过程的实际展开。这里的教育实施活动不是机械执行方案的过程，而是主动使用方案的过程。在这个阶段，方案作为一种行动计划，对教育过程具有指导作用，一些周全的方案在时空环境稳定的情况下将得到较高程度的贯彻执行。但是，教育过程是教育要素之间非线性相互作用生成的整体结构，不是全预设、无质变的流程式过程。教育过程中有很多无法预知的情况出现，所以，实施教育行动方案不仅仅是遵照执行，而且是对方法不断进行调整的动态过程。

调控是确保教育过程有效运行的活动，是教育过程中领导职能的表现。教育过程中的调控包括两个方面：一是对教育者与受教育者之间关系的调控，也就是要处理好教育控制与自我控制的关系。教育控制要宽严强弱适度，具有针对性，其依据主要是对受教育者主体性发展是否有积极的影响。随着受教育者成熟度和教育层次的提高，教育控制将由直接控制转向间接控制为主；随着受教育者自我控制能力的提高，教育控制的强度要逐渐减弱直至完全取消直接控制。二是对教育活动及其进程的调控，即及时查明教育过程中的弱点和盲点，采取灵活机动的办法进行调整。要切实发挥教育者的领导作用，调整受教育者的状态，激发学习动机；要随机应变地开发和利用新的教育手段，调整教育活动，有效地完成预定的教育任务；要及时吸收和利用教育过程中生成的新资源、新方法，以及出现的非预期的偶然因素（包括教育中的错误和冲突），善于进行教育转化和意义开发，凸显教育过程中的生命活力。

3. 教育评价与反思阶段

长期以来，教育评价与反思都是作为教育过程之外的教育活动而存在的，把教育评价作为评判教育过程及其结果的手段，教育反思更是被忽略或者被看做是教育者的事情。其实，教育评价与反思是完整的教育过程不可缺少的阶段，对提升教育过程水平和促进教学相长具有十分重要的意义。从教育过程的存在来看，这一阶段为教育过程的循环生成和后续提升准备了条件。作为复杂系统的教育过程，各阶段的循环运行是突现其整体性、形成系统效应的内因，而循环运行必然要求各阶段首尾相接，正是及时的教育评价与反思为教育过程的循环运行提供了必要条件。也就是说，教育评价与反思把已经产生的教育过程与结果的信息通过反馈重新输入教育过程，进入教育过程新的循环。

一个教育过程单元（或教育过程的周期）总会获得一定的教育结果，当教育结果被认为达成了教育目标，完成了教育任务时，本轮教育过程周期就可以宣告结束。但是，获得什么样的教育结果才能结束呢？这要通过教育评价进行判断。教育评价就是根据一定的教育价值标准或教育目标，通过系统地采集和分析信息资料，对教育过程状态及结果作出价值判断。没有教育评价就无法为教育过程周期确定终点。

教育反思是教育者和受教育者对教育过程的整体总结与反思，既要总结经验，又要发现问题和不足，为教育过程的新周期确定起步的依据。教育者与受教育者反思的侧重点虽然有所不同，但两者之间是相互补充的，割裂二者的关系就是否定教育过程的整体性。教育反思是教育者与受教育者体验教育过程的必要环节，是实现教学相长和共同发展的行动保证。教育反思与教育评价相结合，共同为教育过程各个周期螺旋式上升提供经验基础。

对一个教育过程周期而言，教育准备与设计阶段、教育实施与调控阶段和教育评价与反思阶段依次展开，构成了教育过程的时间序列。作为一个过程系统，各阶段的衔接与过渡非常重要。教育过程整体效应的产生，主要取决于各阶段的相互作用和循环生成。第一阶段向第二阶段的过渡中，动机激发是关键活动；第二阶段向第三阶段的过渡中，反思意识是中介；第三阶段通过反馈与前两个阶段联结，结果信息反作用于过程，实现各阶段的循环运行。

动机激发为什么成为第一阶段向第二阶段过渡的关键呢？教育过程是以受教育者的发展为直接目的的，教育者及其教育手段只是受教育者发展的条件。从根本上说，受教育者的发展是自我的发展，是任何人、任何条件都不能代替的。没有受教育者主体意识的确立和主体能力的发挥，教育过程就不会形成人的发展，最多不过是打造适用工具的过程。学生是学习活动不可替代的主体，没有学生学习的主动性，没有学生在教学中的积极主动参与，教育就可能蜕变为“驯兽式”的活动。所谓动机的激发，就是对受教育者发展动力的激发，是受教育者主体意识的确立和提升。教育者通过情境设计、问题提出、价值引导等方法，促进受教育者形成和强化学习动机，积极主动参与教育过程，在此基础上才能实施教育意向，顺利展开实际的教育过程并形成发展效应。

反思意识成为第二阶段向第三阶段过渡的中介，可以从两个方面得到解释。一是教育过程主体性的体现。反思意识是一种主体自觉意识，在教育实施与调控阶段，体现为教育者与受教育者对教育活动的觉察和自主性；在教育评价与反思阶段，就是对教育过程与结果的实际状态与预设状态的比较反思，对教育过程作出价值判断。反思意识的层次和水平是阶段转换的主体保证。二是教育过程经验性的体现。教育过程在某种意义上就是从经验中学习的过程。“经验包含一个主动的因素和一个被动的因素，这两个因素以特有形式结合着……在主动的方面，经验就是尝试……在被动的方面，经验就是承受结果。我们对事物有所作为，然后它回过来对我们有所影响，这就是一种特殊的结合。”①作为经验的教育过程，可以把第二阶段看做是教育过程主动性的一面，第三阶段即是被动性的一面。在杜威看来，经验过程实际上也就是思维过程，“思维便是准确地、审慎地把所做的事和它的结果联结起来”。② 只有主动性的方面，无法对第一阶段的教育过程意向进行检验和判断，必须通过思维或反思，才能识别教育实施与调控（第二阶段）与教育结果之间的关系，在对教育过程状态描述的基础上作出价值判断，这就是教育过程的第三阶段。

另外，教育过程中的结构联系不能忽视教育准备与设计阶段、教育实施与调控阶段和教育评价与反思阶段与时空环境的联系。时空环境影响教育过程的每一个阶段，既可能是积极的支持作用，也可能是消极的约束作用。教育过程的生成虽然是以各阶段循环运动为内因的，但是，这并不否认时空环境对教育过程的作用。作为有目的、有意识的教育过程，必须增强对时空环境的敏感性，才能保证其生成的活力。这样的教育过程，就是与生活联结、与社会联结的教育过程，是体现生命完整性的教育过程。教育过程中的主体要有开发、占有和利用时空环境的能力。

第三节　教学过程的实践模型与策略

学校教育中最基本的活动是教学活动。作为学校教育的基本组织形式，教学活动是实现教育目的、培养目标的主要途径。教学也一直是教育研究的主要领域，有着十分丰富的成果。这里不对教学理论与方法进行全面介绍，主要从操作的层面阐述教学过程的展开与实践策略。

一、教学与教学过程

（一）教学的概念

教育文献和日常用语中对“教学”的理解有四种情况：一是指“教”；二是指“学”；三是指“教师教和学生学的共同活动”；四是指“教学生学”。从发生机制上看，教学是教与学

①② （美）约翰·杜威．民主主义与教育[M]．王承绪，译．北京：人民教育出版社，1990：148，161．

的相辅相成，是为了促进学生发展成长而由两者协同互动而引起的一种双向过程。只有教师的教和学生的学真正地相互作用，只有教和学的特定内涵在合目的的、一体化的方向上对应地和适当地能动展现，才能成就教学的存在，才有教学的真正发生。因此，"教学生学"更能表达教学的内涵。如此理解教学概念，超出了简单的描述性的界定，也不仅仅局限于概念本身的讨论，已深入教学过程及其运行机制的内部。

具体地说，教学就是在教师有计划的组织和引导下，学生在与教师的对话和交往中，能动地学习、掌握系统的科学文化知识和技能，发展自己的智能与体力，养成良好的品行和人格，逐步形成全面发展的个性的教育活动。从教育目的上看，教学是为了发展学生全面发展的个性；从教育内容上看，教学是以系统的科学文化知识和技能为主要内容；从主体行为上看，教学是教师引起、维持、促进学生能动而有效学习的活动；从发生机制上看，教学是建立在师生之间的对话和交往过程中的，或者说是以师生之间的对话和交往为背景和手段的。

理解教学概念，还要注意教学与其他相关概念的联系与区别。

教学与教育既相互联系，又相互区别，两者是部分与整体的关系（见图 9-5）。教育包括教学，教学是学校进行全面教育的一个基本途径。除了教学，学校还可以通过课外校外活动、生产劳动、社会实践等途径向学生进行教育。教学工作是学校教育的中心工作，但除了教学，学校还有其他工作，如后勤工作、人事管理、师资培训等。

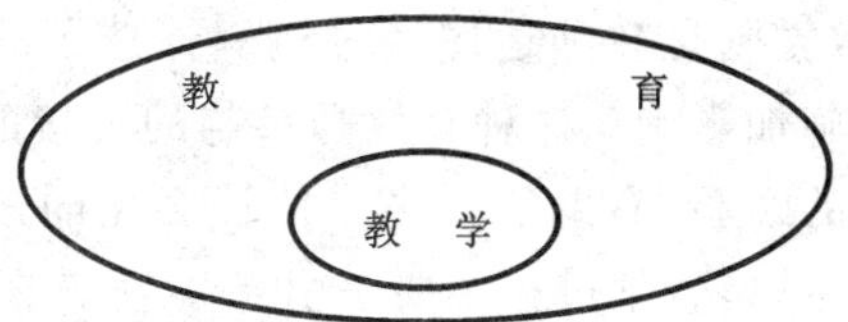

图 9-5　教学与教育的关系图

教学与智育是一种复杂的交叉关系（见图 9-6）。教学是进行智育的基本途径，但并不是唯一途径，智育任务也需要课外活动等途径才能全面实现；教学要完成智育任务，但智育却不是教学的唯一任务，教学还要完成德育、体育、美育等任务。若将教学等同于智育，就会使得教学走向唯智主义，偏离全面发展的方向；若将智育局限于课堂教学，就容易使得智育脱离广阔的社会生活实际，难以真正实现间接知识的个体转化。

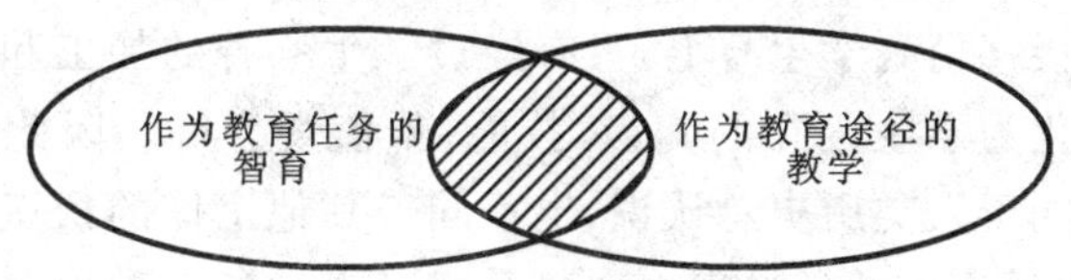

图 9-6　教学与智育的关系图

教学与自学的关系比较复杂（见图 9-7）。学生的自学有两种情况：一种是教学过程内在教师指导下的自学，包括配合教学进行的预习、复习、自习和作业等，它是教学的组成部分。另一种是在教学过程之外，学生自主进行的自学，其内容广泛、形式多样，教学不包括这种形式和性质的自学。

图 9-7 教学与自学的关系图

（二）教学过程的性质

近 30 年来，我国教育理论界围绕过去人们坚信不疑的教育过程的认识论性质问题，展开了一场激烈、深入而持久的论争，形成了诸多不同的学说，如认识说（即教学过程本质上是一种特殊的认识过程）、发展说（即教学过程是促进学生发展的过程）、传递说（即教学过程就是传授知识经验的活动过程）、交往说（即教学过程是师生交往、沟通、互动和共同发展的过程）、多质说（即教学过程的本质属性应该是一个多层次多类型的结构）等。通过这场论争，产生了许多深刻而有新意的见解，推动了教学理论研究和教学改革实践的不断深入与发展。尽管在论争中出现了十分尖锐的分歧，人们在教学过程的性质问题上也逐步形成了一些共识。

1. 教学过程是一种特殊的认识过程

无论是人类社会发展还是人类个体发展，都离不开人类已有文化经验的传承。随着人类社会的进步，人类文化经验日益丰富，这种传承活动主要依靠学校教育来实现。作为学校教育的基本形态，教学则是教师运用经过组织筛选了的文化材料（主要表现为学科知识），有意识地对学生施加影响。这种有教师参与的直接的文化教导，让学生获得在日常生活情境中所得不到的经验，有助于提高个体社会化的速度，使儿童的成长发展能站在一个更高的起点上。所以，教学过程主要是引导学生掌握人类长期积累的科学文化知识的过程；学生学习和掌握科学文化知识的活动是贯穿教学过程始终的活动。可以这样说，获取科学文化知识的认识活动是教学活动内在的核心成分和最突出的特点。在教学过程中，无论是知识的授受还是学生的探究，都离不开有目的地对人类科学文化知识的学习、运用与传承。因此，教学过程是一个认识过程，受认识论的一般规律的制约。

但是，教学过程又是一种特殊的认识过程。在教学过程中，教师引导学生学习和掌握科学文化知识的过程是要把人类的认识成果转化为学生个体认识的过程。这一过程的核心和关键，就是学生积极主动的心智建构，因为任何影响学生成长的外在因素或经验信息，都不可能直接移植到学生身上，只有经过学生心智的加工和改造，才能为学生所吸收、掌握、消化，转化为学生内在的知识、技能、价值观念等。因此，教学过程是学生个体的认识过程，既不同于人类历史总认识，也不同于其他个体的认识，具有如下几个显著的特点：①间接性，即学生在教学过程中主要是通过人类长期积累起来的科学文化知识，间接地认识外部世界；②引导性，即学生在教学过程中的认识活动是在教师的领导或引导下进行的，而不能独立完成；③简捷性，即学生通过教学过程认识外部世界，不需要重复人类过去经历过的曲折历程，走的是一条认识的捷径。

2. 教学过程必须以交往为背景和手段

教学过程并非孤立的个体认识活动。“脱离了由多极主体所构成的认知系统来孤立考察每个个体的认知与思维以及它们的运行过程，它们就会成为是不可理解的、毫无意义的了。”①也就是说，没有主体之间的交往活动，就不可能有个体认识的产生和发展。特别是对于缺乏知识经验的未成年学生而言，他们的知识掌握和认知发展尤其需要有与教师的交往活动作为前提和中介。“个体心理的发生发展是掌握人类世代积累下来的文化历史经验的结果。人类的这些宝贵经验往往具体化在物质的和精神的产品之中，但其内容并不能从它的物质形式中直接输出，每一代新人只有在人类知识的活载体——成人的帮助下才能掌握它。因此，与成人的交往是儿童发展的最重要因素。”②由此可见，教学过程中学生个体的认识活动必须以交往为前提和背景。教师引导学生进行主动的知识建构，不仅有着学生个体作用于认识客体的认识活动，也包含着师生之间、生生之间的交往活动。

交往（对话、沟通、合作等）不仅是教学过程的前提和背景，而且是一种非常重要的教学策略、手段、途径。“如果我们成功地摆脱了传统教育学的教条；如果在教育过程中允许自由地和持久地交换意见；如果交换意见之后又提高了个人对生活的领悟”，那么教学“不是像往常一样是一种给予或灌输、一项礼物或一种强制的东西了。”③教师就较少扮演现成真理提供者的角色，而是越来越多地激励思考，越来越成为一位顾问、一位交换意见的参加者、一位帮助发现矛盾论点的人，把更多的时间和精力去从事那些有效果的和有创造性的活动：互相影响、讨论、激励、了解、鼓舞。通过对话、沟通、合作，师生双方的经历、经验、兴趣、爱好、情感、价值观念、精神状态等都自然地显现出来，并得到彼此的关注。于是，师生不仅进行着认识上的沟通，还有情感上的交融与共鸣，由此真正发生了精神层次上的相互作用。在民主、平等的师生交往中，学生体验到自由、尊重、信任、理解和关爱，同时受到激励、鞭策、感化、忠告和建议，从而形成积极的人生态度和丰富的情感体验。

3. 教学过程也是促进学生身心发展的过程

教师引导下的学生掌握知识、认识世界的活动是教学过程的基础性活动；师生、生生之间的交往、沟通、对话是教学过程的前提、背景和手段；而促进学生的身心发展则是教学过程的基本任务和终极价值。学生的身心发展对教学过程起着导向与规范作用，体现着教学过程的性质；当然，它不单单与教学过程相联系，还与其他教育活动甚至学生的全部生活过程相联系。在教学过程中，学生的身心发展这一价值目标的实现，主要是通过并借助组织好学生的认识与交往活动才能落实与实现。教师引导下的学生认识与交往活动，是教学过程特有的主要活动。而在当今强调个体发展的时代，许多人往往把知识传授当作“灌输”、“注入”、“容器论”等的同义语。在批判传统教学思想和传统教学方式时，往往“把孩子和洗澡水一起泼掉了”。正所谓“巧妇难为无米之炊”，学生个体的成长发展离不开人类文化经验的学习、接受和掌握，否则发展不过是一句抽象、空洞的口号。

---

① 鲁洁.走向世界历史的人——论人的转型与教育[J].教育研究，1999(11).

② 冯晓霞.学前儿童与成人交往——M·N·利西娜的个体交往发生论简介[J].北京师范大学学报(社会科学版)，1991(3).

③ 联合国教科文组织国际教育发展委员会.学会生存——教育世界的今天和明天[M].华东师范大学比较教育研究所，译.北京：教育科学出版社，1996：104-105.

当然，强调教学过程是一种特殊的认识和交往活动，并不否定学生身心发展在教学过程中的导向作用和终极价值的地位，而是强调只有抓好教学过程特有而主要的认识与交往活动，才能将人类积累的科学文化知识内化为学生的智能、情感、品德，才能真正强有力地促进学生的身心发展。

二、教学过程的实践模型

这里用“模型”一词，是为了与人们广泛使用的“教学模式”区分开来，主要是指教学过程的基本程序及其实施方法。一般来说，教学过程的实践模型的构建思路主要有两种：一是关注通过教师有效地教来促使学生有效地学，即有效教学；二是强调通过教师的实践反思和问题探究来提高教学实践的合理性，即反思教学。两者的价值指向是一致的，即在有限的教学过程中最大限度地促进学生的身心发展；但两者的思维倾向和路径不同，前者更强调教学技术技巧、策略、手段和方式方法的改进和完善，后者更关注教学主体自身教育专业素养的成熟和发展。当然，最理想的教学过程状态，应该是上述两种实践模型的有机融合。下面尝试运用教育过程原理，分别对有效教学和反思教学的基本程序和实施方法做些介绍和分析。

（一）有效教学的实践模型

自从有了专门化的教育教学活动，有效教学历来是教育教学实践的基本追求。无论是苏格拉底的产婆式诘问还是孔子的启发式教学，无论是赫尔巴特的四段教学法还是杜威的五步教学法，都是对教学过程有效性的追求。不过，有效教学作为一个教学论概念被提出来，源于20世纪上半叶西方的教学科学化运动，真正得到明确的关注则是20世纪六七十年代的事情。我国关于有效教学的研究可上溯到20世纪80年代初期。随着教学理论研究和改革实践的不断深入，人们对有效教学的看法也在不断变化与发展。比如，60年代人们关注的是教师的品质，70年代则强调教学行为，80年代关注教学活动，90年代则更多强调教与学的相互作用，而在21世纪各国普遍关注的是如何通过有效的教学促进学生的学习和发展。

有效教学没有一个固定不变的概念，它是一个随着课程目标和教学目标的变化以及学生的发展变化而变化的动态概念。从最宽泛的意义上讲，凡是符合教育教学规律，有效地实现预期的教学结果的教学活动，都可称之为有效教学。完整的“有效”含义应该包含三层意思（见图9-8）：一是有效率，即是教学产出与教学投入的比值，也可从师生双方投入的时间角度表述为有效教学时间与实际教学时间的比值；二是有效果，即是对教学产出与预期教学目标的吻合程度的评价，也就是在多大程度上促进了学生的进步与发展；三是有效益，即是对教学收益或教学价值实现程度的评价，也就是教学目标在多大程度上满足了社会和个人的教育需求。由此可见，促进学生的进步与发展，以满足社会和个人的教育需求，是有效教学的根本目的；那么，创设适宜的教学条件，采取恰当的教学策略，在有限的时间内最大程度地实现学生的有效学习，是有效教学的实质和核心。

有效教学也没有统一的工作模式。不过，根据教育教学过程的一般程序或纵向结构，可以将有效教学过程粗略地划分为如下几个阶段。

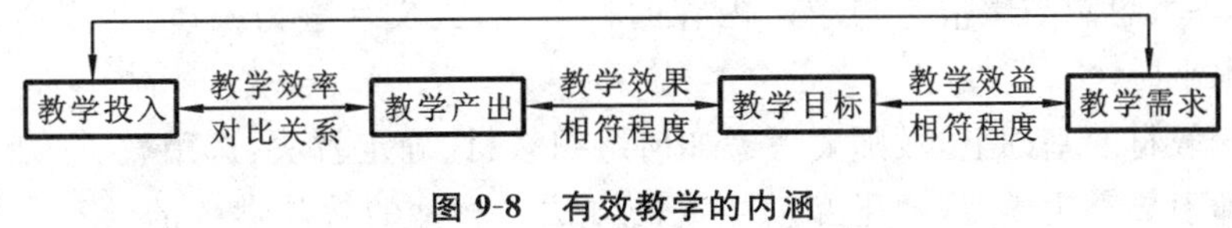

图 9-8 有效教学的内涵

1. 准备阶段

这一阶段主要由教师负责完成，学生在教师的指导下做好学习准备。

(1) 搜集和辨识信息，诊断教学现状。

搜集和辨识的信息主要包括文本信息和现状信息。文本信息通过查阅文献资料获得，主要有教学规范性文本和相关教学理论与先进经验，前者如课程标准、教学文件等，后者主要是教学形式和教学方法的理论与经验。现状信息通过调查访谈获得，如个别谈话、集体访谈、查阅试卷和作业、教育测验等方法。

搜集和辨识信息，首先是要掌握学生情况，包括学生的学习目标与需要、兴趣与态度、学习方法与习惯、思想状况、智力水平和身体条件等；其次，分析班级特点，包括学生性别结构、班级风气、学习特长、班级组织、典型学生、非正式小团体等；再次，调查社区环境，包括自然环境、社会经济状况、民风民情、文化设施等。

搜集和辨识信息后，要根据有关教学理论、教学任务和价值观对教学过程状态作出诊断，为协调教学要素之间的关系、合理设计教学环节与步骤提供依据。

(2) 准备教学条件，熟悉教学场所。

教学场所是教学过程的基本条件。要对教学场所的设施、器材和设备等性能状况提前了解，保证教学需要的空间条件、设施设备等状态良好、运转正常，对于存在故障和不便于教学之处，要及时排除故障，采取补救措施。

(3) 研究教学内容，选择教学方法。

研究教学内容主要是指钻研课程标准、教材和有关参考资料，做到胸中有书。研究教学内容还要重视在平时学习、生活中积累教学资料，了解学科发展信息，关注社会人情世态，博览群书、广采百家，为教学奠定坚实的知识文化基础和社会经验基础。

课程标准是教师组织教学内容、制定教学计划的依据。课程标准不仅规定每门学科总的目标要求，也规定各课题单元的目标和要点以及具体的实验、实习和见习等内容。教师钻研课程标准必须明确本学科在课程计划中的地位和作用、弄清本学科的教学目标、教材体系、基本内容和教学方法的基本要求。

钻研教材要求精读内容、把握重难点。精读就是要反复深入阅读自己所教科目的内容，细心体会，推敲思索，大至体系脉络，小至概念语句，每一个动作或者操作要领，都要了如指掌。教学重点是学生必须掌握的内容，是设计教学过程的主线索；难点是学生难于理解运用的内容，要根据学生的具体情况确定。教学难点与重点不一定是合一的，二者确定的标准是不一样的。教学重点是教学内容的主体，难点要运用策略进行突破，但在教学内容中可能所占比例不大。

教师钻研和掌握教材，一般经过懂、透、化的深化过程。所谓懂，就是掌握教材的基本思想、基本概念，弄清全部内容，没有疑难；所谓透，就是透彻理解教材的结构、内在联系、重点和难点，达到能灵活变通，得心应手地讲解和示范的程度；所谓化即教师把自己的认识与体验、思想与感情等与教学内容的科学性、人文性融为一体,达到通透明白、出神入化的水平。

在钻研教材的基础上,教师要考虑如何组织教材、确定教法、选用教具等问题。教学方法是教师引导学生学习、师生互动生成的方法。教师的教与学生的学不能脱节,教是学的条件,学是教的目的,两者复合生成条件—目的性结构,共同构成整体的教学活动。教学方法多种多样,各有其优势和不足,教师应善于从学科特点和学生实际出发,把各种教学方法互相配合,灵活运用。

(4) 设计教学过程,编制教学方案。

教学方案是以课时为单位设计的具体教学步骤和安排,是教学过程的文本形态。教学方案是教学准备各项工作的综合成果,一般包括班级、学科名称、授课时间、教学内容、教学目标、课的类型、教学重点、教学难点、教学方法、教学进程等项目,其中教学进程安排是教学方案的基本部分。

从详略程度来分,教学方案有详案和简案两种。根据教案的样式可分为条目式和表格式等。教学方案的详略和样式并无绝对性,对不同的教师、学科和学生,教案设计有一定灵活性或弹性。总的原则是适应教学需要,要充分考虑教学过程中教学事件发生的多种可能性。

(5) 指导学生做好学习准备工作。

学生在教师的指导下,也要做好学习准备工作。一般来说,准备阶段学生的主要任务有三点。一是贮备学习资料,包括课堂要用的文献、素材和必要用品等。二是熟悉教学环境,包括教学场馆、实验室等。三是复习与预习有关知识,阅读有关参考书和其他资料,预习教材。从预习的操作方法来看,对教材中不理解的内容,应标明;对有异议和有自己见解的地方,也可以记下来,以便与老师的见解比较或与老师同学讨论。

2. 实施阶段

本阶段是在教师的领导下,师生共同实施教学方案的过程。实施教学方案是通过有组织的教学行为实现的,因此,有效教学过程特别强调教学组织形式和教学实施行为的选择、设计与运用。

(1) 教学组织形式。

教学组织形式指为完成特定教学任务,实现特定教学目标,教师和学生按照一定的要求把主客观条件组合起来,形成的教学活动时空结构。教学组织形式要解决人员组合形式、空间安排、活动时间以及教学活动程序等问题。

从人员组合看,教学组织形式主要有三种。一是全班教学。学生按照年龄或学习程度组成人数较多的教学班,教师同时面对全体学生教学,学生的学习内容、学习进度是一样的。二是分组教学。教师根据学生之间的具体差异,如学习任务、学习程度等,把学生分成若干人数较少的小组,教师对不同小组采用有差异的教学手段和方式。三是个别教学。教师根据学生的个别需要,与学生一起制定学习范围与进度,个别开展教学活动。以上三种教学组织形式各有短长,教学过程中可以根据教学需要和教学条件灵活调配。由于班级授课制是学校的基本教学制度,因此班级教学是基本的组织形式,其他形式只是改善班级教学不足的辅助形式。如个别教学利于引导学生进行独立探究,有针对性地解决学习问题，满足学生的个别学习需求；按照学习任务、探究项目等组织的分组教学，有利于学生交往互动、合作探究，增强团队意识和合作探究能力。在当前情况下，为了提高教学过程的有效性，把小组讨论、个别学习和全班活动结合起来，是教学组织形式探索的主要任务。

从空间安排来看，课堂教学组织形式主要体现为课桌椅排列方式。传统的课桌椅排列主要是秧田式，讲台在最前面，下面整齐地排列学生的课桌椅。这种形式适合讲授教学，学生的主要任务是听讲，交流与沟通是单向的，不利于师生双向互动。如果学生不多(10 名左右)，理想的教学空间组织方式是大家围绕圆桌坐在一起，这种形式让参与者感觉是平等的，都有机会参加教学活动，彼此可以面对面交流。当然桌子的形状不一定非要是圆的，其他形状也可以，关键特点是围坐。班级人数多，在一个教室里，为了开展小组讨论、合作学习，还可以让学生围成很多小圈。总之，空间安排是为了互动交流，更好地达成教学目的，具体形式可以利用现有条件进行创造性设计。

从教学时间与活动程序来看，课堂教学组织形式主要体现为课的类型与结构。课的类型可以根据教学方法或教学任务划分。一般根据任务的性质划分为单一课与综合课两大类。单一课主要完成一种教学任务，如学习新知、复习、练习等；综合课或混合课在一节课内完成两种或两种以上的教学任务。课的结构是指课的组成部分及其顺序、时限和相互关系。不同类型的课，结构会不一样。综合课一般包括以下基本环节：调整状态，激发动机；检查复习，导入新课；教学新知，巩固练习；课堂小结，布置作业。

(2) 教学实施行为。

教学实施行为是教学方案实施的能动力量和基本构成单位。课堂教学过程中，教学实施行为的合理选择与实践是取得良好教学效果的关键因素。在课堂教学过程中，根据行为方式与功能可把教师的行为分为主教、助教和管理行为三类(见表 9-1)。主教行为是指教师在课堂中发生的主要行为，这种行为以目标或内容为定向，包括呈示、对话与指导行为等；助教行为是指为主教行为产生更好教学效果而在课堂中发生的教师行为，它是以学生或具体的教学情境为定向的，包括学生的学习动机的培养与激发、有效的课堂交流、课堂强化技术和积极的教师期望等；管理行为是为教学顺利进行创造条件，是教师实现有效教学不可或缺的一种行为，它主要涉及课堂行为问题管理与时间管理。

表 9-1　课堂教学实施行为分类表

教学行为				管理行为
主教行为			助教行为	
呈示行为	对话行为	指导行为		
语言呈示	问答	阅读指导	动机培养与激发	课堂规则
文字呈示	讨论	练习指导	有效的课堂交流	行为问题管理
声像呈示		活动指导	课堂强化技术	课堂管理模式
动作呈示			积极的教师期望	课堂时间管理

对教学过程的有效性而言，教学实施行为并没有绝对的好坏之分，选择和运用教学行

为最重要的原则就是:把握情境,灵活运用。所谓把握情境就是要根据教学过程的时空环境、教学任务、课程特点、学情与班风等,采用适合实际情况的教学行为;所谓灵活运用是指教学行为要在适应情境的基础上体现教师个性,富有策略和艺术地运用或组合运用教学行为,不必拘泥于既有观念和固定程式。一般认为,影响教学行为选择的主要因素有:教师的教学观念;预定的教学目标与任务;教学内容与教材特点;学生成熟水平与经验;教师个性与教学风格;教学的环境条件;等等。

在实施阶段,学生的主要任务是在教师的领导下,主动学习,积极参与教学,推动教学进程。学生积极参与教学过程至少要做到以下几点:一是善于设置明确具体的学习目标;二是课堂上注意力集中,善于倾听和接收有用信息;三是主动思考,积极参与课堂互动;四是学习方法合理,善于巩固提高;五是发掘学习的内在价值,善于自我激励。

3. 评价反馈阶段

这一阶段的任务是检查评价教学执行情况,总结经验,发现不足,为后续教学过程提供参考依据。有效教学过程非常重视评价反馈,但是在许多学校中存在评价主体局限于教师,评价范围局限于知识,评价手段局限于考试,反馈方式缺乏激励性等问题。在这一阶段,学生也应该成为评价主体,在教师的领导下及时进行自我评价,总结反思,善于自我调控学习活动。

(二) 反思教学的实践模型

反思教学(也称反思性教学)是20世纪七八十年代在西方发达国家兴起的教学理论与实践。在20世纪初期,杜威强调教学要加强反思性,因此被认为是反思教学最早的倡导者。但是,反思教学蔚成风气则是20世纪末期的事情。反思教学理论传入我国时间不长,但由于与新课程改革的理念具有很多的相通性,因此受到我国教育界的重视。无论在理论研究还是教学实践中,"反思"似乎成为某种口头禅。

关于反思教学,有很多不同的界定,这里吸收已有研究成果,把反思教学界定为:教学主体通过行动研究,不断探究与解决自身发展、教学目的和教学工具等方面的问题,将学会教学与学会学习统一起来,努力增强教学实践的合理性,使自己成为学者型教师的过程。具体说来,具有以下几个基本特征。

第一,教学过程与研究过程相统一。反思教学过程中的"反思",不是一般的回想教学情况,常识性地回味教学得失,而是运用理论和经验分析发现教学中的问题,理性地提出问题解决的办法。反思教学过程一般遵循行动研究模型,具有较强的科学研究性质。行动研究是以提高实践的合理性为目的,在反思中发现问题、提出假说,并通过实践进行检验并得出结论的过程,一般模型是计划—行动—观察—反思。反思教学过程中,教师反思教学实践提出问题和假说,并通过教学实践检验假说,直至问题解决。这个过程中,教师既是教学主体,又是研究主体,教学过程与研究过程互动生成。因此,反思教学过程既能获得教学结果,又能取得研究结果,获得实践性的教学理论。从这个意义上可以说,教学即研究。

第二,学会教学与学会学习相统一。学会教学是要求教师的,学会学习是针对学生的。两者在常规教学中是相互分离的。反思教学理论则认为,只有不断学会教学的教师,才能培养学会学习的学生。学会教学就是要求教师要把教学的过程作为学习教学的过程,善于从经验中学习,不断改善教学行为,提升教学观念,逐步成长为学者型教师。反思教学过程,是实现教学相长、师生共同提升的过程。

第三,工具合理性与价值合理性相统一。反思教学把追求实践合理性作为自己的使命。反思型教师不仅要完成教学任务,而且追求更好地完成教学任务。他们不仅想知道自己教学的结果,而且总是追问"为什么",不断对结果形成的原因进行反思。反思型教师有很强的问题意识,主动探究教学问题,在不断提高教学合理性的过程中,形成具有个性的教学理论。从工具合理性来说,反思教学过程是运用科学有效的手段达成教学目标的过程;从价值合理性来看,反思教学过程是教师不断超越教学现实,能动追求自我成长的过程。工具合理性与价值合理性相统一,决定了反思教学实践合理性是永无止境的发展过程。

反思教学与有效教学有很多一致的地方,如两者有共同的教学实施行为、教学组织形式以及基本教学环节等,但两者毕竟有不同的理论基础和教学观点,在各阶段上存在活动性质和任务重点的不同。这里在比较的基础上,突出说明反思教学过程的特殊性。反思教学过程有很多不同的理论模型和实践思路,下面侧重介绍具有共同性的阶段划分和任务要求。

1. 准备阶段

在这一阶段中,教师要备课,学生要预习,这是常规的教学要求。相对来说,反思教学的不同体现在发现问题方面。本阶段教师的主要任务是反思教学实践,发现需要研究的问题;提出假说,找到解决问题的手段;拟定教学计划。

1)反思实践,明确问题

反思型教师具有强烈的问题意识。从操作来看,由于研究目的和旨趣不同,教师发现问题的范围和方向不一样。如果想通过反思教学,解决自己教学实践中存在的困难,提高教学水平,那么教师主要反思自己的教学实践。如果有理论追求,希望为教学理论研究作出成果,教师就可反思整体的教学实践,包括人类整体的教学实践和同学科的其他教师个人或群体的教学实践。从方法论来看,教学反思的重点是技术的、理解的和解放的三类问题。技术的问题最广泛,包括教学内容、教学途径、教学行为、教学方法等问题。理解的问题主要涉及师生沟通、人际理解问题,通常有较强的感情色彩。解放的问题主要涉及教学中师生的权力与自由,是教学中的政治伦理问题。这里的问题不是单纯的不足或缺陷的意思,而是中性的课题的意思。反思教学的问题意识本质上是课题意识与研究意识。

在明确问题阶段,反思教学强调区分真问题与假问题、个别问题与普遍问题、感性问题与理性问题。所谓真问题是客观存在的,能够研究并有研究价值的问题。与此相反的假问题是虚构的、无法研究或不能研究的问题。所谓个别问题是特定时空中发生的,个别性、特殊性强,对外界影响不大的问题。自己教学中存在的问题主要是个别问题。而普遍性问题涉及范围广,具有普遍性。所谓感性问题是对教学现象的感受或自觉反映,只能用比较模糊的语言进行描述的问题。感性问题转化为理性问题,意味着教师能够在某种理论框架下界定问题,形成了相应的问题内涵和解决思路。在决定课题时,通常要把感性问题上升为理性问题。

2）围绕问题，提出问题解决的假说

在明确问题以后，教师就要提出解决问题的设想，包括基本观点和主要手段。这就是研究中的假说。假说中的基本观点是对问题的总体回答，可以凭直觉或理论大胆猜想，提出各种不同的看法，然后进行逻辑的论证，筛选出最具合理性的假说。主要手段是在基本观点指导下通过演绎和经验总结得出解决问题的办法，包括任务、目标、措施、方法等。这些也要根据理论和实践相结合的原则进行可行性、合理性论证。例如，教师发现学生存在拖欠作业的问题，经过分析认为缺乏动机和难度不当是主要原因，于是提出解决问题的办法：提高学生对作业功能和重要性的认识；对学生作业及时做出细致而有针对性的个别反馈；表扬作业质量高并按时上交的学生；提高作业选做的比例，让不同水平的学生能有所选择；等等。这种认识和所采取的措施是否有效，需要在教学试验中进行检验，这就是实施阶段的任务。

3）设计方案，撰写计划

反思教学计划与常规教学计划有三个方面不同。一是在计划性质方面，既是任务性计划，又是研究性计划。二是在教学目标方面，不仅有发展学生的目标，而且有发展教师的目标，都明确写在计划中。三是各个环节都体现着检验假说的要求。假说被分解成具体行动步骤，在教学过程的各个环节落实并接受检验。

2. 实施阶段

反思教学的实施阶段与有效教学实施阶段大体一致，但前者重在反思调节与搜集证据，后者注重有效完成教学任务。反思教学实施过程的特殊性集中表现在以下三个方面。

一是对教学过程进行反思并适时调整。主要反思：教学目标的合理性，包括学生发展和教师发展两个目标；教学进度和步骤的适宜性，包括教学内容的时间分配、教学行为的快慢节奏；教学手段的有效性，包括激发学生动机、完成教学任务；等等。以上几个方面如发现不当，要适时调整。另外，要敏感捕捉教学过程中的生成资源，增强教学过程的创新活力。

二是要认真观察课堂，搜集教学效果的资料。反思教学过程需要运用教学实践来检验假说，教学效果资料就是检验的证据。这些证据主要包括：学生课堂反应、学生的作业、课堂笔记、考试成绩、座谈意见等。

三是反思型教师有其特有的行为特征。如具有思想开放性、责任心和执著精神；有较强的课堂探究能力；善于与同事合作和共同学习。

3. 评价阶段

尽管反思教学的评价也离不开检查学生课堂练习、进行考试等方式，但以评价教师的教学情况为主，以评价学生的学习情况为辅，尤其以评价教师的发展为主要指标。反思教学的评价坚持定性与定量评价相结合的原则，主要评价教师教学的问题意识、发现与确定问题的能力、提出假说的本领、拟定教学计划的才干、教学风格与教学质量等。

三、教学过程的基本策略

策略是针对具体问题采取的对策性措施和办法，是应对现实问题和挑战做出的机智灵活的反应行为。教学过程的实践策略是一种智慧的决断，表现为主体有效、灵活、机智、巧妙地解决教学问题的手段、办法等。这里主要介绍教学过程中几个基本环节的常用策略。

（一）教学设计策略

教学设计是教学准备阶段的一项主要任务，是明确教学意向形成教学方案的过程。教学设计的主要内容有：教学目标设计、教学内容设计、教学时间设计、教学措施设计和教学评价设计。这里着重介绍以下三个方面。

1. 教学内容设计

教学内容设计是决定如何合理选择、组织和表述呈现教学内容的过程，它是教学设计的主体部分。识别和分析知识的类型和特性，是教学内容设计的基础。教学内容设计要善于在知识类型分析的基础上构建知识结构，并采用合适的表达和呈现方式。由于教师没有选择教材的自主权，构建知识结构实际是对学科书本知识按照内在逻辑组成由简单到复杂的结构链，基本上以结构为大单元组织教学内容，按照结构层次推进学生的认知发展。

为了重新激活结构化的书本知识，教学内容的组织和表述要注意三个方面的沟通：书本知识与生活世界的沟通；与学生经验世界、成长需要沟通；与发现、发展知识的人和历史沟通。对不同类型的书本知识，教学表述和呈现的方式不一样。比如，对陈述性知识要找出新旧知识的结合点，根据学生的知识基础引入教学媒体或知识中介，帮助学生理解新的教学内容；对程序性知识要对讲授和练习的时间合理规划。

总体来说，教学内容的设计要遵循以下要求：一是选择内容时要坚持教育性标准。所选内容要具有训练思维、启迪心灵的价值，知识难度处在学生“最近发展区”内。二是组织内容时要把学科逻辑和心理逻辑相结合。学科逻辑是知识系统内在的逻辑顺序，教师要对教材进行重组和结构化安排；心理逻辑是学生学习活动的规律，组织教学内容时要善于结合心理逻辑进行综合重组，便于学生理解知识的意义。三是教学内容的设计要为过程的动态生成创造条件，教学方案要具有弹性和灵活性，为学生主动参与留出时间与空间。

2. 教学时间设计

设计教学时间要适应学生的生理节律性和身心发展的要求，主要注意以下几点：把握好整体时间分配；保证学生的实际学习时间；科学规划单元课时；注意学生专注程度的动态变化；预留教学互动生成的时间。

3. 教学媒体的选择与设计

教学媒体包括传统意义上的语言、文字、粉笔、黑板等，也包括幻灯、录像、电脑和互联网等现代教学媒体，合理选择和利用教学媒体，可以为教学质量的提高奠定物质基础。教学媒体的选择要依据教学目标、教学对象的特点、媒体的技术特性等，还要根据经济条件，本着经济有效、量力而行的原则，尽量满足教学的需要。

（二）教学激励策略

教学激励是教师与学生通过一定的方式激发、维持或增强动机，引导教学行为达成教学目标的过程。在教学过程中，教学激励是实现阶段转换、促进教学运行的重要活动。教学激励策略可以从针对性、具体性和程序性三个维度构建和实施。

1. 针对性的教学激励

针对学生的多种需要和认知水平、感情状况与行为方式，可以从学生的不同需要和不同心理过程出发进行激励。

从学生的不同需要出发进行激励的主要方法有：营造安全有序的学习环境，满足学生的安全需要；支持学生积极的伙伴关系，通过归属需要的满足激励学生；促使学生对自己的学习负责，强化其自尊心；指导学生认识学习过程的有效性，从自我实现中得到鼓舞。

从学生的不同心理过程出发进行激励的主要方法有：一是根据感情的不同特性进行激励：用积极健康的情感感染学生，把握感情的感染强度；运用感情的理解性进行激励，提高学生对学习意义、和谐师生关系的认识；创设理想的环境，组织多种情境性活动，让学生在实际情境中激发学习的热情。二是通过培养不同的情感进行激励：通过培养学生的道德感激励学生努力学习，养“德”而励；通过培养理智感激励学生学习，求“真”而励；通过帮助学生获得审美体验激发学习积极性，审“美”而励。

2. 具体性的教学激励

具体性的教学激励强调可操作性和有效性。下面提供六类课堂激励策略。

(1) 把学生的兴趣集中到学习内容上考虑学生的兴趣；利用怀疑、发现、新奇、探索和幻想的价值，努力使学生主动地、研究性地、冒险性地学习教学内容；利用提问和活动把学生的兴趣集中到学习内容上；利用游戏、模仿或其他有趣的事物。

(2) 强调学习内容的相关性。选择有意义的学习目标与活动；把学习内容与学生的日常经验和背景结合起来；注意学习内容的效用；要求学生运用以前所学的知识。

(3) 帮助学生保持对成功的期待。要求学生确立短期目标；帮助学生估计他们向目标前进的距离；允许学生在一定程度上自控学习；注意学生已取得的成功。

(4) 从维持学生的兴趣和促进学生成功的角度出发设计课堂教学。说明学习目标与预期，并提供先行组织者；变换教学方法，用有趣而新颖的方式呈现教学内容；策划学生的积极参与；安排有挑战性的适合的任务；偶尔做出乎意料的事；讲解之初使用熟悉的材料，而运用概念和原理时，要设置独特的出乎意料的情境；设计引导学生成功的活动；确定适当的挑战或支持的层次；策划个别的、合作的和竞争的活动；使学习任务与学生差异相关；通过让学生参与决策，促进学生对控制的体验；交流合理的期待与归因；降低成就焦虑；建立支持环境。

(5) 表达对内容的兴趣并使积极性具体化。示范学习兴趣与学习动机；示范与任务相关的思维活动和问题解决；使积极性具体化。

(6) 提供成就反馈与奖励。给学生提供频繁的对学术结果作出反应并获得反馈的机会；提供刺激性奖励；在学习开始不久便给予奖励；帮助学生把成就归因于努力；帮助学生意识到知识与技能在增长；为缺乏积极性的学生提供补充性社会化。

3. 程序性的教学激励

这是从一堂课的起始、中间和结束几个阶段划分的教学激励策略。在开始教学时，侧重从态度与需要两方面选择激励学生的策略；在教学中间阶段，重点从刺激与情感两方面考虑激励策略；在教学结束阶段，要注意胜任与强化两个激励因素。

（三）知识教学策略

不同类型的知识需要不同的教学策略。下面根据心理学的知识分类分别介绍陈述性知识、程序性知识和策略性知识的教学策略。

1. 陈述性知识教学策略

（1）激发学习动机。利用学习目标的激励作用；引发认知冲突；利用学习迁移原理。

（2）促进知识的理解和保持。激活原有的知识；对知识进行深加工；在改组、扩充和更新知识时加强理解，促进保持。

2. 程序性知识的教学策略

（1）分析学习任务，找出必备技能。必备技能是学习更为复杂的技能的基础，具有广泛的适用性。

（2）加强理解。示范和讲解相结合；降低示范速度，防止信息负担过重。

（3）进行有效的练习。选择合适的练习方法；精选练习内容；及时反馈；身体练习和心理练习相结合。

3. 策略性知识的教学策略

（1）专门教学与渗透教学相结合。单独开设学习策略课与在学科知识的教学过程中传授学习策略相结合。

（2）选择合适的教学内容。教学内容要适合学生的知识基础和发展水平。要注意提供大量可供选择的学习方法与技能；训练学生制定学习目标的能力；帮助学生储存有关学习及学习方法的信息。

（3）进行具体的训练。制定可操作的训练程序；不宜密集训练，及时提供反馈信息；引导学生评价策略的有效性，形成适合自己的新策略；训练策略监控能力，鼓励学生在不同情境中运用策略。

（四）教学生成策略

动态生成式的教学过程，并不否定教学的设计和准备，只是把设计的重心放在如何充分地了解学生、把握学情，放在如何解读教学内容和教学任务的具体要求，以及增强教学方案的弹性和灵活性，非常关注教学过程的多种可能性。在教学过程中，不排斥非预期的课堂现象，并把意外的事件与信息作为教学资源。教学过程中的生成主要体现在两个方面：一是指因开放式互动产生了新的教学资源，称为资源生成；二是指对新生的教学资源即时分析与重组，形成新的不同于教学设计的内容或程序，称之为过程生成。

互动生成的教学过程，基本上是由三个相互关联的活动序列构成的模型，即有向开放—交互反馈—集聚生成。有向开放是指教师在教学过程目标确认的前提下，以指向目标实现的开放性问题，激活学生原有的相关资源，激励全体学生参与教学过程。交互反馈是师生之间的交互作用、网络式对话，穿插在有向开放的过程中，不仅促进新资源的产生，而且能初步筛选有效资源并提升已有资源的教学效用。集聚生成是将师生在上述两个步骤中生成的资源进行聚类、清晰化和结构化处理，形成相对完整丰富的新认识，并由此引出新的开放式问题，再次进入互动生成的过程之中。

生成性的教学过程要求教师超越常规教学角色，担当教学过程的信息重组者和动态构建者。在准备阶段，设计弹性化教学方案；在课堂上善于沟通，学会积极倾听和合理应答；在课后加强反思和研究，不断提升教学能力和自我发展水平。教学生成有很多影响因素，但基本的前提是降低课堂教学重心，把课堂还给学生，即还学生主动学习的时间、空间、工具、提问权和评议权等。教师要认识到学生是作为整体的人，是带着全部的丰富性进入课堂并不断发展变化的人，学生自身拥有丰富的资源并具有资源生成的能力，因此，教师要鼓励学生参与课堂活动，才能促进教学过程的动态生成。

（五）课堂管理策略

课堂管理是保证教学方案顺利实施的重要条件。课堂管理包括课堂常规管理和违规行为管理。

课堂常规管理要以制定课堂规则为基础。制定课堂规则的原则和要求是：课堂规则必须明确、合理、必要和可行；应通过教师与学生的充分讨论，共同制定；规则应少而精，内容表述以正向引导为主；规则制定与调整要及时。塑造良好的课堂行为，必须重视课堂规则的执行。执行课堂规则要公正平等，对学生一视同仁；执行规则要以教育为主，根据实际情况把规则与情理结合起来。

课堂违规行为是指违反课堂规则影响教学正常进行的行为。课堂违规行为管理策略包括预防和干预两个方面。

一是课堂违规行为的预防。具体要求主要有：认真落实课堂规则；尽量使教学程序紧凑；关注全体学生；给学生表现自我、体验成功的机会；充分利用师生之间的感情。

二是课堂违规行为的干预。干预课堂违规行为应遵循最小干预原则，即当课堂教学受到干扰时，应采用最简单的最小值的干预纠正违规行为。如果最小值的干预没有发生作用，可逐步增加强度。课堂干预既要有效地处理违规行为，又要避免对教学产生不必要的干扰，尽可能保证教学活动继续进行。运用最小干预原理可采取四步反应计划：当发现学生开始失去上课兴趣或走神时，教师首先可提供情境帮助，即设计一种帮助学生摆脱分心或纠正违规行为的教学情境，使他们继续专注于学习。如果学生不久又走神了，教师可以选择温和反应。如果温和的反应无效，教师可以采用中等反应。如果以上反应方式都不能奏效，这时候教师才能采用强烈反应。

（六）反思提升策略

反思提升策略是指在教学过程的各个环节都加上反思意识，注意收集课堂信息并检验教学设计的有效性。运用反思提升策略的常见方式有以下三种。

一是记反思日记，将反思的过程与结果以日记的形式记下来，为自我分析和自我评价提供依据，也为教学研究积累资料。

二是同行观察。同行观察可以开阔视野，吸收别人的先进经验。同行观察要按照一定的方法做详细记录，并对同行的教学得失进行理性分析，然后参加教学讨论活动，特别重视与观察对象进行交流。

三是群体反思。这是基于同事间合作的反思，适用于讨论普遍性的教学问题。

【本章小结】

过程就是在时空环境中事物或活动产生、发展、变化的序列，是事物的连续性在时间和空间上的表现，是事物普遍的固有的属性。生成论过程观认为，过程不是事先确定的，事物的运动变化存在不可预知的一面，偶然性、生成性与必然性一样，都是过程的特性。在生成论过程观看来，教育过程是以教育目的为中心建构生成的教育事件的变迁序列及其关系性群集。理解教育过程的内涵，要把握以下几个方面：教育目的是教育过程的组织中心；教育事件是教育过程的现实表现；教育目标与手段的相互转化是教育过程的根本属性；教育过程是一种复杂性系统。作为复杂系统的教育过程，循环生成是其根本特性，具体表现为如下几个方面：境遇性与生命性；计划性与生成性；转化性与节律性、分立性与整合性。

教育过程的横向整体结构是指作为系统的教育过程由哪些部分构成，各部分相互之间如何相互影响、相互作用。要素分析模式和关系分析模式，分别从要素和关系两个方面解析了教育过程的横向整体结构，但是这两个模式在思维方式上把教育过程看成相对静止的事物，没有充分注意要素本身是变化的，以及要素之间的独特的相互关系。从生成论视角来看，教育过程的横向结构可以理解为教育过程之流变的瞬时截面，教育过程是在环境中存在和变化的，教育过程的各要素都不是固定的静止的，而是处在运动变化之中。教育过程横向整体结构的生成分析模式，在关系之中确定构成要素，以外在关系为背景，认同教育过程的开放性，突出要素之间的转化和生成关系。教育过程横向整体结构是由教育者、受教育者、教育目的、教育手段等要素在一定时空环境下构成的整体，其中的要素关系有：教育者、受教育者与教育目的（目标）之间的规定关系；教育者和受教育者之间的领导关系；教育者、受教育者与教育手段之间的主从关系；教育目的（目标）与教育手段之间的转化关系；教育者、受教育者、教育目标、教育手段与时空环境之间的依存关系。

教育过程的纵向序列结构是教育者和受教育者在实现教育目标的过程中经历的阶段，是由教育活动或教育事件组成的时序结构。不同的教育理论构建了多样化的教育过程模型，主要有主体活动型、反省思维型、文化传承型和循环生成型。循环生成型教育过程是运用过程-关系思维方式构建的教育手段-目标一体化的教育过程模型。作为复杂系统的教育过程，各阶段是循环运动的，循环运动构成了教育过程存在和发展的内因，并形成了根据实现教育目标的要求在与环境互动中创造发展可能的自主性。循环生成型教育过程主要由教育准备与设计阶段、教育实施与调控阶段和教育评价与反思阶段三个基本阶段构成。教育过程整体效应的产生，主要取决于各阶段的相互作用和循环生成。第一阶段向第二阶段的过渡中，动机激发是关键活动；第二阶段向第三阶段的过渡中，反思意识是中介；第三阶段通过反馈与前两个阶段联结，结果信息反作用于过程，实现各阶段的循环运行。

学校教育中最基本的活动是教学活动。作为学校教育的基本组织形式，教学活动是实现教育目的、培养目标的主要途径。教学过程是在教师的领导或引导下，以交往、沟通、对话为背景和手段，通过学生的主动学习将人类认识成果转化为学生个体认识，并在此基础上促进学生身心发展的过程。一般来说，教学过程的实践模型的构建思路主要有两种：一是关注通过教师有效地教来促使学生有效地学，即有效教学；二是强调通过教师的实践反思和问题探究来提高教学实践的合理性,即反思教学。两者的价值指向是一致的,即在有限的教学过程中最大限度地促进学生的身心发展;但两者的思维倾向和路径不同,前者更强调教学技术技巧、策略、手段和方式的改进和完善,后者更关注教学主体自身教育专业素养的成熟和发展。当然,最理想的教学过程状态,应该是上述两种实践模型的有机融合。

【拓展阅读】

[1] (美)约翰·杜威.民主主义与教育[M].王承绪,译.北京:人民教育出版社,1990.

[2] 柳海民.教育过程论[M].重庆:重庆出版社,1994.

[3] 陈佑清.教育活动论[M].南京:江苏教育出版社,2000.

[4] (苏)尤·克·巴班斯基.教学过程最优化——一般教学论方面[M].张定璋,等,译.北京:人民教育出版社,1984.

[5] 熊川武.反思性教学[M].上海:上海教育出版社,1999.

[6] 施良方,崔允漷.教学理论:课堂教学的原理、策略与研究[M].上海:华东师范大学出版社,1999.

【实践与探索】

(1) 你过去是怎样理解教育过程的?通过本章的学习,你的教育过程观发生了怎样的变化?

(2) 有许多中小学教师的教学总是有意无意地体现了这样的思想:教学设计就是绘制教学过程的蓝图,教学实施就是忠实地执行教案。运用教育过程的相关原理,评析这一做法或观点。

(3) 到中小学去听一节课,或观看一节课的完整录像,并对这节课予以评析。

(4) 自己设计一份教案,并说明理论依据与设计思路。

(5) 参与微格教学实验,并对自己的教学过程进行反思。

【参考文献】

[1] 陈一壮.埃德加·莫兰复杂性思想述评[M].长沙:中南大学出版社,2007.

[2] (美)约翰·杜威.我们怎样思维·经验与教育[M].姜文闵,译.北京:人民教育出版社,2004.

[3] (德)布雷钦卡.教育目的、教育手段和教育成功:教育科学引论[M].彭正梅,译.上海:华东师范大学出版社,2008.

[4] 单中惠.现代教育的探索——杜威与实用主义教育思想[M].北京:人民教育出版社,2001.

[5] 叶澜."新基础教育"论——关于当代中国学校变革的探究与认识[M].北京:教育科学出版社,2006.

[6] 柳海民.教育原理[M].2版.长春:东北师范大学出版社,2000.

[7] 冯建军,等.现代教育原理[M].南京:南京师范大学出版社,2001.

[8] 熊川武.实践教育学[M].上海:上海教育出版社,2001.

[9] 叶澜.教育学原理[M].北京:人民教育出版社,2007.

[10] 李定仁,徐继存.教学论研究二十年(1979—1999)[M].北京:人民教育出版

社,2001.

[11]　曲跃厚,王治河.走向一种后现代教育哲学——怀特海的过程教育哲学[J].哲学研究,2004(5).

[12]　郭元祥.论教育的过程属性和过程价值——生成性思维视域中的教育过程观[J].教育研究,2005(9).

第十章 教育生态

【材料研读】

高考舞弊是治不好的牛皮癣[①]

高考原本应该是一件非常严肃的事情，容不得丝毫的弄虚作假行为。但在如今，即使高考的考场外有武警把守，作弊的情况仍然十分严重。虽然每一年教育主管部门都会重申高考纪律，但高考舞弊事件却仍然是层出不穷。在高科技产品日益普及的今天，作弊手段甚至变得越来越高明，作弊规模也越来越大。虽然很多考生知道作弊是可耻的，但为了实现自己的美好就学理想，仍然不惜将道德规范和考场规定弃之如敝屣，只要能考出好的成绩，就算身败名裂也愿意铤而走险。

随便搜索一下，高考作弊的丑闻简直是数不胜数、目不暇接，作弊俨然成为一种流行的社会风气。据媒体报道，在2009年高考期间，浙江永康又发生了大规模作弊事件，作弊的学生竟然将黄豆大小的微型接收器置入耳道，用无线电接收答案。在吉林松原，一名考生的试卷甚至遭到另一名考生的抢夺，这种野蛮的抄袭举动导致被抢考生无法完成答题，其父母最终大闹招生办。

每一年的高考舞弊案在经由媒体曝光后都会遭到如潮的恶评，大多数媒体和评论者也喜欢将此归咎于考生的个人素质。其实，在笔者看来，虽然考生是具体舞弊行为的实施者，但是，教育这些考生的学校却也难辞其咎。如果高考考场上只是出现零星的舞弊考生，我们不应该对学校有太多的斥责，但是，诸如浙江永康这样大规模舞弊事件的出现，却让我们不能不质疑平时对这些考生承担着教育责任的学校和教师。

从笔者的学习经历来看，虽然在自己学校独立的考试活动中，学校领导都是在高喊"严肃考纪，端正考风"，但一旦加入统考的行列，学校领导都会提前去帮学生打听试题，有时候甚至不惜花费巨额的资金去获取试题机密。可以这样说，没有几所学校的领导和教师不希望自己的学生在毕业考试的时候考出好成绩的，只要不被人发现，他们即使知道哪位考生的成绩来得不光彩，但在心里面仍然是甘之如饴的。

前些年，虽然全国各地的学校都开始大力推行素质教育，事实上应试教育的性质仍然无法改变。虽然有关部门三令五申禁止学校在假期为学生补课，但绝大部分中学仍然是有令不行、有禁不止。学校领导和教师都喜欢弄虚作假和知法犯法，怎么可能教出素质过硬的学生？所以说，高考舞弊既和考生的素质有关，更和中国的这种教育环境有关。

2009年6月5日，教育部副部长袁贵仁在检查北京市高考考点时强调，各级教育行政部门、招生考试机构要切实加强考场管理。他特别指出，将对三种现象要坚决查处、加重处罚：一是代考、替考；二是利用各种通讯设备作弊；三是考场集体舞弊。特别要重点

---

① 刘逸明.高考舞弊是治不好的牛皮癣[EB/OL].http://edu.qq.com/a/20090611/000183.htm.

打击有组织的集体舞弊，努力确保今年高考万无一失。

袁贵仁副部长的话不能不说是掷地有声，既有对各种高考舞弊方式的总结，又有对高考舞弊行为的强力威慑，听起来让人欢欣鼓舞。可惜，反过来想想，遏制高考舞弊现象竟然需要一个泱泱大国的教育部高官来反复强调，足见高考舞弊现象在我们这个国家有多么严重。

针对中国的教育问题，作家冉云飞曾一语道破天机，他称："奴才教育是中国教育的核心，传统教育是专制制度的帮凶。"可想而知，在中国的教育体制得不到根本转变的情况下，高考舞弊现象将无法被遏止。

【思考与讨论】

(1) 你认为，导致高考舞弊现象产生的因素有哪些？这些因素之间的相互关系是怎样的？

(2) 高考舞弊现象形成原因的复杂性说明了什么？

(3) 谈谈你对"教育是一个生态系统"的理解。

众所周知，教育本身就是一个系统性的存在。并且，随着教育事业规模的不断扩大，教育过程的社会化程度越来越高，教育同社会生活各个领域的联系越来越紧密。教育自身难以调节它同外部世界的关系，因而越来越需要借助来自教育过程和教育实体之外的宏观调节。因此，需要从系统论和生态学的视角，深入剖析教育系统的运行机制，才能科学把握教育发展变化的规律。

第一节　教育生态与教育生态观

一、教育生态的提出

(一) 从人类生态危机到世界教育危机

自然环境是孕育人类的环境，也是我们赖以生存的地球环境。在工业革命之前，人与自然尚保持一种和谐的关系，达到天人合一的境界。到了18世纪，大规模的工业革命开始在西方资本主义国家兴起。一方面，工业革命涉及人类社会生活的各个方面，使人类社会发生了巨大的变革，把人类推向了崭新的机器时代，极大地推动了人类的现代化进程。但另一方面，工业革命破坏了人与自然之间的和谐关系，将人从与大自然的生命共同体中剥离出来，形成了人类中心主义。在人类中心主义思潮的影响下，生于自然、受益于自然的人类，开始走上背叛自然、与自然对立的道路，知识与科学技术的力量无节制地作用于大自然，极大地满足了人类极端膨胀的物质欲望与征服心理，自然环境遭到了严重的破坏。生态学家指出，地球生态系统正在遭到有史以来最严重的污染和破坏，环境问题已经直接威胁着人类的生存与文明的持续发展，生态危机已经超越局部区域而具有全球性质，来自自然生态危机的威胁，已远远超过战争、瘟疫等，因而保护人类的地球刻不容缓。"地球日"发起人盖洛·尼尔森博士曾精辟地说过，来自自然的威胁(生态危机)是比战争更为危险的挑战,从德国和日本的经历,我们知道:一个国家可以从战争的创伤中恢复起来,但没有一个国家能从被毁坏的自然环境中迅速崛起。

教育在一定意义上是人类改造自然的实践活动,教育过程中蕴含着人类与自然的关系,这种关系具有内在的统一性与实践性。离开人类对自然的改造活动,就没有教育的存在和发展。作为社会子系统的教育,它的生存与发展无时无刻不受到自然生态与社会生态的影响。既然人类赖以生存的生态环境面临如此困境,人类教育生态系统所赖以存在与发展的生态环境也不容乐观,因为教育不可能置身于自然生态环境与社会生态环境之外而独立存在。第二次世界大战后,教育系统的生存和发展不断受到政治运动、入学高峰、经费不足、师资短缺等各种生态问题的冲击与影响。教育危机此起彼伏,成为许多教育理论工作者和教育实践工作者共同关注的问题。20 世纪 60 年代,菲利普·库姆斯就指出:“自 1945 年以来,由于在世界范围内同时发生了一系列变革——科学和技术、经济和政治、人口及社会结构方面——使所有国家都经历了异常迅速的环境变化。教育的发展和变化也比过去任何时候快。但是教育系统适应周围环境变化的速度却过于缓慢,由此而产生的教育系统与周围环境之间的各种形式的不平衡正是这场世界性教育危机的实质所在。”[①]以我国的基础教育为例,自改革开放以来,尽管我国的基础教育取得了令人瞩目的成绩,但其发展与经济、文化、科技等外部生态环境有诸多不协调,与外部环境的要求尚有不小的差距,地区间、教育系统内外部都存在着发展的不平衡。而教育与经济、政治、文化、科技等生态因素的不相适应势必会造成教育生态系统总体上的不平衡。因此,如何纠正这一失衡现象,建立新的平衡机制,从而形成教育生态的良性循环是当前必须思考的重要课题。

如果说教育外部的自然生态环境与社会生态环境与教育的发展休戚相关,那么教育系统内部(主要指学校)的生态环境同样对教育自身产生广泛而深刻的影响。而教育系统内部的生态环境与其外部的生态环境一样面临着困境。1967 年,英国发布的《普洛登报告》对 20 世纪 60 年代的英国学校生态环境的恶劣状况作了这样的描述:肮脏的人口;狭窄道路上不断的交通噪声;停在人行道上的机动车喇叭齐鸣;周围荒山上的垃圾堆;学校里或学校附近没有绿色的可供运动的空间;很小的操场;残破的校舍;装饰很差的校内环境;狭窄的通道;采光差的教室;没有暖气的、狭窄的衣帽间;没有屋顶的户外厕所;很小的教师办公室;教材和教法因此而受到限制的过小的储藏室;运动和体育课所用的过小的空间;在教室里用膳;在书桌上做手工;音乐课在一个有回声、影响他人的校舍里上;教室之间没有隔音墙;缺乏宜于小组活动的小房间;缺乏用于个别辅导的空余房子;没有展览室;由于没有可供上架的地方,有吸引力的图书只能放在不便阅读的书橱里;家长等候见校长没有可私下谈话的地方;有时校长和秘书只能同在一处办公;有时各处有积了几代的尘垢。作为发达国家的英国尚存在如此情况,许多发展中国家的情况则更为严峻,而一些贫困地区连基本的校舍和课桌椅都没有的学校环境状况,就更令人不安了。

① (美)菲利普·库姆斯.世界教育危机[M].赵宝恒,李环,等,译.北京:人民教育出版社,2001:3.

有学者从生态结构上对我国的基础教育结构进行了仔细研究，认为基础教育的层次结构、学制结构、类型结构、课程结构、教师结构存在种种矛盾和不平衡；有学者深入学校系统内部，提出过度学习、过度教学、片面教育、过分强调统一的教育、发泄式的教育、对后进的失望暗示、身教失慎等失误，也是教育生态失调的诸多表现。

(二) 从生态意识的觉醒到教育的生态化发展

面对生态严重失衡的现象，与其唉声叹气，不如唤醒人们保护环境、热爱环境、建设文明家园的意识，因此如何尽快地把地球从生态危机中解救出来，首要的倒不是人们的拯救地球的种种行动，而是人们保护地球、建设生态文化的强烈意识。与我国相比，西方进入现代社会较早，其生态意识也觉醒得较早。到了今天，他们已强烈意识到：在浩瀚的宇宙中，地球只有一个，破坏了就无法生存。而中国人恐怕也应想到这一点，即地球是人类共同的母亲，而且还应想到：中国只有一个，长江只有一条，黄河只有一条，如果毁坏了，我们的后代子孙便无以安居。这也是国家可持续发展理念的重要内涵。

在 20 世纪 70 年代前后，由若干先驱呼喊出了“拯救地球”、“敬畏生命”、“全球伦理”等口号，揭示了人类文化的未来走向：那就是由现代的科学文化转向未来的生态文化。这是一场深刻的变革，它将引发一系列的革命：首先是人类价值观的革命，即用人与自然和谐发展的价值观代替人宰治自然的价值观；其次是世界观的革命，即用尊重自然、敬畏生命的哲学，代替人类中心主义哲学，用事物之间相互联系、相互作用的生态世界观代替机械论、原子论；再者，它还会引发人类思维方式的革命，即整体的生态学思维将代替还原论思维。尽管这种生态文化如冰山一角，而且呼唤生态文化与伦理的声音在新科技革命给人们带来的巨大繁荣面前显得十分微弱，但转型的趋势已经出现，生态化这一大潮已突破了单纯的环境科学开始席卷人文、社会、自然学科，最终将以一种文化形态渗透到人们的日常生活中，形成全新的生态化社会。

在工业文明向生态文明转变的过程中，生态化发展将成为人类发展的新的转折点，并构成与生态文明相适应的教育生态观，以推动世界政治、经济、文化、教育生态间的协调发展。教育系统的主导因素是人，周围环境可通过影响人而作用于教育系统，教育系统也可以通过培养人而与周围的环境发生联系，因此，教育与其周围环境的相互联系在一定程度上具有了生态学的意义。教育生态化的实质是把教育与其生态环境的发展整合起来，辩证地看待教育与其周遭世界的关系，促进教育与生态环境持续、健康、稳定的发展。这就是说，教育要按照生态学观点，逐步构建它的理论、观念、价值、政策、目的、内容、方法等，从而致力于培养具有生态知识、技能、智慧的未来新人，推动生态文明的形成与发展。教育的生态化发展不仅是人们对教育的一种主观愿望，而且是生态文明对教育的客观要求和教育自身发展的趋势。总之，教育生态化是不可避免的，是未来教育发展的必然趋势，这不仅是社会生态化的客观要求，而且是教育发展的内在规定性。教育始终肩负着促进人类全面发展和推动社会进步的重任，只有依靠良性发展的教育，才能不断培养出适合可持续发展要求、没有人类中心主义意识、没有对自然的征服意识，具有生态取向的人。

二、教育生态与教育生态系统

(一)生态与教育生态

“生态”一词源于古希腊,意思是指家或者我们的环境。生物学上,通常用“生态”一词来指称生物在一定的自然环境下生存和发展的状态,也指生物的生理特性和生活习性。日常生活中,人们也常常用“生态”来定义许多美好的事物,如健康的、美的、和谐的等事物均可冠以“生态”来加以修饰。简单地说,生态就是指一切生物的生存状态、生命状态、生活状态,以及它们之间和它们与环境之间的相互关系。生态是一个包容性很广的概念。上至宇宙天体、下至微小生物,只要有生物存在,就必然有其活动的环境,二者构成一个相对完整、独立的生态单位。在此,需要特别指出的是,很多人混淆环境与生态这两个概念。所谓环境,是个体生活其间的并与人相互作用的外部世界,是个体生存与发展的必要条件。生态比环境外延更广,它包含了一定程度的主观性和生物活动的干预性,且生态含有一定程度的有序性,是一个自组织系统,但又与其他系统保持联系。

教育生态是以教育为中心,对教育的产生、存在和发展起制约和调控作用的多元环境体系。教育生态大致分三个主要层次:一是以教育为中心,综合外部自然环境、社会环境和规范(文化)环境组成的单个的或复合的教育生态;二是以单个学校或某一教育层次为中心构成的教育生态,反映教育体系内部的相互关系;三是以学生的个体发展为主线,研究外部环境包括自然、社会和精神因素组成的教育生态。教育生态强调的是平衡、完整、融洽,追求的是教育内部、外部主客体间相互依赖的有机性、互促互利的亲和性、生长发展的建构性、动态调节的开放性及不受约束的创新性。

(二)生态系统与教育生态系统

生态系统是英国生态学家阿瑟·乔治·坦斯利于1935年首先提出来的,是指在一定的空间内所有生物与环境相互作用的具有能量转换、物质循环代谢和信息传递功能的统一体。它把生物及其非生物环境看成是互相影响、彼此依赖的统一整体。生态系统的概念表明,在任意给定的时空范围,只要存在生物和非生物的环境,而且通过物质循环和能量流通而存在的一个生态单位就可以称为一个生态系统。由于教育是人类的教育,是联结人和社会的中介,教育不能远离原生自然界,更不能远离次生自然界(人为干预的自然界),其存在与发展一刻也离不开与自然、与社会环境的协调发展,因此教育的发展与人类、自然、社会存在着必然的内在联系。从这个角度来分析,教育系统的生态性不言而喻。同时,教育本身也有它的层次结构。在教育周围,由自然环境、社会环境、规范环境相互交织,组成多维复合的网络结构,形成教育生态系统。

从系统论和生态学的视角来考察教育,就会发现,教育是整个生态系统的一个分支,是整个物质世界的一个组成部分,是以生态系统的形式存在和发展的有机整体,是以教师、学生、行政人员等,不断与外界环境进行着物质、能量和信息交换的动态的、开放的生态系统。在整个教育生态系统中,有物资流、能量流、信息流的传递,有它的运行机制,像其他生态系统一样,教育生态系统有其自身的演化和发展的规律。教育生态作为一个系统与其他生态系统存在共性,即作为一个生态系统所必须具备的各种结构的层级性、和谐性，各种结构之间功能的相互制约性、协同进化性等。除了与其他生态系统的共性之外，教育生态系统又有其独特性，即教育生态系统所有形式的活动目的乃是为社会培养人，这是教育生态系统的最基本的功能。其功能的实现是通过系统内各要素之间的活动，使受教育者在德智体美各方面协调发展，成为社会所需要的人。所以，从培养人的角度出发，应协调教育与其他环境因子（自然的、社会的、规范的）的关系，以求建立一个更为和谐的促进人的最优发展和良性循环的教育生态系统。

实践上，把教育视为一个系统是在19世纪下半叶形成的。在此之前，教育机构虽有程度上的区别，但上下级别的教育机构之间并无明确的衔接关系；程度相近的教育机构，彼此之间亦无固定的分工与明确的关系。在一定地区范围内，一堆教育实体散落各方，各自处于游离状态，鲜有严格意义上的学校系统或教育系统。现代教育兴起以后，特别是在公共教育制度形成以后，随着学校大量的增加和学校职能的日益健全，需要确立一定的规范来解决上下级别学校衔接、不同类型学校分工以及办学权限之类的问题。于是，人们开始设置学制、课程、考试制度等来管理学校的运行，从而使教育机构不再处于游离状态。在教育系统产生后，教育实体、教育过程日趋制度化，无论在积极意义还是消极意义上都对教育实体、教育过程产生深刻影响。

三、教育生态观

需要明确的是，教育生态观并不仅仅指人们对教育生态的看法或观念，而是认识教育的新的思维或视角，是对教育现象或问题的生态学思考方式与方法论。在这个意义上，美国哥伦比亚大学师范学院院长克雷明对教育生态学的理解值得借鉴。在克雷明看来，教育生态学的方法就是，把各种教育机构与结构置于彼此联系中，以及与维持它们并受它们影响的更广泛的社会之间的联系中来加以审视。因此，根据生态学的观点来思考教育，要树立以下几种观点。

（一）整体观

未来的教育将可能面对这样的状况：一方面人类的知识是分离的、被肢解的；一方面需要解决的问题或面对的现实越来越成为多学科性的、横向延伸的、多维度的、跨国界的、全球化的。这两者之间的不适应变得日益深刻和严重。缩小它们之间的鸿沟，需要人们以一种整体思维来重新认识教育。教育生态学要求把教育视为一个有着完整结构的整体，任何一个部分出现了问题，都应从整体上来加以诊断，因为整体具有一些性质或属性是各部分在彼此孤立的情况下所没有的，而部分的某些性质或属性也可能被来自整体的约束所抑制。在研究部分时，始终以整体作为研究的背景；在研究整体时，不忘部分的各自特点。这是教育研究的整体性原则。我国教育学专家叶澜教授曾说过，系统科学没有为教育科学提供现成的新结论，但确实提供了从整体角度研究教育现象的新思维原则。因为教育这个复杂系统内部还存在子系统，子系统因内在的结构性而相对独立，但又以整体部分的方式在大系统内部承担着独特的任务。如此复杂的教育系统，只有以整体的观点或视角，才有可能较为准确地把握其本质。

（二）联系观

联系观也称结构观，即在看待教育现象时，要把其视为一个各部分紧密相连的结构。

教育生态学思想的核心在于，把教育视为一个有机联系着的统一的系统，教育生态系统中的各个因子都是处于联系之中，这种联系又动态地呈现为一致与矛盾、平衡与失衡的状态。对于学生最主要的受教育的环境（学校）来讲，既要与其他教育机构（如家庭、社区、培训机构等）接合，又要有自己的议程，后者的目的在于保持学校自身的完整与平衡。过去很多人认为，教育是一个封闭的系统，所以当教育运行出现问题时，往往从教育内部来寻求帮助，结果非但没有解决问题，反而加剧了问题的严重性。这表明教育作为一个系统绝不是孤立的，它与其他社会系统有着直接或间接的联系，当教育内部出现问题时，不仅要从教育自身来探查原因，还要从教育外部来查找根源。这样，才能更为全面、深入地洞察教育问题或现象的实质。

（三）复杂观

如果把教育视为一个有着完整结构的整体的话，那么教育就会呈现出复杂的特性，因为当不同的要素不可分离地构成一个整体时，当在认识对象与它的背景之间、各部分与整体之间、整体与各部分之间、各部分彼此之间存在相互依存、相互作用、相互反馈作用的组织时，就存在复杂性。教育的复杂性还表现在其对象（人）的多样性上。人类同时是生物的、心理的、社会的、情感的和理性的，教育与人的所有方面处于持续的相互反馈作用中。可以说，教育本身就涵盖了人类的需要、欲望、热情，这些都决定了教育作为一个整体系统的复杂性。

（四）可持续发展观

联合国教科文组织在《联合国可持续发展教育十年国际实施计划》中强调，教育可持续发展的核心是尊重他人，包括当代人和后代人，尊重差异与多样性，尊重环境，尊重人类居住的星球上的资源；教育使人们能够理解自己和他人，以及人与自然和社会环境的联系，这种理解是养成尊重的坚实基础。可持续发展教育的目的，是要通过人们的行为和实践，使所有人的基本生活需要不被任意剥夺。具体而言就是：尊重全世界所有人的尊严和人权，承诺对所有人的社会和经济公正；尊重后代人的人权，承诺代际间的责任；尊重和关心大社区生活的多样性，包括保护与恢复地球生态系统；尊重文化多样性，承诺在地方和全球建设宽容、非暴力、和平文化。当前，人类并没有因为进入新的世纪而出现生存状况的转机，相反，全球经济危机和社会危机日益加重。要想改变这一状况、实现人类持续发展的理想，就必须从根本上改变人类的思想观念，树立可持续发展的世界观、科学观、伦理观、教育观，必须把生态和环境维度整合到社会、经济、文化、教育的各个方面。现代教育的价值取向是追求人的全面发展。人的教育不仅仅是要求知识的积累、观念的更新，更要求综合素质的提高，使其具有整合环境、经济与社会问题的决策能力。由此可见，教育的可持续发展将人的全面发展作为其主要任务和目标，这就使可持续发展的教育具有人与自然、社会相和谐的人文价值。

第二节　教育生态系统的结构与特性

在生态学中，所谓生态系统的结构是指系统各组成部分的配置状态及各个组成部分之间的比例关系。受此启发，教育生态系统的结构，就是教育系统内各因素之间的联系形式及各个因素与外部环境因素之间的关系形式。

与其他系统结构一样，教育生态系统结构既具有一般系统的整体性、层级性、协调性等共性，也具有相对独立性和自身演变的规律。教育生态系统既具有宏观结构体系、中观结构体系、微观结构体系，也具有纵向结构体系和横向结构体系，形成一个宏观中观微观渗透、纵向横向交错、动态静态相结合的网状结构。在这一复杂的系统当中，通过物资流、能量流、信息流的相互作用，促进教育的生态演替，使教育的层次由低向高不断转化，使人才培养由基础向更高的层次发展。

一、教育生态系统的构成因子

要分析教育生态系统的结构，必须首先了解其构成状况，即教育生态系统的组成成分及其配置状态。

教育生态系统的组成成分是指系统内部所包含的各种相互联系的因子。根据这些成分结合的特点及其功能，可以把教育生态系统分为两个部分，即生态主体和生态环境。教育生态系统是由教育的生态主体和生态环境组成的复合与多元的整体系统（见图10-1）。

教育者、受教育者和各级各类教育机构构成教育生态系统的生态主体，教师、管理人员和学生通过管理、服务、指导、科研、教育、教学等关系形式联结起来，形成教育的生命共同体。但共同体的一切理想、信念、教育活动等总是要受到其生态环境的直接或间接的影响。

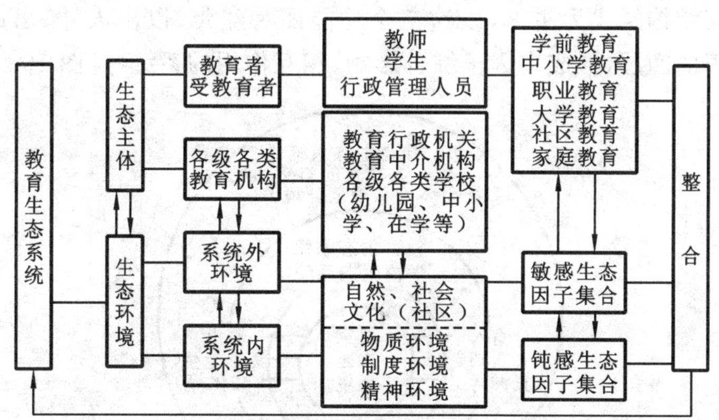

图10-1　教育生态系统构成图

生态环境是“由生态关系组成的环境”的简称，是指与人类密切相关的，影响人类生活和生产活动的各种自然（包括人工干预下形成的次生自然）力量作用的总和。生态环境与自然环境在含义上十分相近，有时人们将其混用，但严格说来，生态环境并不等同于自然环境。自然环境的外延比较广，各种天然因素的总体都可以说是自然环境，但只有具有一定生态关系构成的系统整体才能称为生态环境。仅有非生物因素组成的整体，虽然可以称为自然环境，但并不能叫做生态环境。教育的生态环境就是相对于教育这一主体而言的内外部世界，即以教育为中心，对教育的产生、发展起影响作用的条件、力量等各种外部刺激的多维空间系统。教育生态系统的生态环境可分为系统外生态环境和系统内生态环境。教育既受生态环境的多因子的综合影响，又反作用于生态环境，并在与生态环境的交互作用中寻求协调，以获得共生发展的目的。

美国行政生态学家雷格斯认为，生态环境中的因素，可以分为无感因子和敏感因子两种。所谓无感因子，是指那些与研究内容没有多少关系，在选择生态因素时可以忽略不计的因子；敏感因子，则是指那些与研究内容存在相互依赖、相互影响关系的因子，这些因子是构建教育生态系统的关键要素。如前所述，教育生态环境是由自然生态环境、社会生态环境、规范（文化）生态环境组成。其中，自然生态环境中的人口分布、自然资源和人工资源、建筑物的布局和结构、校园基础设施、学校内外各种绿化环境，社会生态环境中的家庭氛围、邻里关系、社会价值取向、社会生活方式，规范生态环境中的思维方式、价值观念、社会道德等都是能够影响教育生态系统的敏感因子。在诸多敏感因子中，又因其作用不同而有独立因子、附属因子和交互因子之分。对教育生态系统来讲，独立因子往往是单独对教育产生重大作用的因子，不受研究内容的影响；附属因子常常是指伴随其他生态因子对教育发生影响的因子；交互因子则是生态环境与教育之间相互作用、相互影响的因子。

二、教育生态系统的结构分类

教育生态系统是错综复杂的层次，人们总是把一个国家、一个地方等视为一个大的教育生态系统，下面还会有许多亚系统。这些宏观的教育系统既包括教育本身的系统，也包括环境系统。对教育系统而言，有开发者、被开发者、管理者三个功能团，教育生态系统以教育及其结构层次为主体，以这三个功能团为纽带，以出人才、出成果为中心，围绕几种生态环境的圈层，形成多因子综合影响、相互作用的系统（见图 10-2）。

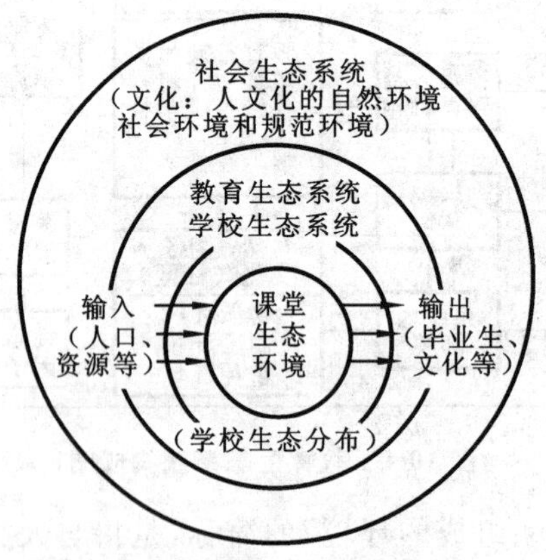

图 10-2　教育生态系统结构图

教育生态系统是一种耗散结构系统，其远离平衡态的开放性和各要素之间的非线性作用可以采用耗散结构的理论和方法去研究它，以获得对系统动态情况的了解。教育的水平分布表现了教育生态明显的水平结构特征，研究此结构特征有利于把握教育分布的格局。生态群体的规律性的输入、输出，是教育生态系统基本的动态结构规律，也是教育发展必经的历程。当然,其波动将反映教育主导思想方针、政策的变化。

（一）宏观生态、中观生态与微观生态

教育的宏观生态最大的范围是生物圈,其次是世界上以各国家为疆域的大生态系统。从宏观角度研究教育生态系统的结构,就是从生物圈出发,以教育大系统为中心研究生物圈范围内的各种环境系统,分析自然的生态环境、社会的结构环境和规范的价值环境及其功能,是探讨教育生态的内部构成及其与外部环境因素之间的关系,寻求教育发展的趋势、方向和对策,创造有利于教育的生态环境,并把握机遇,制定符合本地区的教育规划,从而确定教育发展的战略方向和政策措施。但不可能考察构成社会生态系统的全部要素与教育之间的关系,而只能选取其中对教育生态产生直接影响的因素进行探讨。在诸多社会生态系统的构成要素中,文化、人口以及与社会经济发展密切相关的教育资源等对教育生态系统的运转产生广泛而深刻的影响。同时,这些因素也是教育生态系统的重要输入因素,它们的变化必然会导致许多教育生态问题的产生。对宏观教育生态进行系统分析必须把握好四个环节:一是生态环境;二是输入(人力、物力、财力、信息);三是转换过程(弹性调控);四是输出,出人才,出成果。

从中观角度研究教育生态结构,则要以学校为中心,集中探讨学校内部各组成部分的关系及其教育效果,同时还要涉及学校以外各种具有教育影响的机构和家庭、社区等对教育、对学生成长的影响。之所以研究学校生态系统,是因为学校是每一个人在他一生中性格形成的关键时期的几年所生活的环境的必然部分。从教育生态学的视野看,一所学校实际上就是一个生态系统。学校生态就是由学校里的各种人、环境以及它们之间的相互关系而构成的。追求学校生态的平衡也就是寻求这些生态因子的适应、协调和统一的状态。学校作为一个生态单位是由物理环境(空间范围、设备仪器等)和行为程序(行为的标准模式、行为方式、行为过程等)组成。一旦个体进入一个行为环境,其行为就会明显受到环境和行为程序的影响。1983 年,汉密尔顿回顾了过去十多年的学校生态学研究成果,认为学校生态学研究要努力实现的标准有四条:第一,将教学视为连续的互动过程而不是一套分散的输入和结果;第二,生态学研究将行动者的态度和感知视为学校和课堂中的重要资料;第三,关注人与环境之间的互动是生态学研究的必要条件;第四,不仅在当前考察人与环境的互动,还要考察其他环境,特别是家庭、社区、文化以及社会—经济系统对于这些互动的影响。实际上,20 世纪 80 年代以来的西方绝大多数的学校生态学研究也确实遵循了汉密尔顿提出的标准。这个时期的学校生态学研究同课堂研究一样,注重研究学校生态系统内部各个生态因子之间的相互关系。

教育微观生态系统是以学校中的个体——受教育者为中心,整合学校、社会、家庭等诸多生态因素而形成的教育生态系统。教育的微观生态研究包括学校、教室、设备乃至座位的分布对教学的影响分析,也包括课程的设置目标、智能、方法、评价等微观系统分析,甚至涉及家庭的亲属关系,学校的师生关系、同学关系乃至学生个人的生活空间、心理状态对教育的影响。因而,考察学校内部校园布局、学校建筑等各种物理环境要素以及学校规模、班级规模、座位编排等要素与学生身心发展的关系非常必要。由此看出,微观教育生态系统涉及具体的教学环境、社区文化、校园文化等。每一个受教育者周围都存在一个环境系统,这个环境系统又由诸多环境因子构成。要研究这些环境因子的影响机制、发挥条件和作用大小等，以达到如何利用各种环境因子的良性效果来更好培育人才，促进受教育者全面发展的目的。

（二）个体生态与群体生态

教育生态与生物生态由于研究的对象不同，其个体生态与群体生态也不相同。在教育生态系统中，教育的个体生态属于微观生态。如个体家庭中的生活环境（光照、通风、空气中的二氧化碳浓度等）必然会影响到个体的发育和成长；家庭氛围的不同、家长文化层次的高低、父母与孩子的关系的好坏等，在一定程度上都会影响儿童的独立与依附、积极与消极、友善与对抗、创造与平庸等人格的发展。所以，培养人才应重视并充分利用家庭生态系统的有利条件，尽量削弱家庭不利因素对儿童健康成长的影响。家庭的社会环境和规范环境对教育的关系反映出明显的个体生态特征，有利的小生态环境可以促成个体的超常发挥，不利的小生态环境可能造成相反的结果。

教育中的群体生态分为学校的群体生态、班级群体生态及非正式小群体生态等。这些群体生态有来自自然、社会、精神等方面，有来自政治、经济、文化等方面，还有来自生理和心理方面。影响教育群体的生态因素很多，在群体内部，人际关系是一种非常重要的生态因素。每一个群体要保持其生机和活力，就需要一定的激励，使某些外部因素能够激活群体及其成员的需求动机，从而实现群体的巩固和发展，最大限度地发挥群体的教育功能。教育群体之间有竞争、合作等多种与生物系统不全相同的相互作用表现，教育者需要运用群体动力学来推进群体以及群体中个人的发展，这对教育者的素质提出了一定的要求。

（三）教育生态系统的年龄层次结构

教育生态系统包含多个教育层次，这些层次除了受经济和社会的影响或制约外，还须依据人的心理发展和知识水平来决定。人们最熟悉的教育系统的教阶结构，从幼教到小学、中学、大学、硕士、博士，这种谱系结构本身反映了不同的教育层次，也反映了从简单到复杂、从低级到高级的教育过程，而这种结构与年龄层次密切相关。随着个体的逐步成长，各个阶段的教育也不尽相同，从胎教到婴儿期、幼儿期、儿童期、少年期、青年期、中年期、老年期都存在不同的教育形式。如在幼儿期与青少年期，由于其生理和心理特点的不同，儿童所受教育的地点、方式、内容也不同；而在老年期，老年人往往把接受教育视为充实自己精神生活的有效途径。这样，每个阶段教育过程的展开与其他阶段又有所区别。为此，在人的每一个年龄阶段，教育决策者或研究者必须思考该阶段的人的需求、爱好、兴趣、社会关系等，形成适合于不同年龄阶段、层次分明的教育系统结构。

三、教育生态系统的特性与规律

（一）教育生态系统的特性分析

1. 开放性与动态平衡性

教育生态系统是一种开放的系统，教育生态系统以自然界和人类社会作为自己存在的环境，外界环境向它输入资金、设备、人员、方针、政策等，教育向社会输出人才和科技成果。教育与外界生态环境的物质、能量和信息的交换，使教育生态系统保持着一定的有序状态。一定地区的教育生态系统，各种生态因子通过复杂的适应与调节会达至相对和谐、结构相对稳定、功能高效优异、各方面综合协调的动态平衡状态。当教育生态系统达到动态平衡的最稳定状态时，它能够自我调节和维护自己的正常功能，并能在一定的程度上克服和消除外来的干扰，保持自身的稳定性。处于动态平衡的教育生态系统，在一定的时期，某些教育生态因子发生巨大的变化，超过它所能调节的极限，有可能造成系统动态平衡状态的破坏，甚至造成教育危机，整个教育生态系统的恢复有一定的难度，需要一定的时间。

2. 整体关联性和松散结合性

教育生态系统是一个统一的整体，各种教育生态因子之间存在着整体关联性，教育生态系统中某一生态因子的变化，会引起其他教育生态因子的变化及反应，起到"牵一发而动全身"的作用。其整体关联包括教育系统内部各种教育生态因子之间的整体关联，以及教育与其所处的周围生态环境中的政治、经济、文化等各种教育生态因子的整体关联，甚至还包括不同教育生态系统之间的整体关联以及教育生态系统在不同发展阶段上的整体关联。

教育生态系统各部分虽然表现出整体关联性，但又存在松散结合性。所谓松散结合，是指教育生态系统中的各个组成部分各自承担相应的责任，彼此保持着相对的独立性和可分离性。比如，教育生态系统中政治、经济、文化之间，家庭教育、学校教育、社区教育之间，各种生态因子虽存在整体关联性，但各部分又有各自的特点、作用和分界线，具有相对的独立性和可分离性，表现出松散结合状态。再比如，教师教学的内容、形式、方法，虽受到学校要求的制约和指导，但教师又有一定的自主权和自由度。

3. 非线性和不可还原性

"一个和尚挑水吃，两个和尚抬水吃，三个和尚没水吃"是非线性简单的描述。教育生态系统是以各级各类学校，各级领导和管理部门，以及多种教育环节为要素，以各种生态环境因子为背景组成的系统，系统内各要素之间、教育和各种生态因子之间、各子系统之间存在着极为复杂的关系，这些作用不能用简单的线性作用来描述，而是一种非线性关系。

教育生态系统的发展和演化具有不可逆性，各种因子对教育的作用具有不可还原性。比如说，教学是师生的双边互动，不可能还原为教师的"教"和学生的"学"的单边行为；各门学科、各位教师对学生的发展的作用不可能还原为各门功课、各位教师对学生作用之和；各种生态因子对教育的综合作用不可能还原为各种因子对教育作用的简单叠加。

4. 有序性与混沌性

教育生态系统除存在一定的有序性、规律性和必然性外，还表现出混沌性、模糊性、偶然性、不确定性、随机性等特点。混沌是复杂系统在演化道路上的表现。如一个赞许的微笑，一个激励的眼神，一次偶然的机遇，有可能造成一个学生命运的转变；捐赠 10 元钱给山区的孩子，让他回归校园，也许会造就一位科学巨匠。"教学有法"是规律性的表现，"教无定法"是混沌性、偶然性、不确定性、随机性的表现；对教学水平的评价虽有一定的根据，但也受到评价者自身的知识水平、人际关系、情感、利益、志趣等多种因素的影响，评价的标准也存在一定的模糊性。教育生态系统整体上虽表现出一定的秩序与规律，但个体行为与生态又表现出一定的混沌性、随机性与机遇性，如对于一个学生成功的原因分析，对于到底有多少种因素在起作用，只能从主要的原因去分析，各种因素所起的作用到底占到多大的比重又存在着模糊性、混沌性和不可测量性。

5. 自组织与自适应性

教育生态系统是一种自组织、自适应的系统。教育生态系统因为有人的参与，使教育生态系统按照一定的目的进行组织，并根据一定的目的进行结构与功能的自我调整、自我适应，教育生态系统还能够对未来给予预测，这些是教育生态系统"智能性"的表现。

(二) 教育生态系统的基本规律

教育生态规律是指以生态学观点来研究教育与外部生态环境之间以及教育内部各环节、各层次之间本质的、必然的联系。由于教育生态学的研究起步较晚，还有若干教育生态规律尚未被人们认识，尚有待进一步挖掘。目前的教育生态研究所揭示的教育生态的基本规律主要有如下几个方面。

1. 迁移与潜移律

现代教育系统是一个非平衡的开放系统，规模庞大，层次众多，内外部联系紧密，教育系统内外不断地进行大量的信息交流，不断改变输入、输出和转换过程。系统内外，人、财、物、信息具有很大的协调力和促进力，形成一个越来越高级的耗散结构型教育系统。教育生态系统的物质流、能量流和信息流，在宏观上主要表现为径流，即较明显的迁移，而在微观上则表现为潜流，即不明显的潜移。如国家财政部门拨款给教育部门，教育部门通过银行转给各学校，这是径流；能量流入学校后分散到系、部，再到教研室以至教职员工个人，逐渐由径流变为细小的潜流，在此过程中，能量逐渐耗散。

2. 富集与降衰律

通过多渠道、多种方式解决学校的资金，可以理解为一种富集作用，这将给学校教育生态系统带来活力。一般的，富集度愈高，系统愈向高水平发展，但能量富集过多会造成一定的浪费。总之，富集要与不同的发展水平和层次相适应。降衰作为富集的对立面不难理解，如信息流随距离的增加而减少，在人体内随时间延长而衰减，只有反复复习、强化那些必要的神经联系，方能保持。

3. 教育生态平衡原理

教育生态理论的核心问题之一，正是教育的生态平衡。把握教育生态平衡的规律，可以从根本上揭示教育问题的实质，推进教育良性发展。教育是一个错综复杂的系统，它是由其内部各个子系统有机结合而成的，为了使整个系统发挥作用，就应该使教育系统内的各子系统彼此间协调发展，而不是平均发展。而要协调发展就必须有一定的比例和相互联系，又有共同遵守的发展目标。只有各个子系统之间的比例达到最佳值，才能把这些子系统协调起来，也只有通过共同的目标，才能使各个子系统的作用产生一致。比如，一个学校内部的各个行政部门应该为实现共同的教育目标成比例地协调发展，而不是厚此薄彼。同样地，不同地区的教育发展也应保持一定的比例，而不能是彼此间的差距任意拉大。值得注意的是，由于教育的效果滞后，有些平衡失调在一段时间呈隐性，一时难于反馈、显示出来，恢复教育生态平衡或建立新的教育生态平衡的周期较长。这就要求人们根据平衡原理及科学的检测方法，主动去观察、分析，采取对策，能动地加以调节，否则，将付出昂贵代价。

4．竞争机制与协同进化

竞争是人们共同利用有限资源的一种行为。无论是国家与国家、学校与学校，还是人与人之间，从教育生态系统到群体、个体，竞争都是客观存在的，并遵循优胜劣汰的生态原理。例如，某些学校随着其他学校的创办而消亡。但竞争的积极意义也是众所周知的，特别是良性竞争对教育者、受教育者都可以产生很强的推动力，可以推动教育的整体改革，促进学科之间的交叉与渗透，推进学科间、院系间的协作，促进教学质量与科研水平的提高。

随着社会的发展，竞争没有以前受到重视，合作成为主旋律。不管是国家、民族的进步，还是学校的发展，都离不开相互间的对话与合作。从相互竞争到协同进化，这是管理者、教育者、受教育者的共同愿望。教育生态系统中各种生态因子之间复杂的相互作用，使教育生态系统表现出协同进化。教育生态的协同进化，包括教育生态系统内部教育生态个体之间、教育生态群体之间以及各种教育生态因子之间的协同进化，同时也包括教育与其所处的生态环境中政治、经济、文化等教育生态因子之间的协同进化，以及不同地域间教育生态系统的协同进化。整个教育生态系统的进化是沿着结构由简单到复杂、功能由不完善到完善、阶段由低级到高级的规律进化的。

第三节　教育生态系统的构建与优化

在初步了解教育生态系统的结构之后，进一步的问题是如何协调教育生态系统各个要素之间的关系，构建良好教育生态系统，促进受教育者全面、和谐、健康的发展。教育作为大生态系统的一个子生态系统，其生存与发展既受到外部各种生态环境的制约，又受到自身各种环境要素的影响。教育生态系统的可持续发展，需要内外部各种环境要素的协调与配合，这主要体现在教育生态系统内外部环境的构建与优化上。

一、教育生态系统与其所处环境的关系

教育活动是在一定的自然环境、社会环境和规范环境（文化环境）中开展的，并与之进行不断的能量交换和信息反馈。教育生态系统的外部生态环境包括自然环境、社会环境和规范环境（文化环境）三个部分。

（一）教育生态系统与自然环境

自然环境包括阳光、空气、温度、湿度、地理地貌、土壤、矿物等非生物因素以及植物、动物和微生物等生物因素。自然环境是一个丰富多彩的复杂系统，是人类赖以生存的生态环境，也是人类认识和开发的资源。这种资源对于教育，特别是对于广大受教育者来讲，对其认识能力的发展、身心健康必将产生直接和间接的影响。在学校里，优美的校园自然环境对于正在成长中的青少年具有不可忽视的作用。第一，使学生有一种满足感和自豪感；第二，使学生有一种安逸感；第三，使学生有一种活力感；第四，使学生有一种舒适感。这也就是说，自然环境给人类提供必须的各种能量，也为教育的发展投入必要的

资源。而教育,通过对生态知识的普及和传播,以及生态保护人才的培养,输入必要的能量,使得自然环境不断优化,有利于教育的可持续发展。这种能量交换与信息反馈的过程正是教育与自然环境作用与反作用的过程。自然环境的优化主要表现为协调人与自然的关系。

人与自然的关系,如同人类社会自身的发展一样,也有一个不断丰富和完善的过程。在人类社会的发展历史上,人与自然的关系大致有以下几种。第一,适应—制约关系。人类全部的生活习惯、生活方式都建立在依赖于周围自然环境的基础上,人类的活动受到自然环境的制约。第二,实践-需要关系。人类把自然界当作满足社会多样需要的财富的源泉,人类通过作用于自然界的实践达到自己的目标。第三,伦理—道德关系。体现了人类对大自然的热爱、保护,表现出与自然的和谐相处。第四,审美的关系。人能体验、认识自然界的宏伟、秀丽、宁静等所表现出的美感。而在现实生活中,人对自然的适应受自然的制约,表明人与自然尚不能和谐发展,人类对自然的无节制的欲求又招致自然的报复。因而,人类及其教育的自然生态环境的优化,在很大程度上体现在人对自然的热爱与保护上,体现在人类利用自然的审美性对人类自身的教育上。这种人与自然的关系可以具体体现在日常的教育活动中,如在设立学校时,应充分考虑对自然环境的保护和合理利用,更可以利用自然之美,营造浓厚的校园文化氛围,以优美和谐的环境陶冶学生的情操。

(二)教育生态系统与社会环境

社会环境又称结构环境,是人类创造并生活于其间的特有的人化环境,包含经济、政治、人口、家庭、社区等。教育活动是人类的一种社会实践活动,因此,教育与社会环境有着天然的密不可分的联系。教育是社会环境的重要组成部分,不仅受社会环境的制约,而且反作用于社会环境。从教育的广义含义来看,几乎社会环境中的每一种资源都是教育的资源。教育不仅需要强大的物质力量来支撑,而且需要丰富的精神资源来深化教育的内容。就社会文化、社会价值观、社会行为规范等对教育的客观影响来看,每一个社会成员都是教育者。同时,教育又通过提高社会文化素质、优化社会风气、培养各方面专门人才等手段和目的,作用于社会每一个成员。因此,从这个意义上讲,所有社会成员又都是受教育者。

就社会的政治环境而言,它总是通过国家制度、法律、规章、政策等对教育系统进行法律的、行政的控制、监督与指导,因此对教育生态系统的影响深刻。在一个民主的政治体制中,教育生态系统与社会各子系统保持着多样化的联系,教育生态系统运行的机制也呈现出多样化的局面,这样的教育生态系统具有开放性的特点。因而,重要的是,在一定的国家制度下,加强各国政策、法规决策的科学化、民主化,从而保证其科学性、正确性,同时,保证社会政治气氛的和谐与民主。这样,不仅可以减少教育生态系统在运行过程中的政策性失误,而且可以促进教育生态系统更好地发挥自身的功能。

经济与教育具有更加密切的关系,它影响学校的建筑、规模、教师的待遇等。如果经济发展良好,教育生态系统的运行就有足够的保障,教育生态资源就能得到优化。就社会经济环境而言,一方面,处于不同发展水平与阶段的经济系统对教育系统有着不同的要求;另一方面,它又为教育生态系统的运行提供不同的物质基础。现代工业文明使得教育生态系统打破了原有的为少数人所垄断的封闭状态，教育日益与普通大众相结合，并不断要求提高社会成员的受教育水平。而在信息技术革命的今天，更需要大量的高级专门人才。同时，经济系统本身的发展，使得社会物质财富不断增加和丰富，从而使社会为教育生态系统投入更多的教育资源成为可能。

社区环境与教育的关系也越来越紧密。随着社会主义市场经济体制的建立，中国工业化、城市化进程的明显加快，社区教育正在不断发展并逐步走向成熟。一方面，社区居民逐渐认识到社区的价值，产生了一定的参与要求。另一方面，城市在发展过程中出现了许多需要解决的问题，如不断膨胀的城市人口、农村剩余劳动力不断涌入城市，形成流动人口浪潮；中国大部分城市将进入老龄化社会，人口老化日益严重；不合理的城市布局与窘迫的生存环境；人际关系的隔阂与淡化等。对此，仅仅依赖学校教育来解决上述社会问题是远远不够的。实践表明，只有实施面向社区成员，以促进人的发展为原则的各种各样的社区教育，才能满足和解决人们各种各样的教育需求和社会问题。在教育生态系统中，社区教育与学校教育相互依赖、互相影响、共同发展。学校与社区能否良好合作和互动，是关系到当今社会教育生态系统能否健康和谐的重要因素。

(三) 教育生态系统与文化环境

规范环境的主要成分是文化，是人类在社会生活过程中形成的社会风气、民族传统、风俗习惯、社会思潮、科学技术、艺术、宗教等。就其性质而言，规范环境为人类社会所独有，是人们在长期的社会生活和社会实践过程中，在人与人之间的相互联系中逐步形成的。可以说，一个时代的文化越发达，这个时代的教育越昌盛。物质文化的发达为教育的可持续发展奠定了雄厚的物质基础；精神文化的繁荣为教育的发展提供了强大的精神支柱，直接制约着教育的思想、目的及内容。

文化环境是人类特有的环境，教育与文化环境如影随形、互相依存、互相影响。文化是人类的一种有意识的活动，与自然环境和社会环境相比，它对教育的影响更广泛、更直接，与教育生态的关系更为复杂、更为密切。教育就是文化的一部分，教育系统本身就属于文化组织，教育活动总是属于重要的文化现象，而教育的内容实质上就是文化的内容。同时，教育是文化得以传播、继承和发展的重要手段，历来是文化交流的重要通道。因此，教育系统不仅要适应文化环境，更重要的是利用和构建文化环境，发挥文化对教育的作用。

二、学校生态系统的构建与优化

现代教育生态系统构建的核心是学校生态环境的构建。构建良好的学校生态环境不仅有利于学校教育教学活动的正常开展，而且有利于师生的健康成长。

(一) 学校自然生态环境的构建与优化

学校自然生态环境建设是以校园中的自然要素与人工要素的协调配合，以满足师生的生存与发展的要求，创造具有时代特色与学校特色的空间环境为目的的工作过程。其工作领域覆盖从宏观整体到微观设计的全过程，一般分为总体规划、区域规划和局部规划三个层次。学校自然生态环境建设在外观上是对学校空间视觉环境的创造、控制与保护，但实质上是对师生的身心、情感、气质、理想、道德等产生熏陶，提供升华发展的空间，它与学校的建设和发展有着密切的关系。

学校自然生态环境建设一般是对校园园林植被的设计与布局、道路系统的组织与实施、各种建筑群体的规划与建设等三个层次进行规划设计和具体实施，同时做好校园人文景观的建设，以形成一个畅通、健康、充满人文气质的生态学校。

1. 园林植被系统的建设

长期以来，人们绿化意识较为淡薄，谈不上科学规划。尤其是一些人口多、面积小的学校，受短期利益驱动，大量占绿、毁绿。而一个生态稳定的校园植被首先其结构和功能要统一和谐，不仅外形符合美学规律，内部和整体结构更应符合生态学原理和生物学特征。要从空间异质性程度、生态环境的连通程度、物种多样性等方面考虑，在宏观规划下进行合理建设，为生物提供生存发展的生态环境条件。在营建和改善校园植被系统的同时，注意融合生态学以及相应交叉学科的研究成果，提高建设的质量，完善其功能，使其成为兼有自然和人工特色的优美景观。

保证相当规模的绿色空间和植被覆盖率是建设生态园林学校的关键。在校园建设过程中，要珍惜原有的自然绿色，对一些具有特色意义的自然和文化景观要尽可能保留。同时针对不同的功能区和实际情况尽可能利用空地，重新建造人工植被系统，在建筑群体相对集中的区域内有必要利用建筑顶部进行立体化绿化，以充分保证绿地面积。另外，校园绿地也应体现出多样性，尤其是体现在功能上的划分上，如生产型、观赏型、抗逆型、文化艺术型等，以小、散、匀的原则，形成既均衡又各有重点的分布格局，以满足师生的游憩和观赏的需要。良好的绿色植被景观还应融合传统的民族文化、生态理念、时代特征、办学特色、艺术品位等人类的思想文化内涵。

2. 道路系统的景观规划

道路的规划与建设是校园生态建设的一个重要内容。首先，要从经济效益、生态效益和社会效益三方面协调统一的角度予以全盘考虑，合理构造道路的形态结构，寻求最优化的配置原则。道路的宽度、平竖曲线度、纵坡、道路交叉点、道路连通性和道路密度等反映了道路的形态结构和总体格局。道路形态应综合考虑道路的功能、地形地势和生态特征等诸多方面的因素，在达到有效交通的目标下，寻求最优的道路配置，降低道路密度。网络连接度和环通度要根据学校性质定位和发展特点来进行设计，力求做到既使各景观之间顺畅连通，又要最大限度降低对自然环境的破坏。其次，要加强道路两侧绿化体系的建设，完善网络的生态功能。行道树和防护林的规划建设是缓解交通对校园质量和生态平衡不利影响的有效途径。道路绿化带是校园中重要的绿色走廊，完善校园生态功能就必须加强道路绿化体系的建设，道路与道路绿化建设应该是相伴而行，协调统一，综合规划。

3. 建筑群体的生态规划

建筑是校园的实体部分。随着学校的不断发展，校园建筑的规模、性质、形式和内容都发生了相应的变化。校园建筑群体的规划建设是一项综合环境的设计建设。它需要综合处理涉及校园经济、文化、功能、技术、审美和自然条件等各方面的制约因素，为师生创造一个舒适、方便、卫生、优美的物质空间环境，以满足师生在物质和精神、生理和心理诸方面的要求。建筑设计一般应以学校师生为主体对象，以学校物质环境形态以及人们在其中的行为和感受为中心，既要考虑人们工作、学习、生活、交往、运动等各类活动的要求，又要考虑符合人们对环境空间的生理的要求，具有易识别性、私蔽性、活泼性或严肃性等环境气氛，兼顾尺度、比例、层次、序列、对比、变化、场所感等审美要求。

（二）学校社会生态环境的构建与优化

1. 改善学校公众形象

任何学校都有自己的特殊公众对象，有外部公众群体和内部公众群体，并在办学治校活动中结成复杂的社会关系。现代学校虽然形成了相对独立的系统，但与社会大系统密不可分。这个系统是由教师、职工、学生等内部公众群体和学生家长、社区、用人单位、政府有关部门、其他教育机构等外部公众群体所构成。他们形成了一种非人格化的社会关系网，这张社会关系网成为作为它的一个纽结的学校生存与发展的社会生态环境。学校内部公众群体中的个人关系是和非个性化的社会关系相对应的，是具体的个人与个人之间的关系。这种关系看得见，感觉得到，是潜在的或内含的社会关系的表现形式。上述两种关系状态，实质上就是学校外部公众群体与内部公众群体所构成的现代学校社会关系环境，影响并制约着学校的生存和发展。

现代学校如果不能正确处理内外部公众群体之间的关系，或者不能以较高的教育教学质量赢得公众认可，学校就无法生存下去。蔑视公众和不重视学校办学效益的提高，不重视面向全体学生、促进学生全面发展和个性生动活泼发展的学校，实际上是无视自己的生存条件，破坏自己的社会生态系统，其结果必然走向衰落和灭亡。这就提醒我们，优化并构建学校社会生态环境，要从学校实际情况出发，确保学校每一项举措都能转变为实际行为。

首先，要确立公众至上的意识。在经营管理上，要尊重学校内外部公众的社会地位和利益，尊重他们的人格以及合法权益，全心全意为公众服务，平等互利地与公众展开合作。要学会交往，待人真诚，文明礼貌，讲求信誉，努力把社会关系与个人关系结合起来，营建一个长期和谐发展的社会生态系统。要通过一定的媒介，把学校教育方针、政策、办学治校的目标宗旨、重大改革措施等传播出去，提高公众的知晓度。学校要主动征求公众的意见和建议，汲取舆情民意，以修正自己的目标和举措。要创造条件吸引公众参与学校的建设和管理，建立健全教代会、学代会、监事会，依法保障师生员工当家做主的主人翁地位，充分发挥民主监督和民主管理的作用。

其次，要增强质量意识。学校管理者要赢得公众的信任，就要从公众的愿望和社会的实际需要出发，面向全体学生，切实提高办学质量，促进学生全面而富有个性地发展。这是赢得公众，赢得有利于学校生存与发展的社会生态环境的最根本的途径和举措。

再次，要增强现代教育意识。现代学校管理者一要借助各种力量向社会公众进行宣传教育，转变育人观念，增强对学校改革、教育思想、办学理念的了解和认可，使之改变态度，对学校各项工作支持、配合与合作；二要明确学校各级管理者与教职工的任务；三要深化教育体制改革，全面贯彻教育方针，提高教育质量，为提高全民族素质服务。为此，学校管理者还必须强化自身修养，提高思想道德素质、专业知识素质、业务能力素质和科学管理水平，努力塑造现代化学校的良好形象，以赢得学校内外部公众的信赖。

最后，要增强情感意识。作为现代学校的管理者要注重情感激励，关注教职工的愿望。这要求现代学校管理者要有人情味，要求用人情化的管理方式取代过于理性化和金钱化的管理方式，建立与教职工之间和谐融洽的情感联系，以充分发挥其积极性、主动性和创造性。

2. 构建新型政校关系

构建新型的政校关系不是要把政府(包括政府的教育行政部门)与学校简单地分开，也不是要减轻政府应承担的对教育的责任，特别是经费方面的责任，而是要转变政府对学校的管理程度、方式和内容，要把政府对学校的直接指令性行政管理逐步地、有序地转变为宏观指导性调控管理。教育行政部门通过三方面的行为来依法行政和调控、指导：第一，借助日渐完善的教育法律体系，健全教育执法机制，对学校进行宏观管理；第二，依法设置各级各类学校，公平合理有效地配置教育资源，保障义务教育的均衡发展；第三，建立完善的督导制度，对学校规范办学行为，遵循教育教学规律和学生身心成长规律的运作过程及结果，实施有效的监督、指导、检查与评估。科学合理的政校关系，可以为学校的自主发展创造一个良好的行政管理环境，有利于建立起具有自我诊断、自主管理与调节的教育发展机制。

3. 开展家校教育合作

家庭教育不到位，甚至越位、错位，严重影响教育生态平衡，使学生难以形成健全人格和创造性人才所需的其他非智力因素。因此，学校在练好内功的同时，还应当对家长着重进行以下几个方面的引导。

首先，引导家长树立正确的教育观和人才观。至少要明确以下两点：第一，一个人要成才，学习知识固然重要，但学会学习、学会思考、学会做事、学会做人、学会生活更重要。第二，三百六十行，行行出状元。市场经济的发展和社会分工的细化，对人才需求多样化趋势更加突出，尊重个性，发挥潜能，扬长避短，是明智的选择。

其次，要让家长懂得，孩子的健康成长离不开必要的物质条件，但只有好的物质条件是不够的，还要为孩子的成长创造平等、和谐、民主、奋发向上的家庭氛围，要注意经常地与孩子进行交流沟通，了解孩子的思想动态，对孩子的心理进行引导调适。

再次，讲究教育方式，注重教育效果。过于严厉，会压抑孩子创造力的发展；过于溺爱，则会影响孩子的意志力的培养和独立人格的养成。因此，建议家长实行民主型的家庭教育与管理，并注重自身的道德修养的提高，重视发挥身教的作用。

最后，要引导家长充分认识家庭教育与学校教育的区别与联系，对家庭教育进行正确定位，充分发挥家庭教育所具有的独特优势。要让家长明白，家庭应侧重于思想道德、行为习惯方面的教育，不应把家庭教育变成课堂教育的延伸，并在以下两个方面注意配合：一是要培养孩子热爱科学、尊敬教师的习惯，引导孩子理解和支持各项学习改革措施；二是从日常生活中细心地观察孩子的思想动态，经常与班主任保持联系，实行步调一致、不同角度的教育，使家庭教育与学校教育优势互补，相得益彰，建立健全的学校与家长的沟通交流机制。

4. 健全社会参与机制

学校与社区的生态关系要求学校与所在的社区中的各种组织和自然人双向互动，互相支援，由社会支持学校、学校服务社会发展到学校、家庭、社区的一体化。社区和中小学利用各自的可用于教育的各种资源给予对方必要的支持、援助、监督，并根据对方的合理建议对各自所实施的教育进行必要的调整。传统的社区与中小学互动，主要是在人、财、物方面的互相支援；现代意义的社区与中小学互动，开始由人、财、物方面的互相支援发展到让最接近孩子的人与组织分担教育的权力和责任，在合作的基础上作出尽可能完善的决策。

社区中的组织和自然人参与学校的管理，绝不是点缀、做样子，也绝不是可有可无，而应当是有效的参与。社区教育发展良好，为社会有效参与学校管理奠定了基础。但还需要进一步健全社会参与的长效机制，如制定学校章程，保障教育共同体参与的权利；建立健全社会参与学校的联席会议制；建立健全家长委员会及家校合作社；组织学校外部的社会性评价等。

（三）学校文化生态环境的构建与优化

1. 建设学校文化环境

学校文化环境建设的内容主要包括校园的精神文化环境建设和校园的物质文化环境建设。校园精神文化环境包括学校的办学思想、道德追求、价值准则、经营理念以及长期以来人们对待制度的执行态度等。良好的校园精神文化体现于学校的“三风”上，即管理者的作风、教师的教风、学生的学风。校园的物质文化建设环境则是精神文化建设的物质保障和现实基础。

学校文化是现代学校的无形资产，学校文化一旦建设起来，并得到家长和社会的心理认同，就会成为学校的品牌。为此，各中小学校通过品牌管理，发挥品牌效应，加强学校文化环境的建设，增加家长和社会对学校的信任感。

“办学校就是办氛围。”如果历久积淀的虽不见诸文字，却弥漫于校园舆论氛围和为大多数人所认同的行为原则是和谐的、健康向上的，那么生活在这一文化共同体中的个体将受益无穷。

2. 完善学校评价体系

现代学校发展的评价内容应包括发展目标的定位、学校发展潜力、学校发展的过程保障和学校发展成果。现代学校的发展定位应依据社会客观需要、学校客观基础、办学客观条件、教育客观规律等。学校发展潜力应从教师队伍建设、争取社会支持的能力、办学条件、教育科研、课程开设等方面开展评价。学校发展的过程保障应该包括学校发展的输入保障、过程保障和输出保障。学校发展成果表现为学生的发展与变化、教师的专业发展、学校声誉的提高。

对现代学校发展的评价，要逐步从政府督导机构单方面评估转变为教育行政组织协调，政府教育督导部门、教育发展研究中心、社会中介组织携手共同参与。对每所学校的发展规划的实施，实行随访跟踪、注重效能的评价办法。评估结果在相应范围内公开，让学生、家长和社会了解学校教育质量与办学特色。

3. 形成校本管理机制

教育行政管理的重心下移，将学校的日常管理权下放到学校。学校能否充分自主发展，取决于学校是否形成自我管理机制或校本管理机制。校本管理机制的形成和运行要从学校所具备的条件、学校的文化特点、学校所在的社区的实际需要等因素出发，突出本校特色。校本管理机制主要包括预警机制、决策机制、约束机制、激励机制等若干方面。预警机制，即对学校潜在的问题开展预测的机制，如教师专业水平发展、校园安全、学生学业发展等的预测。决策机制，即民主决策的机制，指教职工、家长、社区成员依法、有效地参与学校管理，校内职能部门、内设组织（校务委员会、教职工代表大会、专业学术委员会、职务职称评审委员会等）按章程运作，做到权责对应，民主集中，集体决策。约束机制，即对学校发展实施自我评价与诊断，对学校管理者的权力行使有效约束的机制，如学校发展规划的公布、管理者的年度述职等。激励机制，即激发学校内部活力，引导教职工发挥潜能，不断创新的机制。建立激励机制，坚持按劳分配、效率优先、兼顾公平原则，积极推行上岗靠竞争、聘任靠实绩、报酬看贡献、考核见实效的全员聘任制、岗位责任制、考核评价制度以及结构工资制，鼓励向骨干教师倾斜的分配政策。

4. 培育生态人文环境

培育生态人文环境，就是倡导生态文明的观念，树立人与自然和谐相处的自然观以及与社会、自然相协调的可持续发展观，促使师生选择健康的生活方式，规范师生的文明行为，引导人的生活方式的转变，共同建设生态文明。

（1）树立建设生态文明的理念。

校园是自然、空间与人类三位一体化的系统，它以物和心取得调和的自然共生型社会系统为目标。校园生态文明不仅包括校园内部和外部的有形文化形态，它还包括了更深层次的文化内涵，是物质与精神的总和。它的形成与发展是一种渐进、演变的过程。其历史和内涵孕育了学校的特色和风貌。校园文化的发展也进入了生态文明时代，要求当代人类重新返回自然的怀抱中，返回生物圈的有机联系之中。这种返回不是简单地重复历史，而是对人和自然的关系有更加全面、更加深刻的理解，真正理解人和自然和平共处、协调发展的理念，并把这种理念在学校的发展中一代一代地传播下去，形成整个校园生态系统的良性循环。

在建设校园生态文明时，应从生态规律（真）、生态伦理（善）和生态美（美）相统一的角度，去培养和熏陶甚至去改变师生的人生观、哲学观、生态观和世界观。具体实践上，要让师生做到观念的生态化、课堂的生态化、管理的生态化和行为的生态化。观念生态化是师生建立人与环境和谐发展的观念，把师生的发展融入互惠共生、和谐共荣、平衡持续的生态发展中去，实现人和环境发展的辩证统一；课堂生态化是教学过程中师生互利平等、和谐沟通、教学相长、方式多样、开放创新；管理生态化是在学校行政管理、师生管理、课堂管理、后勤管理中要以生态观来看待问题和分析问题，平等对待教育系统中的各个生态主体和生态要素，遵循生态平衡、激励竞争等原则；行为生态化是学校行为、教师行为和学生行为都要体现生态观念，一切行为的准则是环境和人的持续、和谐的发展。

（2）坚持可持续发展思想和原则。

可持续发展思想是为了使人类摆脱生态危机的困境，实现人类健康、持续、稳定、协调发展而提出的。作为人类社会重要组成部分的学校系统，在开展学校生态环境管理中，要遵循以下体现可持续发展精神的发展原则。

发展的持续性原则。这一原则认为发展是一系列发展阶段组成的发展链，各阶段的发展之间同样存在着相互依存、互为条件的关系，特别强调眼前的发展是未来发展的基础，强调眼前的发展要为未来发展作准备，进而强调发展的计划性、预测性。

发展的共同性原则。这里涉及发展的整体性、发展着的各因素之间的协调性等问题。在环境保护的意义上，强调“我们共同拥有一个地球”的观念；在社会发展的诸领域中，强调人、自然、社会发展着的各要素之间的相互依存、相互协调、相互促进及共生、共荣、和谐平衡、协调发展的特点；强调在发展过程中，要有全局观念，明确一方在发展中的失败不仅会影响另一方的发展，还会影响系统整体的发展，更不能为了一方的发展而损害另一方的利益。

发展的公平性原则。其强调各发展主体都有平等的生存与发展的权利，强调各发展主体间的相互尊重。

(3) 开展生态行为养成教育。

校园中能直接影响到学校师生生态行为养成的主要是社会行为、学校行为和个体行为。

第一，社会行为：积极引导学校的绿色行为。

要加大可持续发展战略的宣传和实施力度，提高全民生态意识，制定实施有关生态建设的法规、政策和标准，完善生态评价制度，协调各单位、部门和民间的绿色行为，并负责监督检查，给予评价和奖惩，从客观上积极引导学校的绿色行为。

第二，学校行为：积极创建绿色学校。

每个学校都要以生态观来看待自身的改革和发展，建设良好和谐的校园生态环境，宣传引导师生形成良好的生态世界观、价值观和发展观，改善学校的生态管理，建立防污、治污的有效机制和实施计划，加强生态资源配置和有效利用，突出教学改革的生态化进程，形成以培养人的全面发展为教学目标，建立课程体系多样化、教学手段多样化、思维方式多样化、学科建设多样化的绿色教学改革格局，同时还应结合各学校自身独特的历史文化、人文景观、民族特点和优秀的传统文化，创建学校的绿色品牌，形成良好的绿色育人氛围。

第三，个体行为：积极倡导绿色行为。

在校师生是个体行为的直接责任者，是校园生态文化构建的生力军。全校师生都应积极参与学校生态环境的建设和养护，根据自己的特长和专业优势制定相关的生态建设活动实施计划，结合各种文体活动、教学活动、学术活动和日常行为，把持续、和谐的生态观念传播到每一个行为人的思想和行动中去，要充分发挥各种媒体在生态建设活动中的教育、宣传、激励和监督作用，大力普及生态环境意识，倡导绿色行为，使之成为社会绿色行为的表率。

【本章小结】

教育生态化是不可避免的，是未来教育发展的必然趋势，这不仅是社会生态化的客观要求，而且是教育发展的内在规定性。教育是以生态系统的形式存在和发展的有机整体，是以教师、学生、行政人员等，不断与外界环境进行着物质、能量和信息交换的动态的、开放的生态系统。观察和研究教育，就必须把各种教育机构与结构置于彼此联系中，以及与维持它们并受它们影响的更广泛的社会之间的联系中来加以审视，要树立整体观、联系观、复杂观、可持续发展观等教育生态观。

教育生态系统是由教育的生态主体和生态环境组成的复合与多元的整体系统。对教育系统而言，有开发者、被开发者、管理者三个功能团，教育生态系统以教育及其结构层次为主体，以这三个功能团为纽带，以出人才、出成果为中心，围绕几种生态环境的圈层，形成多因子综合影响、相互作用的系统。教育生态系统具有开放性与动态平衡性、整体关联性和松散结合性、非线性和不可还原性、有序性与混沌性、自组织与自适应性等特性，存在迁移与潜移律、富集与降衰律、生态平衡原理、竞争机制与协同进化、良性循环等基本规律。

教育作为大生态系统的一个子生态系统，其生存与发展既受到外部各种生态环境的制约，又受到自身各种环境要素的影响。而教育生态系统的可持续发展，需要内外部各种环境要素的协调与配合，这主要体现在教育生态系统内外部环境的构建与优化上。教育活动是在一定的自然环境、社会环境和规范环境（文化环境）中开展的，并与之进行不断的能量交换和信息反馈。学校生态系统建设也就主要体现在自然生态环境、社会生态环境、文化生态环境等三个方面。

【拓展阅读】

[1] （英）麦肯齐，等. 生态学[M]. 2版. 孙儒泳，译. 北京：科学出版社，2004.

[2] 余正荣. 生态智慧论[M]. 北京：中国社会科学出版社，1996.

[3] 范国睿. 教育生态学[M]. 北京：人民教育出版社，2000.

[4] （法）埃德加·莫兰. 复杂性理论与教育问题[M]. 陈一壮，译. 北京：北京大学出版社，2004.

[5] （美）菲利普·库姆斯. 世界教育危机[M]. 赵宝恒，李环，等，译. 北京：人民教育出版社，2001.

【实践与探索】

(1) 运用教育生态原理，分析说明教育过程中学生的发展。

(2) 你认为，当前我国中小学课堂生态系统存在哪些问题？请分析原因，并提出你的改革思路。

(3) 选取一所中小学校，深入考察或调研，为其设计一个学校生态环境建设规划方案。

【参考文献】

[1] 吴鼎福，等. 教育生态学[M]. 南京：江苏教育出版社，2000.

[2] 任凯，白燕. 教育生态学[M]. 沈阳：辽宁教育出版社，1990.

[3] 吴林富. 教育生态管理[M]. 天津：天津教育出版社，2006.

[4] （英）埃格尔斯顿. 教育生态学研究的对象[J]. 现代外国哲学社会科学文摘，1995(11).

[5] 范国睿，王加强. 当代西方教育生态问题研究新进展[J]. 全球教育展望，2007(9).

[6] 邢永富. 世界教育的生态化趋势与中国教育的战略选择[J]. 北京师范大学(社会科学版)，1997(4).

[7] 虞纪忠. 建设教育生态环境[J]. 教育发展研究，2001(11).

第十一章 教育研究

【材料研读】

为儿童学习探索 30 年(节选)[①]

1978 年,我(李吉林[②],引者注)走进了小学一年级的教室,看到那一张张稚嫩的圆脸时,我那十年受尽煎熬的心一下子得到释放,一心想着让他们学得好,学得快乐。但是,当时灌输式课堂的现实与儿童理想的学习王国相距甚远,渐渐地,“呆板、单调、低效”的教学的弊端使孩子失望了,不经意间流露出那种黯然神伤的表情,让我的心沉重起来,并为之焦虑。……怎么让儿童喜欢语文,学好语文呢?为了寻求答案,我开始了探索。

……

1982 年,我提出了“凭借情境,促进整体发展”的课题,这个阶段的实验,我概括出情境教学促进儿童发展的“五要素”:诱发主动性、强化感受性、着眼发展性、渗透教育性、贯穿实践性。并进一步对情境教学与儿童语言学习,情境教学与形象思维、逻辑思维、创造性思维的发展,以及情境教学在识字教学、阅读教学、作文教学过程中的具体运用,都一一作了理论上的概括,初步构建了情境教学的理论构架及操作体系。

……

天道酬勤。班上学生的作文上了《人民日报》;江苏人民日报社又出版了学生的一本《小学生观察日记选》。学生快乐地学了五年,毕业时,虽是五年制,但与六年制一起参加全市统考,全班录取率不仅是全市第一,而且是遥遥领先。我用事实证明,教育从改革中可以找到出路。

于是我思量着,倘若各科教学也能像语文那样,轻负担高质量,儿童身心得到和谐的、充分的发展,那该多好!

……

1990 年,我拿出《运用情境教育促进儿童素质全面发展》的方案,作为教育部“九五”重点课题的主持人,和全校老师一起迈上了新的里程。

……

半个世纪来,我站在讲台上,每日面对着一个个生龙活虎的学生,望着那一双双明亮的眼睛,我总想着这里面蕴藏着多少智慧啊!30 年的探索中,我逐渐感悟到老师就是要点燃它,而不是泯灭它。

……

时间过得真快,《运用情境教育促进儿童素质全面发展》的课题在 2000 年冬结题。

---

① 李吉林. 为儿童学习探索 30 年[J]. 全球教育展望,2008(6).

② 李吉林,女,江苏南通人,全国著名的儿童教育家、语文教育专家。1938 年 5 月出生,1956 年毕业于江苏省南通女子师范学校,毕业后至今任教于南通师范第二附属小学,江苏省首批特级教师、名教师。长期致力于小学教育教学的改革和研究,创建了“情境教育”流派,蜚声海内外。

全国教育规划专家组成员给予极高的评价，我在听到专家的评述后，激动的泪水簌簌而下。原本不再申报课题，但专家热情的鼓励我："为了中国的基础教育走向世界，相关的情境你应该继续申报课题。"于是，在新世纪到来的时候，《情境课程的开发与研究》课题又立项，我的内心是希望通过课程使情境教育走向大众化。真没想到五年过去了，在课题结题后，于2006年我竟又主动申报了"十一五"课题。因为我反复思考，28年走过的探索之路，虽都是为了儿童的学习，但是儿童在优化的情境中究竟是怎么学习的，这个问题我还不能作出完整的回答，还不清楚儿童学习的机理、内化的过程。

……其间奥妙无穷、大有学问，足够我们几十年如一日，甚至一辈子去学习、去研究。

我深感到"儿童的学习"是教师必修的新课程。"儿童的学习"是教师人生的坐标。

【思考与讨论】

(1) 阅读上述材料，谈谈你的感想。

(2) 有些中小学教师认为，做科研无非是写写文章、谈谈经验。你对此怎么看？

(3) 你从事或参与过哪些科学研究活动？谈谈你的感受和体会。

中小学教师参与到教育科学研究中来，肩负起教育科学发展的重任，用创造的态度去对待教育事业和工作，既是当今社会发展和教育改革向中小学教师提出的要求，也是提高基础教育教学质量和促进中小学教师专业成长的需要，更是中小学教师职业劳动价值和内在尊严的真正体现。因此，学习和掌握教育研究的基本原理和方法，并接受相应的培训和锻炼，应是中小学教师职前教育、在职培训和自我教育的重要内容之一。

第一节　中小学教师与教育研究

中小学教师既在教书育人活动中扮演着十分重要的角色，也可以是独当一面的科研好手，他们应该也能够成为许多类型研究的主角，并且随着教育科学和教育改革的深入发展，中小学教师将越来越成为教育科学研究的主力军。

一、中小学教师必须成为研究者

随着学校教育的产生，教育问题开始得到关注而逐渐成为独立的科学研究领域，并出现了专门的教育科学研究机构和专门从事教育科学研究的专业工作者。由于受到制度化教育的驱动，教育科学研究被赋予科学化、规范化、程序化的特征，致使教育科学研究逐渐成为了置身于直接的教育教学过程以外的某些专家学者的专职工作，似乎与中小学教师无涉。时至今日，社会上仍有不少人仅仅把专职的理论工作者看做是教育科学研究的主体，中小学教师充其量只能充当教育科学研究的配角、助手或施工队。

由于教育科学研究与教育教学实践的分化与对立，在课程系统化和教育教学技术化观念的影响下，中小学教师的教育教学工作仅被视为运用一定技法传授知识的过程，只是一种践行教育科学研究者的思想和意图的行动。专门的教育科学研究者把自己认可的理论观念推荐给中小学教师，中小学教师在教育教学中只需照本宣科、墨守成规，按他人的意志行事，而不必有自己的创造，忠实地扮演着技术操作工的角色。久而久之，教师们就认为自己的本职工作就是教好书、上好课，搞教育科学研究是专家学者的事，与己无关，以致教育研究成果越丰富，越复杂，教师的思想就越简单。在这种情况下，中小学教师难以真正成为教育教学的主人。中小学教师天天进课堂，却对教学缺乏理解和探索；天天面对学生，却不能成为学生心灵的导师；天天面对教材，却不能创造性地设计；天天面对困惑，却习以为常，甚至麻木不仁。于是，他们的教育教学活动变成了年复一年、日复一日的机械劳作和苦差事，从中不能体验到工作的乐趣。

20 世纪 50 年代以来，人们开始反思专门教育科学研究者的研究和中小学教师的消极无为不协调的现象。有些研究者指出，理论观念的倡导者应当和教师建立共生共荣的关系，中小学教师也应当成为教育科学团体中的一员，有责任审慎地对待自己的教育教学实践，有责任对自己的行为进行反思。到了 60 年代中后期，人们明确意识到教师职业是一种专业，并把参与教育科学研究作为中小学教师专业素质的一个必要内容。特别是 20 世纪 80 年代以来，伴随着社会发展对教育教学要求的提高，对教师专业化的探讨达到了空前的高度，“教师即研究者”也成为教育界乃至全社会普遍认同的理念和努力追求的目标。中小学教师作为有自己特定思想和认识能力、思考能力的人，应该结束长期被动的“教书匠”形象，代之以积极主动的“教育家”形象。近年来我国也开始注意到教育科学研究对于中小学教师专业化发展的意义。中共中央于 1999 年 6 月 17 日发布的《关于深化教育改革全面推进素质教育的决定》，将教师队伍建设作为一个部分专门予以阐述，强调教师要遵循教育规律，积极参与教学科研，在工作中勇于探索创新。2001 年 5 月 29 日颁布的《国务院关于基础教育改革与发展的决定》第二十条指出：广大教师要积极开展教学改革和教育科学研究。向教育科研要质量，靠教育科研上台阶，对研究型教师、专家型教师的倡导，已成为我国教育教学改革的重要特征。中小学教师进行教育科学研究也逐渐成为社会要求和群体自觉。

中小学教师应当并且必须成为研究者。

第一，中小学教师的工作本身具有研究的性质。如果仅从知识传递的角度理解教育，教师只能是一个教书匠的角色；如果从每个学生的成长出发，教师的工作就总是在实现着文化的融合和精神的建构，永远充满着研究和创造的性质。“教师即研究者”的早期倡导者布克汉姆曾经提出：研究不是一个专有的领域，而是一种态度，它与教育本身没有根本的区别。如果把研究看做是教育实践中的一种态度、方式，体现着教育实践的根本意义，那么中小学教师的工作就内在地包含着研究的成分和性质，他们本来就是教育科学研究的主体。

第二，教育教学本身的复杂性和创造性，使得教师必须成为一个研究者，必须基于对实践的深思而作出判断和决定，对自己的行为作出审慎、理智的安排。中小学教师面对的是有思想、活生生的个体，其教育教学实践具有极其复杂的社会情境：它既有特定的社会历史背景，又指向某种理想的未来；它既关系到个人的发展，也产生重要的社会后果。正因如此，教育教学实践不能简化为仅仅围绕既定的教材内容而展开的一系列活动，更不能简化为某种简单的技术控制过程。教育教学本身及其所处环境的复杂性，使得从事教育教学工作的教师不可能仅仅是某种官方文件的抽象指令或某种理论观念的执行者，而必须对自己所处的环境、自己行为的目标及其可能的后果进行审慎思考和判断，然后再作出合理的决定和安排。

第三，中小学教师成为研究者，是当代教师专业化发展的基本诉求。近几十年间，教育界掀起了“教师专业化”的探索与改革浪潮。随着教师专业化程度的不断提高，必然要求教师要有教师职业的独特品格和能力。教师职业的专业特性就在于教师个体对于教育情境、教育过程和教育结果的深刻理解与把握，这应该构成教师专业生活的一部分。这就要求中小学教师除了具备扎实的学科基础，掌握必要的教育教学技能之外，还必须具有科研意识与能力。由此可见，教育科学研究意识和能力不仅是教师专业化发展的基本内容和重要体现，更是教师专业化发展的有力保证。

第四，中小学教师要适应教育教学改革及其新要求，仅仅做一名教书匠或学习者是不够的，还需要教师有意识和有能力对自己的教育行为加以反思、研究和改进，即要有成为研究者的理念。教育教学改革日益频繁而且日见深刻，新的观念、思想、方法不断涌现。这些既要求教师知识结构的更新，也要求教师情感与技能上的适应，更需要教师去直面新情况、分析新问题、解决新矛盾，对这些新生事物作出思考、讨论与评价。教育改革既为中小学教师从事研究提供了重要的现实基础，也迫使教师去研究、探讨新形势下的教育教学问题，成为中小学教师从事教育科学研究的动因。并且，让教师和学校在一些教育问题上有更多的自主权和责任，也是当今教育改革本身的一个基本趋势。

二、中小学教师从事教育科学研究的意义

中小学教师从事教育科学研究，对于教育质量的提高、教育科学的发展、教师的专业成长、教师生活的丰富等都有着重要意义和独特价值。

（一）有利于解决教育教学实际问题

中小学教师处于真实的教育教学情境之中，能准确地从学生的学习中了解到自己教学的成效，了解到师生互动需要改进的方面，能从教育教学现场和学生的文件（如考卷、作业、日记等）当中获得第一手资料，最了解教育教学的困难、问题和需求，能及时清晰地知觉到问题的存在。中小学教师开展的针对实际问题的研究，以自身的教育教学实践为基础，阐述的问题更切合教育本身，调查更为直接，研究发现更有益于实际问题的解决。西方一位哲人曾经说过：如果一个人在进行教学的同时也进行研究，那么他的教学效果一定会得到进一步提高。通过研究，不仅能增进教师对有效教学的认识，扩展教师对新思想新方法的运用，引发他们对教育教学信念的追求，而且更能增进教师对学生学习需求的关注和了解，更有效地促进和指导学生的学习与成长，从而提高教育教学的质量。

（二）有利于推动教育科学的发展

在发展教育科学方面，人们往往把目光投向教育理论工作者，指望他们发现新的原理和创造新的方法，来指导教育实践、发展教育科学。其实，教育科学是实践性很强的一门科学，如果不扎根于教育实践的土壤，它的发展将非常迟缓乃至窒息。所以，中小学教师不仅是教育实践的主体，也应当是教育科学发展的十分重要的生力军。中小学教师既可以通过实践探索，将教育教学的新观念、新方法落实到特定的教育教学情境中，为其找

到科学根据，也可以针对具体、真实的教育教学问题进行变革尝试，从而形成和建构自己的教育知识和理论。以教学模式为例，我国近十余年各地中小学教师由理论工作者指导或独立探索出许多富有成效的教学新模式，如目标教学、学法指导、愉快教学、主体性教学等。这些对于我国教育科学的发展有着十分重要的意义。正如一位学者所言：这些闪光的思想和用心血与汗水凝聚成的真知灼见，正是教育科学的丰富养料，尤其是拯救我国教育科学当前"头悬天"、"脚离地"以及理论贫乏，内容空泛这种"顽疾"的一帖良药！

（三）有利于促进教师的专业成长

教师专业发展是一个终身学习的过程，是一个不断发现问题和解决问题的过程，是教师的职业理想、职业道德、职业素养不断成熟、提升的过程。一个新教师的专业成长必须经历两个转化：一是从教育新手向教育能手的转化；二是从教育能手向学者型、研究型教师转化。为了实现这两个转化，除了积累经验之外，教师还必须不断地从事研究和反思自我。因此，美国心理学家波斯纳提出教师成长的公式：成长＝经验＋反思。如果一个教师仅仅满足于获得经验而不对经验进行深入的思考，那么即使是有20年的教学经验，也许只是一年工作的20次重复；除非善于从经验反思中吸取教益，否则就不能有什么改进，永远只能停留在一个新手型教师的水平上。无数事实表明，开展教育科学研究，有助于教师形成科学的治学态度和探索精神，促使教师主动自觉地学习教育理论、更新知识。教师通过科学研究，在不断反思、学习和实践的过程中，使自己的潜能得到开发，提高自身的智能，不断提高自身素质和教育教学能力，不断发展、完善和超越自我。由此可见，从事教育科学研究是促进中小学教师专业成长，让他们获得自我更新和持续发展能力的最佳途径。

（四）有利于增强教师职业的乐趣与尊严

长期以来，中小学教师地位不高、缺乏工作乐趣，与他们在教育教学实践中照本宣科、机械重复，不以创造的态度对待工作，把自己排除在教育科学研究之外，是密切相关的。苏霍姆林斯基说过："如果你（译注中指校长）想让教师的劳动能够给教师一些乐趣，使天天上课不致变成一种单调乏味的义务，那你就引导每一位教师走上从事一些研究的这条幸福的道路上来。"①真正的快乐与幸福来源于生命力的焕发、尊严的获得、理想的实现等高级需要的满足。而这一切又只能在研究性活动和创造性劳动中实现。诚如马克思所言："能给人以尊严的只有这样的职业，在从事这种职业时，我们不是作为奴隶般的工具，而是在自己的领域内独立地进行创造。"②教师只有成为研究者，用创造的态度去对待自己的工作，才能懂得教育工作的完整意义和教师职业的内在乐趣，才能使教师职业成为令人羡慕和富有尊严的职业。把研究和创造当做教育教学实践内在的性质和成分，不断超越现实和追求理想，以达到教育教学的自为和自由境界，教师才能真正从中体验到工作的乐趣，才能感受到职业的内在尊严、价值与

① （苏）瓦·阿·苏霍姆林斯基．给教师的建议[M]．杜殿坤，编译．北京：教育科学出版社，1984：507．

② 马克思恩格斯全集（第40卷）[C]．北京：人民出版社，1982：6．

第二节　教育研究的类型与方法

一、教育研究的对象与性质

任何研究领域都有自己特殊的对象，研究对象的独特性质决定了不同领域研究之间在内容、方法以及性质上的差别。明确研究对象的范围和性质，弄清教育研究的性质和特征，是进入教育研究领域首先要解决好的问题。

（一）教育研究的对象

需要说明的是，教育研究的对象与教育学的研究对象是有区别的。如本书第一章所述，教育学研究仅研究教育中的一般性问题，必须由教育学研究者专门去研究。它撇开了教育的各种特定的形式或形态，不以提出解决问题的对策和某种操作方案为目的，而是把问题抽象到普遍、一般的意义上来考察，目的是要揭示教育的规律，从最一般意义上去指导教育实践。而教育研究则包含了教育学研究，既要研究教育的一般性问题，也要研究具体的、特殊的实际问题；既要探寻教育的基本规律，也要寻求教育实际问题的解决。因此，教育研究的对象要宽泛得多，从现实的研究实践和逻辑分析来看，最有概括力的是“教育存在”。这里的“教育”作名词用，“存在”是指相对于“无”的“有”，而不是相对于意识的物质存在。

以产生方式和形态特征为依据，教育存在主要可分为三大类型。一是教育活动型存在，包括一切以影响人的身心发展为直接目的的人类实践活动。二是教育观念型存在，指人们关于教育活动的认识成品，包括各种有关教育的意见、观点、思想、理论、学科等，既可以是粗浅的、常识性的、零散的，也可以是深刻的、科学的、系统的，其物化形态往往以关于教育的舆论、讲演、讨论、文章、论文、报告、文件、著作等方式存在。三是教育研究反思型存在，是对教育研究活动及教育学科本身发展性问题研究的产物。

三类教育存在并非处于同一平面上，而是分别构成三个层级，后一个层级的产生以前一个层级的存在为前提。其中，教育活动型存在是教育中最生动、丰富的基础性存在，没有它就不可能有后面两种类型的存在；教育观念型存在是对教育活动的认识，会对活动形态的教育产生直接影响；教育研究反思型存在是对教育研究活动及其系统化成果的再认识，为提高教育活动认识的质量、水平与能力服务，间接地与教育活动发生关系。与三类教育存在相对应，就有三类教育研究，即教育活动研究、教育观念研究和教育研究之研究（或教育学科之元研究）。

本章所讨论的教育研究，主要是教育活动研究，也涉及一些教育观念研究，一般不涉及教育学科之元研究。教育活动是教育研究最基本、最原始、具有原生性的对象，而教育观念是派生性的，兼具研究对象与研究成果的双重性，只要弄清教育活动的特殊性，就能大体把握教育研究的性质。

（二）教育研究的性质

人们往往习惯于将一种研究按其学科属性归入自然科学研究或社会科学研究，然后从研究的基本任务上归入价值研究、事实研究或方法研究，从研究的基本功能上归入理论研究或实践研究。这种两分法前提下的归类很显然不适合教育研究性质的判断。教育研究对象的特殊性决定了教育研究的特殊性。根据对教育研究对象性质的分析，从教育研究的目的与任务出发，可以作出如下判断：教育研究是关于事理的研究，即是对人的活动的研究，是以探寻人所做事情的行事依据和有效性、合理性为直接任务的研究。它是为办好事情而展开的研究，所以必须包含两大类型：一是作为行事依据的研究，可称为基本理论研究或基础性研究；二是作为行事有效性和合理性的研究，可称为应用性研究。

事理研究既不像自然科学，是对人的外界物体的研究，以说明“它”是什么为直接任务；也不像精神科学，是对人的主观世界状态的研究，以说明主体“我”的性质、状态、变化以及为什么如此等为直接任务。与物质研究和精神研究相比，事理研究有两个突出的特点。

一是综合性。事理研究以人类自己所创造、从事的活动为研究对象，既研究事由与事态、结构与过程、目标与结果等一系列与事情本身直接相关的方面，也研究如何提高活动的合理性、效率、质量与水平。它是一种既要说明是什么，又要解释为什么，还要讲出如何做的研究，包含价值、事实和行为三大方面，并且三大方面呈现出过去、现在和未来三种时态，涉及活动主体与对象、工具与方法等多方面错综复杂的关系。面对如此复杂的研究对象和任务，只有采用综合研究的方式才能奏效。

二是动态性。事理研究关注人作用下的事物间的转化。这里不仅有形态的、结构的转化，而且有物质与精神之间、不同主体之间、不同实践阶段与水平之间、人所在的外部世界与内部世界之间、社会与个人之间等多方面、多形态、多时态、多事态、多主体的多重多次转化。其复杂性是任何物质形态之间和任何精神形态之间的转化都不可比拟的。

事理研究中理论研究与实践之间具有从对象到目的的直接关联性，其研究问题的变化常与实践的需求和进展直接相关。作为事理研究，教育研究既要研究教育活动的综合生成和动态转化过程，揭示其中的一般规律（其中包括教育活动的价值取向及规律性演变和教育过程的本质及规律），还要研究如何把揭示的一般规律运用于具体的教育实践情境中以增强教育活动的合理性和有效性。如果以研究对象和任务的复杂性而不以研究结果的学科成熟性来判断研究层次的高低，那么教育研究可以看做是事理研究中层次最高的一种研究。

二、教育研究的基本类型

教育研究的类型根据不同的标准可以作出不同的分类。这种分类研究能增进对教育研究的目的、对象、范围、层次、方法等的了解和认识。

（一）基础性的教育研究与应用性的教育研究

根据是否以直接指导实践为目的，可将教育研究划分为基础性的教育研究和应用性的教育研究。所谓基础性的教育研究，主要是研究教育的事理，揭示教育活动本身所固有的法则或规律。所谓应用性的教育研究，主要是将教育事理研究所揭示的法则或规律运用于教育实践，以直接指导或改进教育活动，提高教育活动的有效性与合理性。基础研究的问题指向具有普遍性，是为了认识世界、扩展知识，不必考虑自己的研究结果有什么当下、实际的用处，即它不一定会产生直接有用的结果。应用研究的问题指向具有特殊性，是为了改造世界、解决实际问题，为实践者提供直接有用的知识，它也可能有助于一般性知识的扩展，但这并非它的原初目的。

有些人会对"基础"和"应用"这两个术语产生误解。许多人觉得，从方法论上讲基础研究很复杂，而应用研究则较为简单；有的人认为，应用研究是由那些非专业化的实际工作者做的，而基础研究则是善于抽象思维而不切实际的思想家进行的；还有一种误解是，认为应用研究是粗糙的、无计划的，但又是有用的，而基础研究则是精细的、准确的，却少有实用价值。其实，区分这两种研究是从它们的目标或任务来区分的，而不是从它们的复杂程度或价值等级来辨别它们的优劣高低。应用研究不只是指向教育者的工具制作或操作技能、技巧的改进，它与基础研究的区别，主要在于抽象程度不同、与实践改进的关系的直接程度不同。基础研究和应用研究是同样重要的。

（二）定量的教育研究与定性的教育研究

根据教育研究的一般方法论，可将教育研究分为定量的教育研究与定性的教育研究。所谓定量研究（又称为量的研究）是一种对事物可以量化的部分进行测量和分析，以检验研究者自己关于该事物的某些理论假设的研究方法和活动。它有一套完备的技术操作，包括抽样方法、资料收集方法、数字统计方法等。其基本步骤是：研究者事先建立假设并确定具有因果关系的各种变量，通过概率抽样的方式选择样本，使用经过检验的标准化工具和程序采集数据，对数据进行分析，建立不同变量之间的相关关系，进而检验研究者自己的理论假设。所谓定性研究（或质的研究）是以研究者本人为研究工具，在自然情境下采用多种资料收集方法对社会现象进行整体性探究，使用归纳法分析资料和形成理论，通过与研究对象互动对其行为和意义建构获得解释性理解的一种活动。

为了真正弄清定量研究与定性研究的性质，下面将它们的关键特征作一个比较。

1. 研究目的

定量研究的目的主要是证明假设、检验理论、寻求共识、提供预测等，其关注的焦点是事物之间的因果关系；定性研究的目的主要在于描述复杂的现实，寻求解释性的理解，发现新问题，直接从原始资料中归纳命题和建立理论，其关注的焦点是事件发生的过程与意义理解。

2. 研究问题

定量研究的问题是事先确定的；而定性研究的问题则是在研究过程中产生的。

3. 研究设计

定量研究的计划是结构性的、预先确定好的、阶段明确的计划；定性研究中，研究者根据当时当地的实际情况或研究工作已有的进展状况，及时调整研究方案和形成研究假设，他们的研究计划是灵活易变的、笼统宽泛的、阶段模糊的。

4. 研究情境

定量研究一般在实验室即人为设计、控制和操纵的条件下进行；定性研究者则宁愿选择在事件发生的自然情境中进行研究。

5. 抽样方式

定量研究采取随机抽样、分层抽样，且样本较大；定性研究采取目的性抽样，且样本较小，多采用个案研究。

6. 资料来源

定量研究主要选用问卷、量表或实验等手段作为收集资料的主要工具；定量研究采用开放性访谈、参与性观察、实物分析等方式进行资料收集，强调研究者通过切身体验和感受获得相关信息。

7. 资料特点

定量研究使用的资料是可测量、可统计的硬资料；定性研究使用的资料是不可量化、只可描述的软资料，如实地观察笔记、访谈记录、实物图片等。

8. 资料分析

定量研究倾向于对资料进行测量与统计分析，且分析是在资料收集完成之后进行，是一种外部透视；定性研究倾向于对资料进行深度描述与分析，且分析贯穿于研究的全过程，主要是一种内部透视。

9. 研究结论

定量研究得出的结论是概括性的、普适性的，不受背景的约束；定性研究得出的结论是独特的、受背景约束的结论。

10. 理论建立

定量研究主要运用演绎法，自上而下地形成理论；定性研究主要运用归纳法，自下而上地形成理论。

11. 研究关系

在定量研究中，研究者独立于研究对象，二者彼此分离；在定性研究中，研究者与研究对象密切接触、相互影响，研究者与研究对象交往互动，通过移情作用来获取资料信息。

从表面上看，定量研究与定性研究似乎分别处于两个对立的极点上，但就研究的实施来说它们不是两分的、非此即彼的，而是一个连续统一体，有许多相辅相成之处。虽然任何一项研究在总体上要作出是定性研究还是定量研究的界定，但在实际的教育研究过程中，绝对的、纯粹的定量研究或定性研究是不多的，定量研究与定性研究的程序通常在同一个教育研究活动中相互混杂、相互支持。

三、教育研究的基本方法

如前所述，教育研究方法可以分为定性研究与定量研究两大类。虽然定性研究和定量研究各有它们自己的特征，但在教育研究的运用中，它们的连续性多于它们的两分性。各种教育研究方法都可以被置放于从定性研究到定量研究的连续体之中：最典型的定量研究是实验研究，其次是准实验研究，介于定量研究与定性研究之间的是调查研究，然后是文献研究和比较研究，最典型的定性研究是实地研究或人种学研究。这里主要就这些最为常见、使用频繁的教育研究方法作些简单的介绍和讨论。

（一）实验研究

实验是一种研究情境，在此情境中至少涉及一个自变量即实验变量，它受到研究者的精心处理或控制。也就是说，如果教育研究被称为实验的研究，那它至少有一个变量是由研究者人为地改变的，研究者操纵着实验变量及其变化范围，以便确定它是否对因变量有影响，以及它是如何影响因变量的。实验研究的目的是发现事物间的因果关系，让人信服地说明事物间的因果关系，实验的参与者在实验处理中应是随机指定的，实验过程必须遵循严格的规范要求。

实验研究有其独特的优点：第一，在控制无关因素对因变量影响方面，实验法是最佳的；第二，它可以使我们能够得到自然条件下遇不到的或不易遇到的情况，这样可以扩大研究的范围；第三，它可以重复验证；第四，实验使研究者有可能准确地、精细地、分别地研究事物的各个组成部分，比较容易观察某种特定因素的效果；第五，进行实验时，可以有计划地控制现象和环境，创造便于精确测量和准确记录的条件，使研究更为精密。

但是实验研究也有缺点：它需要较多的人力，有时往往受到实验设置以及其他实验条件的限制；它控制现象和环境比较困难，因为教育实验的对象是活生生的人；它对参加实验研究人员的要求较高；有的实验还需要有关单位、学校的配合和协助方能进行等。正是由于这些缺点，实验研究在教育研究中的应用不如其他研究方法广泛。

（二）准实验研究

实验研究中被试是随机地分配到实验组和控制组的。但是，尽管研究者也非常希望做到随机分配，但现实中常常不能做到这一点，这种情况在学校环境中尤其常见。在进行教育研究时，被试的挑选和综合不可能总是随机的，有许多被试是既定的，如由一个班级里的学生自然而完整地形成被试群体。当一个实验运用原始群体，而不是随机地安排被试进行实验处理时，此实验便为准实验研究。准实验研究和实验研究非常相似，它们基本遵从相同的程序，除了一点，即出于某种原因，准实验研究中的研究者不能随机地选择被试，并将它们随机地分配到实验组中去。

因为教育实验的情境和对象的特殊性，它难以满足一般科学实验的规范要求，许多时候实验对象是处于正常的自然状态下接受实验的，所以教育实验大多属于准实验研究。准实验研究虽然相对于实验研究来说有着控制不严的缺陷，但相对于日常进行的教育实践来说，它又是有控制的，通过准实验研究获得的认识比从经验中获得的认识更具客观依据。此外，准实验研究还可以成为作出实验假设和设计的准备性研究的方法；它花费的经费较少，操作较简单，易于推广。这些都构成了准实验研究存在的理由。

准实验研究用于被试不是随机挑选和安排的设计中。当考虑到准实验研究的效度问题时，应该对它的缺陷有清楚的认识：随机性的缺乏潜在地影响着实验的效度。任何因素都会对原始的或自然形成的被试组起作用，同时也无法证明它们是否属于较大样本的随机样本，这就存在着被试挑选的偏差损害实验结果的可推广性的可能。为了实验的可推广性，研究者必须对试验组的典型性加以论证，对试验组间的对等性予以确定，在进行研究设计和解释实验结果时必须对缺少随机性予以特别的注意。

（三）调查研究

调查研究是在自然条件下通过提出问题的方式搜集资料，以分析教育现状或变量之间相互关系的研究方法。调查研究是一种使用范围很广的研究方法,既可以用于现状的考察,也可以用于确定和解释社会的或心理的变量之间的关系。它可能是教育研究中使用最为广泛的一种研究方法。

调查研究中研究者对研究对象不加任何干涉,只在自然过程中采用书面材料分析、召开调查会、问卷、访谈等方式,间接地搜集反映实况的材料。通过调查,研究者可以收集关于以往发生的事情的材料,了解到事情发生、发展的过程和研究对象内心深处的观念及想法。通过调查,研究者能够搜集到有关研究对象的第一手资料,作为分析问题的依据,并为可能进一步实施的实验研究提供资料。通过调查,研究者还可以从中发现新的研究课题或发现某种规律性的东西。

实施调查研究应遵循以下要求。(1)明确调查目的。研究者必须根据课题的性质和研究任务,明确调查的目的和问题。根据调查目的提出的调查问题必须有确切的内涵和外延,并且还要集中,不要涉及毫不相干的问题,以免造成时间和精力的浪费。(2)弄清调查对象。研究者必须根据研究的性质和目的、任务,限定调查对象的总体,确定总体的定义,选择有代表性、典型性的群体或组别。调查总体的界限必须适合调查的目的,从中抽取样本既应考虑合理地使用人力和物力,也要有足够的容量,以保证样本的代表性。(3)搜集反映客观事实的材料。研究者采用的调查方法和手段,应保证能准确反映客观情况,有利于搜集到比较全面、客观、准确地反映和说明调查现象的材料,以有助于探寻、确定和阐明有关调查情况的原因、事物的因果关系和相互联系。为此,研究者应综合运用多种调查方法。(4)采用标准化的调查手段。为了使调查材料具有最大限度的精确性,调查中所要求的标准必须保持一致,对于凡有可能进行量化调查的材料,应经过统一标准的准确测量。(5)遵循客观性原则。研究者在调查中不能以任何成见或偏见先入为主,不能先有结论然后进行调查。研究者要注意到由于被调查者的观点、态度和对问题的认识不同,所提供的材料难免带有不同程度的主观成分,必须认真辨别每一件材料的真实性。研究者对于所得结果,不管是否符合自己的愿望,都应实事求是地作出结论。

(四)文献研究

文献是记录已有知识的一切载体,是把人类知识用文字、图形、符号、声频和视频等手段记录下来的所有资料,既包括图书、报刊、学位论文、档案、科研报告等书面印刷品,也包括文物、影片、录音录像带、幻灯片、电子形态的数据资料等。文献研究是对文献进行查阅、分析、整理并力图找寻事物本质属性的一种研究方法,它不参与和接触具体活动,属于非接触性研究方法。

文献研究法不限于历史研究领域,它既可以作为一种单独的研究方法运用于其他研究领域,同时也可以作为其他研究方法的基础而贯穿于教育研究过程的始终,从课题论证一直到研究报告的撰写都离不开有关文献的利用。文献研究可以帮助研究者选定课题,为研究者研究教育问题提供观察的角度和科学的依据,可以避免重复性的无效劳动。同时,文献研究是重构过去发生的事件和解释事件意义的系统过程,通过对文献资料进行理论阐释和比较分析,帮助研究者发现事物的内在联系,找寻教育现象的规律性。

文献研究可分解为四个相互衔接、紧密结合的环节和实施步骤,即确定研究问题并拟定研究计划、收集和评价文献资料、综合分析文献内容、形成结论。文献研究是对已结束和已发生事情的处理，某种意义上可以说是一种间接的调查研究，因其非接触性和间接性而具有许多独特的优点。第一，可以突破时间和空间的限制，使研究者对那些无法或难以亲自接近的研究对象进行研究。第二，方便自由，费用低，只要查找到文献，随时随地都能进行，不受研究对象、研究场地和研究情境等因素的限制。第三，相对于访谈和问卷调查，文献的坦白程度较高，真实性较强。第四，文献研究过程无对象的反应性干扰，可用较大的样本，从而研究结论具有较强的可靠性。

文献研究也存在一些不足。一是存在偏见。文献记录者的目的是多种多样的，可能使文献带有偏见，如自传之类的个人文献很有可能会出现某些夸大、偏袒甚至捏造。二是信息缺损。对于缺乏有关背景知识的研究者来说，从文献中难以获得完整的信息，因为对很多重要事件的描写是从当事人的经验背景出发的。还有许多领域无文献可以利用，或虽有记录，却是保密的或被破坏了的。三是抽样偏差。文献资料的遗留与否取决于文化程度的高低，受教育程度高的人写文献的可能性相对较大，若仅依据现存文献可能只能了解社会某一阶层的情况，文献抽样缺乏代表性。四是限于语言。文献所提供的多是关于一个回答者的言语，而不提供关于回答者行为的直接信息。

（五）比较研究

比较研究是根据一定的标准，对两个或两个以上有联系的事物进行考察，寻找其异同，探求教育的普遍规律或特殊规律的方法。比较研究法在教育科学研究中广泛运用而且具有极高的价值。其重大作用主要表现在如下方面：可以帮助人们更好地认识事物的本质，把握教育的普遍规律；能帮助人们获得新的发现；能使人们更好地认识本国本地的教育状况；能为教育政策的制定提供依据。

比较研究有单向比较与综合比较、横向比较与纵向比较、求同比较与求异比较、质的比较与量的比较四大类别。比较研究法的运用没有一个固定的模式，但仍有一个基本的实施程序或操作步骤。就我国的教育研究实践来看，运用比较研究法一般按如下步骤进行：确定比较的问题；确定比较的标准；收集和整理资料；比较分析；得出结论。

比较研究法广泛运用于教育研究实践，但并不是任何时候都能运用，必须符合如下条件。一是同一性，即进行比较研究的对象必须是同一范畴、同一标准、同一类型的事物。二是双边或多边性，即比较的对象必须有两个或两个以上。三是可比性。被比较的对象之间应具有一定的内在联系，具有本质上而不是表面上的共性，为此必须注意概念的统一。满足了这些条件，比较研究就可以开展，但具体运用时应注意以下几点。首先，要注意资料的可靠性与解释的客观性。供比较研究的资料必须具有权威性、真实性，最好是第一手资料，还应具有代表性和典型性，能反映普遍的情况和事物的本质。解释资料时应根据当时当地的客观实际，运用科学的理论加以全面分析，而不能带有个人的偏见。其次，要全方位多角度地进行比较。最后，既要比较事物的现象，更要比较事物的本质。比较研究不能仅仅抓住表象而忽视本质，要通过大量的典型材料分析事物的内在关系，透过现象抓住事物的本质。

（六）人种学研究

人种学研究本质上是一种描述性研究方法，主要是为特定情境中的教育系统、教育过程以及教育现象提供完整和科学的描述。概括地说,可以从以下方面来认识人种学研究。①目的:描述或解释群体社会生活中,与教育相关的某个侧面或片段;②假设和问题:开始阶段宽泛地提出研究目标,在数据日益丰富的过程中,才有可能形成更加明确的研究目标;③资料:特定研究情境中,对人、人与人的交往、环境、事物和现象进行的文字描述;④资料的来源:观察到的人、环境以及相关事物;⑤资料收集:包括多种资料收集方法,如参与观察[①]、访谈、录像等;⑥资料处理和分析:提供文字性描述,并(或)对信息进行逻辑分析,以便归纳出典型模式和共同点。

人种学研究关注自然情境下的社会行为,其资料收集和分析及其结论都极具情境性,它用整体的全局的观念和视角看问题,其观察和解释都要立足于对人类交往情境的整体把握。所以,它在教育领域得到了迅速的流行。长期以来,教育研究只关注教育活动或个人行为的微观方面,脱离了被研究者所处的真实的生活环境,由此而得出的研究结论显得孤立、不切实际,而使教育实践者难以接受。人种学研究则通过向教育者提供群体行为的现实图景弥补了这方面的不足,常常让教育者感到他们能够从这些现实的描绘中获得更好的视野,从而能够对学生进行更有效的指导。

但在进行人种学研究时,有一些方面值得注意。一是收集资料的信度和研究结论的准确性。其中的主要问题是,通常只有一个观察者对描述性资料进行记录,这就带来了大量的疑问,如是否考虑了专家的意见、研究的一致性、研究者的偏见等。即便是有两个或更多的观察者来共同收集资料,以便检查和相互对照,但要解除这些担心也是困难的。二是研究成果的可推广性。无数的案例已经清楚地表明,人种学研究所得到的结论能阐释并说明所研究的群体,但不能因此而将它们应用到其他群体或环境中。

第三节　教育研究的过程与成果

一、教育研究的一般过程

从研究者的角度看,教育研究从根本上说是一种特殊的认识活动或过程。它既不同于日常生活中的认识活动,也不同于教学过程中的认识活动,而是一种预先规划好步骤、内容与方法,以发现新知识、解决新问题或寻求新方法为主要目标的认识活动。尽管教育研究有许多不同的种类,但可以根据其活动进程和认识路径,概括出教育研究的一般过程,即由准备、实施和总结三个阶段构成,每个阶段都有一些具体的活动或工作安排。

(一)准备阶段

准备是否充分,在很大程度上决定着教育研究的效率和成败,并且准备的重要性会随着研究对象或课题的复杂性而增加。在教育研究的准备阶段,主要做好如下事情。

1. 发现问题

发现问题是进行任何科学研究的前提。没有问题就谈不上研究。问题的发现并非

---

① 教育研究中,观察一般分为两种,即实验观察和参与观察。参与观察也称自然观察,它是指就研究对象在自然的状态下研究者参与到某一情境中去对研究对象进行观察。

瞎摸乱撞可以做到的，也要讲究方法和策略。下面就简单介绍几种主要的发现新问题的思维策略。

(1) 怀疑。怀疑是重新审度已有结论、常规、习惯、行为方式等，对它们的合理性不作绝对肯定或否定的判断。怀疑不是胡乱猜测，而是有依据的。作为怀疑的依据主要有两个方面：一是事实与经验；二是逻辑。当发现自己的经验或者看到的事实与现有结论和常规不一致时，不能简单地否认自己的判断，或者尽量用迁就理论的方式调和理论与事实之间的矛盾，而是要去思考和分析矛盾存在的原因，拷问和审视理论的逻辑合理性，从中可以发现一些值得进一步研究的问题。通过怀疑提出的问题，经过研究后，有两种可能的结果。一种结果是部分或完全证实了研究者的怀疑，这是令人兴奋和满意的结果。另一种与此相反，研究的结果证明研究者的怀疑错了，这自然令人扫兴和遗憾。但研究者不必为此而沮丧，甚至丧失怀疑的勇气，要坚信即使是一次失败的科研，只要研究者认真对待，也不会一无所获。

(2) 变换思考角度。与怀疑不同，变换思考角度不是把思维指向原有的结论，否定原有结论，而是摆脱原来的思维定势和已有知识，从与原有结论不同的角度或不同层次来认识原有的研究对象，以形成关于对象的新认识。思考角度的转换有多种类型：一是在同一层次的转换，从思考问题的一个方面转向另一个方面；二是在不同层次上的转换，既可以是从较抽象层次的研究转化到较具体层次的研究，也可以是从较具体层次的研究转向较抽象的层次；三是把研究的重点放到事物与事物之间，同一事物不同发展阶段之间的结合部，如幼儿园与小学阶段的教育如何衔接问题就属此类；四是通过比较来发现新问题。虽然变换思考角度有不同类型，但它们都是在转向研究较少、较薄弱的方面。

(3) 类比与移植。这是通过与其他学科研究对象类比和借用其他学科的思维方式，来发现本学科研究的新问题，关键是要发现不同学科研究对象与思维方法之间的关系。

(4) 深入探究现象。前三种策略都与对事物的已有认识有关。深入探究现象的思维策略则要求直接面向现象，从对现象本身的思考中提出新问题。世界是丰富多变的，只要善于多问几个为什么，就会发现许多值得研究的新课题。对于一些司空见惯的现象，要探寻其背后的实质；对于现实中一直未能解决、反复出现的不良现象，可以深究其产生的原因；对于新形势下出现的新现象，要善于捕捉与深入分析；对于生活、工作中遇到一些特殊的、偶然出现的或非常反常的现象，也不要轻易放过，在教育科学研究中则更应重视。

2. 选择课题

只要乐于探索、勤于思考，就能发现许多值得研究的问题。但由于种种原因，并非所有的问题都能成为研究者的研究课题，研究者必须按一定的标准或条件对可供挑选的课题进行评价、比较，确定自己的研究主题。研究者选择课题时需要思考研究的必要性和可行性。①分析课题价值，确认研究的必要性。在着手研究某一问题之前，要考虑该课题研究有什么样的价值及其价值的大小。这主要从学术价值、应用价值、发展价值和社会价值等方面予以分析。分析课题的学术价值，主要是看课题研究对教育科学理论体系及其相关概念、范畴、原理、原则等会有多少丰富和多大的突破，对学科体系或分支学科的建设和发展有多大的贡献。分析课题的应用价值，主要是看课题研究会对教育实践产生何种性质的影响，对现实问题的解决和教育实践的改善会起多大的促进作用。分析课题的发展价值，主要是看课题研究能否导引出一系列对于研究者来说可以继续研究的课题。分析课题的社会价值，主要是看课题研究会产生什么样的社会反映，对政府决策、社会观念、学术界同行等有何影响。当然，每个课题本身的价值和性质会有所侧重，不可能完全具有上述四个方面的价值。这就需要研究者认真分析、合理取舍。②考察研究条件，确认研究的可行性。首先要客观评估自身的知识结构、研究能力和兴趣。其次，要分析资料信息来源、设备工具状况、经费以及可借助的力量。最后，还要考虑本职工作的性质和环境。

3. 文献检索

在发现并初步确认了自己的研究主题之后，研究者应该进行文献检索以充分占有材料，了解本领域内他人已经做了哪些工作。既要了解他人关于该课题的主要研究成果，达到的研究水平，及其研究的重点、方法、经验和问题，还要了解哪些问题已基本解决，哪些问题有待于进一步修正和补充，在此问题上争论的焦点是什么，从而进一步明确研究课题的价值，找准自己研究的真正起点。通过文献检索，研究者既可以避免无效的重复研究，又可以确定研究课题及其假设，确定合理的研究思路和方法，把握研究中可能出现的差错，还可以为解释研究结果提供背景资料。

4. 进行研究设计

研究设计是教育研究到达预期目标的重要保证。首先，事先严密的研究设计，一方面有助于研究工作的顺利开展，使研究集中于必要的组成部分，不偏离主题，能迅速准确地完成，另一更重要的方面是为了使研究具有内在的效度和信度。效度是指研究结果在回答课题提出的问题方面的正确程度，研究结果反映事物间存在的因果关系或特征的真实程度。信度是指研究所得结果的可靠、精确与稳定程度。效度与信度的高低是研究科学性高低的直接体现，也是研究是否具有生命之所在。

在设计一项具有可操作性的教育研究计划中必须包含如下内容：①指明研究主题、研究问题、待答问题和(或)假设；②简述相关文献资料的收集；③确认所需资料及其可能来源；④列出研究采取的步骤；⑤详细说明收集资料的程序和工具；⑥预料如何最有效地分析和解释资料；⑦预见报告这项研究的恰当形式。这里只是粗略地说明了研究者在进行研究设计时必须考虑的问题，关于教育研究设计的具体过程和完整方案，可参阅《教育研究导论》[①]一书的“第六章　设计研究计划”。

（二）实施阶段

实施阶段就是把准备阶段形成的研究计划付诸行动，最终变为现实的过程。这一阶段的主要工作是搜集、整理、分析资料，科学把握教育事实，形成观点与理论，并以研究报告或论文的形式予以表述。

1. 搜集与整理研究资料

研究资料是研究者预先设想的可能蕴含着有关研究对象的属性特征的信息载体。关于事物的正确认识首先来自对事实的了解和对证据的掌握，这就离不开高质量的研究

---

① (美)C. M. Charles. 教育研究导论[M]. 张莉莉，等，译. 北京：中国轻工业出版社，2003：101.

资料。所以，任何教育研究都必须从研究目的出发，运用有效的研究方法，获得尽可能全面、完整、客观、准确和有效的研究资料。不管它们的形式如何，研究者只能从这些资料的分析中，得出关于事实、关系、属性、趋势、结构等方面的观点。

搜集资料主要是按预定的计划和目的，运用一定的方法和手段如阅览、观察、问卷、访谈等，获取有关研究对象的存在状态、产生与发展过程等方面的信息，同时对关于研究对象的已有相关研究成果进行收集汇总，进而获得关于研究对象的过去资料与现在资料。

整理资料主要是对运用各种方法得到的大量而杂乱的研究资料，进行认真的审查、甄别、分组、归类、登录、汇总、表达，使多种不同来源的复杂资料条理化、系统化、精练化，变为易于理解、易于解释、使用性强的资料，并以突显的方式展示出来，为下一步资料分析做好准备。

2. 分析资料，形成科学的观点和理论

一切科学研究的主体工作是研究资料的搜集、整理与分析。资料的搜集是基础，资料的整理是中介，资料的分析是关键。前一阶段资料的整理与初步分析，只对资料进行了去粗取精、去伪存真的加工，获得的仅是感性认识，但科学研究的目的是要透过现象看本质，获得理性认识。分析资料就是要对收集到的并经过初步整理后的研究资料予以进一步的加工，把资料中蕴含的关于研究对象的本质信息识别、提取出来，发现它们之间的联系，并进而运用各种思维方法，形成自己的论点、论据和论证思路，最后得出科学的结论。

这一阶段是对研究资料进行由此及彼、由表及里的认识过程，研究者运用科学的理论和思维方法，创造性地实现认识上由感性认识到理性认识的飞跃，从而获得科学的发现，形成科学的观点和理论。通过资料分析获得的科学发现分为两类：事实发现与理论发现。前者是研究对象的客观事实的发现，后者是提出新的概念、原理、假设、命题、理论等。

形成科学的观点和理论是在教育研究中相对独立的过程，需要研究者进行艰苦的脑力劳动。建立科学概念，作出科学判断，进而建构理论体系，是形成科学理论的三个必经阶段。这项工作的成效，除了与研究资料的质量有关之外，主要取决于研究者的理论修养、抽象思维能力与思想方法水平。

3. 撰写研究报告或论文

教育研究实施阶段的最后一项工作是研究成果的表述，即撰写研究报告或论文。科学研究成果只有转化为脱离主体的物化或符号化的形式，才能产生社会价值，成为人类精神财富的组成部分。研究报告或论文使研究结果以文字、图表、公式等符号形式保存下来，供他人学习、借鉴和探讨。值得注意的是，不要把研究报告或论文与随感录、心得体会、工作总结混同起来。关于研究报告和论文的规范和要求，将在本节第二部分里作详细论述。

（三）总结阶段

虽然研究工作总结并不直接产生和构成研究成果，但研究者对自己已经完成的整个研究实践活动予以全面回顾和反思，无疑对于提升今后的研究质量，发现新的研究课题，增强研究意识，提高运用研究方法的能力和水平，都是十分有益的。它是科研人员自我提高的重要手段。

研究工作总结不仅要回顾和反思前面的研究过程，还要有展望，提出下一步研究的设想或推广研究成果的建议。研究工作总结不仅要在课题研究结束时进行，最好是能贯穿于整个研究过程中。这样，有助于研究者及时修正研究过程中出现的偏差与失误。

二、教育研究成果的表述

研究成果是对研究过程和结论的逻辑展开和价值阐释。有了研究成果这个载体，研究结论的理论意义与创新价值可以充分地展示出来，为人们所认识和采用。正因如此，教育研究成果必须按照一定的规范撰写，才能得到认可、交流和应用。

（一）教育研究成果的基本类型

教育研究成果是教育研究者运用科学的研究方法，结合已有的知识经验，经过创造性的认识活动而生产出来的，具有一定学术价值或社会价值的增值知识。所谓增值就是指研究成果必须在已有知识的基础上有所拓展和创造。依据教育研究使用方法和成果内容的不同，可以将教育研究成果分为以下三种类型。

1. 事实性研究成果

这类教育研究成果主要是一些关于教育事实的研究报告，如教育观察报告、教育调查报告、教育测量报告、教育实验报告、教育文献报告等。它们以直接研究事物所得的第一手资料为基础，以通过研究发现的教育事实为主要内容，要求材料具体、典型，能科学、客观、全面地展示研究过程和方法。其研究结论的推导和解释，主要建立在大量确凿的事实和科学的操作方法的基础上。

2. 理论性研究成果

这类教育研究成果主要是一些以阐明教育理论为主的学术论文、专著及部分学位论文。它主要以深刻的理论分析和严密的逻辑论证来说明问题，以阐述对某一事物、问题的理论性认识为主要内容，在已有理论的基础上提出新的观点或新的理论体系。这类研究成果要求论点鲜明、论据确凿、论证严密，清楚地阐述和展示理论观点和体系的形成过程和逻辑思路。

3. 综合性研究成果

这类研究成果是上述两种研究成果的综合形式，主要体现在以调查或实验研究为基础的学位论文或学术专著之中。它既要描述研究事实，也要在此基础上作出理论的分析和概括；既有教育事实的发现，也有研究者在事实的基础上提出的理论观点。综合性研究成果可以根据具体的研究情况，对事实或理论有所侧重。

（二）教育研究成果的表述形式

虽然研究报告或学术论文的质量首先取决于研究实践本身的质量，但同时也取决于研究者的分析综合能力、专业基础以及写作能力，因为研究报告或学术论文的形成不是研究活动简单机械的记录，而是一个复杂的理论思维过程。要从复杂多样的事实材料中提炼出科学观点，并用有逻辑、有组织的抽象文字符号表达出来，就需要研究成果的撰写者遵循一定的规范和要求，对研究成果在写作上进行合理的布局、谋划和安排。一份研究成果是一个整体，应层次分明、首尾连贯、符合逻辑，一般来说包括标题、摘要、正文、引文注释和参考文献等四个基本部分。只不过，不同的研究成果，由于研究方法和过程的不同，所采用的格式、体例和写法可以有所不同和侧重。

1. 研究报告

研究报告有很多种类，如教育实验报告、教育观察报告、教育调查报告等。根据国际惯例，研究报告的撰写一般应遵循如下的格式规范。

1）题目

题目应当简洁，符合研究的实际内容，并且应能清楚表达研究的目的。必要时可加副标题，作为对主标题的补充，用来说明在什么范围内基于什么问题的研究。

2）摘要

摘要也称内容提要，用100～300个字对这个研究加以描述，包括研究的问题、被试的特征、所用的程序、研究的发现以及得到的结论。许多人的浏览习惯是先阅读文章摘要部分，一个良好的摘要可以增强文章的可读度。现在许多研究报告和学术论文还要求有主题词(或关键词)，以便在文献检索上分类。主题词为专业术语，是对报告或论文所研究的范围、方向作出标志，一般以3～5个为宜，通常按概念的由大到小或论述问题的先后顺序排列。

3）正文

正文是研究报告的主体，分为四个部分：引言、方法、结果和讨论或结论。

引言起始于新的一页，不需要其他标号。一个良好的引言应包括三个成分。第一，必须给出一个清楚的和明确的问题陈述。问题陈述应表明问题有研究的价值和能取得预期的结果。第二，与这个题目有关的文献综述。文献综述应阐明以往的文献与目前的工作的逻辑联系。第三，应清楚地阐述假设所依据的原理，准确定义关键术语和被研究与控制的变量，规范地陈述每个假设。

方法部分在引言之后，应极其仔细地描述研究者在研究中的作为，使读者能判定程序的合理程度和结果的可信度，提供的信息应能使读者重复研究和验证。方法部分至少应包括两个方面：被试和程序。被试部分需要辨识研究的参加者、人数以及被试的平均特征。程序部分描述研究实际进行的步骤。

结果部分呈示数据和统计分析，对结果的含义不作讨论。所有的相关发现都应被呈示出来，也包括那些对假设不支持的发现。当数据不能用较少的句子作出表述时，就可以使用表或图。统计分析的显著性水平应当加以描述。

讨论部分主要是对研究假设是否得到支持作出判断，还可以讨论研究的理论意义和实际意义，当前研究的局限性以及将来进一步研究的建议。报告最后还应包括结论，反映作为这次研究的结果，原来的问题是否已有更深入的了解或已得到解决。

4）参考文献和引文注释

文稿的参考文献部分起始于新的一页，用“参考文献”作为标题，包括文稿从中有过观点或资料引用的期刊文章、书籍、报告等。按照有关出版法规，不注明引文出处和参考文献是侵权和盗用行为。并且，在当今信息剧增的形式下，许多精明的读者往往倒着读，即通过参考文献来判断该研究报告或论文的阅读价值。列举参考文献时，如果是期刊文章，就依次列出作者姓名、文章标题、期刊名称、年号和月号；如果是书籍，就依次列出作者姓名、书名、出版社、出版时间。

文稿中引用文字或观点一定要清楚、如实地注明出处，若是转引则一定要注明“转引自”或“参见”，以说明是采用了别人的理论观点或事实材料。引文注释分为页末注（或脚注）、文末注（段后注或篇后注）、文内注（行内夹注）等形式，不同的出版机构会有不同的要求。引文注释的格式与参考文献基本相同，如果从书籍中引用，须标明页码。

5）附录

附录用于提供详尽的信息，这些信息如果在报告的主体中出现，正文就显得冗长。每一附录都起始于新的一页，用“附录”作为标记，之后是附录的题目，然后是附录的内容。附录中的内容通常有实验所用的问卷、量表或其他具体材料，实验或调查中的重要原始数据，某些重要的、不宜插入正文的旁证性文献，实验中采用的测评的具体标准等。如果没有必要，也可不用附录部分。

2. 学术论文

只要把研究新成果写成文章就是学术论文，其主要特点是学术性，要求论据确凿、论证清楚、实事求是，表现出严密的逻辑性，要求对所研究的课题在理论上有所发展，或在方法上有所改进，或在事实上有新的发现，或能对教育问题提出新的认识。

学术论文的范围很广，如论述创造性新成果的理论性文章、某些实验性或观测性的新知识的科学记录、某些科学原理应用于实验取得的进展总结等。按照研究的目的，可以将教育研究中的学术论文分为三类。一是理论探讨性论文：对教育发展或学科建设中的重要课题，结合有关文献资料和现实材料，通过分析综合、推理论证，提出新观点、新理论。二是综合论述性论文：针对现实或学术界提出的问题，从历史发展和目前现状等角度加以系统分析和综合概括，说明研究的来龙去脉和当下状况，指明进一步探索的方向。三是预测性论文：以实证材料和理论原理为依据，对某一教育现象进行分析，指出发展的趋势并预测以后发展的方向和可能性。

学术论文的全部观点和材料、分析和论证，都应遵循一定的逻辑顺序有机地组织在一起。论点和论据的联系，论述的先后次序，文章的层次推理，都要考虑论证的效果，根据事物的内在规律来组织安排。一般来说，学术论文的结构安排和论证程序有三种形式。一是平列分论式，即围绕中心论点设立若干分论点，分论点与中心论点是垂直关系，分论点之间是平列关系，分论点分别从不同角度不同侧面对中心论点进行论证。二是层递推论式：把论点分为若干层次，论证时层层展开、步步深入，直到最后得出结论，文章中各层次之间呈递进关系。三是平列层递结合式：平列分论式有利于对问题的横向拓展、全面认识，层递推论式有利于对问题的纵向深入、拨云见日，两种方式常常结合起来综合使用，特别是对于一些复杂的问题，往往需要不断变换角度，从纵横两个方面去论证和阐释。

学术论文的格式规范与研究报告大同小异，两者最大的区别在于论述的侧重点和目的不同：研究报告以教育事实的描述和解释为主；学术论文以教育理论的分析和论证为主。

（三）教育研究成果表述的要求

教育研究成果的表述是为了展示研究价值以获得社会认可，促进学术交流和成果转化，有利于提高研究水平。这就要求教育研究成果的表述必须遵循一定的要求和规范。

1. 言之有据，保持观点和材料的一致性

科学研究必须以客观事实为依据，应对研究中获得的大量材料进行一番整理、提炼，精选出最有价值、最典型的事实材料作为立论的依据。如果不重视事实材料，东拼西凑，妄加推测，或者对材料不加整理、简单铺陈，就会使论点和论据脱节，缺乏说服力。

2. 结构合理，反映逻辑的必然顺序

撰写研究报告或学术论文时，要认真规划、设计框架，合理地选择观点论证和结论解释的逻辑顺序，以形成严密的结构框架。

3. 形式规范，符合研究成果传播和交流的需要

撰写研究报告和学术论文的一个重要目的，就是为他人提供资料，与他人进行思想交流，这样就必须用一种惯用的他人容易理解的形式来表达自己的研究结论。为此，研究报告和学术论文要求有严格、规范的格式。而且现在的出版物数量浩繁，很少有人从头到尾地读完研究报告和学术论文，他们总是有选择地快速读完某些部分，所以只有将各个部分按标准格式组织在一起，读者才能迅速地找到他想了解的某项研究内容。

4. 表达准确、完整，文字简洁、精练

研究报告和学术论文的用语要实事求是、准确无误，反对浮华夸张、虚假伪讹；措词应当是高雅的和简洁明了的，而不需要枯燥刻板或学究气十足的语言；最好能用简单的语言和短而连贯的句子来表达观点、阐释思想。研究报告和学术论文成型后，要反复推敲修改、字斟句酌、精雕细刻，使论点更加鲜明、论述更加严谨、文字更加精练。

【本章小结】

教育教学具有复杂性和创造性，中小学教师的工作本身具有研究的性质，特别是随着教育科学和教育改革的深入发展，中小学教师要适应教育教学改革及其新要求，仅仅做一名教书匠或学习者是不够的，还需要教师有意识和有能力对自己的教育行为加以反思、研究和改进，即要有成为研究者的理念。中小学教师从事教育科学研究，对于教育质量的提高、教育科学的发展、教师的专业成长、教师生活的丰富等都有着重要意义和独特价值。

教育研究不同于教育学研究，既要研究教育的一般性问题，也要研究具体的、特殊的实际问题；既要探寻教育的基本规律，也要寻求教育实际问题的解决。教育研究的对象要宽泛得多，从现实的研究实践和逻辑分析来看，最有概括力的是教育存在。教育研究是关于事理的研究，即是对人的活动的研究，是以探寻人所做事情的行事依据和有效性、合理性为直接任务的研究。根据是否以直接指导实践为目的，可将教育研究划分为基础性的教育研究和应用性的教育研究；根据教育研究方法，可将教育研究分为定量的教育研究与定性的教育研究。各种教育研究方法都可以被置放于从定性研究到定量研究的连续体之中：最典型的定量研究是实验研究，其次是准实验研究，介于定量研究与定性研究之间的是调查研究，然后是文献研究和比较研究，最典型的定性研究是实地研究或人种学研究。

从研究者的角度看，教育研究从根本上说是一种特殊的认识活动或过程。它既不同于日常生活中的认识活动，也不同于教学过程中的认识活动，而是一种预先规划好步骤、内容与方法，以发现新知识、解决新问题或寻求新方法为主要目标的认识活动。一般来说，教育研究过程由准备、实施和总结三个阶段构成，每个阶段都有一些具体的活动或工作安排。教育研究成果是教育研究者运用科学的研究方法，结合已有的知识经验，经过创造性的认识活动而生产出来的，具有一定学术价值或社会价值的增值知识。依据教育研究使用方法和成果内容的不同，可以将教育研究成果分为事实性研究成果、理论性研究成果、综合性研究成果等类型。教育研究成果的表述是为了展示研究价值以获得社会认可，促进学术交流和成果转化，需要撰写者遵循一定的规范和要求，在写作上进行科学、合理的布局、谋划和表达。

【拓展阅读】

[1]　陈向明.质的研究方法与社会科学研究[M].北京：教育科学出版社，2000.

[2]　叶澜.教育研究方法论初探[M].上海：上海教育出版社，1999.

[3]　袁振国.教育研究方法[M].北京：教育科学出版社，2002.

[4]　陈桂生.到中小学去研究教育[M].上海：华东师范大学出版社，2000.

【实践与探索】

(1) 选择一个教育主题或问题，写一篇高质量的已有研究成果综述。

(2) 确定一个教育研究课题，设计研究计划，并付诸行动，撰写研究报告或学术论文。

【参考文献】

[1]　叶澜.教育研究及其方法[M].北京：中国科学技术出版社，1990.

[2]　杨小微.教育研究的原理与方法[M].上海：华东师范大学出版社，2002.

[3]　(美)C. M. Charles.教育研究导论[M].张莉莉，等，译.北京：中国轻工业出版社，2003.

[4]　喻立森.教育科学研究通论[M].福州：福建教育出版社，2001.

[5]　(美)威廉·维尔斯曼.教育研究方法导论[M].袁振国，译.北京：教育科学出版社，1997.

[6]　孟万金，官群.教育科研——创新的途径和方法[M].上海：华东师范大学出版社，2004.

[7]　瞿葆奎，叶澜，施良方.教育学文集·教育研究方法[M].北京：人民教育出版社，1988.